同舟·同心

——建黨百年中的香江傳奇

上冊

百年同舟同心，百年恰是風華正茂。
中國共產黨建黨百年，沿路曾有曲折，逐漸步向康莊，
香港也在這條中國人自己走出來的道路上，
一步一腳印地留下自己的足跡。
不論是香港政商界風雲人物、藝文界知名人士，
還是在百年歷程中曾貢獻自己力量的工人、教育家、老兵，都從自身經歷，
折射出香港與中國共產黨百年不凡征程的精彩片段，
留下一頁頁值得回味的香江傳奇。

大公報出版有限公司

慶祝中國共產黨成立100周年

The 100th Anniversary of the Founding of
The Communist Party of China

序

鑒往知來 礪行致遠

風平浪靜時，是中國共產黨助香港進一步發展；狂風駭浪時，是中國共產黨為香港找出路。

事實勝於雄辯，史料總是最有力量的事實。

藉着中國共產黨百年華誕的盛世契機，香港大公文匯傳媒集團的記者，在長達半年多的時間裏，兵分多路，搶救式採訪了一大批歷史的親歷者、見證者、同行者，用真實的細節，白描式的記錄，和字裏行間透出的沉靜，為香港保留了一份極具分量與價值的史料。這裏面，有親歷者的激情和悲壯，有見證者的自豪和期盼，有同行者的欣慰和榮光。

作為歷史的親歷者，用親身經歷，將那段血與火、苦與痛的至暗時刻訴諸後人。有「挨拷打寧死不屈，滿身傷不哭一聲」的悲憤，有「身負槍傷血狂流，農民照料渡難關」的感動，更有「愛國情懷始於校，守護家園未怕過」的壯志。

作為歷史的見證者，用風雨同舟榮辱與共的家國情懷，在百年滄桑的香港歷史中體現黨的發展與壯大，有「全世界都要脫貧，只有我們國家做到」的驕傲，有「啟發港青識黨，壯大愛國力量」

的迫切，更有「傳承家國情懷，融入國家發展大局」的願望。

作為歷史的同行者，用身體力行，把個人的命運和前途，與國家和民族的未來，緊緊地聯繫在了一起。有「慶幸活在這時代，親歷國家走向強大」的感慨，有「與黨同行百載同心，海員工會丹心為國」的自豪，更有「矢志育英才，為國添磚瓦」的使命。

鑒往知來，礪行致遠。

100 年的歷史證明，從烽火連天的革命年代，到激情燃燒的建設歲月，再到波瀾壯闊的改革大潮，香港的前途和命運從來同祖國密切相連，港人始終是中共百年成就的參與者、見證者和受益者。

100 年的歷史證明，中國共產黨是「一國兩制」事業當之無愧的創立者、領導者、踐行者和維護者。沒有誰比中國共產黨更深切懂得「一國兩制」的價值，沒有誰比中國共產黨更執着堅守「一國兩制」的初心。維護中國共產黨的領導，就是維護「一國兩制」，就是維護憲法和基本法確定的特別行政區憲制秩序，就是維護香港的光明前途和香港同胞的根本福祉。

100 年的歷史證明，中國共產黨心中裝着人民，沒有自己的特殊利益。從嘉興南湖上的一條小船，到承載着 14 億人民希望的巍巍巨輪；從維港兩岸播下革命火種，到恢復對香港行使主權，讓「東方之珠」再鑄輝煌融入國家發展大局。中國共產黨始終堅持一切為了人民、一切依靠人民，把民心當作最大的政治。中國共產黨始終不忘香港、支持香港、建設香港。一切為了香港好，一切為了國家好，是百年不變的初心。

「香港發展一直牽動着我的心。」2017 年 7 月中共中央總書記、國家主席、中央軍委主席習近平視察香港，一下飛機他就向港人說出了這句溫暖人心的話。這句話飽含了總書記對香港的深情厚意，更是一代又一代中國共產黨人對香港的共同心聲。

把握當下，放眼未來。我們堅信，有中國共產黨領導下的中央政府堅定支持和關愛，有七百多萬同胞的共同努力，「一國兩制」事業一定能在香港創造出更大的發展成就，新時代的香港也必定會共擔中華民族偉大復興的責任使命，與祖國共享尊嚴榮耀！

《同舟·同心》編委會　二〇二二年九月

目錄

第一章　親歷者系列

第二章　見證者系列

第一章　親歷者系列

慶祝中國共產黨成立100周年
The 100th Anniversary of the Founding of
The Communist Party of China

在革命戰爭時期，港人參與東江縱隊並肩作戰；在改革開放年代，香港商人、專業人士率先到內地參與各方面的建設。一百年來，香港的命運與中國共產黨始終緊密相連，祖國前行史冊裏，也有着香港的篇章。

保家衛國
抗戰英雄

董建華：囑港青看「天問」參與實現中國夢

全國政協副主席董建華表示，中央本着維護「一國兩制」憲政秩序的決心、執政為民的理念、維護香港市民福祉的宗旨，使香港走上由亂及治，由治至興之路。他寄語香港年輕人應該看看「天問一號」，看看國家全面小康的歷史成就，自豪地成為中國夢的參與者、貢獻者、實現者。

董建華囑港青看「天問」 參與實現中國夢

香港文匯報訊 據中新社報道，全國政協副主席董建華近日接受中新社專訪時表示，中央本着維護「一國兩制」憲政秩序的決心、執政為民的理念、維護香港市民福祉的宗旨，使香港走上由亂及治，由治至興之路。他寄語香港年輕人應該看看「天問一號」，看看國家全面小康的歷史成就，自豪地成為中國夢的參與者、貢獻者、實現者。

中央若不出手港恐每況愈下

董建華在訪問中表示，香港近年發生一連串動亂，對法治、民生的衝擊很大，也加劇了社會撕裂。除了香港自身社會深層矛盾及新時期地緣政治變動的國際大氣候，港英政府遺留的隱患，加上外部勢力干預，香港過去兩年遭遇的挑戰，已超出特區政府的處理能力。若非中央正本清源，果斷出手，香港恐怕會面臨每況愈下的危機。

在大是大非的關鍵時刻，中央本着維護「一國兩制」憲政秩序的決心、執政為民的理念、維護香港市民福祉的宗旨，從戰略和全局高度作出研判和部署。首先以國安法止暴制亂，繼而透過完善選舉制度，確保「愛國者治港」，為香港長治久安提供了堅實的基礎，使香港走上由亂及治，由治至興之路。

他表示，「一國兩制」給予香港最強大的制度優勢，既保障香港資本主義制度，維護香港國際金融中心地位、國際商貿中心地位，同時讓香港搭上國家經濟快車，全面融入大灣區發展，融入國家發展大局，展開科創中心前景，與內地優勢互補、協同發展，故對香港充滿信心，相信國際社會最終也會明白香港問題純屬中國內政，並尊重和欣賞中國政府為「一國兩制」行穩致遠所做的必要舉措和良好用心。

語青年抬起頭看祖國發展

他強調，國家在過去一百年由積貧積弱，發展到和諧安定、國強民富，是中國共產黨帶領全國人民奮鬥所得的成果，但香港年輕人過去總是不自覺地「仰望」西方，對自己的民族文化、國家發展認識得不夠透徹，故他想借用習近平主席的話對香港年輕人說，中國已經可以「平視這個世界了」。寄語香港年輕人應該抬起頭來，看看祖國的錦繡河山、全面小康的歷史成就、堅忍不拔的抗疫史詩、「天問一號」的火星照片、十四億人平凡而動人的中國夢。

董建華相信，百年征程波瀾壯闊，歷久彌新。今天的年輕人，應該在自己的崗位，自豪地成為中國夢的參與者、貢獻者、實現者。

◎董建華寄語港青自豪成為中國夢參與者、貢獻者、實現者。 中新社

港航天學會小會員聞高超技術興奮一躍而起

「小藍孩」觀航展 自豪到飛起

「時代精神耀香江」之百年中國科學家主題展昨日第三天開放予公眾參觀。在熙熙攘攘的人群中，香港文匯報記者發現有十幾位身着藍色航天制服的「小小航天員」來到會場門外，排隊等待參觀，成為展廳的一道亮麗風景線。在導賞員的帶領和導賞下，這12名來自香港航天學會的青少年會員，隔着厚玻璃嘗試看出珍貴月壤的成分，細聽講解「嫦五」主降落傘材質，當他們得知「嫦五」上五星紅旗的自主研發材料能克服極端溫差，使國旗在月球上不黏連地順利展開，對國家科技的自豪感更油然而生。走進百年中國科學家的介紹專區，他們亦一一領略到老一輩科學家愛國、創新、求實、奉獻等精神品質；邊走邊看，上了一堂印象特別深的愛國航天課。 ◎香港文匯報記者 王昀琪

天團訪港

掃碼看更多內容

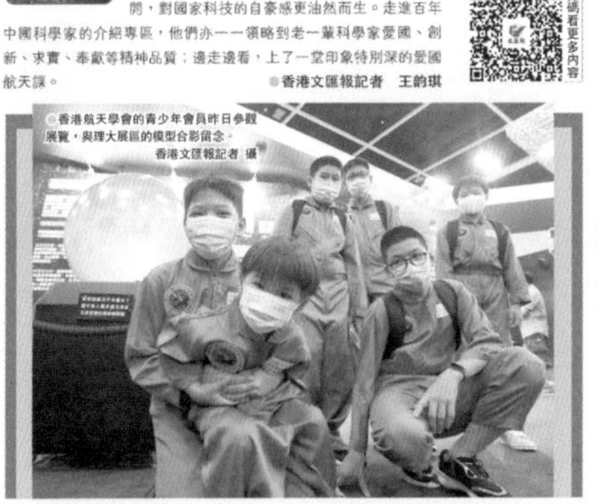

◎香港航天學會的青少年會員昨日參觀展覽，與理大展區的模型合影留念。 香港文匯報記者 攝

在12名「小藍孩」觀展期間，記者亦同步跟隨查看其體驗。其中在探月專題展區，為讓同學們更清晰地認知國家在探月工程的傲人成就，導賞員以爬樓梯的趣例作比喻，在循循善誘中，將「嫦一」到「嫦五」探測任務精練總結為「繞、落、回」三部曲，令同學們了解「嫦一」到「嫦五」從成功進入繞月軌道、完成在月球表面軟着陸，奔向月背取土1,731克等不同階段的探月任務。聽到這些展品背後的故事，同學們對科學家們的航天赤子心佩服得五體投地。

雖然隔着厚厚的玻璃，但依然阻擋不了同學們對月壤的好奇心，個個仔細觀察灰黑色沙狀月壤的成分。「嫦五」主降落傘的材質，更賺得同學們讚嘆連聲，紛紛感嘆中國航天工程的先進偉大。

在聽到導賞員講述「在極致溫差的環境之下，由中國自主研發的材質所做的五星紅旗，在月球能夠不黏連地順利展開」的時刻，大家內心不禁油然而生一股自豪感，甚至有小朋友一蹦而起，激動之情溢於言表。

紛紛與理大科研成果合影

來到理大展區，因預約額滿同學們無緣親身戴上VR頭盔，體驗着陸區地形地貌，但從導賞員口中了解到，「嫦五」探測器表取採樣器的機械臂、執行裝置等由理大團隊研發，同學們激動得顧不上導師的指示，紛紛四散衝到不同的展板和展品前，拍照存細閱覽，並急切地讓帶隊導師幫自己拍照，與展板和航天模型合影留念。

作為航天學會青少年會員，他們長期關注航天資訊。負責帶隊的會長雷健泉，觀展時亦常常在導賞員講解完畢後進行「航天小資料」的補充，以問答互動的形式，幫助小朋友理解月壤含有大量氦3能源、表取土與鑽取土的區別等航天小知識，啟發和引導他們進行更多思考。他又以自己和同學所站位置的移動軌跡，生動地模擬月球和地球的自轉與公轉，為同學們講解「嫦四」奔向月背，讓中國成為世界上第一個拍攝到月球背面照片國家的重要性。

指尊重敬佩老一輩科學家

而在參觀百年科學家展板的過程中，大家都被錢學森、朱光亞等老一輩傑出科學家在千難萬險中毅然歸國的故事所深深感動，也被王淦昌、鄧稼先等「兩彈一星」元勛的自強不息、艱苦奮鬥的愛國精神所振奮。當記者問及同學們參觀感受時，大家紛紛爭搶着回答：「十分尊重和敬佩他們」、「會學習他們的愛國精神」、「希望未來自己能夠成為像他們這樣的人，為國家多做貢獻。」

—同學感悟—

冀未來上太空研究

小五學生黃恩浠：從這次參加展覽學習到很多國家航天發展的歷史，以前我對老一輩科學家不了解，今天看完展覽，為科學家們對國家的發展逐步作出的貢獻而感動。

如果有機會去到太空，我想研究火星或者月球上的能源與地球有什麼分別。

感恩科學家奉獻

中一學生廖譽鈞：參觀完展覽，對國家的科學發展和科技進步有更多了解，在增長專業知識之餘，也知道了是誰為國家的科學發展作出貢獻，很感恩老一輩科學家們的奉獻成就了今天國家的科技發展。我也想學習科學家的愛國精神，未來為國家作出貢獻。

取回月壤真厲害

中一學生李承哲：印象最深刻的科學家是錢學森，對「沒有錢學森就沒有今日中國的航天」這句話感觸很深。「嫦娥五號」可以取回月球的土壤，實在是一件非常厲害的事情。現在我也想對「神十二」的航天員們說一聲：「希望您們可以創造歷史！」

盼航天員平安歸來

中二學生鄭耀遠：看完展覽，我對錢學森最感敬佩，特別是他提到愛國、團結（科技）才能夠興納發展進步。我自己也夢想未來能在航空航天的研發領域，有所作為；如果能有機會向「神十二」航天員通話，我會說「希望您們可以平安回來」。

文：香港文匯報記者 康敬
圖：大公文匯全媒體記者 攝

市民：幾代人奮發圖強 鑄偉大科學精神

香港文匯報訊（記者 王昀琪、康敬）是次「時代精神耀香江」之百年中國科學家主題展，在慶祝中國共產黨成立100周年及香港回歸祖國24周年之際舉行，展覽今明兩天會暫時休展，並在7月2日起恢復開放至7月9日。有昨日往觀展的市民指，正是由於幾代人的奮發圖強、努力拚搏，才鑄就了偉大的科學精神，展覽令港人親身體會到祖國在科技方面日新月異的發展。

歐先生（88歲）：自己讀書時沒機會接觸到高科技知識，所以十分嚮往，再加上這次月壤入港，參觀機會非常難得，所以一定要來親身觀賞和感受。參觀展覽，看到中國共產黨領導國家取得的偉大成就，心情十分激動。

楊先生：正是由於幾代人的奮發圖強、努力拚搏，才鑄就了偉大的科學精神，雖然新中國科技發展起步晚，但進步快，近年包括航天科技等多個領域更是日新月異，在國際上領先，自己很受鼓舞。

會長盼展覽教育年輕一代

香港文匯報訊（記者 康敬）帶領會員參觀展覽的航天學會會長雷健泉表示，國家首次讓月壤來港作公開展出，充分顯示國家對香港的支持，認為這次展覽能讓港人認識國家科技成就與歷史之餘，更能讓大家感受到國家與香港的緊密關係。他表示，希望學生不只從展覽中學到科技知識，更要明白為人處世的價值和道理，特別希望能教育年輕一代，幸福不是必然，如今每位受人尊敬的航天專家的背後是不可估量的努力，有着不為錢不為利只為國家的高尚情操。

雷健泉表示，以往主要是透過紀錄片、書籍、報紙等講述國家航天成就，今次能實地與同學們分享相關歷史與發展事跡，近距離觀看航天科技展品，很是難得。所以一得知展覽資訊就馬上作團體預約，事前亦會為青少年會員作簡介，希望稍後能再帶另一批學生到來參觀。

◎雷健泉 大公文匯全媒體記者 攝

中央若不出手港恐每況愈下

董建華在訪問中表示，香港近年發生一連串動亂，對法治、民生的衝擊很大，也加劇了社會撕裂。除了香港自身社會深層矛盾及新時期地緣政治變動的國際大氣候，港英政府遺留的隱患，加上外部勢力干預，香港過去兩年遭遇的挑戰，已超出特區政府的處理能力。若非中央正本清源，果斷出手，香港恐怕會面臨每況愈下的危機。

在大是大非的關鍵時刻，中央本着維護「一國兩制」憲政秩序的決心、執政為民的理念、維護香港市民福祉的宗旨，從戰略和全局高度作出研判和部署。首先以國安法止暴制亂，繼而透過完善選舉制度，確保「愛國者治港」，為香港長治久安提供了堅實的基礎，使香港走上由亂及治，由治至興之路。

他表示，「一國兩制」給予香港最強大的制度優勢，既保障香港資本主義制度、維護香港國際金融中心地位、國際商貿中心地位，同時讓香港搭上國家經濟快車，全面融入大灣區發展，融入國家發展大局，展開科創中心前景，與內地優勢互補、協同發展，故對香港充滿信心，相信國際社會最終也會明白香港問題純屬中國內政，並尊重和欣賞中國政府為「一國兩制」行穩致遠所做的必要舉措和良好用心。

寄語青年抬起頭看祖國發展

他強調，國家在過去一百年由積貧積弱，發展到和諧安定、國強民富，是中國共產黨帶領全國人民奮鬥所得的成果，但香港年輕人過去總是不自覺地「仰望」西方，對自己的民族文化、國家發展認識得不夠透徹，故他想借用習近平主席的話對香港年輕人說，中國已經可以「平視這個世界了」，寄語香港年輕人應該抬起頭來，看看祖國的錦繡河山、全面小康的歷史成就、堅忍不拔的抗疫史詩、「天問一號」的火星照片、十四億人平凡而動人的中國夢。

董建華相信，百年征程波瀾壯闊、歷久彌新。今天的年輕人，應該在自己的崗位，自豪地成為中國夢的參與者、貢獻者、實現者。

（原載香港文匯報 2021 年 6 月 30 日 A11 版）

董建華寄語港青自豪成為中國夢參與者、貢獻者、實現者。

董建華接受專訪談中共百年：從抬起頭來到「平視世界」的奮鬥

7月1日是中國共產黨百年華誕，也是香港特別行政區回歸24周年紀念日。全國政協副主席董建華接受中新社專訪時表示，過去一百年的歷史充分說明，中國由積貧積弱發展到和諧安定、國強民富，是中國共產黨帶領全國人民奮鬥所得的成果。

這位香港特區首任行政長官借用習近平主席的話對香港年輕人說，中國已經可以「平視這個世界了」，他並鼓勵年輕人看看國家的錦繡河山，看看「天問一號」的火星照片，在自己的崗位自豪地成為中國夢的參與者、貢獻者、實現者。

中新社記者：在中共百年華誕之際，您如何評價中共的執政能力？

董建華：在中共百年華誕的歷史時刻，我們需要有一個回顧、一個細看、一個展望：回顧百年前中共創黨時我們民族的多災多難；細看今天 14 億同胞以不懈奮鬥創造舉世奇跡；展望在 2049 年新中國成立百年華誕之時，中華兒女萬眾一心將會創造何等的輝煌！我的信心既來自於中國人民的團結奮鬥，也來自於中國共產黨的堅強領導。

「事實」是最好的評論員，唯有站在歷史的高度上客觀看待中國的發展，才能夠正確評價中國共產黨的執政能力。一百年前的中國是什麼樣子？貧窮積弱、列強環伺，堂堂中華大國竟淪為「東亞病夫」。中國共產黨成立以後，走過千山萬水，歷盡千辛萬苦，帶領幾代中國人走過了一條艱難曲折、上下求索之路。

事實勝於雄辯，全世界有目共睹：中國共產黨領導着地球上人口最多的國家，由一窮二白發展到全面小康，讓八億人脫貧；國家由山河破碎，發展成為全球第二大經濟體、製造業第一大國、貨物貿易第一大國、外匯儲備第一大國。由西方國家民調機構進行的調查，中國人民對政府的支持度，持續超過百分之九十。這些鐵一般的事實，是對中國共產黨執政能力最客觀的評價。

過去四十多年，中國還實現了可持續的經濟發展、可持續的社會穩定、可持續的政治制度建設。這三個「可持續」的結果，就是百姓生活一天比一天好、一年比一年好。尤其是中共十八大以來，在以習近平為核心的黨中央領導下，14 億人民萬眾一心，自強不息，向着國家富強、民族振興、人民幸福的目標不斷前進。實踐證明，中國共產黨的領導，是中華民族偉大復興不可或缺的力量。

中新社記者：您曾在接受我社訪問時說過您自己感覺到「中國共產黨的執政永遠是在傾聽人民的聲音，知道在做的事情是在為人民而做，這是非常成功的一件事」，可否更具體地闡述這個看法？

董建華：一百年前中國共產黨的成立，為的就是人民，新中國的成立，開宗明義是一個「人民共和國」。初心不忘，一百年後的今天，習近平主席的施政理念，就是「執政為民」，要時刻把人民的利益放在心上，放在一切工作的首位。大家在電視畫面經常看到，每遇地震、水災，還有新冠疫情等，共產黨員始終衝在前頭，各級官員總是身先士卒。這些是看得到的新聞片段，更多的是看不到的施政理念，就是每一項政策施行前，都把人民福祉放在第一考慮。

共產黨「執政為民」的歷史使命歷久常新。每一個時代，總有其獨特的挑戰和機遇，每一代人，也有他們的承擔和期盼。中國共產黨就是在不斷克服挑戰、創造機遇、改善人民生活。這需要科學的研判能力、超凡的規劃能力、靈活的統籌能力、全面的組織能力、高效的執行能力。我們國家「五年規劃」的成功，以及抗擊新冠疫情的成果，體現了執政黨的總體施政能力，證明了中國制度的巨大優勢。共產黨領導下的「執政為民」不是西方選舉的競選口號，而是全心全意全力奮鬥的行動綱領。

我有幸長期參與全國政協的工作，對此深有體會。中國的政協制度，最大的優點就是在中共的統一領導下，最大程度地把社會各界、各階層的智慧和力量凝聚起來，推動國家「增量發展」。協商民主的制度設計，讓中國能夠立足於國情和發展需要，朝着民族復興的偉大目標堅定前行。

中新社記者：中國共產黨在長期執政的過程中，也遇到過曲折，您如何評價中共從曲折中走出並努力實現國家富強的能力？

董建華：中國共產黨是世界上持續執政時間最長的政黨之一，沒有全盤照搬照抄別人，從不盲目模仿，而是結合中國實際情況，不斷探索，走出一條符合中國國情的社會主義道路。一個百年政黨能夠風華正茂，英姿勃發，得來不易。當中的要訣，以我的觀察，主要有兩個方面。

中國共產黨是一個不斷學習、不斷自我完善、不斷向前邁進的生機勃勃的黨。從 1921 年建黨開始，共產黨在領導革命以至國家治理的道路上，即便出現過許多曲折，但每次都能依靠自身的機制撥亂反正、再闖新路。歷史實踐證明，中共具有超凡的自我糾錯能力和制度創新能力。

中國共產黨也是一個「百川匯海，有容乃大」的開放型政黨。中共建黨初期是工人階級領導，以工農聯盟為基礎，如今吸納各民族、各界別，代表了全中國人民的利益。這種開放性、包容性的精神氣魄，使中共能夠擺脫西方政黨的狹隘利益觀念，引領整個民族從站起來、富起來到強起來。

還有美麗起來，美國太空總署亦曾經報道，在全球綠化進程中，中國作出的貢獻全球第一。我們的國家，一定會越來越美麗，是文明的美麗、心靈的美麗。

中新社記者：近幾年來，香港遭遇了前所未有的挑戰，您如何看待這些挑戰？這會否影響到香港在國際上的重要地位及「一國兩制」行穩致遠？

董建華：香港近年發生一連串動亂，對法治、民生的衝擊很大，也加劇了社會撕裂。但可以看見，除了自身社會深層矛盾的香港小氣候，也離不開新時期地緣政治變動的國際大氣候，港英政府遺留的隱患，加上外部勢力干預，香港過去兩年遭遇的挑戰，已超出特區政府的處理能力。若非中央正本清源，果斷出手，香港恐怕會面臨每況愈下的危機。

在大是大非的關鍵時刻，中央本着維護「一國兩制」憲政秩序的決心，本着執政為民的理念，本着維護香港市民福祉的宗旨，從戰略和全局高度作出研判和部署。首先以國安法止暴制亂，繼而透過完善選舉制度，確保「愛國者治港」，為香港長治久安提供了堅實的基礎，使香港走上由亂及治，由治至興之路。

「一國兩制」給予香港最強大的制度優勢，既保障香港資本主義制度、維護香港國際金融中心地位、國際商貿中心地位，同時讓香港搭上國家經濟快車，全面融入大灣區發展，融入國家發展大局，展開科創中心前景，與內地優勢互補、協同發展。有這樣的優勢，我對香港是充滿信心的。國際社會最終也會明白香港問題純屬中國內政，並尊重和欣賞中國政府為「一國兩制」行穩致遠所做的必要舉措和良好用心。

中新社記者：在中國共產黨百年華誕之際，對香港青年，您有哪些期望，有什麼寄語？

董建華：過去一百年的歷史充分說明了一個道理，我們國家由積貧積弱，發展到和諧安定、國強民富，這是中國共產黨帶領全國人民奮鬥所得的成果。

過去，香港年輕人總是不自覺地「仰望」西方，對自己的民族文化、國家發展認識得不夠透徹。現在，我想借用習主席的話跟香港的年輕人說，中國已經可以「平視這個世界了」。年輕人應該抬起頭來，看看祖國的錦繡河山、看看全面小康的歷史成就，看看堅忍不拔的抗疫史詩，看看「天問一號」的火星照片，看看十四億人平凡而動人的中國夢。

百年征程波瀾壯闊、歷久彌新。從抬起頭來，到平視世界，這是多麼謙實的要求，背後又是多麼激動人心的奮鬥，多麼偉大的飛躍，多麼振奮人心的成就。今天的年輕人，應該在自己的崗位，自豪地成為中國夢的參與者、貢獻者、實現者。

（中新社香港 2021 年 6 月 29 日電）

梁振英：中共虛懷若谷 堅定自我完善

中國共產黨建黨百年，建立新中國，帶領國家走向繁榮富強，取得舉世矚目的偉大成就。全國政協副主席梁振英接受香港文匯報專訪時，將千言萬語化成一句：「我最佩服中國共產黨虛懷若谷的學習態度和精神。」由當年他僅二十來歲、剛剛踏入社會就赴內地講課，到後來參與內地的土地使用制度改革，梁振英坦言共產黨當時不是毫無政治顧慮，但仍能下很大的決心，事不畏難，推進改革，開創新局。而從新冠肺炎爆發以來，共產黨領導人民凝聚起抗擊疫情的強大合力，在短時間內迅速控制疫情，「這凸顯制度優勢，而制度優勢裏一個很重要的組成部分，就是中國共產黨有力的領導。」

憶青年時代北上參與改革開放 讚國家在黨領導下擁制度優勢

慶祝中國共產黨成立100周年
特別報道

梁振英：中共虛懷若谷 堅定自我完善

中國共產黨建黨百年，建立新中國，帶領國家走向繁榮富強，取得舉世矚目的偉大成就。全國政協副主席梁振英近日接受香港文匯報專訪時，將千言萬語化成一句：「我最佩服中國共產黨虛懷若谷的學習態度和精神。」由當年他僅20來歲、剛剛踏入社會就赴內地講課，到後來參與內地的土地使用制度改革，梁振英坦言共產黨當時不是毫無政治顧慮，但仍能下很大的決心，事不畏難，推進改革，開創新局。而從去年新冠肺炎爆發以來，共產黨領導人民凝聚起抗擊疫情的強大合力，在短時間內迅速控制疫情，「這凸顯制度優勢，而制度優勢裏一個很重要的組成部分，就是中國共產黨有力的領導。」

掃碼看片

●香港文匯報記者 歐陽文倩、沈清麗

●梁振英接受香港文匯報專訪，指自己最佩服中國共產黨虛懷若谷的學習態度和精神。香港文匯報記者 攝

時間拉回40多年前，中國內地還在實行計劃經濟。「我和共產黨最早的接觸是從1978年開始，在深圳開始講課，當時因應國家四個現代化的號召，內地剛剛改革開放。」梁振英說，當時在廣州，港澳同胞可以住到最好的酒店就是白雲賓館，賓館旁邊不做商業、旅遊，反而用來種菜，「當時市場不能在土地資源的配置中起作用。」

這樣的畫面在1988年後開始改變，轉捩點就在修改國家憲法，讓土地的使用權能夠有償轉讓，但土地的所有權依然屬於國家。梁振英說：「在1988年可以有償轉讓後，內地的房地產市場慢慢發展起來，通過市場的力量、通過老百姓的拚搏，去解決自己的住房問題。」根據中國人民銀行去年發布的調查，中國城鎮居民家庭住房自有率達到96%。

接觸市場經濟取長補短

梁振英說，當年24歲的他因而有機會在深圳講課，當時內地在社會主義的計劃經濟下，仍願意了解資本主義社會的情況、了解市場經濟下房地產市場的制度和政策，並取長補短，融會貫通，「形成我們今日所知的社會主義市場經濟，我覺得這是了不起的。」他說：「其實到今日我最佩服中國共產黨的是什麼呢？就是共產黨那種虛懷若谷的學習態度和精神。」

當年在上海、深圳的土地使用制度改革中，梁振英亦有參與其中，甚至幫忙譯英文稿，但他謙虛地說：「我的責任不過是提供技術方面的投入，政治路線上的領導是中國共產黨做的。」

他指當中國共產黨看到有自我完善的空間，無論是經濟、社會，甚至是政治制度的完善，共產黨都會去做，這個也是中國在共產黨領導下，在制度上的優勢。

以土地使用制度改革為例，梁振英坦言：「他們有無政治顧慮呢？是有的，因為當時一些人不是很明白，覺得上海是不是又變成『租界』，又要賣地，甚至是可以賣給外國人，因為我們第一次是國際招標，是容許賣給外國的投資者的，這就是上海市委市政府當年領導下，政治上他們決定去做的事。」

然後，內地大大小小的城市出現了由高樓大廈組成的天際線，這三十多年裏翻天覆地的變化，梁振英形容這是中國共產黨無論從理論或實踐方面的自我完善所取得的重大進步。

梁振英指出，對比之下，美英等資本主義國家，雖然明知政治制度和社會制度出了問題，如美國政黨受煙草公司、槍械公司的金錢捐獻影響等，但它們都是無法擺脫制度缺陷，更無法自我糾正和改良。

控疫成效佳 凸顯制度優勢

再看去年以來的抗疫，美英等國疫情反覆，民眾備受煎熬，而中國在共產黨領導下，凝聚起抗擊疫情的強大合力，防疫抗疫成就舉世矚目，完勝美英。梁振英說：「讓一個人口這麼大、人口密度這麼高的國家，在短時間內控制到疫情，這是世界上是沒有其他國家能做到的。這凸顯中國制度優勢，而制度優勢裏一個很重要的組成部分，就是中國共產黨有力的領導。」

籲公僕多讀文匯 加深了解國情

一般市民或許對國家的執政黨缺乏認識，但作為香港特區的公務員，就理應了解中國共產黨。不過，梁振英直言，香港公務員對共產黨的了解明顯不足，建議要多看《文匯報》、《大公報》，加強學習內地政治及經濟最新發展。他又指，中國共產黨對內地官員有「事不畏難」的要求，在目標定出來後，無論如何都要執行、達到，冀特區治港人才亦能有此擔當。

香港與內地關係如此緊密，梁振英認為香港公務員對共產黨的了解卻遠遠不足夠，建議他們多看《文匯報》、《大公報》，了解國家發展，假期也可與家人多到內地走走，「走遍大江南北、沿海城市、甚至西南邊陲地區，這對青年人的事業發展，人生眼界開闊都是很有幫助的。」

除了冀香港公務員有學習精神，梁振英亦認為公務員須謹記國家主席習近平所說的「為官避事平生恥」，要有擔當。他說，小至街頭蟻泊主動執法，大至看到社會問題提出改革措施，冀特區政府、立法會以至社會人士都能夠不失時機地提出自己的想法，一起討論，盡快通過立法，將想法變成現實，並付諸行動。

「完善選舉制度之後，香港能夠更好地發揮自己的潛力，為國家進一步發展、為民族復興，為香港自身的提升貢獻力量。」梁振英說，過去在拉布下，特區政府不管是成立法例，花幾千萬元公帑都被立法會拉布，就如他任特首時提出設立創新及科技局，都被反對派拉布拖延幾年才設立，而當年提出設立的文化局更是被反對派拉布拉死，「我們的特區政府不能發揮優勢，不能實現我們的理想。但現在完善選舉制度之後，就不存在這個問題了。」

「五十年不變」非因循守舊

他並認為，每個人都要不斷自我檢討，不能因循但不苟且地拿着既定做法一成不變，而應用實踐的成果作鑒定，「『捉到老鼠的就是好貓』，但今日老貓可能因為某些原因，在新形勢下捉不到老鼠，就要退役。香港社會也應該是這樣。過去大家都喜歡講『不變』，我覺得『五十年不變』有一種誤解，不變的是『一國兩制』、『港人治港』，高度自治，而不是某一條法律、政策、做事方式的不變，該變的東西是要變的。」

找準香港定位 融入國家大局

香港要融入國家發展大局，就須找準定位，扮演更積極角色。當年往返兩地的梁振英表示，當中有很多機會，並舉例香港可以在人民幣離岸中心、國際貿易中心等方面扮演更積極角色，配合國家提出的國內國際雙循環相互促進的新發展格局。

「『兩制』現時有很多東西可以取長補短，譬如香港現在的金融市場對內地的金融市場是一個很大的輔助，香港是全世界最大的人民幣離岸中心。」梁振英解釋，香港因「一國兩制」之利，有另一種貨幣制度，與內地可互相補充，而龐大的離岸人民幣資金池，也有利香港作為國際金融中心。他說：「我相信隨着人民幣在國際市場愈來愈被認受，流通量愈來愈大，香港能夠扮演的角色，在『一國』之內另一種制度的市場會越來越大。」

●梁振英早年參與深圳城市規劃，與眾人在深圳機場地盤合照。 資料圖片

香港作為國際貿易中心亦是另一亮點。梁振英表示，香港作為一個小城市，但有不完全的統計數字顯示，我們的貿易總量是GDP的三四倍，「為什麼會這樣呢？答案是我們買入的大多數商品並非香港本地所需，我們賣出的商品，幾乎全部不是香港所產。」

他指出，香港大概買了日本出口食品的四分之一，除香港本地市場的需求以外，更多的是轉賣到世界各地，為日本產品尋找第三方市場，也讓第三方市場得到商品，香港則在一買一賣中賺取利潤，三方得益，這亦是香港作為國際貿易中心的貿易服務本質。

中國內地作為世界工廠，同時是龐大的市場，香港的國際貿易優勢能從中發揮獨特作用。梁振英說：「香港很多同學讀工商管理、經濟等，除了做金融外，我請青年朋友想想，今天在國際貿易當中的地位，香港可以扮演什麼角色……這個我覺得作為香港下一個新的經濟增長點，很值得繼續研究。」

須讓港青感到有希望

談到香港青年融入國家發展大局，梁振英認為最重要是讓年輕人感到有希望，包括要切實解決年輕人關注的住屋問題，任何方案都拿出來討論可行性，否則年輕人覺得努力無成果，更不願到大灣區其他城市發展。

●梁振英早年不時義務到內地講課。 資料圖片

「一國兩制」成就彰顯黨具創造力

「一國兩制」是破天荒的偉大構想，史無前例。梁振英表示，這個「中國方案」，當年曾吸引外國官員特意來港取經；但當年亦有人詆毀，如諾貝爾經濟學獎得主費利民（Milton Friedman）就認為一個國家不能實行兩種貨幣制度，港幣最終會被人民幣取代。梁振英說：「後來的事實證明，中國共產黨是對的，費利民是錯的，我們一國之內不僅可以擁有兩種貨幣制度，還可以擁有兩種司法制度、法律制度、社會制度、政治制度等等。」

中聯辦主任駱惠寧近日在一個論壇上提到「沒有誰比中國共產黨更深切懂得『一國兩制』的價值」，梁振英對此十分認同。梁振英認為，如果中國共產黨不熟悉香港的價值，就不會在上世紀八十年代初正式提出以「一國兩制」、「港人治港」、高度自治方針收回香港。

梁振英表示，「一國兩制」剛提出時，一些港人和外國人士都對能否實踐有這樣那樣的疑問。他憶述，費利民當年就曾在香港公開講過，不理你一國之內有多少制，一國之內不可以有兩種貨幣，令不少人的信心受打擊，「他是經濟學者，我當時想要去反駁他這個問題，但身輕言微。後來事實證明，中國共產黨是對的，費利民是錯的。」

加西等國官員曾來港取經

「更多人是好奇想打開同樣的一扇門。」梁振英憶及，自己任基本法諮詢委員會秘書長時，曾有加拿大、西班牙等國官員來港取經，向他了解在基本法起草過程中，中國是如何解決「一國」之下「兩制」之間的問題，如何讓「港人治港」。

「『一國兩制』就是『中國方案』，在這方案下，香港維持穩定繁榮，又可以在方方面面反饋國家。」梁振英說，「我相信有面對類似問題、借鑒『一國兩制』這個偉大構思的國家，不是不想落實，而是沒辦法落實，沒有足夠的領導力去創新。」他說，在中國共產黨的帶領下，國家這些年的發展，向世界提供了很多有創造力的「中國方案」，「我看不到世界上那麼多政黨、政府有這樣的創造力。」

他表示，從1990年頒布基本法開始到現在已經31年，這31年中，不論是國內國際形勢還是經濟發展都發生了巨大變化，國家依然能夠在香港實踐好「一國兩制」中的另外一制，這亦說明了「一國兩制」具生命力茁壯成長，相信會持續下去。

●梁振英早年參與上海首次土地轉讓招標起草標書。 資料圖片

時間拉回 40 多年前，中國內地還在實行計劃經濟。「我和共產黨最早的接觸是從 1978 年開始，在深圳開始講課，當時因應國家四個現代化的號召，內地剛剛改革開放。」梁振英說，當時在廣州，港澳同胞可以住到最好的酒店就是白雲賓館，賓館旁邊不做商業、旅遊，反而用來種菜，「當時市場不能在土地資源的配置中起作用。」

這樣的畫面在 1988 年後開始改變，轉捩點就在修改國家憲法，讓土地的使用權能夠有償轉讓，但土地的所有權依然屬於國家。梁振英說：「在 1988 年可以有償轉讓後，內地的房地產市場慢慢發展起來，通過市場的力量、通過老百姓的拚搏，去解決自己的住房問題。」根據中國人民銀行去年發布的調查，中國城鎮居民家庭住房自有率達到 96%。

接觸市場經濟取長補短

梁振英說，當年 24 歲的他因而有機會在深圳講課，當時內地在社會主義的計劃經濟下，仍願意了解資本主義社會的情況、了解市場經濟下房地產市場的制度和政策，並取長補短，融會貫通，「形成我們今日所知的社會主義市場經濟，我覺得這是了不起的。」他說：「其實到今日我最佩服中國共產黨的是什麼呢？就是共產黨那種虛懷若谷的學習態度和精神。」

當年在上海、深圳的土地使用制度改革中，梁振英亦有參與其中，甚至幫忙譯英文稿，但他謙虛地說：「我的責任不過是提供技術方面的投入，政治路線上的領導是中國共產黨做的。」

他指當中國共產黨看到有自我完善的空間，無論是經濟、社會，甚至是政治制度的完善，共產黨都會去做，這個也是中國在共產黨領導下在制度上的優勢。

以土地使用制度改革為例，梁振英坦言：「他們有無政治顧慮呢？是有的，因為當時一些人不是很明白，覺得上海是不是又變成『租界』、又要賣地，甚至是可以賣給外國人。因為我們第一次是國際招標，是容許賣給外國的投資者的，這就是上海市委市政府當年領導下，政治上他們決定去做的事。」

然後，內地大大小小的城市出現了由高樓大廈組成的天際線，這三十多年裏翻天覆地的變化，梁振英形容這是中國共產黨無論從理論或實踐方面的自我

梁振英接受香港文匯報專訪，指自己最佩服中國共產黨虛懷若谷的學習態度和精神。

完善所取得的重大進步。

梁振英指出，對比之下，美英等資本主義國家，雖然明知政治制度和社會制度出了問題，如美國政黨受煙草公司、槍械公司的金錢捐獻影響等，但它們都無法擺脫制度缺陷，更無法自我糾正和改良。

控疫成效佳　凸顯制度優勢

再看去年以來的抗疫，美英等國疫情反覆、民眾備受煎熬。而中國在共產黨領導下，凝聚起抗擊疫情的強大合力，防疫抗疫成就舉世矚目，完勝美英。梁振英說：「讓一個人口這麼大、人口密度這麼高的國家，在短時間內控制到疫情，這世界上是沒有其他國家能做到的。這凸顯中國制度優勢，而制度優勢裏一個很重要的組成部分，就是中國共產黨有力的領導。」

「一國兩制」成就彰顯黨具創造力

「一國兩制」是破天荒的偉大構想，史無前例。梁振英表示，這個「中國方案」，當年曾吸引外國官員特意來港取經；但當年亦有人詆毀，如諾貝爾經濟學獎得主費利民（Milton Friedman）就認為一個國家不能實行兩種貨幣制度，港幣最終會被人民幣取代。梁振英說：「後來的事實證明，中國共產黨是對的，費利民是錯的，我們一國之內不僅可以擁有兩種貨幣制度，還可以擁有兩種司法制度、法律制度、社會制度、政治制度等等。」

中聯辦主任駱惠寧近日在一個論壇上提到「沒有誰比中國共產黨更深切懂得『一國兩制』的價值」，梁振英對此十分認同。梁振英認為，如果中國共產黨不熟悉香港的價值，就不會在上世紀八十年代初正式提出以「一國兩制」、「港人治港」、高度自治方針收回香港。

梁振英表示，「一國兩制」剛提出時，一些港人和外國人士都對能否實踐有這樣那樣的疑問。他憶述，費利民當年就曾在香港公開講過，不理你一國之內有多少制，一國之內不可以有兩種貨幣，令不少人的信心受打擊，「他是經濟學者，我當時想要去反駁他這個問題，但身輕言微。後來事實證明，中國共產黨是對的，費利民是錯的。」

加西等國官員曾來港取經

「更多人是好奇想打開同樣的一扇門。」梁振英憶及，自己任基本法諮詢委員會秘書長時，曾有加拿大、西班牙等國官員來港取經，向他了解在基本法起草過程中，中國是如何解決「一國」之下「兩制」之間的問題，如何讓「港人治港」。

「『一國兩制』就是『中國方案』。在這方案下，香港維持穩定繁榮，又可以在方方面面反饋國家。」梁振英說，「我相信有面對類似問題、借鑒『一國兩制』這個偉大構思的國家，不是不想落實，而是沒辦法落實、沒有足夠的領導力去創新。」他說，在中國共產黨的帶領下，國家這些年的發展，向世界提供了很多有創造力的「中國方案」，「我看不到世界上那麼多政黨、政府有這樣的創造力。」

他表示，從 1990 年頒布基本法開始到現在已經 31 年，這 31 年中，不論是國內國際形勢還是經濟發展都發生了巨大變化，國家依然能夠在香港實踐好「一國兩制」中的另外一制，這亦說明了「一國兩制」具生命力茁壯成長，相信會持續下去。

梁振英早年不時到內地義務講課。

梁振英早年參與上海首次土地轉讓招標起草標書。

籲公僕多讀文匯 加深了解國情

一般市民或許對國家的執政黨缺乏認識，但作為香港特區的公務員，就理應了解中國共產黨。不過，梁振英直言，香港公務員對共產黨的了解明顯不足，建議要多看《文匯報》、《大公報》，加強學習內地政治及經濟最新發展。他又指，中國共產黨對內地官員有「事不畏難」的要求，在目標定出來後，無論如何都要執行、達到，冀特區治港人才亦能有此擔當。

香港與內地關係如此緊密，梁振英認為香港公務員對共產黨的了解卻遠遠不足夠，建議他們多看《文匯報》、《大公報》，了解國家發展，假期也可與家人多到內地走走，「走遍大江南北、沿海城市，甚至西南邊陲地區，這對青年人的事業發展，人生眼界開闊都是很有幫助的。」

除了冀香港公務員有學習精神，梁振英亦認為公務員須謹記國家主席習近平所說的「為官避事平生恥」，要有擔當。他說，小至街頭違泊主動執法，大至看到社會問題提出改革措施，冀特區政府、立法會以至社會人士都能夠不失時機地提出自己的想法，一起討論，盡快通過立法，將想法變成現實，並付諸行動。

「完善選舉制度之後，香港能夠更好地發揮自己的潛力，為國家進一步發展、為民族復興、為香港自身的提升貢獻力量。」梁振英說，過去在拉布下，特區政府不管是成立法例、花幾千萬元公帑都被立法會拉布，就如他任特首時提出設立創新及科技局，都被反對派拉布拖延幾年才設立，而當年提出設立的文化局更是被反對派拉布拉死，「我們的特區政府不能發揮優勢，不能實現我們的理想。但現在完善選舉制度之後，就不存在這個問題了。」

「五十年不變」非因循守舊

他並認為，每個人都要不斷自我檢討，不能因循但不苟且地拿着既定做法一成不變，而應用實踐的成果作鑒定，「『捉到老鼠的就是好貓』，但今日老貓可能因為某些原因，在新形勢下捉不到老鼠，就要退役。香港社會也應該是這樣。過去大家都喜歡講『不變』，我覺得『五十年不變』有一種誤解，不變的是『一國兩制』、『港人治港』、高度自治，而不是某一條法律、政策、做事方式的不變，該變的東西是要變的。」

找準香港定位　融入國家大局

香港要融入國家發展大局，就須找準定位，扮演更積極角色。常年往返兩地的梁振英表示，當中有很多機會，並舉例香港可以在人民幣離岸中心、國際貿易中心等方面扮演更積極角色，配合國家提出的國內國際雙循環相互促進的新發展格局。

「『兩制』現時有很多東西可以取長補短，譬如香港現在的金融市場對內地的金融市場是一個很大的輔助，香港是全世界最大的人民幣離岸中心。」梁振英解釋，香港因「一國兩制」之利，有另一種貨幣制度，與內地可互相補充，而龐大的離岸人民幣資金池，也有利香港作為國際金融中心。他說：「我相信隨着人民幣在國際市場愈來愈被認受，流通量愈來愈大，香港能夠扮演的角

梁振英早年參與深圳城市規劃，與眾人在深圳機場地盤合照。

色，在『一國』之內另一種制度的市場會越來越大。」

香港作為國際貿易中心亦是另一亮點。梁振英表示，香港作為一個小城市，但有不完全的統計數字顯示，我們的貿易總量是GDP的三四倍，「為什麼會這樣呢？答案是我們買入的大多數商品並非香港本地所需，我們賣出的商品，幾乎全部不是香港所產。」

他指出，香港大概買了日本出口食品的四分之一，除香港本地市場的需求以外，更多的是轉賣到世界各地，為日本產品尋找第三方市場，也讓第三方市場得到商品，香港則在一買一賣中賺取利潤，三方得益，這亦是香港作為國際貿易中心的貿易服務本質。

中國內地作為世界工廠，同時是龐大的市場，香港的國際貿易優勢能從中發揮獨特作用。梁振英說：「香港很多同學讀工商管理、經濟等，除了做金融外，我請青年朋友想想，今天在國際貿易當中的地位，香港可以扮演什麼角色……這個我覺得作為香港下一個新的經濟增長點，很值得繼續研究。」

須讓港青感到有希望

談到香港青年融入國家發展大局，梁振英認為最重要是讓年輕人感到有希望，包括要切實解決年輕人關注的住屋問題，任何方案都拿出來討論可行性，否則年輕人覺得努力無成果，更不願到大灣區其他城市發展。

（原載香港文匯報 2021 年 6 月 28 日 A4 版，記者歐陽文倩、沈清麗）

林鄭月娥：

黨以人民為中心 為港人謀福祉

「中國共產黨與『一國兩制』主題論壇」
二〇二一年六月十二日在香港舉行，香港特別行政區
行政長官林鄭月娥出席並致辭。

黨以人民為中心　為港人謀福祉

行政長官林鄭月娥在「中國共產黨與『一國兩制』主題論壇」上致辭（全文）

慶祝中國共產黨成立100周年

以下是行政長官林鄭月娥六月十二日出席「中國共產黨與『一國兩制』主題論壇」致辭：

尊敬的董建華副主席（全國政協副主席）、梁振英副主席（全國政協副主席）、駱惠寧主任（中央人民政府駐香港特別行政區聯絡辦公室主任）、鄭雁雄署長（中央人民政府駐香港特別行政區維護國家安全公署署長）、劉光源特派員（中華人民共和國外交部駐香港特別行政區特派員公署特派員）、蔡永中政委（中國人民解放軍駐香港部隊政治委員）、各位嘉賓、各位同事：

大家早上好。我很榮幸今天獲邀出席由中央駐港機構為隆重慶祝中國共產黨成立一百周年而舉辦的中國共產黨與「一國兩制」主題論壇，與各位共同回顧和見證一個以人民為中心的政黨在一百年來為人民奮鬥的輝煌歷程。

中國共產黨成立於一九二一年，由建黨之初的50多名黨員，發展成為今天擁有超過9,000萬名黨員、世界上最大的執政黨。只要翻開中國近代史，就能看到中國共產黨誕生於國家貧弱、民族危亡之際，眼見封建統治腐朽無能、外國霸權肆意入侵，不少中華兒女，不怕犧牲、英勇奮鬥，追求民族獨立、人民解放、國家富強，寫下了波瀾壯闊的篇章。大家要重溫這段有血有肉、可歌可泣的歷史，可以觀看中央廣播電視總台為慶祝中國共產黨百年華誕而製作的節目。

中國共產黨在探索中成長和壯大，領導全國各族人民走上最符合中國利益和實際情況的發展道路。根據《中華人民共和國憲法》第一條，社會主義制度是中華人民共和國的根本制度，而中國共產黨領導是中國特色社會主義最本質的特徵。憲法以國家根本大法的形式，確認了中國共產黨在國家中的領導地位。

習近平總書記曾強調：「中國共產黨是為中國人民謀幸福的政黨，也是為人類進步事業而奮鬥的政黨。中國共產黨始終把為人類作出新的更大的貢獻作為自己的使命。」「中國共產黨所做的一切，就是為中國人民謀幸福、為中華民族謀復興、為人類謀和平與發展。」

事實勝於雄辯，在中國共產黨領導下，中華民族至今，實現了從站起來到富起來再到強起來的偉大飛躍，新中國無論在經濟、社會、文化、科技等領域均取得輝煌成就，在國際間的地位也與日俱增，成績當令每一個中國人驕傲。國家現在已經成為世界第二大經濟體、第一大工業國、第一大貨物貿易國及第一大外匯儲備國，現時人均生產總值超過一萬美元，人民生活大大改善。國家也成為推動世界經濟增長的主要引擎，在國際舞台多個領域都發揮極為重要的影響力。通過積極推動雙邊及多邊關係的發展，以及「一帶一路」倡議，連繫不同國家和地域，以共商、共建、共享的原則造福各地人民，為構建人類命運共同體作出重大貢獻。在面對新冠肺炎的嚴峻挑戰時，國家採取果斷措施，成功控制疫情，在世界主要經濟體中率先回復經濟增長，並積極支援世界衞生組織和其他國家的抗疫工作。今年我國也在脫貧攻堅戰取得了全面勝利，體現了黨對人民福祉的重視。

◎林鄭月娥致辭。　香港文匯報記者 攝

香港在一九九七年七月一日順利回歸祖國是中國共產黨百年偉業的一個重要組成部分，在過程中也體現了中國共產黨的特徵和治國理念。中國共產黨以洗雪中華民族百年屈辱和統一祖國為其歷史使命。在中英兩國政府就香港前途問題進行外交談判的過程中，黨和中央政府由始至終堅定不移的基本立場，就是主權問題不是一個可以討論的問題，主權與治權是不可分的。

在主權不可妥協的前提下，香港的順利回歸也充分反映中國共產黨對港人切身利益的充分關懷。考慮到香港長期受西方思想的影響，不少港人對內地有一定的疑慮。為了讓港人能最大程度保留他們熟悉的制度和生活方式，中國共產黨和中央政府提出了「一個國家，兩種制度」的開創性構想。正如鄧小平先生所說：「我們採取『一個國家，兩種制度』的辦法解決香港問題，完全是從實際出發的，是充分照顧到香港的歷史和現實情況的。」在祖國統一的前提下，國家的主體實行社會主義制度，同時在香港保持原有的資本主義制度和生活方式五十年不變，享有高度自治權。唯有秉持以人民為中心的根本理念，真正關心香港同胞福祉的中國共產黨才能實行這樣開明的制度。事實上，中央對港人的關懷早已有之，如上世紀六十年代通過「三趟快車」、安排東江水供港，向香港同胞提供物資支援；回歸後出台一系列惠港政策，提升香港的國際金融、貿易、航運中心地位；到最近國家「十四五規劃」支持香港發展國際創新科技中心、中外文化藝術交流中心等，都體現了中國共產黨心繫香港同胞，為港人謀福祉的一貫立場。

過去兩年，香港面對前所未有的政治衝擊，出現了危害國家安全的極大風險。在黨的領導下，中央始終依照《憲法》和《基本法》辦事，堅持「一國兩制」原則，解決香港問題，頒布實施《香港國安法》，及時讓香港由亂向治，完善特區的選舉制度，確保「愛國者治港」。在這個極不容易的過程中，中央堅守對「一國兩制」的初心，充分展現了中國共產黨對理想的堅持、對信念的堅定，和那份來自共產黨制度優勢的自信。作為現任行政長官，深度參與過去兩年有關的工作，這是我的深刻體會。習近平總書記曾經說過：「理想信念是共產黨人精神上的『鈣』，理想信念堅定，骨頭就硬，沒有理想信念，或理想信念不堅定，精神上就會『缺鈣』，就會得『軟骨病』。」

各位嘉賓，在慶祝中國共產黨成立一百周年和香港回歸祖國二十四周年的重大時刻，就讓我們以那份崇高的民族自尊、堅定的理想信念和為人民服務的精神，準確貫徹「一國兩制」，確保香港長期繁榮穩定，為實現中華民族偉大復興的中國夢作出香港應有的貢獻。

謝謝大家。

美國駐港澳總領事史墨客（Hanscom Smith）日前在接受個別媒體訪問中聲稱，香港國安法已經形成一種「壓制氛圍」，中國外交部駐港特派員公署發言人發表聲明，強烈譴責和堅決反對史墨客信口雌黃、顛倒黑白，公然污衊香港國安法的言論，並批評史墨客唱衰香港發展前景，已嚴重背離領事官員身份和職責，強調外國駐港領事機構必須尊重、遵守香港國安法以及包括《維也納領事關係公約》在內的國際法和國際關係基本準則，不得打着「言論自由」的幌子干涉中國內政和香港事務，不得從事任何危害中國國家安全、破壞香港繁榮穩定的行為和活動。

◎香港文匯報記者 鄺治祖

外交公署強烈譴責史墨客顛倒黑白

干涉中國內政毀港繁榮　背離領事官員身份職責

史墨客日前接受個別媒體訪問中聲稱對香港自由和自治程度「倒退」感到「心痛」，更聲言香港國安法「威脅香港的自由」「不利商業發展，影響香港國際商業中心的地位」。

就英美等國駐港領事一直頻頻與香港攬炒派中人甚至黑暴分子接觸，甚至發出「指示」，史墨客則倒打一耙稱，中方「詆毀」外國駐港人員的日常外交活動，例如與「民主派人士會面」等。

暴露美雙標偏見霸權嘴臉

外交部駐港特派員公署發言人在聲明中表示，香港國安法撥亂反正，正本清源，填補了香港維護國家安全漏洞，結束了「港獨」猖狂，扭轉了「黑暴」亂局，香港迎來由亂轉治的重大轉折，開啟由治及興的嶄新篇章。美國自己擁有全世界最密不透風、適用於包括海外領地在內每一寸領土的國家安全法律，動輒濫用國家安全名義損害別國合法權益，卻反過頭來詆毀阻撓中方制定實施香港國安法，暴露出赤裸裸的雙重標準、意識形態偏見和霸權嘴臉。

發言人強調，香港回歸以來，中國中央政府嚴格依據憲法和基本法落實「一國兩制」，香港的自由度、司法、法治等國際排名大幅躍升並長期排在美國之前，港人享有殖民統治時期從未有過的廣泛權利和自由。美方自身人權狀況不忍卒視，種族歧視和警察暴力此起彼伏，槍支交易和槍擊事件創歷史新高。最近民調顯示，53個國家和地區的受訪者將美國視為全球民主的最大威脅。「美方沒有任何資格打着『人權』和『民主』的幌子干預香港事務！」

「無視事實惡意唱衰港前景」

發言人強調，香港國安法實施近一年來，香港社會重回安定，走上正軌，國際資金持續湧入，外國在港企業對香港更有信心。香港美國商會的一項調查顯示，77%的受訪者認為香港的生活品質良好，55%認為香港商業環境優異，國際貨幣基金組織剛剛發表的報告再次肯定香港國際金融中心的地位，對香港發展前景投下信任票。「美有關官員無視事實，憑空捏造，惡意唱衰香港發展前景，就是睜着眼睛說瞎話，見不得香港好、見不得中國好！」

發言人強調，中方一直為外國駐港領事機構依法履職提供必要協助和支持。同時，外國駐港領事機構必須尊重、遵守香港國安法以及包括《維也納領事關係公約》在內的國際法和國際關係基本準則，不得打着「言論自由」的幌子干涉中國內政和香港事務，不得從事任何危害中國國家安全、破壞香港繁榮穩定的行為和活動。

◎外交公署強烈譴責和堅決反對史墨客公然污衊香港國安法的言論。圖為有團體早前抗議美國干涉中國內政。　資料圖片

《蘋果》借「疫症起源」抹黑公民科

香港文匯報訊（記者 于錦言）公民與社會發展科（公民科）新課程將於9月新學年於全港中四級開展，為助教師了解該課程的具體情況，教育局前日舉辦網上師訓研討會介紹詳情及教學時注意事項。別有用心的《蘋果日報》對此大做文章，大字標題稱教育局「禁師生討論（新冠）疫症起源」，意圖誤導群眾、抹黑公民科。有教育界人士及家長代表指，所謂「疫症起源」充斥陰謀論，世衞專家仍在調查中，在欠缺客觀事實作基礎的情況下，課堂不討論是理所當然的事，批評有關報道借機炒作，意圖挑起矛盾。

公民科課程文件表明，發展當中的事件或議題，因極具爭議且欠缺足夠客觀可信的資訊，加上會因應事件發展而改變，難以讓學生展開持平和具證據支持的討論，「故不宜用作探究題材，以免學生誤解事件發展和過早作出判斷」。

在前日研討會，教育局官員便以疫情為例說明，指學生可透過政府製作的教材及客觀可信數據學習防疫及公共衞生知識，惟所謂「疫症起源」並無充分客觀證據，教師不應該與學生討論。《蘋果》就借機將之炒作成為「禁師生討論疫症起源」，又意有所指地稱，研討會「提醒」教師教學時應強調「香港自古是中國的領土」、「香港政制是以行政長官為首的行政主導」等，再引述教協稱研討會相關內容「了無新意」云云。

黃晶榕：無視事實借機炒作

創知中學校長黃晶榕表示，任何社會相關的議題應基於客觀角度作討論，但新冠肺炎起源本身有很多疑點，世衞組織正在調查，疑點重重之下，「專家都無法判斷的事，老師及學生怎麼有能力判斷？課堂不討論是理所當然的」，認為相關報道無視事實借機炒作。

他又表示，香港自古是中國的領土，無論從歷史、文化等角度都是無爭議的，而香港行政主導制度亦非常清晰；惟過去有些別有用心的人及媒體卻以通識科所謂「批判思維」為藉口，硬將客觀事實扭曲成「爭議」，進而誤導及荼毒學生。

他強調，公民科改革正是為了撥亂反正，研討會中教育局的說法，便是要確保教師教學時向學生教授正確知識。

奚炳松：別有用心挑起矛盾

香港優質家長學會總幹事奚炳松指，近年不少「黃師」將個人政治理念套用在教學中，試圖影響學生的思維，而過去通識科標榜所謂「批判思考」，亦放大了年輕人反叛性，最終讓修例風波中大批學生失去應有的守法意識，走向歪路被法律制裁。

對新的公民科銳意改變有關問題，強調不應誤導學生及要教授客觀知識，卻遭炒作抹黑，他批評《蘋果》等別有用心的傳媒，常利用類似的誘導及模糊化手段炮製「假新聞」，只為了要挑起社會矛盾，認為政府應對有關行為加以譴責及考慮立法監管。

平機會倡立法禁族內歧視

香港文匯報訊（記者 美叙）內地人或少數族裔人士在港生活一直備受歧視，包括遭店舖拒絕招待、被路人踢餸等，令他們飽受中傷和騷擾。平機會主席朱敏健昨日出席電台節目時表示，相關事情需要在法例方面下更多功夫，平機會已就內地居民免受歧視的法律研究報告於3月底完成，將提供多項建議，包括清楚訂立族內歧視屬違法行為。

自內地開放個人遊以來，兩地的文化差異，導致兩地矛盾不斷增加，有店舖更張貼「不招待講普通話」的告示，拒絕接待內地人，也有港人會鄙視拉着行李箱的內地人，甚至「踢篋」，歧視行為頻生，讓內地人生活受盡折磨。

朱敏健表示，內地人在港生活不時受不禮貌對待、騷擾或者中傷，因此認為需採取相關法律研究和行動堵截問題。他指，相關的法律研究已經於3月底完成，並向政府提出不同的立法方式作為參考，包括建議清楚訂立族內歧視屬違法行為，以及加入居民身份歧視條款，如新來港、過境旅客等內地人，來源地不同的居民在港受歧視對待均屬違法。

他續指，現行四項反歧視的條例訂明均必須收到相關投訴才能採取民事程序，因此報告亦建議日後容許平機會在沒有投訴人的情況下，仍能夠進行調查和採取適當法律行動。

打針差別待遇　視乎合理必要性

另外，針對不少工商界推出誘因鼓勵員工打針，未有打針的員工卻未受惠，朱敏健指出，有關政策會否觸犯歧視條例，必須視乎措施的合理性及必要性，不能一概而論。例如，《殘疾歧視條例》第六十一條列明，若僱主以保障公共衞生為由，包括防疫，而推行一些措施如打針等，因而造成差別待遇，如停職、不獲獎金或解僱，如屬「合理而需要」，就不受《殘疾歧視條例》規管。又例如酒店因虧損而「裁減不必要冗員」，則屬於勞工範疇而非歧視。

我很榮幸今天獲邀出席由中央駐港機構為隆重慶祝中國共產黨成立一百周年而舉辦的「中國共產黨與『一國兩制』主題論壇」，與各位共同回顧和見證一個以人民為中心的政黨在一百年來為人民奮鬥的輝煌歷程。

中國共產黨成立於 1921 年，由建黨之初的 50 多名黨員，發展成為今天擁有超過 9,000 萬名黨員、世界上最大的執政黨。只要翻開中國近代史，就能看到中國共產黨誕生於國家貧弱、民族危亡之際，眼見封建統治腐朽無能、外國霸權肆意入侵，不少中華兒女，不怕犧牲、英勇奮鬥，追求民族獨立、人民解放、國家富強，寫下了波瀾壯闊的篇章。大家要重溫這段有血有肉、可歌可泣的歷史，可以觀看中央廣播電視總台為慶祝中國共產黨百年華誕而製作的節目。

中國共產黨在探索中成長和壯大，領導全國各族人民走上最符合中國利益和實際情況的發展道路。根據《中華人民共和國憲法》第一條，社會主義制度是中華人民共和國的根本制度，而中國共產黨領導是中國特色社會主義最本質的特徵。憲法以國家根本大法的形式，確認了中國共產黨在國家中的領導地位。

習近平總書記曾強調：「中國共產黨是為中國人民謀幸福的政黨，也是為人類進步事業而奮鬥的政黨。中國共產黨始終把為人類作出新的更大的貢獻作為自己的使命」；「中國共產黨所做的一切，就是為中國人民謀幸福、為中華民族謀復興、為人類謀和平與發展」。

事實勝於雄辯，在中國共產黨領導下，中華民族至今，實現了從站起來到富起來再到強起來的偉大飛躍，新中國無論在經濟、社會、文化、科技等領域均取得輝煌成就，在國際間的地位也與日俱增，成績當令每一個中國人驕傲。國家現在已經成為世界第二大經濟體、第一大工業國、第一大貨物貿易國及第一大外匯儲備國，現時人均生產總值超過一萬美元，人民生活大大改善。國家也成為推動世界經濟增長的主要引擎，在國際舞台多個領域都發揮極為重要的影響力。通過積極推動雙邊及多邊關係的發展，以及「一帶一路」倡議，連繫

林鄭月娥致辭。

不同國家和區域，以共商、共建、共享的原則造福各地人民，為構建人類命運共同體作出重大貢獻。在面對新冠肺炎的嚴峻挑戰時，國家採取果斷措施，成功控制疫情，在世界主要經濟體中率先回復經濟增長，並積極支援世界衞生組織和其他國家的抗疫工作。今年我國也在脫貧攻堅戰取得了全面勝利，體現了黨對人民福祉的重視。

香港在 1997 年 7 月 1 日順利回歸祖國是中國共產黨百年偉業的一個重要組成部分，在過程中也體現了中國共產黨的特徵和治國理念。中國共產黨以洗雪中華民族百年屈辱和統一祖國為其歷史使命。在中英兩國政府就香港前途問題進行外交談判的過程中，黨和中央政府由始至終堅定不移的基本立場，就是主權問題不是一個可以討論的問題，主權與治權是不可分的。

在主權不可妥協的前提下，香港的順利回歸也充分反映中國共產黨對港人切身利益的充分關懷。考慮到香港長期受西方思想的影響，不少港人對內地有一定的疑慮。為了讓港人能最大程度保留他們熟悉的制度和生活方式，中國共產黨和中國政府提出了「一個國家，兩種制度」的開創性構想。正如鄧小平先生所說：「我們採取『一個國家，兩種制度』的辦法解決香港問題，完全是從實際出發的，是充分照顧到香港的歷史和現實情況的」。在祖國統一的前提下，國家的主體實行社會主義制度，同時在香港保持原有的資本主義制度和生活方式五十年不變，享有高度自治權。唯有秉持以人民為中心的根本理念，真正關心香港同胞福祉的中國共產黨才能實行這樣開明的制度。事實上，中央對港人的關懷早已有之，如上世紀六十年代通過「三趟快車」、安排東江水供港，向香港同胞提供物資支援；回歸後出台一系列惠港政策，提升香港的國際金融、貿易、航運中心地位；到最近國家「十四五」規劃支持香港發展國際創新科技中心、中外文化藝術交流中心等，都體現了中國共產黨心繫香港同胞，為港人謀福祉的一貫立場。

過去兩年，香港面對前所未有的政治衝擊，出現了危害國家安全的極大風險。在黨的領導下，中央始終依照憲法和基本法辦事，堅持「一國兩制」原則，解決香港問題，頒布實施香港國安法，及時讓香港由亂向治，完善特區的選舉制度，確保「愛國者治港」。在這個極不容易的過程中，中央堅守對「一國兩制」的初心，充分展現了中國共產黨對理想的堅持、對信念的堅定，和那份來自共產黨制度優勢的自信。作為現任行政長官，深度參與過去兩年有關的工作，這是我的深刻體會。習近平總書記曾經說過：「理想信念是共產黨人精神上的『鈣』，理想信念堅定，骨頭就硬，沒有理想信念，或理想信念不堅定，精神上就會『缺鈣』，就會得『軟骨病』」。

各位嘉賓，在慶祝中國共產黨成立一百周年和香港回歸祖國二十四周年的重大時刻，就讓我們以那份崇高的民族自尊、堅定的理想信念和為人民服務的精神，準確貫徹「一國兩制」，確保香港長期繁榮穩定，為實現中華民族偉大復興的中國夢作出香港應有的貢獻。

謝謝大家。

（原載香港文匯報 2021 年 6 月 13 日 A13 版）

駱惠寧：百年偉業的「香江篇章」

「中國共產黨與『一國兩制』主題論壇」二〇二一年六月十二日在香港舉行，香港中聯辦主任駱惠寧發表主旨演講。

「一國兩制」的法治和民主

全國政協副主席梁振英在「中國共產黨與『一國兩制』主題論壇」上致辭(全文)

董建華副主席，林鄭月娥行政長官，駱惠寧主任，鄭雁雄署長，劉光源特派員，蔡永中政委，各位嘉賓，各位朋友，

大家上午好。

我想談談「一國兩制」下的法治和民主。

中國共產黨是「一國兩制」的創造者，是和平統一中國的實現者。1984年12月19日，在共產黨領導下，中國政府和英國政府完成談判，成功地按照「一個國家」，「兩種制度」，「港人治港」，高度自治的國策，實現了長期以來中國人民收回香港的共同願望，保持了香港的繁榮穩定，並聲明：中華人民共和國全國人民代表大會將以中華人民共和國香港特別行政區基本法規定之」。《香港特別行政區基本法》既是全國性法律，也是香港特別行政區的法律，將中央對地方的基本方針政策以全國性法律和香港法律「規定之」，在全國範圍內遵守，是法治的最高體現，奠定了中國共產黨領導的中國政府授權「港人治港」的法律依據。

1985年4月10日，全國人民代表大會決定成立《基本法起草委員會》。在第一次會議上，《基本法起草委員會》決定用五年時間起草《基本法》，並發起籌組《基本法諮詢委員會》(《諮委會》)。

《基本法》的諮詢，為期四年多，是香港至今時間最長、規模最大、具有廣泛代表性的諮詢工作。《諮委會》的180名委員來自工商、勞工、政界、專業、宗教、公務人員、小販、教師、學生等多個界別，也有外籍人士。

《諮委會》設專題小組，在會內會外展開廣泛的諮詢，包括設立會見市民制度，讓市民可以當面表達意見。《諮委會》並將諮詢所得，形成了大量包括專題報告和逐條的條文報告等，供社會和《起草委員會》參考，市民反應熱烈，索取的報告超過12萬份。

1988和1989年，《諮委會》分別就《基本法徵求意見稿》和《基本法草案》進行了全港性的深入諮詢工作，每次諮詢，香港市民都取閱了近100萬本文本，並據此反饋意見。

※梁振英致辭。 香港文匯報記者 攝

以這種態度和方式起草《基本法》，是民主的最高體現。

中國共產黨不僅開創了以「一國兩制」和平解決歷史遺留下來的領土和主權問題的先河，也樹立了法治和民主的典範。

謝謝大家。

百年偉業的「香江篇章」

香港中聯辦主任駱惠寧在「中國共產黨與『一國兩制』主題論壇」上的主旨演講(全文)

(2021年6月12日)

慶祝中國共產黨成立100周年

「中國共產黨與「一國兩制」主題論壇」昨日在港舉行，香港中聯辦主任駱惠寧發表主旨演講。以下為演講全文：

※駱惠寧發表主旨演講。 香港文匯報記者 攝

尊敬的董建華副主席、梁振英副主席，

林鄭月娥行政長官，

各位嘉賓，各位朋友：

大家上午好！再過十幾天，就是中國共產黨百年華誕，也是香港回歸祖國24周年。今天，中央駐港機構很高興與特區政府、社會各界一道，共同回顧中國共產黨領導「一國兩制」事業走過的非凡歷程，從歷史中汲取繼續前進的智慧和力量。

百年前的中國，山河破碎，民不聊生，中華民族深陷半殖民地半封建社會的苦難深淵。百年後的今天，中華民族已經迎來從站起來、富起來到強起來的偉大飛躍。是中國共產黨團結帶領中國人民實現了這一翻天覆地的歷史巨變。習近平總書記深刻指出，「我們黨的一百年，是矢志踐行初心使命的一百年，是篳路藍縷奠基立業的一百年，是創造輝煌開闢未來的一百年」。香港以自己的特殊經歷融入了這部壯麗史詩，「一國兩制」事業成為其中的華彩篇章。

——中國共產黨開創了「一國兩制」事業。上世紀八十年代，為解決歷史遺留問題，鄧小平等中國共產黨人從國家民族整體利益和香港同胞切身利益出發，創造性地提出了「一國兩制」偉大構想。此後十多年，中國共產黨領導制定香港基本法，構建「一國兩制」制度框架，籌建第一個特別行政區，實現了舉世關注的香港平穩過渡和順利回歸。在當時資本主義和社會主義兩大陣營尖銳對立的背景下，作出「一國兩制」政治決斷，需要何等的胸懷和勇氣？直至今天，我們依然可以如此發問：世界上還有哪個執政黨會允許在一國之內實行兩種社會制度？「一國兩制」的偉大創舉，改變了歷史上但凡收復失地就要大動干戈的所謂定勢，是中國共產黨人充滿政治智慧的時代創造，在人類政治文明史上寫下了光彩奪目的中國方案。

——中國共產黨發展了「一國兩制」事業。回歸以來，中國共產黨領導香港「一國兩制」事業在探索中不斷前進。**政治上，**正確處理維護中央全面管治權和保障特別行政區高度自治權的關係，就基本法五次釋法，頒布實施香港國安法，完善特別行政區選舉制度，香港「一國兩制」的憲制基礎愈加完善。**經濟上，**把發揮祖國內地堅強後盾作用和提高香港自身競爭力有機結合，出台系列政策惠港惠民，支持香港抵禦兩次金融危機和兩次重大疫情，使香港在各種風雨來襲時始終堅挺不倒。**文化上，**鼓勵香港發揮國際大都會中外文化交融的優勢，擴大深化與內地交流合作，廣泛參與國際文化藝術交流活動，香港的國際影響力日益提升。我很想知道，那些在回歸前斷定「香港已死」的西方媒體，該如何解釋香港「持續多年被評選為全球最具競爭力地區」這一事實？可以推斷，那些今天仍在唱衰香港、宣稱「兩制已死」的人，歷史將繼續以無可辯駁的事實回應他們的無知與偏見。

——中國共產黨捍衛了「一國兩制」事業。回歸以來，香港「一國兩制」實踐取得了舉世公認的成功。但在反中亂港勢力的煽惑下，也出現了「積非成是」的觀念誤區和「變形」「走樣」的現實風險。特別是2019年爆發的「修例風波」，嚴重踐踏法治和社會秩序，嚴重破壞香港繁榮穩定，嚴重挑戰「一國兩制」原則底線。許多人擔憂，「一國兩制」還能不能搞下去？面對香港回歸以來最嚴峻的局面，以習近平同志為核心的黨中央堅持依法治港，築牢了維護國家安全的防線，維護了「愛國者治港」根本原則，粉碎了反中亂港勢力「顏色革命」的圖謀，「一國兩制」重回正軌。很難設想，如果沒有中央一系列撥亂反正的重大決策，香港如何能從「黑暴」「攬炒」中走出，又怎能迎來由亂及治的重大轉折？正是在此過程中，香港各界進一步認識到，「一國」是「兩制」的前提和基礎；「一國」是根，根深才能葉茂；「一國」是本，本固才能枝榮。

嘉賓們、朋友們！

歷史記錄過去，也鏡鑒未來。「一國兩制」在香港的實踐歷程，帶給我們諸多教益和啟迪。

第一，推進「一國兩制」事業，必須堅持和維護中國共產黨的領導。歷史告訴我們，沒有共產黨就沒有新中國，就沒有中國特色社會主義，就沒有「一國兩制」，也就沒有香港的順利回歸和回歸後的繁榮穩定。中國共產黨的領導地位，是歷史和人民的選擇。中國共產黨是憲法規定的中國特色社會主義的領導者，也是當之無愧的「一國兩制」事業的創立者、領導者、踐行者和維護者。沒有誰比中國共產黨更深切懂得「一國兩制」的價值，沒有誰比中國共產黨更執着堅守「一國兩制」的初心。那些叫囂「結束一黨專政」，否定黨對「一國兩制」事業領導的人，那些企圖把香港作為地緣政治的棋子、遏制中國的工具、滲透內地橋頭堡的人，是在毀壞「一國兩制」制度根基，是香港繁榮穩定的真正大敵。**事實將繼續證明，**維護中國共產黨的領導，就是維護「一國兩制」，就是維護憲法和基本法確定的特別行政區憲制秩序，就是維護香港的光明前途和香港同胞的根本福祉。

第二，推進「一國兩制」事業，必須不斷完善同憲法和基本法實施相關的制度和機制。制度的生命在於自我革新、自我發展。過去24年，中國共產黨不斷豐富發展「一國兩制」理論和實踐，將「一國兩制」從治國理政的「嶄新課題」和「重大課題」，提升為中國特色社會主義的「基本方略」和「顯著優勢」，以香港治理的成就豐富了黨在新時代治國理政的內涵。面向未來，在國家不斷推進治理體系和治理能力現代化、中國特色社會主義制度更加成熟定型的過程中，中央將繼續堅持和完善「一國兩制」制度體系，香港與憲制秩序相關的制度機制，有效的要堅持，缺失的要修補，跑偏的要糾正，過時的要更新。**事實將繼續證明，**堵塞了漏洞、彌補了缺陷、兼顧各方利益的「一國兩制」制度體系，將更好維護國家主權、安全和發展利益，更好落實中央全面管治權，更好促進香港長期繁榮穩定，更好保障香港居民的自由和民主權利。

第三，推進「一國兩制」事業，必須推動香港更好融入國家發展大局。香港的命運從來同祖國緊密相連，國家發展始終是香港發展的最大依託。早在上世紀六十年代內地經濟十分困難的情況下，中央即投巨資興建東深供水工程，開通「三趟快車」，保障了香港80%的用水和90%以上的鮮活冷凍食品供應。改革開放後，香港同胞到內地投資興業，在促進國家經濟騰飛的同時，迎來香港發展的黃金時代。回歸後香港沒有向國家繳納過一分錢稅收，而在遇到困難時總能得到國家的傾力支持。今天的中國高度開放、日新月異，足以憑國家之大、活力之盛，為香港增優勢、拓空間、破難題提供強大動力。特別是國家構建新發展格局，深化粵港澳大灣區建設，實施「十四五」規劃，更為香港創造了不容錯失的重大機遇。**事實將繼續證明，**只要在國家發展大局中找準定位、扮演更積極角色，香港定能培育新優勢、發揮新作用、實現新發展，不斷解決經濟民生領域深層次矛盾和問題，讓發展成果真正惠及廣大市民。

嘉賓們、朋友們！

近代中國命運多舛，鴉片戰爭讓香港被迫離開了祖國。那時的中華大地，強盜橫行、租界林立，「華人與狗不得入內」，處處是民族的屈辱，哪有個人的尊嚴？今天，中國共產黨帶領人民創建的新中國，已經可以平視這個世界了，億萬中華兒女當家作主、揚眉吐氣。我們堅信，伴隨祖國邁向社會主義現代化強國的歷史進程，廣大香港同胞一定會進一步增強對偉大祖國的歸屬感，進一步增強對中國共產黨的認同感，進一步增強身為中國人的自豪感。有以習近平同志為核心的黨中央掌舵領航，有包括港澳同胞在內的14億中國人民的團結奮鬥，中華民族偉大復興的中國夢一定能夠實現，新時代的「一國兩制」實踐一定能續寫嶄新篇章！

今天，中央駐港機構很高興與特區政府、社會各界一道，共同回顧中國共產黨領導「一國兩制」事業走過的非凡歷程，從歷史中汲取繼續前進的智慧和力量。

百年前的中國，山河破碎，民不聊生，中華民族深陷半殖民地半封建社會的苦難深淵。百年後的今天，中華民族已經迎來從站起來、富起來到強起來的偉大飛躍。是中國共產黨團結帶領中國人民實現了這一翻天覆地的歷史巨變。習近平總書記深刻指出，「我們黨的一百年，是矢志踐行初心使命的一百年，是篳路藍縷奠基立業的一百年，是創造輝煌開闢未來的一百年」。香港以自己的特殊經歷融入了這部壯麗史詩，「一國兩制」事業成為其中的華彩篇章。

——中國共產黨開創了「一國兩制」事業。上世紀八十年代，為解決歷史遺留問題，鄧小平等中國共產黨人從國家民族整體利益和香港同胞切身利益出發，創造性地提出了「一國兩制」偉大構想。此後十多年，中國共產黨領導制定香港基本法，構建「一國兩制」制度框架，籌建第一個特別行政區，實現了舉世關注的香港平穩過渡和順利回歸。在當時資本主義和社會主義兩大陣營尖銳對立的背景下，作出「一國兩制」政治決斷，需要何等的胸懷和勇氣？直至今天，我們依然可以如此發問：世界上還有哪個執政黨會允許在一國之內實行兩種社會制度？「一國兩制」的偉大創舉，改變了歷史上但凡收復失地就要大動干戈的所謂定勢，是中國共產黨人充滿政治智慧的時代創造，在人類政治文明史上寫下了光彩奪目的中國方案。

——中國共產黨發展了「一國兩制」事業。回歸以來，中國共產黨領導香港「一國兩制」事業在探索中不斷前進。政治上，正確處理維護中央全面管治權和保障特別行政區高度自治權的關係，就基本法五次釋法，頒布實施香港國安法，完善特別行政區選舉制度，香港「一國兩制」的憲制基礎愈加完善。經濟上，把發揮祖國內地堅強後盾作用和提高香港自身競爭力有機結合，出台系列政策惠港惠民，支持香港抵禦兩次金融危機和兩次重大疫情，使香港在各種風雨來襲時始終堅挺不倒。文化上，鼓勵香港發揮國際大都會中外文化交融的優勢，擴大深化與內地交流合作，廣泛參與國際文化藝術交流活動，香港的國際影響力日益提升。我很想知道，那些在回歸前斷定「香港已死」的西方媒體，該如何解釋香港「持續多年被評選為全球最具競爭力地區」這一事實？可以推

駱惠寧發表主旨演講。

斷，那些今天仍在唱衰香港、宣稱「兩制已死」的人，歷史將繼續以無可辯駁的事實回應他們的無知與偏見。

——中國共產黨捍衛了「一國兩制」事業。回歸以來，香港「一國兩制」實踐取得了舉世公認的成功。但在反中亂港勢力的煽惑下，也出現了「積非成是」的觀念誤區和「變形」「走樣」的現實風險。特別是 2019 年爆發的「修例風波」，嚴重踐踏法治和社會秩序，嚴重破壞香港繁榮穩定，嚴重挑戰「一國兩制」原則底線。許多人擔憂，「一國兩制」還能不能搞下去？面對香港回歸以來最嚴峻的局面，以習近平同志為核心的黨中央堅持依法治港，築牢了維護國家安全的防線，維護了「愛國者治港」根本原則，粉碎了反中亂港勢力「顏色革命」的圖謀，「一國兩制」重回正軌。很難設想，如果沒有中央一系列撥亂反正的重大決策，香港如何能從「黑暴」「攬炒」中走出，又怎能迎來由亂及治的重大轉折？正是在此過程中，香港各界進一步認識到，「一國」是「兩制」的前提和基礎；「一國」是根，根深才能葉茂；「一國」是本，本固才能枝榮。

嘉賓們、朋友們！

歷史記錄過去，也鏡鑒未來。「一國兩制」在香港的實踐歷程，帶給我們諸多教益和啟迪。

第一，推進「一國兩制」事業，必須堅持和維護中國共產黨的領導。歷史告訴我們，沒有共產黨就沒有新中國，就沒有中國特色社會主義，就沒有「一國兩制」，也就沒有香港的順利回歸和回歸後的繁榮穩定。中國共產黨的領導地位，是歷史和人民的選擇。中國共產黨是憲法規定的中國特色社會主義的領導者，也是當之無愧的「一國兩制」事業的創立者、領導者、踐行者和維護者。沒有誰比中國共產黨更深切懂得「一國兩制」的價值，沒有誰比中國共產黨更執着堅守「一國兩制」的初心。那些叫囂「結束一黨專政」、否定黨對「一國兩制」事業領導的人，那些企圖把香港作為地緣政治的棋子、遏制中國的工具、滲透內地橋頭堡的人，是在毀壞「一國兩制」制度根基，是香港繁榮穩定的真正大敵。事實將繼續證明，維護中國共產黨的領導，就是維護「一國兩制」，就是維護憲法和基本法確定的特別行政區憲制秩序，就是維護香港的光明前途和香港同胞的根本福祉。

第二，推進「一國兩制」事業，必須不斷完善同憲法和基本法實施相關的制度和機制。制度的生命在於自我革新、自我發展。過去 24 年，中國共產黨不斷豐富發展「一國兩制」理論和實踐，將「一國兩制」從治國理政的「嶄新課題」和「重大課題」，提升為中國特色社會主義的「基本方略」和「顯著優勢」，以香港治理的成就豐富了黨在新時代治國理政的內涵。面向未來，在國家不斷推進治理體系和治理能力現代化、中國特色社會主義制度更加成熟定型的過程中，中央將繼續堅持和完善「一國兩制」制度體系。香港與憲制秩序相關的制度機制，有效的要堅持，缺失的要修補，跑偏的要糾正，過時的要更新。事實將繼續證明，堵塞了漏洞、彌補了缺陷、兼顧各方利益的「一國兩制」制度體系，將更好維護國家主權、安全和發展利益，更好落實中央全面管治權，更好促進香港長期繁榮穩定，更好保障香港居民的自由和民主權利。

第三，推進「一國兩制」事業，必須推動香港更好融入國家發展大局。香港的命運從來同祖國緊密相連，國家發展始終是香港發展的最大依託。早在上世紀六十年代內地經濟十分困難的情況下，中央即投巨資興建東深供水工程，開通「三趟快車」，保障了香港 80% 的用水和 90% 以上的鮮活冷凍食品供應。改革開放後，香港同胞到內地投資興業，在促進國家經濟騰飛的同時，迎來香港發展的黃金時代。回歸後香港沒有向國家繳納過一分錢稅收，而在遇到困難時總能得到國家的傾力支持。今天的中國高度開放、日新月異，足以憑國家之大、活力之盛，為香港增優勢、拓空間、破難題提供強大動力。特別是國家構建新發展格局、深化粵港澳大灣區建設、實施「十四五」規劃，更為香港創造了不容錯失的重大機遇。事實將繼續證明，只要在國家發展大局中找準定位、扮演更積極角色，香港定能培育新優勢、發揮新作用、實現新發展，不斷解決經濟民生領域深層次矛盾和問題，讓發展成果真正惠及廣大市民。

嘉賓們、朋友們！

近代中國命運多舛，鴉片戰爭讓香港被迫離開了祖國。那時的中華大地，強盜橫行、租界林立，「華人與狗不得入內」，處處是民族的屈辱，哪有個人的尊嚴？今天，中國共產黨帶領人民創建的新中國，已經可以平視這個世界了，億萬中華兒女當家作主、揚眉吐氣。我們堅信，伴隨祖國邁向社會主義現代化強國的歷史進程，廣大香港同胞一定會進一步增強對偉大祖國的歸屬感，進一步增強對中國共產黨的認同感，進一步增強身為中國人的自豪感。有以習近平同志為核心的黨中央掌舵領航，有包括港澳同胞在內的 14 億中國人民的團結奮鬥，中華民族偉大復興的中國夢一定能夠實現，新時代的「一國兩制」實踐一定能續寫嶄新篇章！

（原載香港文匯報 2021 年 6 月 13 日 A12 版）

喬曉陽：開展治亂反思 校準憲制認知

二〇二一年適逢中國共產黨成立一百周年，實現祖國統一是中國共產黨肩負的歷史使命。落實「一國兩制」和基本法的重要參與者、全國人大常委會香港基本法委員會原主任喬曉陽接受香港文匯報獨家訪問時表示，正值香港步入由亂到治的新階段，香港社會應總結得失開展治亂反思，在憲制要義上重新校準認知坐標，從「法的精神」層面返本歸真凝聚新共識，化解部分港人對中國共產黨的負面心結，確保「一國兩制」事業在香港特區行穩致遠。

籲港以「法的精神」凝聚新共識 化解部分港人對中共心結

喬曉陽：開展治亂反思 校準憲制認知

慶祝中國共產黨成立100周年
特別報道

今年適逢中國共產黨成立100周年，實現祖國統一是中國共產黨肩負的歷史使命。落實「一國兩制」和基本法的重要參與者、全國人大常委會香港基本法委員會原主任喬曉陽近日接受香港文匯報獨家訪問時表示，正值香港步入由亂到治的新階段，香港社會應總結得失開展治亂反思，在憲制要義上重新校準認知坐標，從「法的精神」層面返本歸真凝聚新共識，化解部分港人對中國共產黨的負面心結，確保「一國兩制」事業在香港特區行穩致遠。

●香港文匯報記者 楊帆 北京報道

中國共產黨開創的「一國兩制」是史無前例的偉大事業。起草於上世紀八十年代的香港基本法，被鄧小平譽為「一個具有創造性的傑作」。喬曉陽說，香港回歸祖國以來，全國人大及其常委會陸續通過決定、釋法、修訂附件等方式，回應和解決「一國兩制」實踐中不斷出現的變化和問題，對基本法的認知也由此呈現出不斷豐富和深化的過程。

全國人大推出香港國安立法、完善香港選舉制度等組合重拳，從法律制度層面彌補了香港維護國家安全的漏洞，確保了「愛國者治港」和行政主導的重要原則，香港從此步入由亂到治的新階段。喬曉陽指出，中央出手撥亂反正，為香港全面準確落實基本法開啟了「潮平兩岸闊」的新航道，而「一國兩制」在香港能否行穩致遠，取決於香港社會各界如何重新起航。

喬曉陽認為，香港為長期亂局付出昂貴學費後，應好好珍惜這堂治亂大課提供的反思機會，接受一次返本歸真的觀念洗禮，特別是就「一國兩制」和基本法的法理要義重新校準認知坐標。

比如，在憲法和基本法的關係中，他重申，憲法和基本法一起構成香港特別行政區的憲制法律基礎。憲法是「母法」，基本法是「子法」。基本法界限在哪裏，要放在憲法規定的框架中來理解和執行；就「一國」和「兩制」關係而言，他提醒，國家實行社會主義制度與香港實行資本主義制度的主次關係不能顛倒。中央不會改變香港實行的資本主義制度，同時也不能允許有人利用香港謀求改變國家實行的社會主義制度。

中央對港具全面管治權

作為提出中央全面管治權概念的第一人，喬曉陽再次強調，我國是單一制國家，中央對香港特區在內的全國所有地方都具有全面管治權。中央對香港具有的最大權力，正在於制定對香港的基本方針政策和基本法，規定在香港實行的制度和政策。這種權力是先於基本法存在的。從法律上講，它來源於憲法，來源於國家主權，如果用一個概念來概括，就是中央對香港具有全面管治權。中央透過基本法授權香港特區，並非分權關係，特區權力不能對抗中央權力。中央兩度出手大破大立，正是全面管治權的應有之義。

基於種種原因，一些香港人不喜歡共產黨，中國共產黨的領導在香港時常引起爭議。喬曉陽指出，就法理而言，中國共產黨領導是一項憲法制度。我國憲法規定，「中國共產黨領導是中國特色社會主義最本質的特徵。」從百年史實看，中國共產黨領導中國人民推翻了「三座大山」，締造了新中國，推行改革開放，令經濟騰飛，社會進步和人民生活改善，國際地位大幅提升，實現了中國人由「站起來」、「富起來」到「強起來」的巨變。

沒中共就沒有「一國兩制」

中國共產黨是「一國兩制」和基本法的創建者，回歸後香港繁榮穩定的維護者。每當香港政治、經濟、社會、民生遭遇困境時，中國共產黨都是劍及履及，全力支持香港特區的獨特性以及香港同胞的福祉。喬曉陽認為，「一國兩制」是中國共產黨的「版權所有」「獨家經營」，沒有中國共產黨就沒有「一國兩制」。中國共產黨沒有辜負香港，應該得到香港市民們法理上的尊重、理智上的理解、情感上的信任和行動上的擁護。

這位法律權威表示，憲法和基本法是充滿活力的頂層設計，「一國兩制」是高度交互式的制度安排。中央與香港的政治互信至關重要，國家主權、安全和發展利益在特區越有保障，香港高度自治的空間就越大。「這就好比『撐杆跳』，只有『一國』的支撐點堅實無虞，『兩制』之杆的彈性才有充分發揮空間，香港的繁榮穩定才有可能飛躍理想的高度。」

●喬曉陽近日在北京接受香港文匯報記者專訪。 香港文匯報記者楊帆 攝

●去年11月，喬曉陽在香港與特首林鄭月娥等出席基本法頒布30周年法律高峰論壇。 受訪者供圖

多管齊下 加強國民教育

今年是香港回歸祖國24年，但人心回歸工作仍任重道遠。喬曉陽在專訪中認為，提升香港人的國家認同，需要多管齊下。港人應逐步接受和適應憲制秩序的大變革，特區政府應加強年輕人的國民教育，而內地應加快現代化建設，令香港同胞以中國人為榮。

部分香港人熱愛祖國的大好河山，也有民族和文化歸屬感，卻對國家缺乏政治和法律認同。喬曉陽指出，中國對香港恢復行使主權，是香港本地的一場憲制性大變革，憲法和香港基本法取代了以前的英國不成文憲法和《英皇制誥》《皇室訓令》，成為香港特區共同的憲制基礎。人們對一場歷史大變革的認識通常需要較長的適應過程，希望香港居民能夠加快接受和適應「一國兩制」這場大變革。

需加快現代化 增內地吸引力

同時，香港特區政府和公共機構應通過制度安排加強國民教育，提升年輕人對國家歷史和國情的了解和認同，引導香港居民接受國家的管治權威，維護國家主權、安全和利益，尊重國家的代表標誌，融入國家現代化建設進程，共同為中華民族偉大復興作貢獻。

喬曉陽認為，促使香港人對國家的認同，內地也要做好自己的事情，加快推進現代化建設，不斷完善民主法治，提高社會文明程度。把國家建設好，增強內地對香港的吸引力、向心力、說服力，讓香港同胞以中國人為榮。與此同時，深度促進兩地的交流合作，自然融合，為人心回歸創造互動平台。

●喬曉陽認為，特區政府應通過加強國民教育，提升年輕人對國情的了解。圖為去年12月香港學校的「國家憲法日」活動。 資料圖片

溝通無秘訣 真誠重中重

特稿

喬曉陽從事港澳工作近30年，為「一國兩制」事業奔走忙碌，溝通風範深得人望，被港澳媒體尊稱為「喬老爺」。平易近人、幽默風趣、深入淺出……在全國人大位於北京西交民巷的辦公室裏，已卸任的「喬老爺」向香港文匯報記者聊起港事港人，娓娓道來，風采依舊。

香港回歸以來，人大多次釋法和決定，喬曉陽每每赴港釋疑解惑，不辱使命贏得認同。即使是與反對派「過招」，喬曉陽循循善誘，亦是戰績不俗。

「設身處地了解對方立場，聽取意見，是開啟溝通的第一步。」喬曉陽告訴香港文匯報記者。2004年全國人大常委會否決香港2007/08年雙普選，在香港引起不少反對聲。喬曉陽頂着壓力赴港與各界人士對話，他當時在開場白中說道：「我這次來是來講道理的，我認為絕大多數香港人也是講道理的，包括要求2007/08年雙普選的大多數人在內也是講道理的。」喬曉陽入理入情的講話引發全場共鳴，掌聲雷動。

富同理心人情味 更捍衛底線

在喬曉陽的溝通詞彙中，既富有同理心和人情味，更不乏捍衛底線的硬氣表達。2018年4月，他在一次香港演講中說：「中國人民在近代內憂外患下都沒有喪失過維護國家統一的決心和意志，在已經日益強大起來的今天，還能讓『港獨』得逞嗎？絕不可能！」針對宣揚「港獨」是言論自由的說法，喬曉陽反問道：「圖謀、煽動分裂國家是言論自由？世界上沒有這種理論。在『港獨』問題上做開明紳士是不行的！」2020年11月在香港一次演講中，他解釋中央出手治理香港亂局時強調，「一忍再忍，忍無可忍，不能再忍，再忍要犯歷史性錯誤！」

●2019年10月1日，喬曉陽出席新中國成立70周年慶典觀禮活動。 受訪者供圖

柔與剛，情與法，這些看似對立的兩端在喬曉陽這裏實現了某種統一。喬曉陽是開國將軍喬信明的後代，做過老一輩革命家陳丕顯的秘書，紅色基因的傳承賦予了家國襟抱。年輕時留學、當兵、種地、做工的基層經歷，培養了民本情懷。堅守終極目標的原則性，為原則而適當變通的靈活性，被喬曉陽融會貫通。

被問及溝通的成功秘訣，「喬老爺」笑着說：「哪有什麼秘訣，惟有『真誠』二字，只要為國家好，為民族好，為香港好！」

治港不搞「清一色」 反對派有參與空間

隨着香港國安立法、完善香港選舉制度的先後完成，反對派何去何從備受關注。喬曉陽在專訪中認為，香港的良政和善治，需要德才兼備的建制力量，也需要理性、溫和、成熟的忠誠反對派，這是實行資本主義制度的應有之義。憲法和基本法始終為他們保留着政治參與空間。

曾與香港反對派多次「過招」的喬曉陽對香港文匯報表示，香港回歸以來，無論是中央政府還是特區政府，都是以最大的政治包容來對待反對派的。只要反對派採取理性、務實態度，中央始終願意跟反對派溝通。香港2012年政改方案能夠獲立法會通過，使香港民主政治向前邁出一步，就是典型例子。近些年來，反對派部分人走上激進和極端路線，選擇與反中亂港分子為伍，與境外反華勢力勾連，走到憲制秩序的對立面，自己拆掉了中央與其溝通的橋樑和基礎。

在喬曉陽看來，中央出手撥亂反正，並非以反對派陣營為打擊對象，並非要封閉反對派的政治發展空間。事實上，中央多次闡明，堅持「愛國者治港」，絕不是搞「清一色」，香港是多元化社會，反對派在政治上有參與空間。

放棄對抗立場 管治隊伍門仍開

不過他提醒，反對派應作出選擇：是做憲制秩序和中央權力的挑戰者，損害國家主權、安全和發展利益；還是在憲制秩序下做特區良政善治的參與者和持份者，監督政府，完善治理，改進民生，督促「一國兩制」的落實。否則，邏輯上就無法自洽，思維上難免分裂，行動上處處矛盾，後果上可能面臨法律風險。

「我曾經說過，哪一天反對派放棄與中央頑固對抗的立場，回到愛國愛港的立場上，並以實際行動證明不做損害國家和香港利益的事情，加入香港管治隊伍的大門還是打開的。到那時，憲法和基本法不僅不是他們參政的障礙而是法治的保障。這句話相信今後依然適用。」喬曉陽補充道。

中國共產黨開創的「一國兩制」是史無前例的偉大事業。起草於上世紀八十年代的香港基本法，被鄧小平譽為「一個具有創造性的傑作」。喬曉陽說，香港回歸祖國以來，全國人大及其常委會陸續通過決定、釋法、修訂附件等方式，回應和解決「一國兩制」實踐中不斷出現的變化和問題，對基本法的認知也由此呈現出不斷豐富和深化的過程。

全國人大推出香港國安立法、完善香港選舉制度等組合重拳，從法律制度層面彌補了香港維護國家安全的漏洞，確保了「愛國者治港」和行政主導的重要原則，香港從此步入由亂到治的新階段。喬曉陽指出，中央出手撥亂反正，為香港全面準確落實基本法開啟了「潮平兩岸闊」的新航道，而「一國兩制」在香港能否行穩致遠，取決於香港社會各界如何重新起航。

喬曉陽認為，香港為長期亂局付出昂貴學費後，應好好珍惜這堂治亂大課提供的反思機會，接受一次返本歸真的觀念洗禮，特別是就「一國兩制」和基本法的法理要義重新校準認知坐標。

比如，在憲法和基本法的關係中，他重申，憲法和基本法一起構成香港特別行政區的憲制法律基礎。憲法是「母法」，基本法是「子法」。基本法界限在哪裏，要放在憲法規定的框架中來理解和執行；就「一國」和「兩制」關係而言，他提醒，國家實行社會主義制度與香港實行資本主義制度的主次關係不能顛倒。中央不會改變香港實行的資本主義制度，同時也不能允許有人利用香港謀求改變國家實行的社會主義制度。

中央對港具全面管治權

作為提出中央全面管治權概念的第一人，喬曉陽再次強調，我國是單一制國家，中央對香港特區在內的全國所有地方都具有全面管治權。中央對香港具有的最大權力，正在於制定對香港的基本方針政策和基本法，規定在香港實行的制度和政策。這種權力是先於基本法存在的。從法律上講，它來源於憲法，來源於國家主權，如果用一個概念來概括，就是中央對香港具有全面管治權。中央透過基本法授權香港特區，並非分權關係，特區權力不能對抗中央權力。中央兩度出手大破大立，正是全面管治權的應有之義。

基於種種原因，一些香港人不喜歡共產黨，中國共產黨的領導在香港時常

喬曉陽在北京接受香港文匯報記者專訪。

引起爭議。喬曉陽指出，就法理而言，中國共產黨領導是一項憲法制度。我國憲法規定，「中國共產黨領導是中國特色社會主義最本質的特徵。」從百年史實看，中國共產黨領導中國人民推翻了「三座大山」，締造了新中國，推行改革開放，令經濟騰飛、社會進步和人民生活改善，國際地位大幅提升，實現了中國人由「站起來」、「富起來」到「強起來」的巨變。

沒中共就沒有「一國兩制」

中國共產黨是「一國兩制」和基本法的創建者，回歸後香港繁榮穩定的維護者。每當香港政治、經濟、社會、民生遭遇困境時，中國共產黨都是劍及履及，全力支持香港特區的獨特性以及香港同胞的福祉。喬曉陽認為，「一國兩制」是中國共產黨的「版權所有」「獨家經營」，沒有中國共產黨就沒有「一國兩制」，中國共產黨沒有辜負香港，應該得到香港市民們法理上的尊重、理智上的理解、情感上的信任和行動上的擁護。

這位法律權威表示，憲法和基本法是充滿活力的頂層設計，「一國兩制」是高度交互式的制度安排。中央與香港的政治互信至關重要，國家主權、安全和發展利益在特區越有保障，香港高度自治的空間就越大。「這就好比『撐杆跳』，只有『一國』的支撐點堅實無虞，『兩制』之杆的彈性才有充分發揮空間，香港的繁榮穩定才有可能飛躍理想的高度。」

多管齊下 加強國民教育

今年是香港回歸祖國 24 年，但人心回歸工作仍任重道遠。喬曉陽在專訪中認為，提升香港人的國家認同，需要多管齊下。港人應逐步接受和適應憲制秩序的大變革，特區政府應加強年輕人的國民教育，而內地應加快現代化建設，令香港同胞以中國人為榮。

部分香港人熱愛祖國的大好河山，也有民族和文化歸屬感，卻對國家缺乏政治和法律認同。喬曉陽指出，中國對香港恢復行使主權，是香港本地的一場憲制性大變革，憲法和香港基本法取代了以前的英國不成文憲法和《英皇制誥》《皇室訓令》，成為香港特區共同的憲制基礎。人們對一場歷史大變革的認識通常需要較長的適應過程，希望香港居民能夠加快接受和適應「一國兩制」這場大變革。

需加快現代化 增內地吸引力

同時，香港特區政府和公共機構應通過制度安排加強國民教育，提升年輕人對國家歷史和國情的了解和認同，引導香港居民接受國家的管治權威，維護國家主權、安全和利益，尊重國家的代表標誌，融入國家現代化建設進程，共同為中華民族偉大復興作貢獻。

喬曉陽認為，促使香港人對國家的認同，內地也要做好自己的事情，加快推進現代化建設，不斷完善民主法治，提高社會文明程度。把國家建設好，增強內地對香港的吸引力、向心力、說服力，讓香港同胞以中國人為榮。與此同時，深度促進兩地的交流合作、自然融合，為人心回歸創造互動平台。

2020 年 11 月，喬曉陽在香港與特首林鄭月娥出席基本法頒布 30 周年法律高峰論壇。

喬曉陽認為，特區政府應通過加強國民教育，提升年輕人對國情的了解。圖為 2020 年 12 月香港學校的「國家憲法日」活動。

溝通無秘訣 真誠重中重

喬曉陽從事港澳工作近 30 年，為「一國兩制」事業奔走忙碌，溝通風範深得人望，被港澳媒體尊稱為「喬老爺」。平易通達、幽默風趣、深入淺出……在全國人大位於北京西交民巷的辦公室裏，已卸任的「喬老爺」向香港文匯報記者聊起港事港人，娓娓道來，風采依舊。

香港回歸以來，人大多次釋法和決定，喬曉陽每每赴港釋疑解惑，不辱使命贏得認同。即便是與反對派「過招」，喬曉陽循循善誘，亦是戰績不俗。

「設身處地了解對方立場，聽取意見，是開啟溝通的第一步。」喬曉陽告訴香港文匯報記者。2004 年全國人大常委會否決香港 2007/08 年雙普選，在香港引起不少反對聲。喬曉陽頂着壓力赴港與各界人士對話，他當時在開場白中說道：「我這次來是來講道理的，我認為絕大多數香港人也是講道理的，包括要求 2007/08 年雙普選的大多數人在內也是講道理的。」喬曉陽入理入情的講話引發全場共鳴，掌聲雷動。

富同理心人情味 更捍衛底線

在喬曉陽的溝通詞彙中，既富有同理心和人情味，更不乏捍衛底線的硬氣表達。2018 年 4 月，他在一次香港演講中說：「中國人民在近代內憂外患下都沒有喪失過維護國家統一的決心和意志，在已經日益強大起來的今天，還能讓

2019 年 10 月 1 日，喬曉陽出席新中國成立 70 周年慶典觀禮活動。

『港獨』得逞嗎？絕不可能！」針對宣揚「港獨」是言論自由的說法，喬曉陽反問道：「圖謀、煽動分裂國家是言論自由？世界上沒有這種理論。在『港獨』問題上做開明紳士是不行的！」2020 年 11 月在香港一次演講中，他解釋中央出手治理香港亂局時強調，「一忍再忍，忍無可忍，不能再忍，再忍要犯歷史性錯誤！」

柔與剛，情與法，這些看似對立的兩端在喬曉陽這裏實現了某種統一。喬曉陽是開國將軍喬信明的後代，做過老一輩革命家陳丕顯的秘書，紅色基因的傳承賦予了家國襟抱。年輕時留學、當兵、種地、做工的基層經歷，培養了民本情懷。堅守終極目標的原則性，為原則而適當變通的靈活性，被喬曉陽融會貫通。

被問及溝通的成功秘訣，「喬老爺」笑着說：「哪有什麼秘訣，惟有『真誠』二字，只要為國家好，為民族好，為香港好！」

治港不搞「清一色」 反對派有參與空間

隨着香港國安立法、完善香港選舉制度的先後完成，反對派何去何從備受關注。喬曉陽在專訪中認為，香港的良政和善治，需要德才兼備的建制力量，也需要理性、溫和、成熟的忠誠反對派，這是實行資本主義制度的應有之義。憲法和基本法始終為他們保留着政治參與空間。

曾與香港反對派多次「過招」的喬曉陽對香港文匯報表示，香港回歸以來，無論是中央政府還是特區政府，都是以最大的政治包容來對待反對派的。只要反對派採取理性、務實態度，中央始終願意跟反對派溝通。香港 2012 年政改方案能夠獲立法會通過，使香港民主政治向前邁出一步，就是典型例子。近些年來，反對派部分人走上激進和極端路線，選擇與反中亂港分子為伍，與境外反華勢力勾連，走到憲制秩序的對立面，自己拆掉了中央與其溝通的橋樑和基礎。

在喬曉陽看來，中央出手撥亂反正，並非以反對派陣營為打擊對象，並非要封閉反對派的政治發展空間。事實上，中央多次闡明，堅持「愛國者治港」，絕不是搞「清一色」，香港是多元化社會，反對派在政治上有參與空間。

放棄對抗立場 管治隊伍門仍開

不過他提醒，反對派應作出選擇：是做憲制秩序和中央權力的挑戰者，損害國家主權、安全和發展利益；還是在憲制秩序下做特區良政善治的參與者和持份者，監督政府，完善治理，改進民生，督促「一國兩制」的落實。否則，邏輯上就無法自洽，思維上難免分裂，行動上處處矛盾，後果上可能面臨法律風險。

「我曾經說過，哪一天反對派放棄與中央頑固對抗的立場，回到愛國愛港的立場上，並以實際行動證明不做損害國家和香港利益的事情，加入香港管治隊伍的大門還是打開的。到那時，憲法和基本法不僅不是他們參政的障礙而是法治的保障。這句話相信今後依然適用。」喬曉陽補充道。

（原載香港文匯報 2021 年 6 月 21 日 A7 版，記者楊帆）

周南：生當華夏重興世 身在疾風驟雨中

回憶香港回歸，那些年、那些事，九十四歲的原新華社香港分社社長周南無疑是權威的講述者。作為中英談判中國政府代表團團長，周南身處中流擊水的湍急險境，卻有氣定神閒乘一葉扁舟的風度。中國共產黨建黨百年華誕前夕，他在北京接受大公報獨家專訪表示，「一國兩制」的提出、香港問題的談判以及後來過渡時期同英國的鬥爭，自始至終是鄧小平同志領導的。在鄧公直接領導下，周南以高超智慧和鬥爭策略為捍衛國家利益與英方進行堅定鬥爭。回首這湔雪百年國恥的往事，周南平靜地說，自己做到了「堅守本職而已」。

回憶香港回歸，那些年、那些事，九十四歲的原新華社香港分社社長周南無疑是最權威的講述者。作爲中英談判中國政府代表團團長，周南身處中流擊水的湍急險境，卻有氣定神閒乘一葉扁舟的風度。中國共產黨建黨百年華誕前夕，他在北京接受大公報獨家專訪表示，「一國兩制」的提出、香港問題的談判以及後來過渡時期同英國的鬥爭，自始至終是鄧小平同志領導的。在鄧公直接領導下，周南以高超智慧和鬥爭策略爲捍衛國家利益與英方進行堅定鬥爭，而在這洗雪百年國恥的過程中，周南只是平靜地說，自己做到了「堅守本職而已」。

大公報記者 孫志

周南：生當華夏重興世 身在疾風驟雨中

▲1984年9月26日，中國政府談判代表團團長周南和英方代表、時任英國駐華大使理查德·伊文思在北京草簽關於香港問題的聯合聲明

記者：香港問題的和平解決，可以說，無論在中共百年奮鬥史和改革開放歷程中都是一個亮點。您作為主要當事人，回歸前的參與者，回歸後的觀察者，今日回頭看看不知有何感想。

周南：自鄧公提出「一國兩制」的偉大設想之日起，鬥爭就從來沒有停止過，近年來愈演愈烈，特區政府經受了疾風驟雨的反覆衝擊，在中央的大力支持下終於戰勝了多次險惡的進攻，站穩了腳跟，繼續穩步推行「一國兩制」。實踐證明在香港推行的「一國兩制」是經得起考驗的，是有強大生命力的，是任何外部勢力都衝不垮的。另一個感想是：鄧公不但提出了「一國兩制」的設想，而且親自領導香港問題的解決。他的工作作風是抓大不抓小，大事一抓到底，直到問題的解決，小事不問，他心目中的大事都與保護國家主權和中央對特區領導權力有關。實踐反覆證明，鄧公對解決香港問題的一系列指示包括回歸後應如何管理特區，充分體現了他對香港形勢的深刻理解和高瞻遠矚，深謀遠慮。

鄧公心目中兩件大事

按照時間的順序簡單回顧一下：從一開始鄧公就充分估計到在香港「出亂子」的可能性，在與戴卓爾夫人第一次會談中就點明「如果出了亂子，中方將不得不重新考慮收回的時間和方式」，以後又多次重申了這一點。

提到「一國兩制」，他總是強調「一國是主體」是「大前提」，提到「港人治港」，總是強調必須是由「愛國者」的港人來治港。他質問道：「難道普選就一定選出『愛國者』嗎？」，要選舉也得慢慢來「循序漸進」。提到高度自治是強調「高度」不是全部，中央要保留必要的權力。

在制定基本法期間，他關注的一是要保證政治體制能保證選出的行政長官必須是「愛國者」，二是要保證中央對特區事務有必要的干預權。

在確保香港回歸後的持續安定問題和確保中央對特區事務應有的干預權問題上，他講得最深刻最明確。他說：「不能籠統地反對中央干預，如果這樣的干預有利於香港的繁榮穩定，你為什麼要反對？香港存在動亂的因素，不安定的因素。有的存在於香港的內部，也有的存在於外部，如果出現動亂，你干不干預？如果要把香港變成反對和顛覆中央的基地，你干不干預？」他又說：「切不要以為把一切事情都交給港人去管，中央什麼都不過問，就萬事大吉了，我們沒有自我安慰的根據。」他還提醒大家：「要知道，搞起個動亂是很容易的」，基本法二十三條反顛覆條款也是根據這些思想和指示寫上的。

到了彭定康提出「三違反」方案，鄧公敏銳地指出，這是英國人借「加速民主進程」的口號爭奪香港回歸後的管治權，並指出：「對英國人一點也軟不得」「必要時我們另起爐灶」，「我說的『另外的時間和方式』現在仍管用」，而且要有關方面作了具體安排，與此相配合，他還要《人民日報》於「鄧選三卷」出版前發表他一九八二年同戴卓爾講話全文，將「兩個另外」公示於天下。最終採用了「另起爐灶」方案，彭定康的打算枉費心機。

在談判過程中，他親自抓的是兩個問題，一個是大家所熟知的在港駐軍的問題，另一個是聯合聯絡機構進駐香港的問題。前者他一生氣，拍了桌子，問題就解決了。後者他親自同英國外文大臣談，還是談不下來。兩者都是事關如何制止可能發生動亂的大問題。

鄧公指示對回歸後治港有重大啓示

鄧公當年講的這些話，後來許多不是都為事態的發展所驗證了嗎？曾經有一種議論，認為小平生前對香港回歸後應如何管理並沒有留下什麼指示，重溫以上所述，不知會作何感想。

總之，在回歸前的過渡時期，中英雙方在明裏暗裏為爭奪對香港的管治權而展開了激烈的鬥爭，對手在回歸時期前是英國為主美國為輔，回歸後是美國為主英國為輔。回顧過去幾十年的實踐，似乎可以說：凡是我方的作為比較符合小平的思想和指示時，工作就比較會產生正效果，反之，就會遇到反效果。是不是這樣呢？

周南簡歷

1927年12月
- 生於吉林長春，祖籍山東曲阜

1944年-1948年
- 先後就讀於北京大學哲學系、燕京大學經濟系、西洋文學系

1946年4月
- 加入中國共產黨

1951年
- 進入外交部工作

1971年11月起
- 在中國常駐聯合國代表團工作，歷任一等秘書、參贊、副代表（大使銜）

1983年1月起
- 先後任外交部部長助理、副部長

1984年1月-9月
- 以中國政府代表團團長身份參加第8輪至第22輪中英香港問題談判，並代表中國政府草簽中英兩國政府關於香港問題的聯合聲明

1986年6月-10月
- 以中國政府代表團團長身份參加第1輪至第3輪中葡澳門問題談判

1987年3月
- 代表中國政府草簽中葡兩國政府關於澳門問題的聯合聲明

1990年1月-1997年7月
- 任新華社香港分社社長

爲第7、8屆全國人大常委會委員，中共第14屆中央委員

▶原新華社香港分社社長周南在北京寓所接受大公報專訪。大公報記者陳達文攝

吐句清警 促港青文化認同

「生當華夏重興世，身在疾風驟雨中。」香港回歸前夕，時任新華社香港分社社長的周南寫下七言《遣懷》句。回憶起風波迭起充滿鬥爭的香港回歸歷程，這位詩人外交家引用這兩句詩表達當時的情境。

國學大師饒宗頤曾在周南詩詞的作序評價：「軒軒逸氣，吐句清警，波瀾壯闊，不同凡近。」通曉辭章，醉心古籍，常引經據典，是周南的另一面。

在港期間，周南不僅身體力行參與中華傳統文化活動，還同包括饒宗頤在內的一些文化界名人交上了朋友，彼此相互唱和，希望為殖民文化氣氛下的香港，增加一些中華優秀文化氣息。「當時寫點舊體詩，其中目的之一，就是提倡中國的傳統文化，可惜收效甚微。」

克服「賈桂兒精神」

彼時，許多香港青年都接受殖民教育，談起話來，只知有維多利亞和伊麗莎白，不知有唐宗宋祖，大有數典忘祖的味道。他說香港的殖民地氣息實在太濃厚了，他去過好幾個前英屬殖民地，殖民地氣息都沒有香港濃厚。「沒有反殖民化，要他們真正樹立對自己祖國的認同感和歸屬感是比較困難的。」

「我主張提倡學習中國歷史、中國文學、中國文化，6000多年來中國文化在世界上是領先的。一直站在世界的前列，只是近二三百年落後了。現在中央提倡文化自信很好，很好。在這一個有偉大文化傳統的國家搞民族文化虛無主義怎麼行嘛？」

周南引用京劇《法門寺》的一段劇詞：大太監劉瑾讓小太監賈桂坐下，不要老站在後面，賈桂卻說「奴才我站慣了。」「要克服『賈桂兒精神』。」他睿智清警的結語令人陷入沉思。

周南說，「看來香港的鬥爭不是短期內能夠徹底解決的。不過現在好了，全國人大通過了《香港特區維護國家安全法》，這是件有國際深遠意義的大好事。從此愛國者治港、行政主導，反顛覆，反「港獨」等等從根本上解決都有確實的法律保證。人們都期待着香港國安法逐步地全面落實、香港的持續穩定繁榮得到真正有效保證。我相信，有以習近平同志為核心的黨中央掌舵領航，妖霧散盡，香港的明天真會更美好的。」

更多內容歡迎掃描二維碼

▲香港回歸後周南返港參加紀念活動，與愛國人士合影。

英前外相「茅台」喻周南

初夏的北京氣溫宜爽，上午時分陽光正好。藏藍薄呢夾克，黑色細邊眼鏡，周南坐在寓所一面線裝書牆前的沙發上，就如同一幅現代版高士圖，更透出他的風清骨峻、儒雅闊達。離休後的周南一直關心香港時局和繁榮穩定，每天都要翻閱一兩港版報刊。

記者問：曾任中英談判英方團長的柯利達在其著作中評價：「周南是位很精明的、有教養的人，無論中文或英文，都可以引經據典；他活躍喜歡挑戰，有時很風趣，更時常激怒人。」在談判桌上，周南是一位強硬卻令對手尊重的談判對象。英國外交大臣傑弗里·豪（港譯：賀維）也曾對您給予較高評價，說「中英談判如果沒有周南先生，就如中國的正式宴會沒有茅台酒一樣」，不知周老有哪些表現使英方有如此評價？

周南回答說，自己並沒有特別表現，同外國人打交道僅僅做到不卑不亢，不離本色而已，他人如何評價就不去管了。至於茅台的話的來由，是當時鄧公最關注派遣聯合機構進駐香港問題解決了，他得知非常高興，連夜坐專列回到北京。第二天，他與傑弗里·豪一見面，先開了個玩笑，展示了他被曬得黝黑的皮膚，說：「我曬得像非洲人一樣了」，然後點名表揚了雙方代表團團長，說：「他們的工作很出色。」接着講了邀請英國女王訪華事宜。傑弗里·豪也幽默回應說：「中英談判如果沒有周南先生，就像中國的正式宴會沒有茅台酒一樣。」後來傑弗里·豪在他出版的自傳裏比較詳細地記述了這段故事，「茅台」一事從此就傳開了。

◀英國首相戴卓爾夫人訪港與周南合影。

記者：香港問題的和平解決，可以說，無論在中共百年奮鬥史和改革開放歷程中都是一個亮點。您作為主要當事人，回歸前的參與者，回歸後的觀察者，今日回頭看看不知有何感想。

周南：自鄧公提出「一國兩制」的偉大設想之日起，鬥爭就從來沒有停止過，近年來愈演愈烈，特區政府經受了疾風驟雨的反覆衝擊，在中央的大力支持下終於戰勝了多次險惡的進攻，站穩了腳跟，繼續穩步推行「一國兩制」。實踐證明在香港推行的「一國兩制」是經得起考驗的，是有強大生命力的，是任何外部勢力都衝不垮的。另一個感想是：鄧公不但提出了「一國兩制」的設想，而且親自領導香港問題的解決。他的工作作風是抓大不抓小，大事一抓到底，直到問題的解決，小事不問，他心目中的大事都與保證國家主權和中央對特區領導權力有關。實踐反覆證明，鄧公對解決香港問題的一系列指示包括回歸後應如何管理特區，充分體現了他對香港形勢的深刻理解和高瞻遠矚，深謀遠慮。

鄧公心目中兩件大事

按照時間的順序簡單回顧一下：從一開始鄧公就充分估計到在香港「出亂子」的可能性，在與戴卓爾夫人第一次會談中就點明「如果出了亂子，中方將不得不重新考慮收回的時間和方式」，以後又多次重申了這一點。

提到「一國兩制」，他總是強調「一國是主體」是「大前提」，提到「港人治港」，總是強調必須是由「愛國者」的港人來治港。他質問道：「難道普選就一定選出『愛國者』嗎？」要選舉也得慢慢來「循序漸進」。提到高度自治是強調「高度」不是全部，中央要保留必要的權力。

在制定基本法期間，他關注的一是要保證政治體制能保證選出的行政長官必須是「愛國者」，二是要保證中央對特區事務有必要的干預權。

在確保香港回歸後的持續安定問題和確保中央對特區事務應有的干預權問題上，他講得最深刻最明確。他說：「不能籠統地反對中央干預，如果這樣的干預有利於香港的繁榮穩定，你為什麼要反對？香港存在動亂的因素，不安定的因素。有的存在於香港的內部，也有的存在於外部，如果出現動亂，你干不

原新華社香港分社社長周南在北京寓所接受大公報專訪。

干預？如果要把香港變成反對和顛覆中央的基地，你干不干預？」他又說：「切不要以為把一切事情都交給港人去管，中央什麼都不過問，就萬事大吉了，我們沒有自我安慰的根據。」他還提醒大家：「要知道，搞起個動亂是很容易的」，基本法二十三條反顛覆條款也是根據這些思想和指示寫上的。

到了彭定康提出「三違反」方案，鄧公敏銳地指出，這是英國人藉「加速民主進程」的口號爭奪香港回歸後的管治權，並指出：「對英國人一點也軟不得」「必要時我們另起爐灶」，「我說的『另外的時間和方式』現在仍管用」，而且要有關方面作了具體安排，與此相配合，他還要《人民日報》於「鄧選三卷」出版前發表他 1982 年同戴卓爾講話全文，將「兩個另外」公示於天下。最終採用了「另起爐灶」方案，彭定康的打算枉費心機。

在談判過程中，他親自抓的是兩個問題，一個是大家所熟知的在港駐軍的問題，另一個是聯合聯絡機構進駐香港的問題。前者他一生氣，拍了桌子，問題就解決了。後者他親自同英國外交大臣談，還是談不下來。兩者都是事關如何制止可能發生動亂的大問題。

鄧公指示對回歸後治港有重大啟示

鄧公當年講的這些話，後來許多不是都為事態的發展所驗證了嗎？曾經有一種議論，認為小平生前對香港回歸後應如何管理並沒有留下什麼指示，重溫以上所述，不知會作何感想。

總之，在回歸前的過渡時期，中英雙方在明裏暗裏為爭奪對香港的管治權而展開了激烈的鬥爭，對手在回歸時期前是英國為主美國為輔，回歸後是美國為主英國為輔。回顧過去幾十年的實踐，似乎可以說：凡是我方的作為比較符合小平的思想和指示時，工作就比較會產生正效果，反之，就會遇到反效果。是不是這樣呢？

吐句清警　促港青文化認同

「生當華夏重興世，身在疾風驟雨中。」香港回歸前夕，時任新華社香港分社社長的周南寫下七言《遣懷》句。回憶起風波迭起充滿鬥爭的香港回歸歷程，這位詩人外交家引用這兩句詩表達當時的情境。

國學大師饒宗頤曾在周南詩詞的作序評價：「軒軒逸氣，吐句清警，波瀾壯闊，不同凡近。」通曉辭章，醉心古籍，常引經據典，是周南的另一面。

在港期間，周南不僅身體力行參與中華傳統文化活動，還同包括饒宗頤在內的一些文化界名人交上了朋友，彼此相互唱和，希望為殖民文化氣氛下的香港，增加一些中華優秀文化氣息。「當時寫點舊體詩，其中目的之一，就是提倡中國的傳統文化，可惜收效甚微。」

克服「賈桂兒精神」

彼時，許多香港青年都接受殖民教育，談起話來，只知有維多利亞和伊麗莎白，不知有唐宗宋祖，大有數典忘祖的味道。他說香港的殖民地氣息實在太

1984 年 9 月 26 日，中國政府談判代表團團長周南和英方代表、時任英國駐華大使理查德・伊文思在北京草簽關於香港問題的聯合聲明。

濃厚了，他去過好幾個前英屬殖民地，殖民地氣息都沒有香港濃厚。「沒有反殖民化，要他們真正樹立對自己祖國的認同感和歸屬感是比較困難的。」

「我主張提倡學習中國歷史、中國文學、中國文化，6000 多年來中國文化在世界上是領先的。一直站在世界的前列，只是近二三百年落後了。現在中央提倡文化自信很好，很好。在這一個有偉大文化傳統的國家搞民族文化虛無主義怎麼行嘛？」

周南引用京劇《法門寺》的一段劇詞：大太監劉瑾讓小太監賈桂坐下，不要老站在後面，賈桂卻說「奴才我站慣了。」「要克服『賈桂兒精神』。」他睿智清警的結語令人陷入沉思。

周南說，「看來香港的鬥爭不是短期內能夠徹底解決的。不過現在好了，全國人大通過了『香港特區維護國家安全法』，這是件有國際深遠意義的大好事。從此愛國者治港，行政主導，反顛覆，反『港獨』等等從根本上解決都有確實的法律保證。人們都期待着香港國安法逐步地全面落實，香港的持續穩定繁榮得到真正有效保證。我相信，有以習近平同志為核心的黨中央掌舵領航，妖霧散盡，香港的明天真會更美好的。」

香港回歸後周南返港參加慶祝活動，與愛國人士合影。

英前外相「茅台」喻周南

初夏的北京氣溫宜爽，上午時分陽光正好。藏藍薄呢夾克，黑色細邊眼鏡，周南坐在寓所一面線裝書牆前的沙發上，就如同一幅現代版高士圖，更透出他的風清骨峻、儒雅闊達。離休後的周南一直關心香港時局和繁榮穩定，每天都要翻閱一兩港版報刊。記者問：曾任中英談判英方團長的柯利達在其著作中評價：「周南是位很精明的、有教養的人，無論中文或英文，都可以引經據典；他活躍喜歡挑戰，有時很風趣，更時常激怒人。」在談判桌上，周南是一位強硬卻令對手尊重的談判對象。英國外交大臣傑弗里・豪（港譯：賀維）也曾對您給予較高評價，說「中英談判如果沒有周南先生，就如中國的正式宴會沒有茅台酒一樣」，不知周老有哪些表現使英方有如此評價？

周南回答說，自己並沒有特別表現，同外國人打交道僅僅做到不卑不亢，不離本色而已，他人如何評價就不去管了。至於茅台的話的來由，是當時鄧公

英國首相戴卓爾夫人
訪港與周南合影。

最關注派遣聯合機構進駐香港問題解決了，他得知非常高興，連夜坐專列回到北京。第二天，他與傑弗里・豪一見面，先開了個玩笑，展示了他被曬得黝黑的皮膚，說：「我曬得像非洲人一樣了」，然後點名表揚了雙方代表團團長，說：「他們的工作很出色。」接着講了邀請英國女王訪華事宜。傑弗里・豪也幽默回應說：「中英談判如果沒有周南先生，就像中國的正式宴會沒有茅台酒一樣。」後來傑弗里・豪在他出版的自傳裏比較詳細地記述了這段故事，「茅台」一事從此就傳開了。

（原載大公報 2021 年 7 月 1 日 A10 版，記者孫志）

陳佐洱：中共最明白「一國兩制」初心

作為中英聯合聯絡小組中方代表，一九九四年三月，時年五十一歲的陳佐洱緊握接力棒，滿懷信心準備香港回歸祖國的最後談判。他從北京出發，奔赴重要的歷史前哨——香港，與英方進行政權交接前針鋒相對的鬥爭。中國共產黨建黨一百周年前夕，陳佐洱在北京接受大公報專訪表示：「從中國近現代史看，從港澳百年滄桑看，沒有共產黨，就沒有新中國；沒有共產黨，就沒有『一國兩制』和港澳順利回歸。沒有誰能比中國共產黨更明白『一國兩制』的初心，更能全面準確地貫徹執行『一國兩制』，確保它行穩致遠。」

陳佐洱：中共最明白「一國兩制」初心

作為中英聯合聯絡小組中方代表，一九九四年三月，時年五十一歲的陳佐洱緊握接力棒，滿懷信心準備香港回歸祖國的最後談判。他從北京出發，奔赴重要的歷史前哨——香港，與英方進行政權交接前針鋒相對的鬥爭。中國共產黨建黨一百周年前夕，陳佐洱在北京接受大公報專訪表示：「從中國近現代史看，從港澳百年滄桑看，沒有共產黨，就沒有新中國；沒有共產黨，就沒有『一國兩制』和港澳順利回歸。沒有誰能比中國共產黨更明白『一國兩制』的初心，更能全面準確地貫徹執行『一國兩制』，確保它行穩致遠。」

大公報記者 孫志

▼從事「一國兩制」研究工作是陳佐洱畢生事業。受訪者供圖

對於「一國兩制」和香港，古稀之年的陳佐洱有着多重身份，既是香港回歸的見證者、親歷者，亦是「一國兩制」的實踐者、研究者。早已褪去談判桌上唇槍舌劍為國出征的凌厲之勢，出身書香之家的他更接近儒雅的學者氣質。

有意思的是，陳佐洱目前也更願意提及他的學術身份，北京大學國際關係學院教授、浙江大學國家制度研究院特聘研究員。「『一國兩制』不僅是國家的一條基本國策，也是一個在不斷豐富發展的實踐和理論問題。」從事「一國兩制」研究工作，是他晚年成就的不二之路。

詭詐嚇不倒中國人民

憶及中英談判的艱辛歷程，陳佐洱感慨萬千：一九八九年政治風波發生後，以美國為首的西方國家對中國橫加「制裁」。美國新執政當局趁火打劫，在香港接連打出不與中美合作連帶「制裁」的三張爛牌：居英權計劃、「人權法案」和新機場建設計劃。

陳佐洱說，「就在那個時候，那位在英國以不講誠信、狡猾、自私出了名卻手眼通天的政客彭定康走馬上任來香港了。」時隔二十餘年，陳佐洱仍用一連串鮮明字眼形容這位末代港督。彭定康曾斷言北京政權不到一九九七年就會像歐洲的蘇聯、東德和波蘭那樣垮台，動員港英政務官們和他一起「擺爛牌，打亂仗」，企圖撈回十年前英國在談判桌上想得到卻沒能得到的東西。

「彭定康到香港才三個月，就拋出一個改變行政主導、完全不與中國香港基本法相銜接的所謂政制改革方案，假『擴大民主』、『守護香港未來』之名，高調高速度地搞育一批反華亂港的本地政治力量，同時低調取消了一個又一個維護政治安全、社會治安的法律法規，為未來的中國香港特別行政區『埋地雷』。」

陳佐洱說，中方各有關部門在中央的堅強領導下，堅決抵制、破解了英國的爛牌。針對老殖民主義者撤退前的倒行逆施，鄧小平同志多次發表講話，他說：「香港問題就是一句話，對英國人一點也軟不得。」「這種詭詐的方式和主張，是嚇不倒中國人民的。中國人在主權問題上不會放過一分一毫，更不用說一寸。」

樹欲靜而風不止。時至今日西方敵對勢力打「香港牌」阻撓中國發展的妄想之心絲毫沒變。陳佐洱認為「一國兩制」的香港實踐不可能平坦，他曾用「苦難輝煌的新長征」形容。

理直氣壯講中共在港執政地位

陳佐洱說，在紀念香港特別行政區成立二十周年的重要講話和十九大報告中，習總書記要求港澳工作始終準確把握「一國」和「兩制」的關係。「在中英談判香港前途時，我們旗幟鮮明地提出主權問題不容討論，香港回歸後，更要堅定維護國家主權安全發展利益，牢固樹立『一國』意識，堅守『一國』原則。」

陳佐洱強調，港澳納入國家治理體系後，習近平總書記多次指示，在香港澳門特別行政區要嚴格依照國家憲法和基本法辦事。「我以為在港澳依法辦事很重要的一條，就是要理直氣壯、光明正大地確立中國共產黨的執政領導地位。把多年來強加在愛國愛港先進分子頭上的那些『原罪』統統抹去。」

陳佐洱簡歷

1942年12月
- 生於上海

1952年
- 隨父母遷居廈門

1983年-1987年
- 歷任中國新聞社福建分社社長，後兼港澳台部主任

1988年
- 歷任國務院港澳辦副司長、司長

1994年
- 任中英聯合聯絡小組中方代表

1995年
- 任全國人大香港特別行政區籌備委員會委員

1998年
- 歷任國務院港澳辦副主任、常務副主任，其間任全國人大澳門特別行政區籌備委員會委員，第十屆全國人大代表

2008年
- 任第十一屆全國政協常委、港澳台僑委員會副主任

2013年
- 全國港澳研究會創會會長

現任
- 北京大學國際關係學院教授、浙江大學國家制度研究院特聘研究員

「車毀人亡」的警示

有「香港回歸後過渡期第一談判手」之稱的陳佐洱，與彭定康關於跨越1997年的香港財政預算案有過激烈的交手。那是很多港人都知曉的「車毀人亡」的警示。

1995年11月，港英政府社會福利署署長一篇公開發表的演講引起了陳佐洱的嚴重關注。那個署長說，「目前香港社會福利的提升速度超過世界上任何一個國家，1995年的開支是五年前的2.5倍，每年上升27%。還要將這個增幅延續到2000年，達到第一世界水平。」

陳佐洱說，他向上級請示匯報後，就在中英聯合聯絡小組財政預算案編製第五次專家會議上開炮了：「中方曾一再表明香港的社會福利有必要隨着經濟的發展不斷改善和提高，這個精神也寫進了基本法。可以相信，97年後香港的經濟發展和社會福利一定會比現在更好；但是自從現在這港督上任後，各項社會福利開支突然變成了一輛在崎嶇道路上飛奔的高速賽車，如果繼續這樣往前開，不用多少年，將會『車毀人亡』，車上坐的是600萬香港老百姓啊。」

陳佐洱這番話是11月8號上午在北京釣魚台國賓館說的。當晚，惱羞成怒的彭定康就在香港發起攻訐，偷換概念說「中方反對提高福利」，「提高福利就會車毀人亡」等。「一個星期裏，上千篇大大小小的文章、電視畫面、無線電波指向我，連我一年前中秋節前夕，到大角咀和旺角的床位公寓『籠屋』給『籠民』送月餅，也被說成是陳某人灑『鱷魚淚』。」

▲1996年6月，陳佐洱在中英聯合聯絡小組談判樓前。 受訪者供圖

香港市民：「我們信你！」

在那段備受壓力的日子裏，陳佐洱得到了香港社會各界的有力支持。而最令他感動的就是與他素昧平生的普通香港市民，「他們通過大公報、文匯報和新華社香港分社轉來一封封支持我的信。」陳佐洱動情地說：「他們心明眼亮說真話，很給力很溫暖。」

陳佐洱憶述，就在第五次專家小組會議結束後返回香港的班機上，他剛入座，後排一位素不相識的先生走來說：「你是陳代表？在電視裏常見你，你講得好，尤其講彭定康開車要車毀人亡，我們香港市民支持你。」還有一次搭計程車，司機從後視鏡裏認出了陳佐洱，激動地說：「陳代表你說得好，英國佬想在走之前把錢花光，你可要為我們香港看住這筆數啊。我們信你！」「他說信我，實際上是信賴我們共同的強大靠山——祖國。」陳佐洱說這是他談判的強大底氣所在。

時光如白駒過隙，是非對錯被後來發生的許多大事所驗證。亞洲金融風暴爆發後，董建華、梁錦松、唐英年等特區政府要員，都曾當面向陳佐洱致謝，讚賞「車毀人亡」這句警示。「我說，真希望那僅僅是一句警示，就當做我敲了一回木魚吧。」陳佐洱釋然道。而當年的千鈞壓頂已是雲淡風輕。

「一國兩制」的理論實踐不斷豐富發展

陳佐洱說，中央歷來高度重視港澳工作，在港澳踏上回歸祖國新征程時，就以高超的政治智慧展示了「一國兩制」的偉大構想，連英國前首相戴卓爾夫人都稱讚它是「天才的創造」。港澳特區相繼成立後，「一國兩制」成為了偉大實踐。

他回顧，20多年來中國共產黨對「一國兩制」的規律性認識不斷提升，從十六屆四中全會首次提出「保持香港、澳門長期繁榮穩定，是黨在新形勢下治國理政面臨的嶄新課題」，十七大進一步表述為「重大課題」，到十八大提出「維護國家主權、安全、發展利益，保持香港澳門長期繁榮穩定」是「根本宗旨」，在「保持香港澳門長期繁榮穩定」前面加了一句話，強調「維護國家主權，安全，發展利益」是頭等大事。

「特別是十八大、十九大以來，以習近平同志為核心的黨中央在處理港澳事務，特別是應對異常複雜局面的過程中，對『一國兩制』的重大理論和實踐問題做了一系列與時俱進的深刻闡述。」對於「一國兩制」和香港的未來，陳佐洱充滿信心。他引述習近平總書記講話稱，實踐充分證明，「一國兩制」是歷史遺留的香港問題的最佳解決方案，也是香港回歸後保持長期繁榮穩定的最佳制度安排，是行得通，辦得到，得人心的，是中國為國際社會解決類似問題提供的一個新思路、新方案，是中華民族為世界和平與發展做出的新貢獻，凝結了海納百川，有容乃大的中國智慧。

▲中共百年華誕前夕，陳佐洱在京接受大公報專訪。大公報記者陳迪文攝

五星紅旗是中華民族的驕傲

1997年6月30日子夜到7月1日凌晨，香港會展中心新翼，中英兩國香港政權交接儀式。這是中華民族的盛事。這裏是世界矚目的焦點。

彷彿蒼天有淚，山海動容。陳佐洱清晰記得洗雪國恥的那個夜晚。「會場外風雨交加的維多利亞港海面上，所有大小船隻都鳴響了汽笛；香港、九龍、新界市民們在傾盆大雨中敲鑼打鼓，歡迎中國人民解放軍海陸空部隊雄赳赳氣昂昂開進。」

「在交接儀式的會場上，我作為中國政府代表團成員昂首肅立，目不轉睛地盯着英國國旗徐徐降下，然後凝望着五星紅旗冉冉升起，心中同時奏響了神聖的國歌，迎來了幾代人前赴後繼奮鬥、期盼了155年的時刻。」提及彼時的真實感受，他說：「我竟找不到『熱淚盈眶』『激情澎湃』的狂喜感覺，只默默對自己說：『我太幸運，參與其中。不辱使命，我做到了！』」

開啓愛國者治港新時代

2019年，身在北京的陳佐洱從電視畫面看見在回歸領土上飄揚了22年的五星紅旗被人扯下來，扔在地上焚燒、踐踏，「我真是心如刀割，怒火中燒啊！」陳佐洱眼眶幾近濕潤，噴出火光。那是只有矢忠報國的親歷者才懂得的痛。

「五星紅旗是中華民族的驕傲，她比生命更重要。」陳佐洱最後說：「我衷心地擁護去年全國人大及常委會頒布實施香港國安法，作出香港立法會換屆時間、規範議員資格等決定，今年又對香港基本法附件一附件二做了重要修改和完善，這是中央對香港700萬同胞福祉的真切關懷，是從國家層面為香港法律制度一再再補缺補漏，由此迎來了由亂及治，開啟愛國者治港的新時代。」

▲2019年9月17日，百名香港各界青年在金紫荊廣場展示70面五星紅旗，高唱國歌。 中新社

對於「一國兩制」和香港，古稀之年的陳佐洱有着多重身份，既是香港回歸的見證者、親歷者，亦是「一國兩制」的實踐者、研究者。早已退去談判桌上唇槍舌劍為國出征的凌厲之勢，出身書香之家的他更接近儒雅的學者氣質。

有意思的是，陳佐洱目前也更願意提及他的學術身份，北京大學國際關係學院教授、浙江大學國家制度研究院特聘研究員。「『一國兩制』不僅是國家的一條基本國策，也是一個在不斷豐富發展的實踐和理論問題。」從事「一國兩制」研究工作，是他晚年成就的不二之路。

訛詐嚇不倒中國人民

憶及中英談判的艱辛歷程，陳佐洱感慨萬千：1989 年政治風波發生後，以美國為首的西方國家對中國橫加「制裁」。英國新執政當局趁火打劫，在香港接連打出不與中國合作連帶「制裁」的三張爛牌：居英權計劃、「人權法案」和新機場建設計劃。

陳佐洱說，「就在那個時候，那位在英國以不講誠信、狡猾、自私出了名卻手眼通天的政客彭定康走馬上任來香港了。」時隔二十餘年，陳佐洱仍用一連串鮮明字眼形容這位末代港督。彭定康曾斷言北京政權不到一九九七年就會像歐洲的蘇聯、東德和波蘭那樣垮台，動員港英政務官們和他一起「握爛牌，打亂仗」，企圖撈回十年前英國在談判桌上想得到卻沒能得到的東西。

「彭定康到香港才三個月，就拋出一個改變行政主導、完全不與中國香港基本法相銜接的所謂政制改革方案，假『擴大民主』、『守護香港未來』之名，高調高速度地培育一批反華亂港的本地政治力量；同時低調取消了一個又一個維護政治安全、社會治安的法律法規，為未來的中國香港特別行政區『埋地雷』。」

陳佐洱說，中方各有關部門在中央的堅強領導下，堅決抵制、破解了英國的爛牌。針對老殖民主義者撤退前的倒行逆施，鄧小平同志多次發表講話，他說：「香港問題就是一句話，對英國人一點也軟不得。」「這種訛詐的方式和主張，是嚇不倒中國人民的。中國人在主權問題上不會放過一分一毫，更不用說一寸。」

樹欲靜而風不止。時至今日西方敵對勢力打「香港牌」阻擾中國發展的妄

從事「一國兩制」研究工作是陳佐洱畢生事業。

想之心絲毫沒變。陳佐洱認為「一國兩制」的香港實踐不可能平坦，他曾用「苦難輝煌的新長征」形容。

理直氣壯講中共在港執政地位

陳佐洱說，在紀念香港特別行政區成立二十周年的重要講話和十九大報告中，習總書記要求港澳工作始終準確把握「一國」和「兩制」的關係。「在中英談判香港前途時，我們旗幟鮮明地提出主權問題不容討論；香港回歸後，更要堅定維護國家主權安全發展利益，牢固樹立『一國』意識，堅守『一國』原則。」

陳佐洱強調，港澳納入國家治理體系後，習近平總書記多次指示，在香港澳門特別行政區要嚴格依照國家憲法和基本法辦事。「我以為在港澳依法辦事很重要的一條，就是要理直氣壯、光明正大地確立中國共產黨的執政領導地位。把多年來強加在愛國愛港先進分子頭上的那些『原罪』統統抹去。」

「車毀人亡」的警示

有「香港回歸後過渡期第一談判手」之稱的陳佐洱，與彭定康關於跨越1997年的香港財政預算案有過激烈的交手。那是很多港人都知曉的「車毀人亡」的警示。

1995年11月，港英政府社會福利署署長一篇公開發表的演講引起了陳佐洱的嚴重關注。那個署長說，「目前香港社會福利的提升速度超過世界上任何一個國家，1995年的開支是五年前的2.5倍，每年上升27%。還要將這個增幅延續到2000年，達到第一世界水平。」

陳佐洱說，他向上級請示匯報後，就在中英聯合聯絡小組財政預算案編製第五次專家會議上開炮了：「中方曾一再表明香港的社會福利有必要隨着經濟的發展不斷改善和提高，這個精神也寫進了基本法。可以相信，97年後香港的經濟發展和社會福利一定會比現在更好；但是自從現在這港督上任後，各項社會福利開支突然變成了一輛在崎嶇道路上飛奔的高速賽車，如果繼續這樣往前開，不用多少年，將會『車毀人亡』，車上坐的是600萬香港老百姓啊。」

陳佐洱這番話是11月8號上午在北京釣魚台國賓館說的。當晚，惱羞成怒的彭定康就在香港發起攻訐，偷換概念說「中方反對提高福利」，「提高福利就會車毀人亡」等。「一個星期裏，上千篇大大小小的文章、電視畫面、無線電波指向我，連我一年前中秋節前夕，到大角咀和旺角的床位公寓『籠屋』給『籠民』送月餅，也被說成是陳某人灑『鱷魚淚』。」

香港市民：「我們信你！」

在那段備受壓力的日子裏，陳佐洱得到了香港社會各界的有力支持。而最令他感動的就是與他素昧平生的普通香港市民，「他們通過大公報、文匯報和新華社香港分社轉來一封封支持我的信。」陳佐洱動情地說：「他們心明眼亮說真話，很給力很溫暖。」

陳佐洱憶述，就在第五次專家小組會議結束後返回香港的班機上，他剛入座，後排一位素不相識的先生走來說：「你是陳代表？在電視裏常見你，你講得好，尤其講彭定康開車要車毀人亡，我們香港市民支持你。」還有一次搭計

1996 年 6 月，陳佐洱在中英聯合聯絡小組談判樓前。

程車，司機從後視鏡裏認出了陳佐洱，激動地說：「陳代表你說得好，英國佬想在走之前把錢花光，你可要為我們香港看住這筆數啊。我們信你！」「他說信我，實際上是信賴我們共同的強大靠山——祖國。」陳佐洱說這是他談判的強大底氣所在。

時光如白駒過隙，是非對錯被後來發生的許多大事所驗證。亞洲金融風暴爆發後，董建華、梁錦松、唐英年等特區政府要員，都曾當面向陳佐洱致謝，讚賞「車毀人亡」這句警示。「我說，真希望那僅僅是一句警示，就當做我敲了一回木魚吧。」陳佐洱釋然道。而當年的千鈞壓頂已是雲淡風輕。

五星紅旗是中華民族的驕傲

1997 年 6 月 30 日子夜到 7 月 1 日凌晨，香港會展中心新翼，中英兩國香港政權交接儀式。這是中華民族的盛事。這裏是世界矚目的焦點。

彷彿蒼天有淚，山海動容。陳佐洱清晰記得洗雪國恥的那個夜晚。「會場外風雨交加的維多利亞港海面上，所有大小船隻都鳴響了汽笛；香港、九龍、新界市民們在傾盆大雨中敲鑼打鼓，歡迎中國人民解放軍海陸空部隊雄赳赳氣昂昂開進。」

「在交接儀式的會場上，我作為中國政府代表團成員昂首肅立，目不轉睛地盯着英國國旗徐徐降下，然後凝望着五星紅旗冉冉升起，心中同時奏響了神聖的國歌，迎來了幾代人前赴後繼奮鬥、期盼了 155 年的時刻。」提及彼時的真實感受，他說：「我竟找不到『熱淚盈眶』『激情澎湃』的狂喜感覺，只默默對自己說：『我太幸運，參與其中。不辱使命，我做到了！』」

開啟愛國者治港新時代

2019 年，身在北京的陳佐洱從電視畫面看見在回歸領土上飄揚了 22 年的五星紅旗被人扯下來，扔在地上焚燒、踐踏，「我真是心如刀割，怒火中燒啊！」陳佐洱眼眶幾近濕潤，噴出火光。那是只有攄忠報國的親歷者才懂得的痛。

「五星紅旗是中華民族的驕傲，她比生命更重要。」陳佐洱最後說：「我衷心地擁護去年全國人大及常委會頒布實施香港國安法，作出香港立法會換屆時間、規範議員資格等決定，今年又對香港基本法附件一附件二做了重要修改和完善，這是中央對香港 700 萬同胞福祉的真切關懷，是從國家層面為香港法律制度一而再補缺補漏，由此迎來了由亂及治，開啟愛國者治港的新時代。

「一國兩制」的理論實踐不斷豐富發展

中共百年華誕前夕，陳佐洱在京接受大公報專訪。

陳佐洱說，中央歷來高度重視港澳工作，在港澳踏上回歸祖國新征程時，就以高超的政治智慧展示了「一國兩制」的偉大構想，連英國前首相戴卓爾夫人都稱讚它是「天才的創造」。港澳特區相繼成立後，「一國兩制」成為了偉大實踐。

他回顧，20 多年來中國共產黨對「一國兩制」的規律性認識不斷提升，從十六屆四中全會首次提出「保持香港、澳門長期繁榮穩定，是黨在新形勢下治國理政面臨的嶄新課題」，十七大進一步表述為「重大課題」，到十八大提出「維護國家主權、安全、發展利益，保持香港澳門長期繁榮穩定」是「根本宗旨」，在「保持香港澳門長期繁榮穩定」前面加了一句話，強調「維護國家主權，安全，發展利益」是頭等大事。

「特別是十八大、十九大以來，以習近平同志為核心的黨中央在處理港澳事務，特別是應對異常複雜局面的過程中，對『一國兩制』的重大理論和實踐問題做了一系列與時俱進的深刻闡述。」對於「一國兩制」和香港的未來，陳佐洱充滿信心。他引述習近平總書記講話稱，實踐充分證明，「一國兩制」是歷史遺留的香港問題的最佳解決方案，也是香港回歸後保持長期繁榮穩定的最佳制度安排，是行得通，辦得到，得人心的，是中國為國際社會解決類似問題提供的一個新思路、新方案，是中華民族為世界和平與發展做出的新貢獻，凝結了海納百川，有容乃大的中國智慧。

（原載大公報 2021 年 6 月 13 日 A6 版，記者孫志）

張浚生KO英方
貢獻順利回歸

中共建黨百年之際，香港市民熟悉的那位性情中人，原新華社香港分社副社長張浚生雖已逝世三年，但他在回歸前的風風雨雨之中，與港英政府周旋、鬥法，擊倒（KO）英方，力捍祖國與香港的利益，留下的故事至今還被港人傳頌。「我一輩子碰到兩件大事。一是香港回歸，一是浙江大學四校合併，這兩件大事是可遇不可求的。能夠親歷香港回歸祖國這一中華民族近現代史上的一件大事，真是生而有幸，死而無憾。」張浚生的夫人楊惠儀在浙江醫院接受大公報記者專訪時，慨言這是張浚生對自己一生的總結。

張浚生KO英方 貢獻順利回歸

中共建黨百年之際，香港市民熟悉的那位性情中人，原新華社香港分社副社長張浚生雖已逝世三年，但他在回歸前的風風雨雨之中，與港英政府周旋、鬥法，擊倒（KO）英方，力捍祖國與香港的利益，留下的故事至今還被港人傳頌。「我一輩子碰到兩件大事，一是香港回歸，一是浙江大學四校合併，這兩件大事是可遇不可求的，能夠親歷香港回歸祖國這一中華民族近現代史上的一件大事，真是生而有幸，死而無憾。」張浚生的夫人楊惠儀在浙江醫院接受大公報記者專訪時，坦言這是張浚生對自己一生的總結。

大公報記者 茅建興

▲張浚生在香港工作時接受媒體採訪。

時光回轉到一九五八年夏天，楊惠儀和張浚生在浙江大學畢業，留校當了老師，一九五九年元旦共諧連理。一九八五年，張浚生被派往香港工作。初到香港時，香港人心惶惶，很多人都準備移民到國外去，香港人見到內地派去的幹部都躲着他們，不敢同他們接近。張浚生是用一顆真誠的心打開了香港的局面，贏得了香港人的信任。一九八六年，楊惠儀也從浙江大學調到香港工作，並於一九八九年調到新華社香港分社工作，在港陪伴丈夫十二年。

有求必應 友人笑稱「張五場」

「那時我們剛到香港，香港主要有兩種語言，一種是跟英國人講英語，一種是老百姓講廣東話。剛開始我們廣東話都聽不懂，時間長了慢慢都懂了。內地出去的人，如果不通語言，只能躲在房間裏，那你到香港去幹什麼呢？」楊惠儀說。

「我們在香港住了幾年以後，慢慢有些人就熟悉了，很多朋友晚上約吃飯，我們馬上答應了，幫很多朋友解決了問題。通過一個一個幫他們的忙，讓他們知道我們是全心全意為他們的。」八十七歲的楊惠儀至今記憶猶新。

在香港的十多年中，楊惠儀幾乎每天晚上都陪着張浚生參加聚會，「如老人做壽，小孩滿月，兒女結婚，公司慶典，只要有人提出，我們都很願意去參加，因為呆在新華社裏是沒有作用的。特別是春節期間，一個晚上要參加兩至三場，甚至四至五場活動我們一場一場地去走，有的時候，走到晚上十一點多，連一口水都沒有喝上，回到住處燒個鹹魚稀飯吃了。當時香港有個學者叫張五常，有朋友就笑稱張浚生是『張五場』。我感到很充實，也得了香港朋友的一片心。」

交友不分貴賤 但求擁護統一

與張浚生共同經歷香港回歸的，還有當年協助他處理日常事務的鄭浙民。張浚生的真誠待人令鄭浙民留下深刻印象。「張浚生既給香港知名人士扶過靈，也與大牌檔小販握過手；既和梅艷芳、劉德華等明星一起上台搞籌捐演唱，也應普通市民要求一起合影；既給愛國群團骨幹作報告，也對有疑慮的各方人士作耐心解釋。張浚生結交的朋友，左、中、右都有，他不要求對方完全同意內地的觀點，只要是擁護祖國統一、香港回歸。」

「如何來處理回歸後的問題？回歸以後的主要矛盾是什麼？周南和張浚生認為回歸以後，關鍵要解決人心回歸問題，要形成一套當規管職的辦事方法。」鄭浙民說道。

據大公報報道，一九九二年，彭定康單方面宣布「新九組」政改方案，遭中方駁斥為「三違反」，包括違反中英聯合聲明中、不得單方面公布重大政制改革方案的承諾。

時任新華社香港分社副社長兼新聞發言人的張浚生，痛斥彭定康「既要當婊子，又要立貞節牌坊。」揶揄對方既提出「三違反」的政改方案，又聲稱要維持中英良好關係。

張浚生日後這樣回憶歷史往事：「當時鬥爭真是激烈，彭定康上午講，我就下午講；他下午講，我就晚上講；甚至有時他前半小時講，我後半小時就回應。後來彭定康曾託人傳話說，張先生能不能少講他一句。我回答說，只要他不挑起爭端，我不會主動說他。他老是把問題拿到麥克風前爭論，我當然要回敬他，闡述我們的立場，否則會被他誤導群眾嘛！」

張浚生簡歷

1936年7月生
- 福建長汀人

1954年
- 高中畢業，被浙江大學錄取

1956年
- 8月加入中國共產黨

1958年
- 畢業於浙江大學機械系光學儀器專業，7月留校參加工作。張浚生早年長期在浙江大學任職，曾任浙江大學黨委副書記

1983年
- 任杭州市委副書記兼秘書長、市政法委書記

1985年
- 調往新華社香港分社工作，先後擔任新華社香港分社宣傳部副部長、部長，分社副社長兼發言人

1998年
- 任四校合併領導小組副組長，新浙大籌建小組組長，浙江省政府特邀顧問
- 任新組建的浙江大學黨委書記

2004年
- 卸任浙大黨委書記
- 任浙江大學發展委員會主任

2018年
- 2月19日在浙江杭州逝世，享年83歲

夜背《基本法》 言多亦不失

回歸前，香港出現一個非常有利的輿論環境，從客觀上保證了人心穩定，政權順利交接。而張浚生在港工作期間應對各國媒體記者採訪成千上萬，都能準確表達中央精神，沒有出過差錯。他離任時，傳媒贈送他一個紀念牌，上刻「縝密靈活，言多不失」八個大字。

楊惠儀回憶說，「有一次，我們上午十點要參加一個書店的剪綵活動，剛好這天上午彭定康在做施政報告。當時我們想到，到了剪綵的地方，施政報告已經做好了，很多記者就等着我們評價彭定康的施政報告怎麼樣。張浚生就跟司機講，你把汽車停在馬路邊上，開着收音機，彭定康講英文的，翻譯的人講廣東話，不大聽得清楚。」

「聽着差不多了，張浚生說，可以走了。到了剪綵的地方，果然很多記者都等在那邊，麥克風就拿過來了，『請問張社長，您對彭定康的施政報告有什麼看法？』張浚生一二三馬上總結出三點，講得非常清楚，也很得體，第二天見報也沒發現什麼問題。所以那時在香港要很機靈，這就靠平時的學習。有一次晚上，到了12點，我看到他還跑到書房裏拿了一本書，在翻香港《基本法》，篤篤篤在背。我就想半夜背《基本法》幹什麼，他說第二天彭定康要違反香港《基本法》的第幾條，這第幾條《基本法》，他一字不漏的背下來，這樣就很有說服力。在香港，他就靠平時不停的說，不停的看，不停的想，所以在香港十三年來，記者採訪他，沒出過問題。」

耐心向記者擺事實講道理

張浚生認為，香港記者提問題，甚至尖銳的問題，是其職業習慣使然，除非是謠言，他從不正面批駁，而是耐心擺事實，講道理。他不要求右翼媒體立馬改變立場，只要求對方客觀公正地報道中方觀點。他與香港大部分媒體人，上到老闆，中到部門負責人，小到一線記者，保持了良好的關係。他能深夜去媒體大佬辦公室溝通，也能時時與媒體新聞部主任餐敘。有人把張浚生稱為「小肥張」，把他畫到漫畫中，張浚生一笑置之。「張浚生把每一張都剪下來，人家聽說他這麼關心，很高興。這樣實際上就減少了工作的阻力。」鄭浙民說。

「他知道香港的記者需要抓新聞，如寫不出一點東西，老闆這邊就不好交代。有時候實在沒新東西可寫，張浚生就會把過去幾天的東西綜合一下，再說一遍，讓記者回去總有點東西好寫，但也是表達了我們的觀點。這樣的話記者也很高興，所以許多一線記者因此成了張浚生的好朋友。」鄭浙民續道，他們有時結伴去張浚生家聊天，夫人楊惠儀也會做飯給他們吃；有時他們會約張浚生到小飯店喝酒；甚至有的記者找男朋友，跟張浚生說「我找了個男朋友你看看怎麼樣」。

▲2017年，張浚生與夫人楊惠儀合影。

組新浙江大學 聘金庸當院長

在香港十多年，楊惠儀與張浚生交了很多好朋友，邵逸夫就跟張浚生關係很好。楊惠儀記得，那時邵逸夫每一年捐款，要搞活動，新華社香港分社都會積極支持和參與。他的無綫電視台有什麼活動，像選美、春節時的賀歲盃賽馬活動等等，他都讓張浚生去參加。他到內地訪問、旅遊，張浚生也經常陪他走完全程。

張浚生與金庸關係也非常好。張浚生的女兒張虹仍然記得：「金庸1992年到杭州來，到我們家裏玩，還鬧了個笑話。那時我的小孩剛3歲左右，家裏傢具質量也不是很好，小孩子就在沙發上跳來跳去，跳得彈簧都壞了。我爸那天陪着金庸到家裏來，金庸「嘭」一下坐在沙發上就起不來了，笑着說自己掉下去了，讓我們挺難為情的。那時金庸和我爸已經很好，我們家裏都叫他查先生。」

張浚生回到浙江大學後的秘書、現任中國美院黨委副書記孫旭東說，張浚生組建新浙江大學後，與很多香港高校建立廣泛的交流聯繫，許多香港知名人士到浙江大學來捐資助學。當時聘任金庸做浙江大學人文學院院長，浙大內部有不同意見，張浚生就舉例說，好多研究曹雪芹的人成為文學家，你能說曹雪芹不是文學家嗎？何況，金庸先生不僅文學造詣很深，他的歷史學知識也非常淵博，81歲了還到劍橋大學攻讀唐史方向的博士學位。

▲張浚生夫婦與金庸夫婦1992年在內地旅遊時合影。

捐資助學 心心念念貧困生

張浚生1936年出生在福建貧窮的小縣城長汀，那裏四面大山，交通閉塞，但也是工農紅軍二萬五千里長征出發的地方。

「張浚生是一輩子吃苦的，但他非常喜歡讀書，上大學時他給我印象很深，因為他都是赤着腳來上課的，衣服就是一套自己染色的舊軍服，是他大哥給的，瘦得臉上一點肌肉都沒有，肚皮都貼到後背了。這事情我向他談起時，他都會含着眼淚說，他在家中經常是吃豆腐渣、豆芽根，能吃到一頓飽飯談何容易。」楊惠儀說道。

2004年，張浚生自浙江大學退休在家後，仍心心念念忘不了貧困生，因為他自己就是這樣艱難地走過來的，他最清楚貧窮與飢餓是什麼滋味。浙江大學浚生基金理事會秘書長、中國美院黨委副書記孫旭東說，當時每逢節日，他經常深入到學生宿舍、食堂，與學生一起包餃子、聯歡。同學們思想上遇到困惑、學習上碰到問題、生活上遇到困難，也願意找他反映，和他聊聊。成立一個基金會，幫助貧困的孩子，一直是他的夙願，10多年來，參與基金捐贈的理事已逾70多人，很多香港老朋友也奉獻了愛心，目前已有4000多萬元（人民幣，下同），到2020年，已資助了學生3610人次。

去世前仍籌募助學基金

楊惠儀回憶說，「為了籌到助學基金，他走向社會向社會賢達求助，向他們訴說培養人才的重要及貧困生的生活艱難，自己講課的費用也捐了出去，感動了很多人，紛紛伸出援手，近兩年我們一直在想目標是5000萬元，要能籌到這個數字，就能資助更多的貧困生。他去世的前一個晚上，還在外面活動，當時就是為了浚生基金經常出去。可惜他做不到了。」

◀張浚生墓前紀念碑寫着他的座右銘「理想是大同，典範有周公，他年堪笑慰，彩霞映日紅。」

時光回轉到一九五八年夏天，楊惠儀和張浚生在浙江大學畢業，留校當了老師，1959 年元旦共諧連理。1985 年，張浚生被派往香港工作。初到香港時，香港人心惶惶，很多人都準備移民到國外去，香港人見到內地派去的幹部都躲着他們，不敢同他們接近。張浚生是用一顆真誠的心打開了香港的局面，贏得了香港人的信任。1986 年，楊惠儀也從浙江大學調到香港工作，並於 1989 年調到新華社香港分社工作，在港陪伴丈夫 12 年。

有求必應　友人笑稱「張五場」

「那時我們剛到香港，香港主要有兩種語言，一種是跟英國人講英語，一種是老百姓講廣東話。剛開始我們廣東話都聽不懂，時間長了慢慢都懂了。內地出去的人，如果不通語言，只能關在房間裏，那你到香港去幹什麼呢？」楊惠儀說。

「我們在香港住了幾年以後，慢慢有些人就熟悉了，很多朋友晚上約吃飯，我們馬上答應了，幫很多朋友解決了問題。通過一個一個幫他們的忙，讓他們知道我們是全心全意為他們的。」87 歲的楊惠儀至今記憶猶新。

在香港的十多年中，楊惠儀幾乎每天晚上都陪着張浚生參加聚會，「如老人做壽，小孩滿月，兒女結婚，公司慶典，只要有人提出，我們都很願意去參加，因為呆在新華社裏是沒有作用的。特別是春節期間，一個晚上要參加兩至三場，甚至四至五場活動我們一場一場地去走，有的時候，走到晚上十一點多，連一口水都沒有喝上，回到住處燒個麵條稀飯吃了。當時香港有個學者叫張五常，有朋友就笑稱張浚生是『張五場』。我感到很充實，也得了香港朋友的一片心。」

交友不分貴賤　但求擁護統一

與張浚生共同經歷香港回歸的，還有當年協助他處理日常事務的鄭浙民。張浚生的真誠待人令鄭浙民留下深刻印象。「張浚生既給香港知名人士扶過靈，也與大牌檔小販握過手；既和梅艷芳、劉德華等明星一起上台搞募捐演唱，也應普通市民要求一起合影；既給愛國群團骨幹作報告，也對有疑慮的各方人士作耐心解釋。張浚生結交的朋友，左、中、右都有，他不要求對方完全同意

張浚生在香港工作時接受媒體採訪。

內地的觀點，只要是擁護祖國統一、香港回歸。」

「如何來處理回歸後的問題？回歸以後的主要矛盾是什麼？周南和張浚生認為回歸以後，關鍵要解決人心回歸問題，要形成一套蕭規曹隨的辦事方法。」鄭浙民說道。

據大公報報道，1992 年，彭定康單方面宣布「新九組」政改方案，遭中方駁斥為「三違反」，包括違反中英聯合聲明中，不得單方面公布重大政制改革方案的承諾。

時任新華社香港分社副社長兼新聞發言人的張浚生，痛斥彭定康「既要當婊子，又要立貞節牌坊。」揶揄對方既提出「三違反」的政改方案，又聲稱要維持中英良好關係。

張浚生日後這樣回憶歷史往事：「當時鬥爭真是激烈，彭定康上午講，我就下午講；他下午講，我就晚上講；甚至有時他前半小時講，我後半小時就回應。後來彭定康曾託人傳話說，張先生能不能少講他一句。我回答說，只要他不挑起爭端，我不會主動說他。他老是把問題拿到麥克風前爭論，我當然要回敬他，闡述我們的立場，否則會被他誤導群眾嘛！」

夜背《基本法》 言多亦不失

回歸前，香港出現一個非常有利的輿論環境，從客觀上保證了人心穩定，政權順利交接。而張浚生在港工作期間應對各國媒體記者採訪成千上萬，都能準確表達中央精神，沒有出過差錯。他離任時，傳媒贈送他一個紀念牌，上刻「縝密靈活，言多不失」八個大字。

楊惠儀回憶說，「有一次，我們上午十點要參加一個書店的剪綵活動，剛好這天上午彭定康在做施政報告。當時我們想到，到了剪綵的地方，施政報告已經做好了，很多記者就等着我們評價彭定康的施政報告怎麼樣。張浚生就跟司機講，你把汽車停在馬路邊上，開着收音機，彭定康講英文的，翻譯的人講廣東話，不大聽得清楚。」

「聽着差不多了，張浚生說，可以走了。到了剪綵的地方，果然很多記者都等在那邊，麥克風就拿過來了，『請問張社長，您對彭定康的施政報告有什麼看法？』張浚生一二三馬上總結出三點，講得非常清楚，也很得體，第二天見報也沒發現什麼問題。所以那時在香港要很機靈，這就靠平時的學習。有一次晚上，到了 12 點，我看到他還跑到書房裏拿了一本書，在翻香港《基本法》，篤篤篤在背。我就想半夜背《基本法》幹什麼，他說第二天彭定康要違反香港《基本法》的第幾條，這第幾條《基本法》，他一字不漏的背下來，這樣就很有說服力。在香港，他就靠平時不停的說，不停的看，不停的想，所以在香港十三年來，記者採訪他，沒出過問題。」

耐心向記者擺事實講道理

張浚生認為，香港記者提問題，甚至尖銳的問題，是其職業習慣使然，除非是謠言，他從不正面批駁，而是耐心擺事實，講道理。他不要求右翼媒體立

2017 年，張浚生與夫人楊惠儀合影。

馬改變立場，只要求對方客觀公正地報道中方觀點。他與香港大部分媒體人，上到老闆，中到部門負責人，小到一線記者，保持了良好的關係。他能深夜去媒體大佬辦公室溝通，也能時時與媒體新聞部主任餐敘。有人把張浚生稱為「小肥張」，把他畫到漫畫中，張浚生一笑置之。「張浚生把每一張都剪下來，人家聽說他這麼關心，很高興。這樣實際上就減少了工作的阻力。」鄭浙民說。

「他知道香港的記者需要抓新聞，如寫不出一點東西，老闆這邊就不好交代。有時候實在沒新東西可寫，張浚生就會把過去幾天的東西綜合一下，再說一遍，讓記者回去總有點東西好寫，但也是表達了我們的觀點。這樣的話記者也很高興，所以許多一線記者因此成了張浚生的好朋友。」鄭浙民續道，他們有時結伴去張浚生家聊天，夫人楊惠儀也會做飯給他們吃；有時他們會約張浚生到小飯店喝酒；甚至有的記者找男朋友，跟張浚生說「我找了個男朋友你看看怎麼樣」。

組新浙江大學 聘金庸當院長

在香港十多年，楊惠儀與張浚生交了很多好朋友，邵逸夫就跟張浚生關係很好。楊惠儀記得，那時邵逸夫每一年捐款，要搞活動，新華社香港分社都會積極支持和參與。他的無綫電視台有什麼活動，像選美、春節時的賀歲杯賽馬活動等等，他都讓張浚生去參加。他到內地訪問、旅遊，張浚生也經常陪他走完全程。

張浚生與金庸關係也非常好。張浚生的女兒張虹仍然記得：「金庸 1992 年到杭州來，到我們家裏玩，還鬧了個笑話。那時我的小孩剛 3 歲左右，家裏傢具質量也不是很好，小孩子就在沙發上跳來跳去，跳得彈簧都壞了。我爸那天陪着金庸到家裏來，金庸『嘭』一下坐在沙發上就起不來了，笑着說自己掉下去了，讓我們挺難為情的。那時金庸和我爸已經很好，我們家裏都叫他查先生。」

張浚生回到浙江大學後的秘書、現任中國美院黨委副書記孫旭東說，張浚生組建新浙江大學後，與很多香港高校建立廣泛的交流聯繫，許多香港知名人士到浙江大學來捐資助學。當時聘任金庸做浙江大學人文學院院長，浙大內部有不同意見，張浚生就舉例說，好多研究曹雪芹的人成為文學家，你能說曹雪芹不是文學家嗎？何況，金庸先生不僅文學造詣很深，他的歷史學知識也非常淵博，81 歲了還到劍橋大學攻讀唐史方向的博士學位。

捐資助學 心心念念貧困生

張浚生 1936 年出生在福建貧窮的小縣城長汀，那裏四面大山，交通閉塞，但也是工農紅軍二萬五千里長征出發的地方。

「張浚生是一輩子吃苦的，但他非常喜歡讀書，上大學時他給我印象很深，因為他都是赤着腳來上課的，衣服就是一套自己染色的舊軍服，是他大哥給的，瘦得臉上一點肌肉都沒有，肚皮都貼到後背了。這事情我向他談起時，他都會含着眼淚說，他在家中經常是吃豆腐渣、豆芽根，能吃到一頓飽飯談何容易。」楊惠儀說道。

張浚生夫婦與金庸夫婦 1992 年在內地旅遊時合影。

2004 年，張浚生自浙江大學退休在家後，仍心心念念忘不了貧困生，因為他自己就是這樣艱難地走過來的，他最清楚貧窮與飢餓是什麼滋味。浙江大學浚生基金理事會秘書長、中國美院黨委副書記孫旭東說，當時每逢節日，他經常深入到學生宿舍、食堂，與學生一起包餃子、聯歡。同學們思想上遇到困惑、學習上碰到問題、生活上遇到困難，也願意找他反映，和他聊聊。成立一個基金會，幫助貧困的孩子，一直是他的夙願，10 多年來，參與基金捐贈的理事已達 70 多人，很多香港老朋友也奉獻了愛心，目前已有 4000 多萬元（人民幣，下同），到 2020 年，已資助了學生 3610 人次。

去世前仍籌募助學基金

楊惠儀回憶說，「為了籌到助學基金，他走向社會向社會賢達求助，向他們訴說培養人才的重要及貧困生的生活艱難，自己講課的費用也捐了出去，感動了很多人，紛紛伸出援手，近兩年我們一直在想目標是 5000 萬元，要能籌到這個數字，就能資助更多的貧困生。他去世的前一個晚上，還在外面活動，當時就是為了浚生基金經常出去。可惜他做不到了。」

（原載大公報 2021 年 6 月 14 日 A7 版，記者茅建興）

唐英年：改革開放有遠見 拓經濟人民幸福

在國家改革開放的過程中，不少港人都貢獻了自己的力量，但像全國政協常委唐英年及其父親唐翔千一般，做成了第一批補償貿易、遠赴新疆發展工廠，更組建了上海「第〇〇一號」合資企業，可說是絕無僅有。唐英年接受香港文匯報專訪時，回想年少時跟着父親到內地冀以實業興國，談到做山羊絨要先拚贏哈密瓜、彩色布料如何大賣，當時內地還較落後，發展至今已是日新月異，煥發新貌。他說：「我親見國家曾經的貧困階段，就更了解到經濟發展是國家人民走向幸福的必由之路，所以中國共產黨提出改革開放，是一個高瞻遠矚的政策。」

慶祝中國共產黨成立100周年
特別報道

唐英年：中共帶領國家發展經濟 高瞻遠矚推良政

改革開放有遠見 拓經濟人民幸福

在國家改革開放的過程中，不少港人都貢獻了自己的力量，但像全國政協常委唐英年及其父親唐翔千一般，做成了第一批補償貿易、遠赴新疆發展工廠，更組建了上海「第001號」合資企業，可說是絕無僅有。唐英年近日接受香港文匯報專訪時，回想年少時跟着父親到內地實以實業興國，談到做山羊絨要先拚贏哈密瓜、彩色布料如何大賣，當時內地還較落後，發展至今已是日新月異，煥發新貌。他說：「我親見國家曾經的貧困階段，就更了解到經濟發展是國家人民走向幸福的必由之路，所以中國共產黨提出改革開放，是一個高瞻遠矚的政策。」

掃碼看片

◎香港文匯報記者 歐陽文倩、沈清麗

年輕人都曾有自己計劃的將來。回到1970年代後期，在美國密歇根大學取得心理學學士學位的唐英年原計劃繼續深造，將來做相關研究，無論是臨床心理醫生或教書也好。當時，正值國家推行改革開放，在與父親談了一整晚之後，他最終決定要回國發展。

在見到當時內地的落後情況，唐英年更堅定了要與父親一同為實業興國貢獻力量的想法。「當鄧小平宣布改革開放的構思後，對中國感到有希望，如果這項政策可以貫徹下去，相信憑中國人的頭腦，勤奮，成功機會會很大。」

1978年進行第一項內地投資

中國共產黨建黨百年，帶領人民走過不凡歷程，對唐英年來說，改革開放的40多年是他印象最為深刻的。「可以從1978年開始講起，當時我們進行第一項內地投資。」

那時候，內地還沒有合資企業和外資企業，只可以進行符合當時社會主義制度的補償貿易。「現在香港人不知道什麼是補償貿易，補償貿易就是一種方式，我們在內地設廠，所有資金由我們支付，原料向內地供應商去買，然後他們以產品來『補償』我們。」

赴新疆設廠 當地棉花品質好

做過第一批補償貿易，唐英年及其父親的「開荒」舉動還不止於此。他們其後到了新疆設廠投資，以生產山羊絨等毛紡織品。其實早在1960年代，唐翔千已知新疆棉花品質好，已經常到內地買棉花。所以，到後來在當地設廠生產，彷彿就是他們人生軌跡中早已草擬好的一個章節。

回想起當年的新疆，當地人沒有什麼企業管理經驗、生產觀念，因此要從頭教起。唐英年說：「工廠紀律也要由頭教起，很辛苦，但最辛苦是當時很多做法很『死板』，我們經常要跑市領導、自治區領導、中央領導（反映情況）。」

他笑說，自己最記得兩件事情，首先就是要與哈密瓜爭火車。最初的時候，生產好的山羊絨要運到香港再出口，正值急着發貨的秋季，但也是哈密瓜成熟期，「我們明明訂了其中一卡車，但結果就將我們的貨（山羊絨）卸了，換上了哈密瓜。」

他們還試過引入日本機器，及請日本工程師到新疆教工人如何安裝和使用，但就因為裝機器的木箱多裝了幾盒用以解日本工程師鄉愁的杯麵，最終被當成「走私」處理，被海關扣了整批機器，唐英年苦笑：「幾個杯麵耽誤了工廠的進度，搞了幾個星期。」

數十年前的內地，當時人們穿的衣服以黑色、綠色、藍色為主，唐英年笑言：「還有白色，但白色衫因為洗得多也變成了灰色。」因此，他們當時就做了些紅色、黃色布料，引起很多人排隊搶購，一如港人在內地改革開放中留下的色彩與熱鬧。

喜見國家不斷與時俱進

「看過國家貧困，更了解到經濟發展是國家人民走向幸福的必由之路。」唐英年說，國家有今日的成就，都歸功於中國共產黨的領導，「新中國成立之後至1978年，其間經歷過不少起起伏伏，在經濟上相當疲弱，人民生活質素相對其他國家是很低，所以共產黨認識到社會上是需要改革開放，在當時是一個大膽的政策，也是一個重要的、高瞻遠矚的、有遠見的決定。」

更令唐英年佩服的，是共產黨一直初心不變，以群眾為基礎，為人民謀幸福，讓人民有安全感、幸福感、獲得感，其帶領的國家亦隨着社會不斷進步，以至今日能平視世界，「由站起來、富起來，到下一個強起來的階段，我們國家亦都不斷與時俱進。」

◎唐英年接受香港文匯報專訪，讚中國共產黨高瞻遠矚。 香港文匯報記者 攝

◎唐英年回鄉尋根受到群眾夾道歡迎。 資料圖片

港滬往來趨增 互取經齊進步

唐英年的父親唐翔千是「滬港合資第一人」，其組建的上海聯合毛紡織有限公司，領取了極具歷史意義的「第001號」合資企業營業執照。在唐英年眼中，童年的上海伴隨糧票的記憶，少年時通過包裹傳遞自己對上海的關心。他任職香港特區政府問責官員後，更從馬路交通看到逐漸改變的上海。

在美國讀完大學就跟隨父親到當時物資貧乏的內地建設實業，一般人都覺得有極大落差，難以適應，但唐英年說，自己對內地從來都不陌生，因為小時候父母不時會帶自己回上海，「記得大約十歲時的暑假，父母去非洲旅遊一個月，所以送我到上海的祖父母家，在上海住了一段時間。很記得祖母當時早上5時多就出門了，她說出去買菜，拿着糧票去輪候，早點去的話就可以買到靚豬肉、靚菜。」

小時候一家常寄糧油返鄉

即使之後在香港的生活，唐英年一家亦會經常寄糧油等包裹返家鄉，「當時是上海都要靠包裹接濟，可見一般市民的生活有多辛苦，我就是這樣開始認識內地的。不過，我也知道中國人很聰明、很勤奮，環境多辛苦都有方法尋求生存，中國人的求生方法就是靠奮鬥。」

其後，國家的發展一日千里，上海今日的繁華是很多人當年難以想像的。唐英年說，自己擔任香港特區政府財政司司長時，曾接待上海市市長，發現香港與上海有很多相似的地方，但香港的交通就明顯比內地好，「他（上海官員）說他有個觀察，香港也是這麼多人，這麼多車，路又是這麼窄，就算塞車，車子也會移動，為何上海塞車，車子只能停在那裏，半小時無法移動？」

唐英年解釋，香港很多是單程路，可避免同一條車道上車輛轉左又轉右的問題，交通管理容易，加上港人較遵守交通規則，「這不是一朝一夕做得到，但可以通過交通管理不讓行人隨便過馬路。」

後來，上海一些馬路上果然就在雙程路中間加上鐵欄，行人無法隨便過馬路。港滬之間越來越多交流往來，大家都會趁機會互相取經，一起進步。

◎唐英年強調，對年輕人要不斷教育，人心回歸的工作要循序漸進，急不來，卻也慢不得。圖為唐英年與港青對話。 資料圖片

做好人心回歸工作 勉港青北上識國情

在中央出手下，香港由亂入治，「愛國者治港」等原則在各層面相繼得以落實，唐英年強調，「愛國者治港」是天經地義的。他坦言，要做好人心回歸的工作，急不來，慢不得，應當鼓勵香港青年多到內地親身體驗國家發展，「多走走、多看看、多認識，就是最好的教材。」

「愛國者治港」是已故國家領導人鄧小平先生早在1984年會見香港工商界訪京團和香港知名人士時提出的。唐英年表示，「試問哪個國家會讓叛國者去管理？所有國家叛國的人都不可能進入管治架構，甚至要去坐監，所以『愛國者治港』是天經地義的。」

針對香港不少年輕人對國情認識不足，國民身份認同更淡薄，唐英年坦言，香港過往的教育制度確有不足，令學生對國家的執政黨，也就是中國共產黨沒有什麼認識，「受這個客觀情況和教育制度影響，對中共不認識是正常的，不能怪這種環境下長大的人。」

唐英年強調，對年輕人要不斷教育，人心回歸的工作要循序漸進，急不來，卻也慢不得。他鼓勵年輕人多到內地走走看看，加深對國情的了解與認識。

◎1981年，唐翔千在新疆創辦中國第一家合資企業──天山毛紡織有限公司。 資料圖片

不存在「強迫勞動」 批西方勢力抹黑

中國共產黨領導中國取得了非凡的發展成就，部分西方勢力為此一再企圖打壓中國，包括抹黑新疆的情況，更以不同手段打擊中國的科技發展。唐英年指出，新疆根本不存在西方勢力抹黑的所謂「強迫勞動」，他並指中國數千年文化以來都是講互惠互利，外國勢力的諸多打擊手段只會更激發全國人民的奮鬥力量。

「新疆『強迫勞動』？我當時都沒『強迫勞動』了。」1979年，唐家的第二間內地工廠選址新疆，唐英年回想起自己當年去棉花田看工人採棉花。

「採棉花當然要很多人，指標是收到幾多，就支付幾多，每個人都有自己的動力，我想賺幾多，就採幾多棉，有少數民族是這樣的，好像採一籃棉花給10元，當地人覺得我每日50元就夠生活了，兩個鐘頭已經採了5籃，採夠就早些收工回家了。」他說。

所以，當年在新疆設廠時，他們也曾遇到原本只需100個人的工作量，要請夠200人去做，「當地民族文化我們要習慣，我們採集羊毛都是一樣，採了幾多羊毛稱完就付錢，當時完全沒什麼『強迫勞動』，我沒見過。」

對一些西方勢力的說法，唐英年批評極為可笑，例如所謂的「強迫勞動」、「種族滅絕」都很荒謬。「我對很多外國朋友講，明朝鄭和下西洋的時候，當時中國的海軍很強大，但鄭和船隊去到每個地方都要想如何與當地經商，雙方有何資源互惠互利，絕不會來一個新地方，就霸佔一個新地方。」

中國科技發展遭美無理打擊

近年，中國在科技發展過程中不斷遭美國無理打擊，唐英年認為，這是因為美國已見識到中國在短時間內能從一窮二白發展成世界第二大經濟體，擔心連科技亦被迎頭趕上；但外國勢力越這樣做，只會越激發全國人民的奮鬥力量。

年輕人都曾有自己計劃的將來。回到 1970 年代後期，在美國密歇根大學取得心理學學士學位的唐英年原計劃繼續深造，將來做相關研究，無論是臨床心理醫生或教書也好。當時，正值國家推行改革開放，在與父親談了一整晚之後，他最終決定要回國發展。

在見到當時內地的落後情況，唐英年更堅定了要與父親一同為實業興國貢獻力量的想法，「當鄧小平宣布改革開放的構思後，對中國感到有希望，如果這項政策可以貫徹下去，相信憑中國人的頭腦、勤奮，成功機會會很大。」

1978 年進行第一項內地投資

中國共產黨建黨百年，帶領人民走過不凡歷程，對唐英年來說，改革開放的 40 多年是他印象最為深刻的，「可以從 1978 年開始講起，當時我們進行第一項內地投資。」

那時候，內地還沒有合資企業和外資企業，只可以進行符合當時社會主義制度的補償貿易，「現在香港人不知道什麼是補償貿易，補償貿易就是一種方式，我們在內地設廠，所有資金由我們支付，原料向內地供應商去買，然後他們以產品來『補償』我們。」

赴新疆設廠　當地棉花品質好

做過第一批補償貿易，唐英年及其父親的「開荒」舉動還不止於此。他們其後到了新疆設廠投資，以生產山羊絨等毛紡織品。其實早在 1960 年代，唐翔千已知新疆棉花品質好，已經常到內地買棉花。所以，到後來在當地設廠生產，彷彿就是他們人生軌跡中早已草擬好的一個章節。

回想起當年的新疆，當地人沒有什麼企業管理經驗、生產觀念，因此要從頭教起。唐英年說：「工廠紀律也要由頭教起，很辛苦，但最辛苦是當時很多做法很『死板』，我們經常要跑市領導、自治區領導、中央領導（反映情況）。」

他笑說，自己最記得兩件事情，首先就是要與哈密瓜爭火車。最初的時候，生產好的山羊絨要運到香港再出口，正值急着發貨的秋季，但也是哈密瓜成熟期，「我們明明訂了其中一卡車，但結果就將我們的貨（山羊絨）卸了，換上了哈密瓜。」

唐英年接受香港文匯報專訪，讚中國共產黨高瞻遠矚。

他們還試過引入日本機器，及請日本工程師到新疆教工人如何安裝和使用，但就因為裝機器的木箱多裝了幾盒用以解日本工程師鄉愁的杯麵，最終被當成「走私」處理，被海關扣了整批機器，唐英年苦笑：「幾個杯麵耽誤了工廠的進度，搞了幾個星期。」

數十年前的內地，當時人們穿的衣服以黑色、綠色、藍色為主，唐英年笑言：「還有白色，但白色衫因為洗得多也變成了灰色。」因此，他們當時就做了些紅色、黃色布料，引起很多人排隊搶購。一如港人在內地改革開放中留下的色彩與熱鬧。

喜見國家不斷與時俱進

「看過國家貧困，更了解到經濟發展是國家人民走向幸福的必由之路。」唐英年說，國家有今日的成就，都歸功於中國共產黨的領導，「新中國成立之後至 1978 年，其間經歷過不少起起伏伏，在經濟上相當疲弱，人民生活質素相對其他國家是很低，所以共產黨認識到社會上是需要改革開放，在當時是一個大膽的政策，也是一個重要的、高瞻遠矚的、有遠見的決定。」

更令唐英年佩服的，是共產黨一直初心不變，以群眾為基礎，為人民謀幸福，讓人民有安全感、幸福感、獲得感，其帶領的國家亦隨着社會不斷進步，以至今日能平視世界，「由站起來、富起來，到下一個強起來的階段，我們國家亦都不斷與時俱進。」

港滬往來趨增 互取經齊進步

唐英年的父親唐翔千是「滬港合資第一人」，其組建的上海聯合毛紡織有限公司，領取了極具歷史意義的「第 001 號」合資企業營業執照。在唐英年眼中，童年的上海伴隨糧票的記憶，少年時通過包裹傳遞自己對上海的關心。他任職香港特區政府問責官員後，更從馬路交通看到逐漸改變的上海。

在美國讀完大學就跟隨父親到當時物資貧乏的內地建設實業，一般人都覺得有極大落差，難以適應，但唐英年說，自己對內地從來都不陌生，因為小時候父母不時會帶自己回上海，「記得大約十歲時的暑假，父母去非洲旅遊一個月，所以送我到上海的祖父母家，在上海住了一段時間。很記得祖母當時早上 5 時多就出門了，她說出去買菜，拿着糧票去輪候，早點去的話就可以買到靚豬肉、靚菜。」

小時候一家常寄糧油返鄉

即使之後在香港的生活，唐英年一家亦會經常寄糧油等包裹返家鄉，「當時上海都要靠包裹接濟，可見一般市民的生活有多辛苦，我就是這樣開始認識

唐英年回鄉尋根受到群衆夾道歡迎。

內地的。不過，我也知道中國人很聰明、很勤奮，環境多辛苦都有方法尋求生存，中國人的求生方法就是靠奮鬥。」

其後，國家的發展一日千里，上海今日的繁華是很多人當年難以想像的。唐英年說，自己擔任香港特區政府財政司司長時，曾接待上海市市長，發現香港與上海有很多相似的地方，但香港的交通就明顯比內地好，「他（上海官員）說他有個觀察，香港也是這麼多人、這麼多車、路又是這麼窄，就算塞車，車子也會移動，為何上海塞車，車子只能停在那裏，半小時無法移動？」

唐英年解釋，香港很多是單程路，可避免同一條車道上車輛轉左又轉右的問題，交通管理容易，加上港人較遵守交通規則，「這不是一朝一夕做得到，但可以通過交通管理不讓行人隨便過馬路。」

後來，上海一些馬路上果然就在雙程路中間加上鐵欄，行人無法隨便過馬路。港滬之間越來越多交流往來，大家都會趁機會互相取經，一起進步。

唐英年強調，對年輕人要不斷教育，人心回歸的工作要循序漸進，急不來，卻也慢不得。圖為唐英年與港青對話。

做好人心回歸工作 勉港青北上識國情

在中央出手下，香港由亂入治，「愛國者治港」等原則在各層面相繼得以落實，唐英年強調，「愛國者治港」是天經地義的。他坦言，要做好人心回歸的工作，急不來、慢不得，應當鼓勵香港青年多到內地親身體驗國家發展，「多走走、多看看、多認識，就是最好的教材。」

「愛國者治港」是已故國家領導人鄧小平先生早在 1984 年會見香港工商界訪京團和香港知名人士時提出的。唐英年表示，「試問哪個國家會讓叛國者去管理？所有國家叛國的人都不可能進入管治架構，甚至要去坐監，所以『愛國者治港』是天經地義的。」

針對香港不少年輕人對國情認識不足，國民身份認同更淡薄，唐英年坦言，香港過往的教育制度確有不足，令學生對國家的執政黨，也就是中國共產黨沒有什麼認識，「受這個客觀情況和教育制度影響，對中共不認識是正常的，不能怪這種環境下長大的人。」

唐英年強調，對年輕人要不斷教育，人心回歸的工作要循序漸進，急不來，卻也慢不得。他鼓勵年輕人多到內地走走看看，加深對國情的了解與認識。

不存在「強迫勞動」 批西方勢力抹黑

中國共產黨領導中國取得了非凡的發展成就，部分西方勢力為此一再企圖打壓中國，包括抹黑新疆的情況，更以不同手段打擊中國的科技發展。唐英年指出，新疆根本不存在西方勢力抹黑的所謂「強迫勞動」，他並指中國數千年文化以來都是講互惠互利，外國勢力的諸多打擊手段只會更激發全國人民的奮鬥力量。

「新疆『強迫勞動』？我當時都沒『強迫勞動』了。」1979 年，唐家的第二間內地工廠選址新疆，唐英年回想起自己當年去棉花田看工人採棉花。

「採棉花當然要很多人，指標是收到幾多，就支付幾多，每個人都有自己的動力，我想賺幾多，就採幾多棉，有少數民族是這樣的，好像採一籃棉花給 10 元，當地人覺得我每日 50 元就夠生活了，兩個鐘頭已經採了 5 籃，採夠就早些收工回家了。」他說。

所以，當年在新疆設廠時，他們也曾遇到原本只需 100 個人的工作量，要請夠 200 人去做，「當地民族文化我們要習慣，我們採集羊毛都是一樣，採了幾多羊毛秤完就付錢，當時完全沒什麼『強迫勞動』，我沒見過。」

對一些西方勢力的說法，唐英年批評極為可笑，例如所謂的「強迫勞動」、「種族滅絕」都很荒謬。「我對很多外國朋友講，明朝鄭和下西洋的時候，當時中國的海軍很強大，但鄭和船隊去到每個地方都要想如何與當地經商，雙方有何資源互惠互利，絕不會來一個新地方，就霸佔一個新地方。」

中國科技發展遭美無理打擊

近年，中國在科技發展過程中不斷遭美國無理打擊，唐英年認為，這是因為美國已見識到中國在短時間內能從一窮二白發展成世界第二大經濟體，擔心連科技亦被迎頭趕上；但外國勢力越這樣做，只會越激發全國人民的奮鬥力量。

（原載香港文匯報 2021 年 8 月 18 日 A12 版，記者歐陽文倩、沈清麗）

大公報楊奇
筆耕報國締傳奇

在粵港新聞界，能稱為「報業泰斗」的人不多，楊奇是其中之一。親手創辦過五份報紙、主持過七份報紙的楊奇，其革命經歷和報人生涯與香港密切相關。楊奇十歲從廣東中山移居香港，在香港就讀中國新聞學院、投身新聞工作，在香港參加抗日戰爭和革命事業……在這裏，他還經歷過上世紀四十年代文藝論戰、秘密護送民主名流北上參加新政協等一系列驚心動魄大事件……種種難以忘懷的深刻記憶，是大公報人楊奇為共產主義事業奮鬥終身的最好見證。

在粵港新聞界，能稱為「報業泰斗」的人不多，楊奇是其中之一。親手創辦過五份報紙、主持過七份報紙的楊奇，其革命經歷和報人生涯與香港密切相關。楊奇十歲從廣東中山移居香港，在香港就讀中國新聞學院，投身新聞工作，在香港參加抗日戰爭和革命事業……在遠東，他還經歷過上世紀四十年代文藝論戰、秘密護送民主名流北上參加新政協等一系列驚心動魄大事件……種種難以忘懷的深刻記憶，是大公報人楊奇爲共產主義事業奮鬥終身的最好見證。

大公報記者 黃寶儀

大公報楊奇 筆耕報國締傳奇

▶在香港工作成為楊奇最難忘的回憶。圖為楊奇近照。
大公報記者黃寶儀攝

茶餐廳，是港人日常生活不可或缺的一部分，而對於楊奇來說，則是理想照進現實、具有特殊意義的地方。

茶餐廳宣誓加入中共

一九四一年三月十二日，一個楊奇終生難忘的日子。就在這一天，他在電車路的威靈頓茶餐室廂座內宣誓，加入中國共產黨。鑒於當時的特殊情況，現場沒有黨旗，甚至手也不能高高舉起，但斧頭鐮刀在其心中，右手肘撐在桌上，「我志願參加中國共產黨……為了全人類壯麗的共產主義事業，我願意犧牲自己的一切，直到生命的最後一息。」每次想起當年入黨那一幕，楊奇老人至今都覺得熱血沸騰、激動萬分。

一九二二年出生於廣東中山的楊奇，在家道中落之時到香港定居。生活的重擔，並沒有阻止楊奇對知識的追求，這位小學尚未畢業的孩子開始了自學生涯，《大公報》《星島日報》《文報》一一走進了他的視野，《大公報》更對他投身革命起了思想啟蒙的重要作用。

當時，香港廣大青年都喜愛文學作品，從讀者慢慢成為作者，楊奇也不例外。一九四〇年初，楊奇在報上讀到了《中國新聞學院招生簡章》，這是中國青年新聞記者學會香港分會的進步人士主辦、為抗戰培養具有愛國正義感新聞人才的基地，和今天的夜校類似。決心報考第二屆學員的楊奇，考取了《天文台》半周評論報的校對工作，正式踏進新聞界。有了上課時間，楊奇又報考了中國新聞學院，最終從二百多位高中程度的應考者中突圍而出，成為六十名正取生之一。

楊奇回憶說，在香港新聞學院師友的影響下，他參加了中華全國文藝界協會香港分會的文藝通訊部，簡稱「文通」，不久更被選為理事會理事。楊奇還與「文通」同伴陳漢華等人一道創辦了進步刊物《文藝青年》。「從此一日三班，白天是《天文台》的校對，晚上是中國新聞學院學生，深宵是《文藝青年》編輯。」楊奇對當年創刊的艱辛記憶猶新。這個時候的楊奇，可以說是對中國共產黨憧憬已久，甚至一言一行都按照書上描述的共產黨員標準來要求自己。

孤軍作戰 傳遞真相

在主辦進步雜誌的同時，楊奇還悄悄地辦了一件大事。那是「皖南事變」之後的一個冬夜，楊奇把自己鎖在《天文台》內室裏，連夜用蠟紙、鋼板一字一句刻寫着從《解放》雜誌上謄抄出來的抗議皖南新四軍被包圍的電文。第二天天剛亮，楊奇已經完成了蠟紙刻寫和油印，隨後他帶着這些印刷品來到中環，走進了一座又一座寫字樓……當文員們像往常一樣踏入辦公室時，都被門縫裏塞進來的油印電文吸引了。他們閱讀着通電，為真相而感慨，沒有人想到這竟然是楊奇一手策劃且孤軍作戰完成的。

楊奇小心翼翼守護着這個秘密，直到共產黨人阮洪川帶着三哥楊子江親筆信到來，才透露了一點細節。那時楊奇仍不知道阮洪川是共產黨人。阮洪川悄悄問了楊奇一個他渴望已久卻從不敢明示的問題：「為什麼不參加共產黨？」楊奇則天真地反問：「香港也有共產黨麼？」一個多月之後，阮洪川介紹陳漢華去找楊奇，楊奇終於聽到了盼望已久的黨的召喚。隨後，在茶餐廳中，楊奇一邊躲避着特務的關注，一邊想像着黨旗高掛在眼前，完成了入黨莊嚴宣誓。從此，他始終謹記着自己的誓言。

如今的楊奇老人，早已定居羊城頤養天年，卻仍保持着閱讀報紙、了解時政大事的習慣。萬里歸來顏愈少，他那依舊清澈睿智的目光，表明了他還是當年那位心懷天下的少年。

楊奇簡歷

1922年出生

- 籍貫廣東香山（今中山）

1940年

- 香港中國新聞學院畢業
- 全國文藝協會香港文藝通訊部工作
- 參與創辦並編輯《文藝青年》半月刊

1941年3月

- 加入中國共產黨
- 後離港參加東江縱隊，先後任《新百姓報》編輯、《東江民報》主編、東江縱隊《前進報》社長

2007年7月

- 獲中央駐港聯絡辦頒發「特別榮譽證章」

報業泰斗

- 抗戰勝利後，在香港創辦《正報》並出任社長，後調任《華商報》董事總經理、代總編輯
- 廣州解放後率領《華商報》全體幹部到廣州，參與創辦《南方日報》，任副社長

1957年

- 參加創辦《羊城晚報》，後任總編輯

1974年

- 任廣東人民出版社社長、廣東省出版事業管理局局長

1978年

- 奉派到新華社香港分社工作，歷任副秘書長、宣傳部長、秘書長

1988年

- 接替已故大公報社長費彝民的職務，出任香港《大公報》第二任社長

一場論戰 掀香港青年文藝新浪潮

1940年創辦《文藝青年》，直接推動了1940年末香港一場重大的文藝爭論，是楊奇「文青」歲月中濃墨重彩的一筆。這場論戰不僅讓《文藝青年》和楊奇成熟起來，更對促進香港青年文藝運動發展有着積極的意義。

迎合了當時香港廣大青年求知需求的《文藝青年》，創刊不到一個月就徵集了1000多訂戶，最高發行3000多份。這個數字在當時香港出版刊物中已是佼佼者，天一圖書公司還把它發行到南洋各地。

《文藝青年》出版期間，開展過數次頗具影響力的活動，其中最讓楊奇難忘的正是1940年末的文藝爭論。「那是1940年10月1日出版的第二期，發表了時任《大公報》副刊主編楊剛的文章《反對新式風花雪月——對香港文藝青年的一個挑戰》。」當時，日本人、漢奸和國民黨主辦的報刊，不僅經常發表宣揚香港、上海歌舞昇平的作品，還出現了一種值得關注的傾向，那就是誘導讀者遠離抗日戰爭，遠離現實生活，刊發內容充滿了思慕和嘆息的「懷鄉病」，有意無意中造成了消蝕香港青年壯志的後果。

楊剛的文章一出，整個香港文壇激起了一場「關於『新式風花雪月』的論爭」。《文藝青年》持續追蹤，在此後兩個月內，《星島日報》《大公報》等10多份報刊捲入論戰，先後發表文章共有90多篇，並最終在港發展成一場前所未有的面對面大辯論。辯論結束前，楊奇代表《文藝青年》發言，強調「應該首先組織廣大的青年學生，而且注意吸收工廠裏的文藝青年……把文藝這武器推進到廣大群眾裏，把文藝還給大眾，寫他們活生生的生活。」

▶二〇一二年，楊奇獲廣東首屆新聞終身榮譽獎。

一場護送 上班報紙佬下班小老闆

「我當時有一件英國『燕子牌』的乾濕褸，120元買的，那時我每月工資才180元啊。」說起這件特別的乾濕褸，楊奇笑稱當年確實買得有點心痛。在新中國成立前夕秘密安排民主名流離港北上、參加新政協，楊奇是中共隱蔽戰線上這一重大事件的親歷者。乾濕褸正是他參與護送李濟深等一批民主人士離港時的重要道具之一。有賴於這件褸，楊奇「演」活了「小開」（形容富家子弟）的角色，順利將李濟深從特工眼皮底下接走。

那時楊奇是香港《華商報》的代總編輯，又是中共香港工委的人員，全程參與了護送李濟深等一批民主人士離港。其時，李濟深等人在香港成立中國國民黨革命委員會，此後港英當局政治部特工就在李家對面租了一層樓，監視他的一舉一動，要在特工眼皮底下安排李濟深北上可謂舉步維艱。中共五人領導小組經過周密部署，最終決定在1948年的聖誕節次日夜間安排李濟深上船。

當時準備北上的民主人士大多扮成老闆，跟班「小開」自然必不可少。為此，楊奇專門提前買了這件乾濕褸，一離開報社就換上，坐的士出入，以適應「小開」的身份。1948年12月26日晚，李濟深在寓所裏像往常一樣宴客，身穿背心棉襖，作居家打扮，故意設計這個場景迷惑了特工。晚宴開始後不久，李濟深便離席去了洗手間，然後悄悄走出家門。而楊奇則借用《華商報》董事長鄧文釗的轎車來接應，把李濟深接到堅尼地道的鄧宅，方方、潘漢年、饒彰風已在此等候，何香凝等也在那裏送行。隨後，楊奇和饒彰風等人一起，安排小汽船，將李濟深一行人轉送到了港口停泊的「阿爾丹」號貨輪，次晨駛出了維多利亞港。三天之後，《華商報》主動披露了這一消息：《李濟深等離港北上參加政協》，字數不多，卻正如今天所說「字越少，事越大」，引起轟動。

▲2005年9月，楊奇先生（左三）與戰友們出席抗戰60周年紀念會。 資料圖片

更多內容歡迎掃描二維碼

一本專著 內地重新認識香港窗户

雖曾三度離港，但楊奇在香港工作的時間前後加起來長達21年，他對香港始終保持着密切關注。1978年，十年浩劫之後，楊奇第三次踏上香港的土地，立刻強烈感受到今非昔比。經濟起飛，持續繁榮，居於「亞洲四小龍」之首，香港成為世界關注的焦點。如何讀懂香港這本書，也引起了楊奇的思考。

隨着改革開放政策的推進，「一國兩制」偉大構想提出，內地各省市紛紛展現出利用港資的興趣和積極性，但對香港實際情況卻不甚了了。楊奇坐不住了，他越來越覺得有必要編寫一本全面、系統且實事求是評論香港經濟、政治、法律、文化、社會生活的學術專著，以便讓內地各部門、各省市能夠更好地瞭解香港。

楊奇將自己的想法向新華社香港分社作了匯報，立刻得到肯定和支持。1986年12月，新華社香港分社形成決議，出版一本關於香港研究的學術專著，由楊奇擔任主編，編撰人員陸續從廣東省社會科學院等單位調來，香港、廣州一些學者也接受聘請成為撰稿人和審稿人。後來該書被正式命名為《香港概論》。

創同類書籍銷量最高紀錄

為了全面地重新認識香港，楊奇和編輯室的同事閱讀了大量的文章和資料。「好就說好，壞就說壞，不作隨意的褒貶。」楊奇非常認真地告訴記者，只有這樣才能讓讀者較為全面地了解香港資本主義社會的特點，加深認識「一國兩制」決策的科學性和必要性，也使香港各階層看到內地學者是如此實事求是看待香港的，從而增強他們對實施「一國兩制」的信心。

80萬字的《香港概論》分上下兩卷，分別於1990年10月和1993年1月發行，引起香港各界持續熱烈的關注，不僅內地派去香港工作的人員人手一套，香港理工大學香港專上學院還將其列為香港歷史文化科指定教科書。香港三聯書店更是一字不改地再版6次，創同類書籍銷量的最高紀錄。

▲楊奇（前排蹲下中者）與中國新聞學院的同學在香港新界郊遊。
資料圖片

茶餐廳，是港人日常生活不可或缺的一部分，而對於楊奇來說，則是理想照進現實、具有特殊意義的地方。

茶餐廳宣誓加入中共

1941年3月12日，一個楊奇終生難忘的日子。就在這一天，他在電車路的威靈頓茶餐室廂座內宣誓，加入中國共產黨。鑒於當時的特殊情況，現場沒有黨旗，甚至手也不能高高舉起，但斧頭鐮刀在其心中，右手肘撐在桌上，「我志願參加中國共產黨……為了全人類壯麗的共產主義事業，我願意犧牲自己的一切，直到生命的最後一息。」每次想起當年入黨那一幕，楊奇老人至今都覺得熱血沸騰、激動萬分。

1922年出生於廣東中山的楊奇，在家道中落之時到香港定居。生活的重擔，並沒有阻止楊奇對知識的追求，這位小學尚未畢業的孩子開始了自學生涯，《大公報》《星島日報》《立報》一一走進了他的視野，《大公報》更對他投身革命起了思想啟蒙的重要作用。

當時，香港廣大青年都喜愛文學作品，從讀者慢慢成為作者，楊奇也不例外。1940年初，楊奇在報上讀到了《中國新聞學院招生簡章》，這是中國青年新聞記者學會香港分會的進步人士主辦、為抗戰培養具有愛國正義感新聞人才的基地，和今天的夜校類似。決心報考第二屆學員的楊奇，考取了《天文台》半周評論報的校對工作，正式踏進新聞界。有了上課時間，楊奇又報考了中國新聞學院，最終從二百多位高中程度的應考者中突圍而出，成為六十名正取生之一。

楊奇回憶說，在香港新聞學院師友的影響下，他參加了中華全國文藝界協會香港分會的文藝通訊部，簡稱「文通」，不久更被選為理事會理事。楊奇還與「文通」同伴陳漢華等人一道創辦了進步刊物《文藝青年》。「從此一日三班，白天是《天文台》的校對，晚上是中國新聞學院學生，深宵是《文藝青年》編輯。」楊奇對當年創刊的艱辛記憶猶新。這個時候的楊奇，可以說是對中國共產黨嚮往已久，甚至一言一行都按照書上描述的共產黨員標準來要求自己。

在香港工作成為楊奇最難忘的回憶。

孤軍作戰　傳遞真相

在主辦進步雜誌的同時，楊奇還悄悄地辦了一件大事。那是「皖南事變」之後的一個冬夜，楊奇把自己鎖在《天文台》內室裏，連夜用蠟紙、鋼板一字一句刻寫着從《解放》雜誌上謄抄出來的抗議皖南新四軍被包圍的電文。第二天天剛亮，楊奇已經完成了蠟紙刻寫和油印，隨後他帶着這些印刷品來到中環，走進了一座又一座寫字樓……當文員們像往常一樣踏入辦公室時，都被門縫裏塞進來的油印電文吸引了。他們閱讀着通電，為真相而感慨，沒有人想到這竟然是楊奇一手策劃且孤軍作戰完成的。

楊奇小心翼翼守護着這個秘密，直到共產黨人阮洪川帶着三哥楊子江親筆信到來，才透露了一點細節，那時楊奇仍不知道阮洪川是共產黨人。阮洪川悄悄問了楊奇一個他渴望已久卻從不敢明示的問題：「為什麼不參加共產黨？」楊奇則天真地反問：「香港也有共產黨麼？」一個多月之後，阮洪川介紹陳漢華去找楊奇，楊奇終於聽到了盼望已久的黨的召喚。隨後，在茶餐廳中，楊奇一邊躲避着侍者的關注，一邊想像着黨旗高掛在眼前，完成了入黨莊嚴宣誓。從此，他始終謹記着自己的誓言。

如今的楊奇老人，早已定居羊城頤養天年，卻仍保持着閱讀報紙、了解時政大事的習慣。萬里歸來顏愈少，他那依舊清澈睿智的目光，表明了他還是當年那位心懷天下的少年。

一場論戰 掀香港青年文藝新浪潮

1940 年創辦《文藝青年》，直接推動了 1940 年末香港一場重大的文藝爭論，是楊奇「文青」歲月中濃墨重彩的一筆。這場論戰不僅讓《文藝青年》和楊奇成熟起來，更對促進香港青年文藝運動發展有着積極的意義。

迎合了當時香港廣大青年求知需求的《文藝青年》，創刊不到一個月就徵集了 1000 多訂戶，最高發行 3000 多份。這個數字在當時香港出版刊物中已是佼佼者，天一圖書公司還把它發行到南洋各地。

《文藝青年》出版期間，開展過數次頗具影響力的活動，其中最讓楊奇難忘的正是 1940 年末的文藝爭論。「那是 1940 年 10 月 1 日出版的第二期，發表了時任《大公報》副刊主編楊剛的文章《反對新式風花雪月——對香港文藝青年的一個挑戰》。」當時，日本人、漢奸和國民黨主辦的報刊，不僅經常發表宣揚香港、上海歌舞昇平的作品，還出現了一種值得關注的傾向，那就是誘導讀者遠離抗日戰爭，遠離現實生活，刊發內容充滿了思慕和嘆息的「懷鄉病」，有意無意中造成了消蝕香港青年壯志的後果。

楊剛的文章一出，整個香港文壇激起了一場「關於『新式風花雪月』的論爭」。《文藝青年》持續追蹤，在此後兩個月內，《星島日報》《大公報》等 10 多份報刊捲入論戰，先後發表文章共有 90 多篇，並最終在港發展成一場前所未有的面對面大辯論。辯論結束前，楊奇代表《文藝青年》發言，強調「應該首先組織廣大的青年學生，而且注意吸收工廠裏的文藝青年……把文藝這武器推進到廣大群眾裏，把文藝還給大眾，寫他們活生生的生活。」

2005 年 9 月，楊奇先生（左三）與戰友們出席抗戰勝利 60 周年紀念會。

一場護送 上班報紙佬下班小老闆

「我曾經有一件英國『燕子牌』的乾濕褸，120 元買的，那時我每月工資才 180 元啊。」說起這件特別的乾濕褸，楊奇笑稱當年確實買得有點心痛。在新中國成立前夕秘密安排民主名流離港北上、參加新政協，楊奇是中共隱蔽戰線上這一重大事件的親歷者。乾濕褸正是他參與護送李濟深等一批民主人士離港時的重要道具之一。有賴於這件褸，楊奇「演」活了「小開」（形容富家子弟）的角色，順利將李濟深從特工眼皮底下接走。

那時楊奇是香港《華商報》的代總編輯，又是中共香港工委的人員，全程參與了護送李濟深等一批民主人士離港。其時，李濟深等人在香港成立中國國民黨革命委員會，此後港英當局政治部特工就在李家對面租了一層樓，監視他

2021 年，楊奇獲廣東首屆新聞終身榮譽獎。

楊奇（前排蹲下中者）與中國新聞學院的同學在香港新界郊遊。

的一舉一動，要在特工眼皮底下安排李濟深北上可謂舉步維艱。中共五人領導小組經過周密部署，最終決定在 1948 年的聖誕節次日夜間安排李濟深上船。

當時準備北上的民主人士大多扮成老闆，跟班「小開」自然必不可少。為此，楊奇專門提前買了這件乾濕褸，一離開報社就擇機換上，坐的士出入，以適應「小開」的身份。1948 年 12 月 26 日晚，李濟深在寓所裏像往常一樣宴客，身穿背心袂襖，作居家打扮，故意設計這個場景迷惑了特工。晚宴開始後不久，李濟深便離席去了洗手間，然後悄悄走出家門。而楊奇則借用《華商報》董事長鄧文釗的轎車來接應，把李濟深接到堅尼地道的鄧宅，方方、潘漢年、饒彰風已在此等候，何香凝等也在那裏送行。隨後，楊奇和饒彰風等人一起，安排小汽船，將李濟深一行人轉送到了港口停泊的「阿爾丹」號貨輪，次晨駛出了維多利亞港。三天之後，《華商報》主動披露了這一消息：《李濟深等離港北上參加政協》，字數不多，卻正如今天所說「字越少，事越大」，引起轟動。

一本專著 內地重新認識香港窗戶

雖曾三度離港，但楊奇在香港工作的時間前後加起來長達 21 年，他對香港始終保持着密切關注。1978 年，十年浩劫之後，楊奇第三次踏上香港的土地，立刻強烈感受到今非昔比。經濟起飛，持續繁榮，居於「亞洲四小龍」之首，香港成為世界關注的焦點。如何讀懂香港這本書，也引起了楊奇的思考。

隨着改革開放政策的推進，「一國兩制」偉大構想提出，內地各省市紛紛展現出利用港資的興趣和積極性，但對香港實際情況卻不甚了了。楊奇坐不住了，他越來越覺得有必要編寫一本全面、系統且實事求是評論香港經濟、政治、法律、文化、社會生活的學術專著，以便讓內地各部門、各省市能夠更好地聯通香港。

楊奇將自己的想法向新華社香港分社作了匯報，立刻得到肯定和支持。1986 年 12 月，新華社香港分社形成決議，出版一本關於香港研究的學術專著，由楊奇擔任主編，編撰人員陸續從廣東省社會科學院等單位調來，香港、廣州一些學者也接受聘請成為撰稿人和審稿人。後來該書被正式命名為《香港概論》。

創同類書籍銷量最高紀錄

為了全面地重新認識香港，楊奇和編輯室的同事閱讀了大量的文章和資料。「好就說好，壞就說壞，不作隨意的褒貶。」楊奇非常認真地告訴記者，只有這樣才能讓讀者較為全面地了解香港資本主義社會的特點，加深認識「一國兩制」決策的科學性和必要性，也使香港各階層看到內地學者是如此實事求是看待香港的，從而增強他們對實施「一國兩制」的信心。

80 萬字的《香港概論》分上下兩卷，分別於 1990 年 10 月和 1993 年 1 月發行，引起香港各界持續熱烈的關注，不僅內地派去香港工作的人員人手一套，香港理工大學香港專上學院還將其列為香港歷史文化科指定教科書。香港三聯書店更是一字不改地再版 6 次，創同類書籍銷量的最高紀錄。

（原載大公報 2021 年 6 月 15 日 A10 版，記者黃寶儀）

黃作梅：

爲新中國外交和新聞事業死而無憾

一九五五年四月十一日傍晚，一架飛機在馬來西亞北婆羅洲沙撈越附近海面上空爆炸起火，機身墜入海中。機上參加亞非會議的中國代表團成員和隨同採訪的中外記者十一人遇難，這就是震驚中外的「喀什米爾公主號」事件。遇難者中包括時任新華社香港分社社長黃作梅。

國家發展迅速 人民安居樂業 交出滿意答卷

吳亮星：黨百年成就斐然 應充分在港宣傳

慶祝中國共產黨成立100周年

特別報道之宣傳教育

今年恰逢中國共產黨成立100周年，共產黨領導下的新中國創造了舉世矚目的發展奇跡。港區全國人大代表、中國銀行（香港）信託有限公司董事長吳亮星日前接受香港文匯報專訪時表示，國家發展迅速，人民安居樂業，中國共產黨交出了一份民眾滿意的答卷。切身的體會和感受，讓吳亮星深感中國共產黨全心全意為人民，他認為，應該趁着慶祝建黨100周年的契機，充分展示中國共產黨執政的成功，讓更多人認識共產黨，也只有這樣才對得起一代又一代為國家奉獻犧牲的中國共產黨人。

掃碼看片

●香港文匯報記者 郭家好

曾在愛國學校就讀的吳亮星，自小就培養了國家觀念，亦對中國共產黨有一定的認識，但令他由心底認同中國共產黨的更重要原因，是他切身感受到共產黨全心全意為人民。

吳亮星憶述，上世紀六十年代的香港處於制水時代，十分缺水，基本上最嚴重時每4天才分一次水給市民，所以到處可以看到有人擔水。當時年幼的他，亦要負起擔水的重任，但由於體力不足，每次只能擔着小量的水，要來回多次，這讓他更體會到當時用水的困難與艱辛。

黨中央支持 解港淡水奇缺苦

東江之水越山來，在共產黨的支持下，香港解決了淡水奇缺之苦，吳亮星亦不再需要和許多市民一樣，循環往復的擔水。「我會覺得有了共產黨和國家（的支持），才令香港重要的水資源得到解決，大家心裏安樂很多，這亦令我相信有一個強大的國家在背後支持，人民能克服很多困難。」

這樣的經歷和從小受到的愛國教育，讓心懷報國情懷的吳亮星中學畢業後毅然加入中國銀行（香港）任職，為國家和香港的金融發展效力。

難忘上司為港奉獻人生最好18年

在中資企業工作的過程中，他接觸到企業中很多內地來港人員，親身領略了他們身上的風采和故事。他憶及，他在中銀香港曾經的一位上司，35歲從內地來港，53歲才重回內地，為香港奉獻了人生最好的18年，更犧牲了陪伴內地妻兒的時間。這位上司在業務、外語、接待等方方面面不僅能力突出，而且把自己的所學毫無保留地傳授給他，令他獲益良多、快速成長。

吳亮星感歎，共產黨員的特質決定了中國共產黨能夠帶領中國這個龐大人口的國家團結向前，並創造發展奇跡。

他說，現在的中國「人通、路通、財通、資源通」，交出了一份令民眾滿意的答卷。他強調，中國共產黨不斷完善自身，新中國取得這樣的成績正是有賴於共產黨的領導，「沒有共產黨領導和強大的執政能力，何來這樣的成績和答卷呢？所以我覺得『沒有共產黨就沒有新中國』，這句話講得太到位了。」

吳亮星說，過往在香港，共產黨十分低調，「國家強盛，共產黨身為執政黨，為什麼不能說呢？」他認為，應該趁着建黨100周年的契機，講出共產黨的成功，讓更多人認識黨，也只有這樣才更對得起一代代為國家犧牲奉獻的共產黨員。

●吳亮星接受香港文匯報專訪時表示，應該趁着慶祝建黨100周年的契機，充分展示中國共產黨執政的成功，讓更多人認識到黨。 香港文匯報記者 攝

●中銀積極為內地航空業引進民航機提供融資。圖為1986年6月19日吳亮星（右三）出席內地民航機的接收儀式。受訪者供圖

重奪教育宣傳陣地 回擊反對派抹黑

今時今日，仍有部分香港人對中國共產黨存在偏見，把愛國僅僅當成「一個選項」，甚至敵視自己的國家。吳亮星在專訪中強調，愛國從來不需要選擇，任何國民都應該愛護國家，從香港回歸的第一天就應該強調這一點。惟香港愛國教育缺失，加上部分反對派傳媒的「洗腦工程」，令部分香港人對中國共產黨存在誤解。

「愛國從來都不是一個需要思考的問題，除非沒有國家，否則一般的國民一定希望國家強大，他們的家庭才會受到保障，國強才會家安。」吳亮星說道。他表示，國家在中國共產黨的領導下，在諸多方面表現卓越，包括扶貧、GDP增長、社會穩定、疫情管控等等。

不過，他坦言現時仍有部分香港人對中國共產黨存在偏見。他分析指，「反對派利用傳媒和教育這兩大範團的『洗腦』工程，污名化共產黨，攻擊共產黨，反對派媒體只報道負面事情，一句不提共產黨取得的成績。」他質問：「怎麼可能一樣好的事都沒有呢？」他堅信任何造謠都敵不過事實，「邪不能勝正，真的假不了，假的真不了。」

至於如何多做工作去改變部分港人的偏見，吳亮星認為需要奪回教育和宣傳陣地，不能任由市民被反對派大量的誤導文宣「洗腦」，媒體應該多宣傳共產黨的正面形象，讓更多人對她有更全面和客觀的認識。 ●香港文匯報記者 郭家好

憶父節儉慳學費 堅持供讀愛國校

父輩的教育理念往往影響子女一生，吳亮星憶及父親吳頌山十分注重子女的愛國教育，這亦讓他從小具備國家視野，堅定一生都要為國家發展作貢獻的心。

吳亮星說，父親吳頌山是一名海陸理貨員，十分有愛國情懷，當時每月薪金只有數百元，但都節衣縮食，把7個孩子送到愛國學校讀書，從小培育孩子們對國家和共產黨全面和理性的認知，「這不是一個小的負擔，一個孩子的學費每月就要30港元，可想而知要供養7個孩子是多麼的不簡單。」

他感恩自己在愛國學校讀書，有機會看到國家是如何逐步在困難中前行，了解中國共產黨的付出，這亦更加堅定了吳亮星長大後為國家服務的心，因此中學畢業後他的第一份工作就是在中國銀行（香港），一幹就是54年。

生於1949年的吳亮星與新中國同歲，對此感到驕傲和幸運的他，更以這個特殊的身份為國家發展出力。他在新中國成立30周年國慶之際，與一群在香港的同齡人成立「同齡同心慈善基金」，並擔任信託人。據悉目前該基金已經為國家捐贈了百多間學校，在很多偏遠的地區興建中小學，亦在出現天災等情況時作出貢獻。他形容該基金是與國家一起成長和發展，希望國家發展日益強大，造福人民。

●香港文匯報記者 郭家好

●1972年6月，吳亮星（前排右四）代表中國銀行與同業（渣打銀行）進行籃球友誼賽。 受訪者供圖

黃作梅：為新中國外交和新聞事業死而無憾

香港文匯報訊 新華社播發「紅色記憶」專題報道《黃作梅：為新中國外交和新聞事業死而無憾》，介紹黃作梅事跡。畢業於香港皇仁書院的黃作梅，在「七七事變」爆發後走上抗日救國的道路。他積極參加香港同胞抗日愛國救亡運動和中國共產黨地下組織領導的讀書會，宣傳抗日救國思想。1955年4月，黃作梅在「克什米爾公主號」事件中不幸遇難。黃作梅39歲的生命，貢獻給了新中國的外交和新聞事業。他亦曾在香港文匯報發表數十篇國際評論。

1955年4月11日傍晚，一架飛機在馬來西亞北婆羅洲沙撈越附近海面上空爆炸起火，機身墜入海中。機上參加亞非會議的中國代表團成員和隨同採訪的中外記者11人遇難，這就是震驚中外的「克什米爾公主號」事件。遇難者中包括時任新華社香港分社社長黃作梅。

慘遭台特務炸機遇難

「他走之前就是囑咐我照顧好家裏，照顧好孩子。」92歲的雷善儒是黃作梅的夫人，她近日接受新華社記者訪問，66年前黃作梅與她告別的情景歷歷在目。1955年4月18日，第一次沒有西方殖民國家參加的亞非會議在印度尼西亞的萬隆召開，周恩來總理親自帶隊參加。得知這一消息，台灣特務策劃炸掉中國代表團的包機「克什米爾公主號」，對周總理實施暗殺。在出發前，新華社香港分社已接到外交部緊急通知，黃作梅等安排工作人員數次與飛機的運營商印度航空公司交涉防範飛機被破壞事宜。

「當時我意識到（有危險），但沒想到那麼嚴重。」儘管黃作梅從未對雷善儒說過什麼，但她還是從丈夫出發前的一系列緊張準備中感受到一絲不尋常。「他們頭一天晚上開會到12點多，具體的情況都沒有說，這是保密的。」從戰爭年代走來，又身處當時政治環境極為複雜的香港，雷善儒與她的丈夫一樣，對危險早有思想準備。

談到丈夫從容面對生死考驗，雷善儒眼含熱淚、聲音哽咽：「對個人而言，從入黨開始，從參加革命開始，都是準備為共產主義事業獻出自己的生命。特務的目標是總理，我就拿這個來安慰自己：幸虧總理沒在上面，我們個人的犧牲就是犧牲小我……」

皇仁畢業 走上抗日救國道路

黃作梅在「七七事變」爆發後走上抗日救國的道路。香港被日寇侵佔後，按照中共中央的指示，活躍於香港的東江縱隊港九大隊與香港的黨組織共同營救被困香港的愛國民主人士、文化人士及盟國人員。黃作梅是國際工作小組的組長，在營救盟軍人員、與盟軍互通情報等方面取得了突出業績。

抗戰勝利後，黃作梅重返香港，籌備東江縱隊駐港辦事處，後任辦事處主任。1947年，黃作梅受新華社派遣前往倫敦，創辦新華社倫敦分社並擔任社長。1949年，黃作梅調回香港任新華社香港分社社長。

香港九龍山林道35號，是黃作梅一家曾經生活的地方。就在今年4月，雷善儒老人在兒子黃偉建的陪伴下重回故地。「門牌號沒變，房子早已變了。」在黃偉建的描述中，原來的房子是老式唐樓，是香港民主人士借給新華社香港分社的。黃作梅夫婦及一同在分社工作的弟弟、妹妹等十幾口人居住在兩套小房子裏，擁擠、悶熱，條件十分艱苦。

新中國成立後，新華社香港分社從初期單一轉發總社文稿到向總社發回稿件，黃作梅還常在報章上撰寫社論、文章和國際評論。據了解，他在香港文匯報曾發表數十篇國際評論。雷善儒告訴記者，那時候大家全部心思都是工作，每天都很忙。在她的記憶中沒有節假日，黃作梅每天晚上不到12點不會有空。

黃作梅39歲的生命，貢獻給了新中國的外交和新聞事業。無論在他之前還是之後，這支隊伍中都不乏英勇的獻身者。雷善儒認為，黃作梅犧牲後，喬冠華和夫人龔澎寫的一封慰問信最能代表那一代人的信念。信中說：「作梅終於是犧牲了，犧牲在外交戰場上他的崗位上，作為一個革命者，我相信作梅在入黨的時候早有準備，而且在十多年的鬥爭中一直是樂於為革命獻出他的生命的。他死無遺憾。」

如今，在北京八寶山革命公墓，矗立着這樣一座紀念碑，石碑正面有周恩來總理的親筆題詞，背面是包括黃作梅在內的11位烈士的生平及碑文。碑文中寫道：「為和平、獨立和自由的事業而光榮犧牲的烈士們永垂不朽！」

●黃作梅一家三口合影，嬰兒為幼年黃偉建。 新華社發（受訪者提供）

個人的犧牲就是犧牲小我

「他走之前就是囑咐我照顧好家裏，照顧好孩子。」92 歲的雷善儒是黃作梅的夫人，66 年前黃作梅與她告別的情景歷歷在目。

1955 年 4 月 18 日，第一次沒有西方殖民國家參加的亞非會議在印尼的萬隆召開，周恩來總理親自帶隊參加。得知這一消息，台灣特務策劃炸掉中國代表團的包機「喀什米爾公主號」，對周總理實施暗殺。在出發前，新華社香港分社已接到外交部緊急通知，黃作梅等安排工作人員數次與飛機的運營商印度航空公司交涉防範飛機被破壞事宜。

「當時我意識到（有危險），但沒想到那麼嚴重。」儘管黃作梅從未對雷善儒說過什麼，但她還是從丈夫出發前的一系列緊張準備中感受到一絲不尋常。「他們頭一天晚上開會到 12 點多。具體的情況都沒有說，這是保密的。」從戰爭年代走來，又身處當時政治環境極為複雜的香港，雷善儒與她的丈夫一樣，對危險早有思想準備。

黃作梅的五弟黃作材當時也在新華社香港分社工作。他曾回憶說，4 月 10 日登機前的晚上，他和黃作梅通宵未眠。在談到可能出現的危險時，黃作梅對其他人說：「明知山有虎，偏向虎山行。共產黨人就是要視死如歸！」

談到丈夫從容面對生死考驗，雷善儒眼含熱淚、聲音哽咽：「對個人而言，從入黨開始、從參加革命開始，都是準備為共產主義事業獻出自己的生命。特務的目標是總理，我就拿這個來安慰自己：幸虧總理沒在上面。我們個人的犧牲就是犧牲小我……」

只有理解那個時代共產黨人的犧牲精神，才能理解倖存者卡尼克當時的震撼。卡尼克當時是印度航空公司的維修工程師，在《喀什米爾公主號》一書中回憶飛機墜海時的情景——「當時機上有八位中國人、一位越南人、一位波蘭人、一位奧地利人。我從來沒有想到，普通人能以那麼堅強的意志和大無畏的精神面對死亡，就是敢死隊員在戰場上執行必死的任務，也難免有人會微露懼色。但是這些人卻具有鋼鐵的意志。沒有一個人亂動一下，沒有一張面孔露出過絲毫的恐懼，他們全都正襟危坐，似乎沒有注意到右邊的熊熊烈火和客艙裏嗆人肺腑的濃煙。我從來沒有見過對死神如此蔑視的人，也從未見過人類的勇氣可以達到如此崇高的程度……」

黃作梅一家三口合影，嬰兒為幼年黃偉建。

時刻不忘黨和人民的囑託

畢業於香港皇仁書院的黃作梅，在七七事變爆發後走上抗日救國的道路。他積極參加香港同胞抗日愛國救亡運動和中國共產黨地下組織領導的讀書會，宣傳抗日救國思想。1941 年 6 月，黃作梅在香港加入中國共產黨。

香港被日寇侵佔後，按照中共中央的指示，活躍於香港的東江縱隊港九大隊與香港的黨組織共同營救被困香港的愛國民主人士、文化人士及盟國人員。黃作梅是國際工作小組的組長，在營救盟軍人員、與盟軍互通情報等方面取得了突出業績。

抗戰勝利後，按照黨組織的要求，黃作梅重返香港，籌備東江縱隊駐港辦事處，後任辦事處主任。1947 年，黃作梅受新華社派遣前往倫敦，創辦新華社倫敦分社並擔任社長。

駐布拉格的新華社記者吳文燾在 1985 年曾這樣描述黃作梅：「那時，他在倫敦租了間小房子，和另外兩位同志在一起，以私人企業名義印發新華社每天的英文廣播稿。我覺得他踏實樸素，見解深沉，工作能力強，有忠厚長者風。」「他還根據自己的經驗，強調在紙醉金迷的資本主義社會裏工作，就要格外注意『慎獨』，時刻不忘黨和人民的囑託。」

1949 年，黃作梅調回香港任新華社香港分社社長，後兼任中共香港工委負責人和中共香港工作小組組長。

作為一個革命者，對犧牲早有準備

香港九龍山林道 35 號，是黃作梅一家曾經生活的地方。就在今年 4 月，雷善儒老人在兒子黃偉建的陪伴下重回故地。

「門牌號沒變，房子早已變了。」在黃偉建的描述中，原來的房子是老式唐樓，是香港民主人士借給新華社香港分社的。黃作梅夫婦及一同在分社工作的弟弟、妹妹等十幾口人居住在兩套小房子裏，擁擠、悶熱，條件十分艱苦。

新中國成立後，新華社香港分社從初期單一轉發總社文稿到向總社發回稿件，黃作梅還常在報章上撰寫社論、文章和國際評論。據了解，他在香港《文匯報》曾發表數十篇國際評論。

雷善儒告訴記者，那時候大家全部心思都是工作，每天都很忙。在她的記憶中沒有節假日，黃作梅每天晚上不到 12 點不會有空。

黃作梅 39 歲的生命，貢獻給了新中國的外交和新聞事業。無論在他之前還是之後，這支隊伍中都不乏英勇的獻身者。

雷善儒認為，黃作梅犧牲後，喬冠華和夫人龔澎寫的一封慰問信最能代表那一代人的信念。信中說：「作梅終於是犧牲了，犧牲在外交戰場上他的崗位上。作為一個革命者，我相信作梅在入黨的時候早有準備，而且在十多年的鬥爭中一直是樂於為革命獻出他的生命的。他死無遺憾。」

如今，在北京八寶山革命公墓，矗立着這樣一座紀念碑，石碑正面有周恩來總理的親筆題詞，背面是包括黃作梅在內的 11 位烈士的生平及碑文。碑文中寫道：「為和平、獨立和自由的事業而光榮犧牲的烈士們永垂不朽！」

（新華社香港 2021 年 6 月 2 日電）（香港文匯報 2021 年 6 月 4 日 A7 版摘用）

傳奇「老闆」盧緒章 一生經商報國

盧緒章是中國共產黨最具傳奇色彩的地下黨員之一，一九三三年他集資五百元在上海創辦了廣大華行，後發展成為中共隱蔽最深、規模最大、經營最好的地下經濟組織，為黨籌集了巨額資金。新中國成立後，盧緒章帶領中國進出口公司破除西方國家的「封鎖禁運」，成為中國外貿事業開拓者和奠基人之一。改革開放以來，盧緒章多次牽線引資，拉動許多港商參與中國旅遊事業與家鄉寧波的建設。盧緒章長子盧賢棟、孫女盧剛在香港接受大公報專訪，向讀者憶述這位共產黨員傳奇的一生。

為黨秘籌經費破除禁運 牽線港資投身改革開放

傳奇「老闆」盧緒章 一生經商報國

盧緒章是中國共產黨最具傳奇色彩的地下黨員之一，1933年他集資五百元在上海創辦了廣大華行，後發展成為中共隱蔽最深、規模最大、經營最好的地下經濟組織，為黨籌集了巨額資金。新中國成立後，盧緒章帶領中國進出口公司破除西方國家的「封鎖禁運」，成為中國外貿事業開拓者和奠基人之一。改革開放以來，盧緒章多次牽線引資，拉動許多港商參與中國旅遊事業與家鄉寧波的建設。近日，盧緒章長子盧賢棟、孫女盧剛在香港接受大公報專訪，向讀者憶述這位共產黨員傳奇的一生。

大公報記者 彭晨暉

▲盧緒章是中國對外貿易事業開拓者和奠基人之一。 受訪者供圖

▶1943年，廣大華行成都分行門市部開業，左起為陳鶴、張軍光、盧緒章、張平。 受訪者供圖

1940年的一個夏夜，盧緒章和中共江蘇省委負責人劉曉趁着拂明前，悄悄離開重慶紅岩村。在這裏，他們剛剛秘密會見了周恩來。此時，盧緒章的耳邊還回響着周恩來的叮囑：「盧緒章同志，工作環境是險惡的，你這個『資本家』一定要當得像樣，但又要像八月風荷，出污泥而不染，同流而不合污。」

潛伏商圈 受周恩來直接領導

這是盧緒章跟周恩來的第一次會面：要把廣大華行辦成一家特殊商行，為黨籌措資金，接受周恩來直接領導；也是盧緒章從上海轉移重慶、正式負責隱蔽戰線工作的轉折點。盧緒章牢記周恩來定下的鐵的紀律，「對任何人不允許暴露自己的政治身份」。這一切，當時的盧賢棟和他的母親弟妹均是毫不知情。

自盧賢棟記事起，一直都在隨家庭幾經輾轉。父親盧緒章很會做生意，為人慷慨大方，宋子文、陳果夫、施公猛等國民黨頭面人物也成了家中「座上賓」，施公猛還為盧緒章搞到了國民黨少將的頭銜……這些都得到了周恩來批准。廣大華行很快從一個小公司，變成後台強硬、脈絡通達的大公司，各路人馬爭鬧綠燈。1945年重慶談判期間，毛澤東接見了盧緒章，並對他和廣大華行的工作作出鼓勵和肯定。

據不完全統計，從1942年至1948年，盧緒章根據黨的指示為中共地下黨提供活動經費，折合20多萬美元。新中國成立後，完成了歷史使命的廣大華行與聯合行合併，成為了如今盛名遠揚的華潤集團的前身。而在廣大華行最後一次黨支部會上，盧緒章捐出了自己和妻子的全部股份，自此公開共產黨員身份開展工作。

「米膠協定」破西方封鎖

新中國成立初期，朝鮮戰爭爆發，美國終止了與中國的商務往來，對中國實行全面「禁運」。為了破除西方國家封鎖，打通同資本主義國家貿易的渠道，1950年3月10日，新中國第一家國營對外貿易公司中國進出口公司成立。周恩來總理簽署任命書，任命盧緒章為首任總經理。

盧緒章牢記周恩來總理的指示：「資本主義世界並不是鐵板一塊。」可以利用禁運國之間內部存在的矛盾，爭取同他們做生意。1952年12月，中國和錫蘭（斯里蘭卡）簽訂以27萬噸大米換5萬噸橡膠的易貨貿易協定。這份「米膠協定」不僅為新中國換取了急需的橡膠，也為打破西方「封鎖禁運」發揮積極作用，盧緒章被認為是中國對外貿易事業開拓者和奠基人之一。

▲盧緒章長子盧賢棟（前左）、兒媳徐天俠（前右）、孫女盧剛（後左）、孫女婿厲劍峰（後右）在香港接受大公報專訪。 大公報記者彭晨暉攝

聯繫僑資外資 拓展旅遊事業

改革開放初期，鄧小平就指示：中國現代化經濟建設要靠「兩油」，一是石油，一是旅遊。而當時中國旅遊接待力量薄弱，重點旅遊城市飯店客房告急，嚴重阻礙中國旅遊事業發展。盧緒章作為首任國家旅遊局局長匯報了有關情況，鄧小平等黨中央領導高度重視，做出「利用僑資、外資興建旅遊飯店」的決策。第一批合資項目很快獲批，共計六座飯店。其中北京的建國飯店背後的資金來源是美籍華人陳宣遠，麗都飯店是香港益和有限公司老闆羅欣權；南京的金陵飯店是僑商陶欣伯；廣州白天鵝賓館是霍英東，中國大飯店是胡應湘、李嘉誠、李兆基、鄭裕彤、郭得勝等人。它們的投建，都有盧緒章從中協調。

1984年4月，中央宣布開放包括寧波在內的十四個沿海城市。已是73歲高齡的盧緒章受中央和鄧小平的委派，擔任政府顧問指導工作，幫助寧波制定發展戰略，加快北侖國際深水樞紐港的開發建設、籌劃創建寧波大學。盧剛在爺爺家居住期間，親眼看到爺爺在病中無時不以家鄉寧波為念，並多次向她表示：「只要我能走出這個房間的門，我就要到寧波去看看。」

1995年11月8日，盧緒章在北京與世長辭，走完了他八十四年的人生歷程。

▶一九五二年，中國與錫蘭在北京簽訂貿易協定，盧緒章（右一）也參加了簽字儀式。 受訪者供圖

▶盧緒章（右二）與包玉剛兩家在香港合影。 受訪者供圖

更多內容歡迎掃描二維碼

盧緒章生平

1911年6月
- 生於浙江鄞縣

1933年
- 與他人合辦廣大華行，經營進出口貿易

1937年10月
- 加入中國共產黨

1940年7月
- 廣大華行遷往重慶，受周恩來單線領導，作為地下組織為黨籌措經費

1947年秋
- 廣大華行南遷香港

1950年–1952年9月
- 任中國進出口公司經理

1952年9月–1969年
- 歷任外貿部三局局長、外貿部部長助理、外貿部副部長

1978年–1979年8月
- 任國務院僑辦黨組成員、華僑旅行社社長

1979年8月–1981年
- 任國家旅遊總局局長、黨組書記

1995年11月8日
- 在北京逝世

克己立身 子女傳家風各有所成

盧緒章在重慶時，為了不讓子女在養尊處優的「資本家」生活中變為好逸惡勞的少爺小姐，對子女的生活要求幾近嚴苛。盧賢棟回憶，父親自己剛剛9歲，就被送到重慶的寄宿學校，只能周末回家。盧賢棟至今仍記得父親的告誡：「這兒的一切，我死後會帶進棺材，一分錢也不會留給你們。你們要好好讀書，千萬不要靠父母，自己的路你們自己走。如果能考上大學，我一定供養你們。」

「當時爸爸做地下黨工作，我後來才明白，他說這些話，就是怕萬一暴露不幸被捕，我們就要自謀出路。」盧賢棟說道。

但在盧賢棟的愛人徐天俠眼中，盧緒章是一位充滿慈愛的長者，如同一團火焰為子女的成長默默燃燒。「即便是對我這個兒媳，爸爸也一直十分支持我的演藝事業，讓我感到自己就是他的另一個親女兒。」感念盧爸爸之深，徐天俠每每提及便會潸然淚下。

盧緒章把「自食其力，不靠父蔭」的父訓深刻地灌輸給兒女，六個子女都牢記父親的囑託在各自的領域術有專攻。長子盧賢棟，核工業部教授級高級工程師，為中國原子能工業發展作出傑出貢獻。二子盧賢鈞，30歲即在錢學森創建並親任室主任的中科院力學研究所物理力學研究室任副主任。三子盧賢林成為英語翻譯人才，曾多次為國家領導人擔任翻譯。四子盧賢慶繼承了父親不凡的生意天賦，見證並參與中國第一批大型船舶的製造和出口。長女盧雁專攻癌症和其他多種疾病作出貢獻。小女盧兵曾任北京市旅遊局常務副局長，而後辭職全身心投入慈善事業。

◀鄧小平在人民大會堂會見由盧緒章（右四）陪同的包玉剛家人。 資料圖片

影響船王一生 促其斡旋中英談判

盧緒章還有另一個不為人所熟知的身份，那就是「世界船王」包玉剛的「三阿哥」，即包玉剛妻子黃秀英的三表哥。早在抗戰時期，盧緒章的任務之一就是將海外華僑捐贈的黃金和美元兌換成國統區法幣，而在國民黨工礦銀行就職的包玉剛就是主要的承兌人。

儘管當時的包玉剛對盧緒章共產黨員的身份毫不知情，但這位「三阿哥」的眼光和氣魄令他很是欽佩。上海快解放前，盧緒章曾對包玉剛說道：「我看你最適合去香港做生意，賺了錢，也一定有機會為國家做事！」正是因為這句話，包玉剛終於下了決心舉家遷往香港，發展成赫赫有名的「世界船王」。

盧包兩家感情甚篤，交往更密。在盧賢棟的家中，至今仍珍藏着兩家人珍貴的合影。

1978年秋天，居港近30年的包玉剛正是在盧緒章的感召與牽線下，登上了飛往北京的飛機，受到鄧小平的親切接見。由於盧緒章的促成，包玉剛投身祖國旅遊事業，1981年7月，他把1000萬美元的支票直接交給了鄧小平，在北京興建了兆龍飯店。

20世紀80年代，香港回歸祖國的工作排上了中央重要議程。鄧小平多次向包玉剛闡述「一國兩制，港人治港」的偉大構想，令包玉剛心潮澎湃，積極參與中英關於香港問題的談判。此後他經常奔走於北京、倫敦和香港之間，與各方頻頻接觸聯絡。特別是在中英談判陷於僵局時，正是包玉剛充當「潤滑劑」出面斡旋，邀請戴卓爾夫人以非官方形式訪問上海並參觀「世誼號」，使談判出現了轉機。

◀一九八七年，盧緒章（左二）與寧波市政府領導一起拜訪董建華（左一）。 受訪者供圖

南遷廣大華行 與港結下不解之緣

解放前夕，因身份逐漸暴露，為了保全企業，也為了適應國民黨政府向廣州、台灣轉移的形勢，黨中央決定將廣大華行業務重心向香港轉移，長期隱蔽下去，盧緒章根據周恩來指示在港主持工作，同時為廣大華行與華潤公司合併做好準備。

為配合這一轉移，盧緒章於1947年秋赴港籌設了南洋商業銀行，銀行後於1949年移交中國人民銀行。另一方面，民安保險也按計劃遷移來港。早在1943年4月，為進一步提高廣大華行的經濟能力和社會地位，盧緒章在重慶創辦民安保險公司，抗戰勝利後又東遷上海、擴大經營。1949年10月1日，由香港分公司另行改組成立的「香港民安保險股份有限公司」於共和國誕生之日開業，為國家賺取大量外匯。

1949年3月，中央決定將廣大華行與華潤公司合併，廣大華行向華潤注資500萬港元，華潤公司實力得以壯大。廣大華行資產清理後，上交組織近200萬美元，加上1949年初送交組織的100萬美元，盧緒章等人已將全部身家悉數上交。

在港主持工作期間，妻子毛梅影和其他四個子女早已隨盧緒章到了香港，只有長子盧賢棟堅持要留在上海讀高中。盧賢棟回憶到：一天在課堂上一個陌生人拿了張紙條到他面前，打開一看，認出是父親的字跡，「見字隨此人走」。盧賢棟連宿舍也沒來得及回，便被徑直帶上了飛往香港的班機，他這才意識到父親可能從事着一項十分崇高的事業。

盧賢棟至今仍記得一家人在香港團聚時的喜悅。那是1948年的聖誕之夜，在香港依山傍海的一家豪華公寓大廳，燈紅酒綠，輕歌曼舞，盧緒章夫婦在這裏接待了三四十位來賓。他們中有廣大華行的客戶，也有國民黨中統CC派來香港的人員，為攀上盧緒章這位「百萬富翁」極盡奉承。殊不知，這場盛宴名為「聖誕派對」，實為盧緒章掩人耳目協助民主人士離港的「告別會」。當聖誕午夜的鐘聲敲響，賓客盡興而歸，盧緒章和第三批離港北上的愛國民主人士乘上了輪船，經大連轉往河北西柏坡黨中央駐地，迎接解放。

到了晚年，盧緒章亦不遺餘力來港組織「寧波幫」回鄉建設。寧波是全國著名的僑鄉，有三十多萬寧波籍人士旅居在海外六十七個國家和地區。盧緒章首先做的就是「世界船王」包玉剛和「影視大王」邵逸夫的工作，包玉剛欣然捐資2000萬美元創辦了寧波大學。此後，大批海外「寧波幫」知名人士先後踏上回鄉之路，為寧波經濟建設作出巨大貢獻。

1940 年的一個夏夜，盧緒章和中共江蘇省委負責人劉曉趁着黎明前，悄悄離開重慶紅岩村。在這裏，他們剛剛秘密會見了周恩來。此時，盧緒章的耳邊還回響着周恩來的叮囑：「盧緒章同誌，工作環境是險惡的，你這個『資本家』一定要當得像樣，但又要像八月風荷，出污泥而不染，同流而不合污。」

潛伏商圈　受周恩來直接領導

這是盧緒章跟周恩來的第一次會面：要把廣大華行辦成一家特殊商行，為黨籌措資金，接受周恩來直接領導；也是盧緒章從上海轉移重慶、正式負責隱蔽戰線工作的轉折點。盧緒章牢記周恩來定下的鐵的紀律，「對任何人不允許暴露自己的政治身份」。這一切，當時的盧賢棟和他的母親弟妹均是毫不知情。

自盧賢棟記事起，一直都在隨家庭幾經輾轉。父親盧緒章很會做生意，為人慷慨大方，宋子文、陳果夫、施公猛等國民黨頭面人物也成了家中「座上賓」，施公猛還為盧緒章搞到了國民黨少將的頭銜……這些都得到了周恩來批准。廣大華行很快從一個小公司，變成後台強硬、商網通達的大公司，各路人馬爭開綠燈。1945 年重慶談判期間，毛澤東接見了盧緒章，並對他和廣大華行的工作作出鼓勵和肯定。

據不完全統計，從 1942 年至 1948 年，盧緒章根據黨的指示為中共地下黨提供活動經費，折合 20 多萬美元。新中國成立後，完成了歷史使命的廣大華行與聯合行合併，成為了如今盛名遠揚的華潤集團的前身。而在廣大華行最後一次黨支部會上，盧緒章捐出了自己和妻子的全部股份，自此公開共產黨員身份開展工作。

「米膠協定」破西方封鎖

新中國成立初期，朝鮮戰爭爆發，美國終止了與中國的商務往來，對中國實行全面「禁運」。為了破除西方國家封鎖，打通同資本主義國家貿易的渠道，1950 年 3 月 10 日，新中國第一家國營對外貿易公司中國進出口公司成立。周恩來總理簽署任命書，任命盧緒章為首任總經理。

盧緒章牢記周恩來總理的指示：「資本主義世界並不是鐵板一塊。」可以利用禁運國之間內部存在的矛盾，爭取同他們做生意。1952 年 12 月，中國和

盧緒章是中國對外貿易事業開拓者和奠基人之一。

1943 年，廣大華行成都分行門市部開業，左起為陳鶴、張軍光、盧緒章、張平。

錫蘭（斯里蘭卡）簽訂以 27 萬噸大米換 5 萬噸橡膠的易貨貿易協定。這份「米膠協定」不僅為新中國換取了急需的橡膠，也為打破西方「封鎖禁運」發揮積極作用，盧緒章被認為是中國對外貿易事業開拓者和奠基人之一。

聯繫僑資外資　拓展旅遊事業

改革開放初期，鄧小平就指示：中國現代化經濟建設要靠「兩油」，一是石油，一是旅遊。而當時中國旅遊接待力量薄弱，重點旅遊城市飯店客房告急，嚴重阻礙中國旅遊事業發展。盧緒章作為首任國家旅遊局局長匯報了有關情況，鄧小平等黨中央領導高度重視，做出「利用僑資、外資興建旅遊飯店」的決策。第一批合資項目很快獲批，共計六座飯店。其中北京的建國飯店背後的資金來源是美籍華人陳宣遠，麗都飯店是香港益和有限公司老闆羅欣權；南京的金陵飯店是僑商陶欣伯；廣州白天鵝賓館是霍英東，中國大飯店是胡應湘、李嘉誠、李兆基、鄭裕彤、郭得勝等人。它們的投建，都有盧緒章從中協調。

1984 年 4 月，中央宣布開放包括寧波在內的十四個沿海城市。已是 73 歲高齡的盧緒章受中央和鄧小平的委派，擔任政府顧問指導工作，幫助寧波制定發展戰略，加快北侖國際深水樞紐港的開發建設、籌劃創建寧波大學。盧剛在爺爺家居住期間，親眼看到爺爺在病中無時不以家鄉寧波為念，並多次向她表示：「只要我能走出這個房間的門，我就要到寧波去看看。」

1995 年 11 月 8 日，盧緒章在北京與世長辭，走完了他八十四年的人生歷程。

南遷廣大華行 與港結下不解之緣

解放前夕，因身份逐漸暴露，為了保全企業，也為了適應國民黨政府向廣州、台灣轉移的形勢，黨中央決定將廣大華行業務重心向香港轉移，長期隱蔽下去，盧緒章根據周恩來指示在港主持工作，同時為廣大華行與華潤公司合併做好準備。

為配合這一轉移，盧緒章於 1947 年秋赴港籌設了南洋商業銀行，銀行後於 1949 年移交中國人民銀行。另一方面，民安保險也按計劃遷移來港。早在 1943 年 4 月，為進一步提高廣大華行的經濟能力和社會地位，盧緒章在重慶創辦民安保險公司，抗戰勝利後又東遷上海、擴大經營。1949 年 10 月 1 日，由香港分公司另行改組成立的「香港民安保險股份有限公司」於共和國誕生之日開業，為國家賺取大量外匯。

1949 年 3 月，中央決定將廣大華行與華潤公司合併，廣大華行向華潤注資 500 萬港元，華潤公司實力得以壯大。廣大華行資產清理後，上交組織近 200 萬美元，加上 1949 年初送交組織的 100 萬美元，盧緒章等人已將全部身家悉數上交。

在港主持工作期間，妻子毛梅影和其他四個子女早已隨盧緒章到了香港，只有長子盧賢棟堅持要留在上海讀高中。盧賢棟回憶到：一天在課堂上一個陌生人拿了張紙條到他面前，打開一看，認出是父親的字跡，「見字隨此人走」。盧賢棟連宿舍也沒來得及回，便被徑直帶上了飛往香港的班機，他這才意識到父親可能從事着一項十分崇高的事業。

盧賢棟至今仍記得一家人在香港團聚時的喜悅。那是 1948 年的聖誕之夜，在香港依山傍海的一家豪華公寓大廳，燈紅酒綠，輕歌曼舞，盧緒章夫婦在這

盧緒章長子盧賢棟（前左）、兒媳徐天俠（前右）、孫女盧剛（後左）、孫女婿厲劍峰（後右）在香港接受大公報專訪。

裏接待了三四十位來賓。他們中有廣大華行的客戶，也有國民黨中統 CC 派來香港的人員，為攀上盧緒章這位「百萬富翁」極盡奉承。殊不知，這場盛宴名為「聖誕派對」，實為盧緒章掩人耳目協助民主人士離港的「告別會」。當聖誕午夜的鐘聲敲響，賓客盡興而歸，盧緒章和第三批離港北上的愛國民主人士乘上了輪船，經大連轉往河北西柏坡黨中央駐地，迎接解放。

到了晚年，盧緒章亦不遺餘力來港組織「寧波幫」回鄉建設。寧波是全國著名的僑鄉，有三十多萬寧波籍人士旅居在海外六十七個國家和地區。盧緒章首先做的就是「世界船王」包玉剛和「影視大王」邵逸夫的工作，包玉剛欣然捐資 2000 萬美元創辦了寧波大學。此後，大批海外「寧波幫」知名人士先後踏上回鄉之路，為寧波經濟建設作出巨大貢獻。

影響船王一生 促其斡旋中英談判

盧緒章還有另一個不為人所熟知的身份，那就是「世界船王」包玉剛的「三阿哥」，即包玉剛妻子黃秀英的三表哥。早在抗戰時期，盧緒章的任務之一就是將海外華僑捐贈的黃金和美元兑換成國統區法幣，而在國民黨工礦銀行就職的包玉剛就是主要的承兑人。

鄧小平在人民大會堂會見由盧緒章（右四）陪同的包玉剛家人。

1952 年，中國與錫蘭在北京簽訂貿易協定，盧緒章（右一）也參加了簽字儀式。

盧緒章（右二）與包玉剛兩家在香港合影。

1987 年，盧緒章（左二）與寧波市政府領導一起拜訪董建華（左一）。

儘管當時的包玉剛對盧緒章共產黨員的身份毫不知情，但這位「三阿哥」的眼光和氣魄令他很是欽佩。上海快解放前，盧緒章曾對包玉剛說道：「我看你最適合去香港做生意，賺了錢，也一定有機會為國家做事！」正是因為這句話，包玉剛終於下了決心舉家遷往香港，發展成赫赫有名的「世界船王」。

盧包兩家感情甚篤，交往更密。在盧賢棟的家中，至今仍珍藏着兩家人珍貴的合影。1978 年秋天，居港近 30 年的包玉剛正是在盧緒章的感召與牽線下，登上了飛往北京的飛機，受到鄧小平的親切接見。由於盧緒章的促成，包玉剛投身祖國旅遊事業，1981 年 7 月，他把 1000 萬美元的支票直接交給了鄧小平，在北京興建了兆龍飯店。

20 世紀 80 年代，香港回歸祖國的工作排上了中央重要議程。鄧小平多次向包玉剛闡述「一國兩制，港人治港」的偉大構想，令包玉剛心潮澎湃，積極參與中英關於香港問題的談判。此後他經常奔走於北京、倫敦和香港之間，與各方頻頻接觸聯絡。特別是在中英談判陷於僵局時，正是包玉剛充當「潤滑劑」出面斡旋，邀請戴卓爾夫人以非官方形式訪問上海並參觀「世誼號」，使談判出現了轉機。

克己立身 子女傳家風各有所成

盧緒章在重慶時，為了不讓子女在養尊處優的「資本家」生活中變為好逸惡勞的少爺小姐，對子女的生活要求幾近嚴苛。盧賢棟回憶，父親自己剛剛9歲，就被送到重慶的寄宿學校，只能周末回家。盧賢棟至今仍記得父親的告誡：「這兒的一切，我死後會帶進棺材，一分錢也不會留給你們。你們要好好讀書，千萬不要靠父母，自己的路你們自己走。如果能考上大學，我一定供養你們。」

「當時爸爸做地下黨工作，我後來才明白，他說這些話，就是怕萬一暴露不幸被捕，我們就要自謀出路。」盧賢棟說道。

但在盧賢棟的愛人徐天俠眼中，盧緒章是一位充滿慈愛的長者，如同一團火焰為子女的成長默默燃燒。「即便是對我這個兒媳，爸爸也一直十分支持我的演藝事業，讓我感到自己就是他的另一個親女兒。」感念盧爸爸之深，徐天俠每每提及便會潸然淚下。

盧緒章把「自食其力，不靠父蔭」的父訓深刻地灌輸給兒女，六個子女都牢記父親的囑託在各自的領域術有專攻。長子盧賢棟，核工業部教授級高級工程師，為中國原子能工業發展作出傑出貢獻。二子盧賢鈞，30歲即在錢學森創建並親任室主任的中科院力學研究所物理力學研究室任副主任。三子盧賢林成為英語翻譯人才，曾多次為國家領導人擔任翻譯。四子盧賢慶繼承了父親不凡的生意天賦，見證並參與中國第一批大型船舶的製造和出口。長女盧麗專攻癌症和其他多種疾病作出貢獻。小女盧兵曾任北京市旅遊局常務副局長，而後辭職全身心投入慈善事業。

（原載大公報 2021 年 6 月 21 日 A8 版，記者彭晨暉）

莊世平女兒憶父：

他帶頭在香港升起五星紅旗

他，擁有數以百億計的銀行資產，晚年卻全部無償交與國家；他信仰堅定，先是奔赴海外組織華僑抗日救亡，後又為中國共產黨領導下的國家經濟建設殫精竭慮；他畢生踐行為國奉獻、大公無私的精神，從不為個人、為家人謀取一點便利。傳承給兒女的，只有「勤儉節約、清白做人」的家風。

他的子女沒有受惠父親的光環，記憶中的父親常說「無國就無家」。「爸爸堅信只有中國共產黨才能救中國」、「父親是屬於這個國家民族和人民大眾的」。

他就是南洋商業銀行創辦人莊世平。

莊世平女兒憶父 艱辛創辦南商 家財盡捐國家

他帶頭在香港升起五星紅旗

◀一九五六年，周恩來總理接見香港中資銀行和保險公司經理級人員。左二為莊世平。

他，擁有數以百億計的銀行資產，晚年卻全部無償交與國家；他信仰堅定，先是奔赴海外組織華僑抗日救亡，後又為中國共產黨領導下的國家經濟建設殫精竭慮；他畢生踐行為國奉獻、大公無私的精神，從不為個人、為家人謀取一點便利。傳承給兒女的，只有「勤儉節約、清白做人」的家風。

他的子女沒有受惠父親的光環，記憶中的父親常說「無國就無家」，「爸爸堅信只有中國共產黨才能救中國」、「父親是屬於這個國家民族和人民大衆的」。

他就是南洋商業銀行創辦人莊世平。

大公報記者 常彧璠（文） 凱楊（圖）

▲愛國僑領、南洋商業銀行創辦人莊世平心繫國家，他將個人財產與南商、南通兩間銀行全部捐出

莊耀華是莊世平的小女兒，在六兄妹中排行最小，也是唯一在父親身邊長大的。莊耀華日前接受大公報記者訪問時，憶述心目中的父親。

走遍東南亞 鼓勵僑胞抗日

1931年「九．一八」事變，日軍以武力侵佔我國東北。年方20歲的莊世平正在北平讀書，他積極參加抗日運動。三年後由北京中國大學經濟系畢業不久便赴泰國，從事過編輯、記者及教師、商人，其間他從未停止過抗日救亡工作。1937年「七七」事變後，莊世平參加「泰國華僑抗日聯合會」成為負責人之一，發動僑胞捐款支援八路軍、新四軍，引導華僑青年回國參與革命。

1940年，他以《中原日報》記者身份先後到過馬來西亞、新加坡和緬甸，沿滇緬公路進行採訪，宣傳「抗戰到底、抗戰必勝」的信念，鼓舞華僑支援抗戰的熱情。翌年，日寇南侵佔領泰國後，莊世平受到日軍追捕，離開了泰國轉去老撾、越南、廣西、肇慶等地經商，並以商業據點為掩護開展活動。

「爸爸說只有共產黨才能救中國」

莊耀華說，父母1948年初才從泰國來香港，哥哥姐姐在泰國出生後都被父親送回祖國讀書，因為父親信仰堅定，「爸爸堅信中國共產黨才能救中國」。她笑稱自己是全家唯一一個「土生土長香港仔」，因母親實在捨不得，她陪伴在父母身邊長大，對父親有更多了解。

莊耀華說，抗戰結束後，父親看到香港作為國際貿易中心的地位日益突出，轉口貿易、旅遊業的發展必然會促進金融業的蓬勃興旺，他認為新中國應該在金融業上佔有一席之地。加上解放初期，新中國受到部分西方國家的經濟封鎖和物資禁運，要打破封鎖、聯繫華僑、暢通僑匯就一定要在香港建立自己的銀行。從無到有，克服了無數困難阻礙，1949年香港南商與1950年澳門南通的先後開辦，成為新中國成立後以私營名義最先在香港、澳門當地註冊的中資銀行。

「爸爸說自己升起了香港第一面五星紅旗。」那是在1949年12月14日，南商銀行在港英當局嚴控下的中環德輔道中成立，並莊嚴地升起了國旗。莊耀華說，父親為保護家人，極少在妻女面前談及工作，關於父親的往事，皆是在他退休後才慢慢告訴自己。父親對於自己在南商門口升國旗極感自豪，莊耀華多年後仍清晰記得父親談起往事時那種驕傲的眼神。

莊耀華又告訴記者，年幼時因家中簡樸，她並不知父親是何「人物」，只知父親每年10月1日國慶節都會讓她在窗台上，或家門口的旗杆上掛起五星紅旗，「他對這件事好着緊！」

低調儉樸 三代人居唐樓

記者隨莊耀華來到故居，當年莊家三代人住在有數十年樓齡的「銀行宿舍」唐樓中，裝修簡陋，家具低廉，儉樸得有點寒酸。她告訴記者，父親薪水有限，又要「慳錢」給身在內地的哥哥姐姐寄生活費，三代人的生活費能省則省，早餐通常是白粥配鹹菜，最多再加個鹹蛋；晚餐父親時常有工作應酬，家中幾人就更加「求其食」。「細細個都是穿家姐舊衫，讀書後就一直穿「白衫灰褲」校服，父親常說『着得整整齊齊、乾乾淨淨就得啦！』」她笑着模仿父親的口脗。

莊耀華又回憶起母親是如何勤儉持家。她說，自己讀書時，都用盡每支鉛筆，把筆桿削至短到揸不住，母親仍會用毛筆上的塑料套捲在鉛筆後，令她繼續用，直至鉛芯用盡。

莊耀華告訴記者，父親的愛國亦體現在對子女的教育上，父親一直告訴他們「唔好比生活，要比工作、比貢獻」，在公在私，父親都把「為國家做貢獻」視為最崇高的使命。「爸爸常說『無國就無家』」，談到2019年黑暴如何破壞香港，她喃喃地道：「如果他知道年輕人咁搞法，一定好傷心！」

兄妹六人都謹記父親教誨，成長過程中極少提及「我爸爸是莊世平」，他們一輩子都在平凡的崗位上從事平凡的工作，過着平淡安穩的生活。莊老的二兒媳林達子亦告訴記者，自己與先生莊耀禎1965年於陸豐相識，「拍拖幾年都未暸過對方屋企人」，直到快結婚才知道未來家翁正是大銀行家「莊老」。「我嫁給他，又不是嫁給他父親，他父親是誰又有什麼所謂？」兩夫婦1969年於汕頭結婚，無禮金、無酒席，夫婦兩人1979年來港，亦只生活在「銀行宿舍」中，直至退休都做着普通工作。

▲莊老的二兒媳林達子（左）表示，自己與先生莊耀禎直到快結婚才知道男友父親是大名鼎鼎的「莊老」。莊耀華（右）則笑稱只因母親不捨她遠離身邊，才令父親打消送她回內地的念頭。

「父親是屬於這個國家民族」

莊世平的長子莊榮敘因身體原因未能當面接受訪問，但他透過電話表示，很清楚父親的心中裝着國家，「父親是屬於這個國家民族和人民大衆的」。香港中國商會秘書長林楓林曾長時間任職於潮州商會，在工作上與莊老密切聯繫。他補充說，在三年困難時期，莊榮敘因重病一度送到香港救治，但只逗留了四天，莊老就讓他回去，說內地人民活得下去，難道他比別人身嬌肉貴？莊榮敘成年後再次來港，亦輾轉做了十幾份工作，「十八棚頭做到透」，最終總算找到一份工，當了近20年小巴司機直到退休。

晚年的莊老談到子女時曾說：「幾十年風風雨雨，順境也罷，逆境也罷，都未發現他們在品質上有什麼問題；他們安分守己，家庭幸福歡樂，我對此已滿足。」

莊世平生平

1911年
- 出生於廣東省普寧縣（今普寧市）果隴村

1930年秋
- 考入北平中國大學經濟系

1947年至1949年
- 居於香港，參與創辦南方人民銀行，發行南方證券等

1949年
- 創辦南洋商業銀行，擔任董事長和總經理

1959年起
- 歷任二至六屆全國人大代表、第六屆全國人大華僑委員會委員

1979年
- 參與制定特區政策法規

1988起
- 第七至九屆全國政協常委

1996年
- 被選為香港特區第一屆政府推選委員會委員

1997年
- 榮獲香港特別行政區授予「大紫荊勳章」

2007年
- 與世長辭，享年九十七歲

掃一掃 有片睇

籌款辦汕大：教育是民生大事

作育英才

莊世平基金會副主席莊永健在莊老晚年時，一直伴隨老人左右，亦聽到不少老人口述的往事。他告訴記者，莊老認為教育是民生的頭等大事，決心「一定要在汕頭辦大學」，1980年秋便開始向海外僑胞籌措經費。

當時港商巨富李嘉誠聽聞此事，前來詢問莊老「要幾多」，莊老答「3000萬港紙」，李覺得太少了，莊老堅決表示「先起了頭再說」，於是這3000萬港元就成為了汕大第一期開辦費。此後，莊老與家人亦多次北上在汕頭考察，尋覓合適地點，又與各方開會促成辦學。最終在1981年8月26日，汕大正式批准成立，並於兩年後開始招生。

莊世平對自己家鄉汕頭特區的建設，也給予了極大的關注和支持。莊世平晚年曾擔任汕頭經濟特區顧問委員會主任，經常往來港、汕兩地，為特區建設出謀劃策。他親自主持了普寧醫院的籌建工作；普寧華僑中學的創建和普寧育才中學的籌建也都與莊世平的支持、協助分不開。

◀一九八四年，鄧小平會見出席六屆全國人大二次會議和政協六屆二次會議港澳地區的代表和委員。左一為莊世平。

華僑遇問題 都會「找南商」

團結僑胞

1949年12月14日，新中國成立未足三個月，港英嚴控下的的中環德輔道中167號，飄揚起鮮艷的五星紅旗——莊世平一手籌辦的南洋商業銀行成立了。此後數十年，南商為香港及內地的經濟發展，為團結各界僑胞作出了巨大的貢獻。

擔當兩地金融橋樑

南商創辦之時，就堅持「便利僑匯、服務僑胞」，當時的華僑不論是碰到僑匯方法、國內外匯價格、國內物資流通的情況，甚至是尋找戰爭年代失去聯繫的親屬，形形色色各種問題，都會去「找南商」，南商成了名副其實的「華僑之家」。

一九五〇年，中央政府為了使人民幣能盡快在國內流通，實施了收兌外幣措施，單是廣東省，收兌的港幣就達到五億多元。莊世平應時任廣東省領導要求，經商量後決定透過南商將該批外幣分批運港；並將南商與內地中國銀行，建立帳戶來往關係，以便隨時支取。後來內地大筆外幣源源匯入南商，銀行自己已不能應付儲存，莊世平又將運回的外幣直接運往滙豐銀行的金庫貼存。款項先後存入南商和滙豐銀行，不僅解決了安全問題，還有利息收入，一舉兩得，並成為可調撥使用的資金，為解決新生政權的財政困難、恢復經濟發展發揮了特殊作用。

倡降經濟特區稅率 吸引外資

獻策特區

1979年2月，廣東省委書記吳南生向中央建議，可以開始在汕頭出口加工區，躊躇滿志，卻不知從何做起。他在深夜撥通了電話給莊世平，莊世平一口答應提供支援，很快便為吳南生拿來了台灣、香港、墨西哥等地加工區的詳盡建設方案。

這個大膽的設想，得到了時任廣東省委第一書記習仲勳的支持。1980年3月，中央政府正式批准在深圳、珠海、汕頭和廈門等城市建立「經濟特區」。全國人大會議討論廣東省特區條例草案時，莊世平提出降低特區的稅率，最終深圳經濟特區的稅率定在15%，低於香港當時的16.5%，對於外資有充足的吸引力，形成一大優勢。這其中，飽含了彼時年近70的莊世平對改革開放、創辦特區的期望與熱忱。

◀莊世平經歷抗戰，對這段歷史十分關注。圖為二〇〇六年他參觀「抗日救亡到開國大典——香港《華商報》歷史展」時拍攝。

▼莊世平一生節儉，當年莊家三代人就住在身後有數十年樓齡的「銀行宿舍」唐樓中。左起：莊世平基金會副主席莊永健，莊世平小女兒莊耀華，莊世平二兒媳林達子，香港中國商會秘書長林楓林。

保育「僑批文物」入選世遺

傳承文化

「僑批」是海外華僑通過海內外民間機構匯寄至內地的匯款及家書。這不但是僑領、僑商在海外異鄉拚搏奮鬥的歷史印記，更是見證了他們的心如何與祖國緊密相連，以實際行動建設家鄉、回饋祖國。出身於「僑批世家」的莊世平祖上專營僑批業務，故而對僑批文化特別有感情。在他的不懈努力下，分散在亞洲各地的僑領紛紛捐出自家極具歷史意義的僑批，最終在2004年僑批文物館於汕頭成立，「僑批文物」亦在2013年成功入選聯合國教科文組織的《世界記憶名錄》，這是中國第九個入選世界文獻遺產的專案。 大公報記者

莊耀華是莊世平的小女兒，在六兄妹中排行最小，也是唯一在父親身邊長大的。莊耀華日前接受大公報記者訪問時，憶述心目中的父親。

走遍東南亞　鼓勵僑胞抗日

1931 年「九・一八」事變，日軍以武力侵佔我國東北。年方 20 歲的莊世平正在北平讀書，他積極參加抗日運動。三年後由北京中國大學經濟系畢業不久便赴泰國，從事過編輯、記者及教師、商人，其間他從未停止過抗日救亡工作。1937 年「七七」事變後，莊世平參加「泰國華僑抗日聯合會」成為負責人之一，發動僑胞捐款支援八路軍、新四軍，引導華僑青年回國參與革命。

1940 年，他以《中原日報》記者身份先後到過馬來西亞、新加坡和緬甸，沿滇緬公路進行採訪，宣傳「抗戰到底、抗戰必勝」的信念，鼓舞華僑支援抗戰的熱情。翌年，日寇南侵佔領泰國後，莊世平受到日軍追捕，離開了泰國轉去老撾、越南、廣西、重慶等地經商，並以商業據點為掩護開展活動。

「爸爸說只有共產黨才能救中國」

莊耀華說，父母 1948 年初才從泰國來香港，哥哥姐姐在泰國出生後都被父親送回祖國讀書，因為父親信仰堅定，「爸爸堅信中國共產黨才能救中國」。她笑稱自己是全家唯一一個「土生土長香港仔」，因母親實在捨不得，她陪伴在父母身邊長大，對父親有更多了解。

莊耀華說，抗戰結束後，父親看到香港作為國際貿易中心的地位日益突出，轉口貿易、旅遊業的發展必然會促進金融業的蓬勃興旺，他認為新中國應該在金融業上佔有一席之地。加上解放初期，新中國受到部分西方國家的經濟封鎖和物資禁運，要打破封鎖、聯繫華僑、暢通僑匯就一定要在香港建立自己的銀行。從無到有，克服了無數困難阻礙，1949 年香港南商與 1950 年澳門南通的先後開辦，成為新中國成立後以私營名義最先在香港、澳門當地註冊的中資銀行。

「爸爸說自己升起了香港第一面五星紅旗。」那是在 1949 年 12 月 14 日，南商銀行在港英當局嚴控下的中環德輔道中成立，並莊嚴地升起了國旗。莊耀華說，父親為保護家人，極少在妻女面前談及工作，關於父親的往事，皆是在

愛國僑領、南洋商業銀行創辦人莊世平心繫國家，他將個人財產與南商、南通兩間銀行全部捐出。

他退休後才慢慢告訴自己。父親對於自己在南商門口升國旗極感自豪，莊耀華多年後仍清晰記得父親談起往事時那種驕傲的眼神。

莊耀華又告訴記者，年幼時因家中簡樸，她並不知父親是何「人物」，只知父親每年 10 月 1 日國慶節都會讓她在窗台上，或家門口的旗杆上掛起五星紅旗，「他對這件事好着緊！」

低調儉樸　三代人居唐樓

記者隨莊耀華來到故居，當年莊家三代人住在有數十年樓齡的「銀行宿舍」唐樓中，裝修簡陋，傢具低廉，儉樸得有點寒酸。她告訴記者，父親薪水有限，又要「慳錢」給身在內地的哥哥姐姐寄生活費，三代人的生活費能省則省：早餐通常是白粥配鹹菜，最多再加個鹹蛋；晚餐父親時常有工作應酬，家中幾人就更加「求其食」。「細細個都是穿家姐舊衫，讀書後就一直穿『白衫灰褲』校服，父親常說『着得整整齊齊、乾乾淨淨就得啦』！」她笑着模仿父親的口脗。

莊耀華又回憶起母親是如何勤儉持家。她說，自己讀書時，都用盡每支鉛筆，把筆桿削至短到握不住，母親仍會用毛筆上的塑料套捆在鉛筆後，令她繼續用，直至鉛芯用盡。

莊耀華告訴記者，父親的愛國亦體現在對子女的教育上，父親一直告訴他們「唔好比生活，要比工作、比貢獻」，在公在私，父親都把「為國家做貢獻」視為最崇高的使命。「爸爸常說『無國就無家』」，談到 2019 年黑暴如何破壞香港，她喃喃地道：「如果他知道年輕人咁搞法，一定好傷心！」

兄妹六人都謹記父親教誨，成長過程中極少提及「我爸爸是莊世平」，他們一輩子都在平凡的崗位上從事平凡的工作，過着平淡安穩的生活。莊老的二兒媳林達子亦告訴記者，自己與先生莊耀植 1965 年於陸豐相識，「拍拖幾年都未傾過對方屋企人」，直到快結婚才知道未來家翁正是大銀行家「莊老」。兩夫婦 1969 年於汕頭結婚，無禮金、無酒席；夫婦兩人在港亦只生活在「銀行宿舍」中，直至退休都做着普通工作。

「父親是屬於這個國家民族」

莊世平的長子莊榮敘因身體原因未能當面接受訪問，但他透過電話表示，很清楚父親的心中裝着國家，「父親是屬於這個國家民族和人民大眾的」。香港中國商會秘書長林楓林曾長時間任職於潮州商會，在工作上與莊老密切聯繫。他補充說，在三年困難時期，莊榮敘因重病一度送到香港救治，但只逗留了四天，莊老就讓他回去，說內地人民活得下去，難道他比別人身嬌肉貴？莊榮敘成年後再次來港，亦輾轉做了十幾份工作，「十八棚頭做到透」，最終總算找到一份工，當了近 20 年小巴司機直到退休。

晚年的莊老談到子女時曾說：「幾十年風風雨雨，順境也罷，逆境也罷，都未發現他們在品質上有什麼問題；他們安分守己，家庭幸福歡樂，我對此已滿足。」

1956 年，周恩來總理接見香港中資銀行和保險公司經理級人員。左二為莊世平。

1984 年，鄧小平會見出席六屆全國人大二次會議和政協六屆二次會議港澳地區的代表和委員。左一為莊世平。

華僑遇問題 都會「找南商」

1949 年 12 月 14 日，新中國成立未足三個月，港英嚴控下的的中環德輔道中 167 號，飄揚起鮮艷的五星紅旗——莊世平一手籌辦的南洋商業銀行成立了。此後數十年，南商為香港及內地的經濟發展，為團結各界僑胞作出了巨大的貢獻。

擔當兩地金融橋樑

南商創辦之時，就堅持「便利僑匯、服務僑胞」，當時的華僑不論是碰到僑匯方法、國內外匯價格、國內物資流通的情況，甚至是尋找戰爭年代失去聯繫的親屬，形形色色各種問題，都會去「找南商」，南商成了名副其實的「華僑之家」。

1950 年，中央政府為了使人民幣能盡快在國內流通，實施了收兌外幣措施，單是廣東省，收兌的港幣就達到五億多元。莊世平應時任廣東省領導要求，經商量後決定透過南商將該批外幣分批運港；並將南商與內地中國銀行，建立帳戶來往關係，以便隨時支取。後來內地大筆外幣源源匯入南商，銀行自己已不能應付儲存，莊世平又將運回的外幣直接運往滙豐銀行的金庫點存。款項先

莊老的二兒媳林達子（左）表示，自己與先生莊耀植直到快結婚才知道男友父親是大名鼎鼎的「莊老」。莊耀華（右）則笑稱只因母親不捨她遠離身邊，才令父親打消送她回內地的念頭。

莊世平 2006 年參觀「抗日救亡到開國大典——香港《華商報》歷史展」。

後存入南商和滙豐銀行，不僅解決了安全問題，還有利息收入，一舉兩得，並成為可調撥使用的資金，為解決新生政權的財政困難、恢復經濟發展發揮了特殊作用。

倡降經濟特區稅率 吸引外資

1979 年 2 月，廣東省委書記吳南生向中央建議，可以開始在汕頭出口加工區，躊躇滿志，卻不知從何做起。他在深夜撥通了電話給莊世平，莊世平一口答應提供支援，很快便為吳南生拿來了台灣、香港、墨西哥等地加工區的詳盡建設方案。

這個大膽的設想，得到了時任廣東省委第一書記習仲勳的支持。1980 年 3 月，中央政府正式批准在深圳、珠海、汕頭和廈門等城市建立「經濟特區」。全國人大會議討論廣東省特區條例草案時，莊世平提出降低特區的稅率，最終深圳經濟特區的稅率定在 15%，低於香港當時的 16.5%，對於外資有充足的吸引力，形成一大優勢。這其中，飽含了彼時年近 70 的莊世平對改革開放、創辦特區的期望與熱忱。

莊世平一生節儉，當年莊家三代人就住在身後有數十年樓齡的「銀行宿舍」唐樓中。左起：莊世平基金會副主席莊永健，莊世平小女兒莊耀華，莊世平二兒媳林達子，香港中國商會秘書長林楓林。

籌款辦汕大：教育是民生大事

莊世平基金會副主席莊永健在莊老晚年時，一直伴隨老人左右，亦聽到不少老人口述的往事。他告訴記者，莊老認為教育是民生的頭等大事，決心「一定要在汕頭辦大學」，1980 年秋便開始向海外僑胞籌措經費。

當時港商巨富李嘉誠聽聞此事，前來詢問莊老「要幾多」，莊老答「3000 萬港紙」，李覺得太少了，莊老堅決表示「先起了頭再說」，於是這 3000 萬港元就成為了汕大第一期開辦費。此後，莊老與家人亦多次北上在汕頭考察，尋覓合適地點，又與各方開會促成辦學。最終在 1981 年 8 月 26 日，汕大正式批准成立，並於兩年後開始招生。

莊世平對自己家鄉汕頭特區的建設，也給予了極大的關注和支持。莊世平晚年曾擔任汕頭經濟特區顧問委員會主任，經常往來港、汕兩地，為特區建設出謀劃策。他親自主持了普寧醫院的籌建工作；普寧華僑中學的創建和普寧育才中學的籌建也都與莊世平的支持、協助分不開。

（原載大公報 2021 年 6 月 16 日 A8，記者常彧璠）

尹林平女兒：我的父親參與指揮勝利大營救

一九四一年十二月八日，日軍侵佔香港，大批知名愛國文化精英滯留香港，危在旦夕，中國共產黨領導的廣東人民抗日游擊隊（東江縱隊前身）臨危受命，把這批文化人秘密轉移出日佔區，護送他們到大後方，最終成功營救出茅盾、鄒韜奮、何香凝等數百名文化人士。而這場無一傷亡的「勝利大營救」，指揮者之一便是東江縱隊政委尹林平。

談起父親當年臨危受命指揮營救文化人、冒死參加重慶談判爭取東江縱隊的合法地位、到浴血奮戰建立新中國，現年七十三歲的東江縱隊歷史研究會（香港）會長、尹林平之女尹素明如數家珍。她慨嘆道：「共產黨這一百年真的十分不易，現在繼續為人民利益着想，不忘初心。」

尹林平女兒憶述東江縱隊事跡

「我的父親參與指揮勝利大營救」

1941年12月8日，日軍侵佔香港，大批知名愛國文化精英滯留香港，危在旦夕，中國共產黨領導的廣東人民抗日游擊隊（東江縱隊前身）臨危受命，把這批文化人秘密轉移出日佔區，護送他們到大後方，最終成功營救出茅盾、鄒韜奮、何香凝等數百名文化人士。而這場無一傷亡的「勝利大營救」，指揮者之一便是東江縱隊政委尹林平。

談起父親當年臨危受命指揮營救文化人、冒死參加重慶談判爭取東江縱隊的合法地位、到浴血奮戰建立新中國，現年73歲的東江縱隊歷史研究會（香港）會長、尹林平之女尹素明如數家珍。她慨嘆道：「共產黨這一百年真的十分不易，現在繼續為人民利益着想，不忘初心。」

大公報記者 黎慧怡 實習記者 鍾怡（文）
蕭霖（圖） 部分圖片由受訪者提供

▲東江縱隊成功北撤後，尹林平（左三）奉命留在廣東堅持鬥爭，任中共中央香港分局（後改稱華南分局）副書記，兼任粵贛湘邊區黨委書記、粵贛湘邊縱隊司令員兼政委。圖為尹林平帶領邊縱隊行軍途中。小圖為尹林平1952年攝於廣州。

▲尹林平之女尹素明，是東江縱隊歷史研究會（香港）會長。她用六年時間，寫下《克爾日記》，記錄東江縱隊營救美軍飛行員的事跡。

香港淪陷前夕，尹林平調任中共東江前線特委任書記，兼東江游擊總隊第三、第五大隊政治委員，與曾生、王作堯和楊康華一起，領導秘密營救文化人的艱巨任務。

停泊遊艇的銅鑼灣避風塘，是79年前秘密大營救中一批文化人暫時落腳的地方。尹素明說：「當年游擊隊員們最麻煩的事，就是要找到這批文化人，他們東躲西藏，很難找。」英軍投降後，日軍到處追捕文化人，甚至在電影院銀幕上貼大字，着梅蘭芳、蔡楚生等愛國文化人士到日本憲兵隊報到。這批文化人絕大部分不會講廣東話，一旦被日本兵發現便很容易暴露身份，因而他們頻繁地搬家，茅盾搬了四次，鄒韜奮最後居無定所。

當年銅鑼灣登龍街白天是魚檔，晚上就拆卸下來，有些檔主把其中一些床板出租給人夜晚睡覺，居無定所的鄒韜奮曾經租過一個床板晚上落腳。游擊隊員根據情報，晚上在銅鑼灣找到鄒韜奮，漏夜帶他撤退，與其他被找到的文化人集中在避風塘的一條蓬船中，一起偷渡到九龍。

游擊隊護送 沿路剷除土匪

到了九龍，怎麼把他們轉到安全區呢？尹素明說，當時父親收到情報，日本人要驅趕幾十萬難民回大陸，於是尹林平使用一招「草船借箭」，讓文化人喬裝成難民一齊走，沿路派游擊隊員帶路。這條路線要經過大帽山，當時很多難民把整副身家背在身上，因此引來不少土匪在大帽山東西兩邊橫行。為了完成營救任務，游擊隊員需提前剷除沿路土匪。

香港大營救前後持續了100多天，800多名滯港的文化名人、愛國民主人士及其家屬，神不知鬼不覺地安全撤退，而且無一傷亡。「中國共產黨動員了所有能動員的力量，大家一致對外，出色地完成任務。」

大營救當中細節鮮為人知。營救行動的前期經費是由周恩來匯給廖承志的。但日本佔領香港後，匯錢渠道中斷，廖承志亦撤離香港。尹素明憶述，多年後才得知，當年大營救的經費，是由她的父親向好友王顯章借的。王顯章是愛國商人，是尹林平在福建工作時認識的好朋友。

匯錢渠道斷 向友借錢營救

尹素明說，父親當年向王先生提出借10萬港元，並把其大哥、即父親的長子交由王先生撫養，而王先生就婉拒說：「兒子我就不敢幫你養，怕負不起這個責任，但錢我可以借給你。」於是他如數借出10萬元給尹林平，便解決了大營救經費的燃眉之急。據說這筆錢當年可以買下兩條街。

尹素明感嘆，這些共產黨員們做事純粹為了信仰，「向私人借錢為公家工作，我知道後真的很感動。」她還舉例說，當年游擊總隊的司令員曾生也用私人財產參加革命，他賣掉老家的田和地，買來一批武裝槍支抗擊日軍。

掃一掃，睇尹素明訪問

▲一九四一年，在香港的部分文化名人及知名人士（從左到右）陳歌辛、瞿白迫、夏衍、丁聰、何香凝、洪遒、廖夢醒、歐陽予倩合影。

大營救中部分獲救文化名人

救美軍義行寫成《克爾日記》

尋找足印　抗戰勝利前夕，東江縱隊拯救過不少盟軍飛行員，美軍空軍中尉唐納德．克爾便是其中一位。原本讀中醫藥出身、從事中醫藥教育的尹素明，作為東江縱隊戰士的後代，她未想過會與父輩的歷史結緣，直至她遇到克爾的後人，克爾的兒子來華尋覓當年父親的救命恩人。

1944年2月，克爾中尉在執行任務期間，他的戰機在香港被日軍擊落，他亦不幸中彈受傷，跳傘逃生。落地後被東江縱隊的小交通員李石所救。東江縱隊港九大隊在敵人嚴密包圍中，帶克爾東躲西藏，歷盡艱險，最終克爾安全返回美軍在廣西桂林的基地。

克爾後人來華尋恩人

2008年，克爾的兒子受父母所託，來中國尋找父親的救命恩人，東江縱隊游擊隊戰士。他們輾轉找到香港東江縱隊歷史研究會，恰好尹素明和一些研究會成員認識克爾後人想找的老戰士，尹素明和研究會成員便穿針引線，帶克爾後人當面向老戰士或他們的後代當面道謝，並根據克爾當年留下的日記，按圖索驥重走克爾當年的逃生路線。

尹素明憶述，當年克爾後人來華尋恩一事轟動全城，其中一名外國記者揶揄道：「我們西方人，好注重感恩，而你們中國人，卻好容易忘記自己國家的歷史。」這番話激起了尹素明研究歷史的鬥志，她下定決心，好好總結父輩歷史，尤其是香港抗日的歷史。她說：「很少有人知道香港曾經有這麼艱苦的抗戰，作為戰士後代不去總結，還有誰去做？」

她用六年時間，與東江縱隊歷史研究會的成員尋找歷史足印。2015年這本東江縱隊營救美軍飛行員的實錄《克爾日記》終於出版。　**大公報記者黎慧怡**

▲日軍在青山道沿途設崗搜查過路行人，許多文化人裝扮成難民，在游擊隊員的掩護下與回鄉客一起逃離。

赴渝展示戰績 維護東縱地位

爭取地位　1943年12月2日，由中國共產黨領導的東江縱隊正式成立，尹林平任政治委員，曾生任司令員，王作堯任副司令員，楊康華為政治部主任。東江縱隊是華南抗日游擊隊六支部隊中，力量最強的一支。

重慶談判時，國民黨不承認華南有共產黨的游擊隊，完全抹殺東江縱隊抗戰偉績。尹素明說，周恩來發電報給她的父親，要求尹林平向國民黨講清楚東江縱隊的戰績，為部隊爭取合法地位，尹林平於是秘密飛往重慶。

尹素明說，聽母親轉述，父親當時化妝成商人上機，順利抵達重慶。其後周恩來召開了兩次記者招待會，尹林平圖文並茂地展示東江縱隊的戰績，包括營救民主人士、文化名人、國際友人，特別是八個美國飛行員信息，把他們的姓名、軍階、在何地服役等資料都交代得一清二楚。

原本在東江縱隊北撤問題上左右搖擺的美國，證實事情原委後便立場鮮明地指出：「救了我們那麼多飛行員的英雄部隊，怎麼可以讓他們消失呢？」東江縱隊最終順利北撤。

大公報記者黎慧怡

尹素明：父品格清廉 影響我一生

身先士卒　尹林平1908年7月生於江西省興國縣高興墟茶安仔村尹屋一個貧農家庭，受到中國共產黨和蘇維埃政權的影響，21歲參加了興國五區沙溪鄉農民協會，擔任沙溪鄉赤衛隊大隊長，1931年加入中國共產黨。

在紅軍長征和東縱北撤之際，尹林平先後奉命留在福建和廣東，堅持敵後武裝鬥爭，是著名的「留守將軍」；在搶救中國文化火種的香港大營救中，他是身先士卒的幕後英雄。在長女尹素明的印象中，她的父親一生清廉正直，去世時沒留下一點私人財產。她由衷地說：「爸爸雖然沒有留給我們一分錢，但他的品格影響我一生。」

回憶歷史時，尹素明字字鏗鏘，唯獨說到父親的心境，她平靜的語氣變得低沉。她說：「後來聽爸爸講：『雖然重慶談判有驚無險，但都嚇出一身冷汗！』」問及她聽到父親種種驚險時刻，作為女兒會否後怕，尹素明嘆了一口氣，說：「沒得怕了，都時過境遷，但當年兩黨的鬥爭真的非常殘酷，爸爸在江西那個鄉，240個男女壯丁參加革命，最後能還鄉的，只有我爸爸一個，所以共產黨這一百年來真的不容易！」

尹素明說，當年在江西留下的紅軍家屬，國民黨對他們非常殘忍，「聽爸爸說，我爺爺一家為了躲避國民黨，只能出去流浪，差點餓死。」

大公報記者黎慧怡

「愛國教育應注重實地考察」

▲當年東江游擊隊曾在十八鄉組織營救活動，獲救的愛國人士和文化名人，由此渡過深圳河逃避日軍追捕。

銘記歷史　東江縱隊歷史研究會會長尹素明表示，本港不少現成的歷史文物資源未被好好運用到歷史教育中，例如抗戰時期發動游擊戰的地點，應好好規劃，讓後人「有得講、有得睇、有得行」，從而將當年浴血奮戰的抗戰歷史銘記心中。

近年有學者與愛國團體共同研究香港抗戰遺址，初步擬定三條抗戰文物徑的計劃，其中第一條為沙頭角抗戰文物徑。有份參與計劃的尹素明透露，沙頭角抗戰文物徑的起點是抗戰第一家羅家大屋紀念館，拓展實時發現，可以將周邊幾個有抗戰痕跡的地點串連成抗日行山徑。

尹素明表示，愛國主義教育應該用各種各樣靈活的形式，實實在在地告訴別人這裏發生的故事，比如合理利用好本地素材，以文物徑的方式向大眾訴說歷史，這樣會比照本宣科的效果更好。她與團隊正編寫《帶您尋跡抗日游擊隊香江足跡》，為行山人士提供指引，銘記這段反法西斯歷史。

大公報實習記者鍾怡

香港淪陷前夕，尹林平調任中共東江前線特委任書記，兼東江游擊總隊第三、第五大隊政治委員，與曾生、王作堯和楊康華一起，領導秘密營救文化人的艱巨任務。

停泊遊艇的銅鑼灣避風塘，是 79 年前秘密大營救中一批文化人暫時落腳的地方。尹素明說：「當年游擊隊員們最麻煩的事，就是要找到這批文化人，他們東躲西藏，很難找。」英軍投降後，日軍到處追捕文化人，甚至在電影院熒幕上貼大字，着梅蘭芳、蔡楚生等愛國文化人士到日本憲兵隊報到。這批文化人絕大部分不會講廣東話，一旦被日本兵發現便很容易暴露身份，因而他們頻繁地搬家，茅盾搬了四次，鄒韜奮最後居無定所。

當年銅鑼灣登龍街白天是魚檔，晚上就拆卸下來，有些檔主把其中一些床板出租給人夜晚睡覺，居無定所的鄒韜奮曾經租過一個床板晚上落腳。游擊隊員根據情報，晚上在銅鑼灣找到鄒韜奮，漏夜帶他撤退，與其他被找到的文化人集中在避風塘的一條蔓船中，一起偷渡到九龍。

游擊隊護送　沿路鏟除土匪

到了九龍，怎麼把他們撤到安全區呢？尹素明說，當時父親收到情報，日本人要驅趕幾十萬難民回大陸，於是尹林平便用

一招「草船借箭」，讓文化人喬裝成難民一齊走，沿路派游擊隊員帶路。這條路線要經過大帽山，當時很多難民把整副身家背在身上，因此引來不少土匪在大帽山東西兩邊橫行；為了完成營救任務，游擊隊員需提前鏟除沿路土匪。

香港大營救前後持續了 100 多天，800 多名滯港的文化名人、愛國民主人士及其家屬，神不知鬼不覺地安全撤退，而且無一傷亡。「中國共產黨動員了所有能動員的力量，大家一致對外，出色地完成任務。」

大營救當中細節鮮為人知。營救行動的前期經費是由周恩來匯給廖承志的。但日本佔領香港後，匯錢渠道中斷，廖承志亦撤離香港。尹素明憶述，多年後才得知，當年大營救的經費，是由她的父親向好友王顯章借的。王顯章是愛國商人，是尹林平在福建工作時認識的好朋友。

尹林平之女尹素明，是東江縱隊歷史研究會（香港）會長。她用六年時間，寫下《克爾日記》，記錄東江縱隊營救美軍飛行員的事跡。

匯錢渠道斷　向友借錢營救

尹素明說，父親當年向王先生提出借 10 萬港元，並把其大哥、即父親的長子交由王先生撫養，而王先生就婉拒說：「兒子我就不敢幫你養，怕負不起這個責任，但錢我可以借給你。」於是他如數借出 10 萬元給尹林平，便解決了大營救經費的燃眉之急。據說這筆錢當年可以買下兩條街。尹素明慨嘆，這些共產黨員們做事純粹為了信仰，「向私人借錢為公家工作，我知道後真的很感動。」她還舉例說，當年游擊總隊的司令員曾生也用私人財產參加革命，他賣掉老家的田和地，買來一批武裝槍支抗擊日軍。

尹素明：父品格清廉 影響我一生

尹林平1908年7月生於江西省興國縣高興墟茶安仔村尹屋一個貧農家庭，受到中國共產黨和蘇維埃政權的影響，21歲參加了興國五區沙溪鄉農民協會，擔任沙溪鄉赤衛隊大隊長，1931年加入中國共產黨。

在紅軍長征和東縱北撤之際，尹林平先後奉命留在福建和廣東，堅持敵後武裝鬥爭，是著名的「留守將軍」；在搶救中國文化火種的香港大營救中，他是身先士卒的幕後英雄。在長女尹素明的印象中，她的父親一生清廉正直，去世時沒留下一點私人財產。她由衷地說：「爸爸雖然沒有留給我們一分錢，但他的品格影響我一生。」

回憶歷史時，尹素明字字鏗鏘，唯獨說到父親的心境，她平靜的語氣變得低沉。她說：「後來聽爸爸講：『雖然重慶談判有驚無險，但都嚇出一身冷汗！』」問及她聽到父親種種驚險時刻，作為女兒會否怕，尹素明嘆了一口氣，說：「沒得怕了，都事過境遷，但當年兩黨的鬥爭真的非常殘酷，爸爸在江西那個鄉，240個男女壯丁參加革命，最後能還鄉的，只有我爸爸一個，所以共產黨這一百年來真的不容易！」

尹素明說，當年在江西留下的紅軍家屬，國民黨對他們非常殘忍，「聽爸爸說，我爺爺一家為了躲避國民黨，只能出去流浪，差點餓死。」

救美軍義行寫成《克爾日記》

抗戰勝利前夕，東江縱隊拯救過不少盟軍飛行員，美軍空軍中尉唐納德·克爾便是其中一位。原本讀中醫藥出身、從事中醫藥教育的尹素明，作為東江縱隊戰士的後代，她未想過會與父輩的歷史結緣，直至她遇到克爾的後人，克爾的兒子來華尋覓當年父親的救命恩人。

1944年2月，克爾中尉在執行任務期間，他的戰機在香港被日軍擊落，他亦不幸中彈受傷，跳傘逃生。落地後被東江縱隊的小交通員李石所救。東江縱

東江縱隊成功北撤後，尹林平（左三）奉命留在廣東堅持鬥爭，任中共中央香港分局（後改稱華南分局）副書記，兼任粵贛湘邊區黨委書記、粵贛湘邊縱隊司令員兼政委。圖為尹林平帶領邊縱隊行軍途中。右圖為尹林平 1952 年攝於廣州。

隊港九大隊在敵人嚴密包圍中，帶克爾東躲西藏，歷盡艱險，最終克爾安全返回美軍在廣西桂林的基地。

克爾後人來華尋恩人

2008 年，克爾的兒子受父母所託，來中國尋找父親的救命恩人，東江縱隊游擊隊戰士。他們輾轉找到香港東江縱隊歷史研究會，恰好尹素明和一些研究會成員認識克爾後人想找的老戰士，尹素明和研究會成員便穿針引線，帶克爾後人當面向老戰士或他們的後代當面道謝，並根據克爾當年留下的日記，按圖索驥重走克爾當年的逃生路線。

尹素明憶述，當年克爾後人來華尋恩一事轟動全城，其中一名外國記者揶揄道：「我們西方人，好注重感恩，而你們中國人，卻好容易忘記自己國家的歷史。」這番話激起了尹素明研究歷史的鬥志，她下定決心，好好總結父輩歷史，尤其是香港抗日的歷史。她說：「很少有人知道香港曾經有這麼艱苦的抗戰，作為戰士後代不去總結，還有誰去做？」她用六年時間，與東江縱隊歷史研究會的成員尋找歷史足印。2015 年這本東江縱隊營救美軍飛行員的實錄《克爾日記》終於出版。

日軍在青山道沿途設崗搜查過路行人，許多文化人裝扮成難民，在游擊隊員的掩護下與回鄉客一起逃離。

赴渝展示戰績 維護東縱地位

1943年12月2日，由中國共產黨領導的東江縱隊正式成立，尹林平任政治委員，曾生任司令員，王作堯任副司令員，楊康華為政治部主任。東江縱隊是華南抗日游擊隊六支部隊中，力量最強的一支。

重慶談判時，國民黨不承認華南有共產黨的游擊隊，完全抹殺東江縱隊抗戰偉績。尹素明說，周恩來發電報給她的父親，要求尹林平向國民黨講清楚東江縱隊的戰績，為部隊爭取合法地位，尹林平於是秘密飛往重慶。

尹素明說，聽母親轉述，父親當時化妝成商人上機，順利抵達重慶。其後周恩來召開了兩次記者招待會，尹林平圖文並茂地展示東江縱隊的戰績，包括營救民主人士、文化名人、國際友人，特別是八個美國飛行員信息，把他們的姓名、軍階、在何地服役等資料都交代得一清二楚。

原本在東江縱隊北撤問題上左右搖擺的美國，證實事情原委後便立場鮮明地指出：「救了我們那麼多飛行員的英雄部隊，怎麼可以讓他們消失呢？」東江縱隊最終順利北撤。

1941 年，在香港的部分文化名人及知名人士（從左到右）陳歌辛、瞿白迫、夏衍、丁聰、何香凝、洪道、廖夢醒、歐陽予倩合影。

「愛國教育應注重實地考察」

東江縱隊歷史研究會會長尹素明表示，本港不少現成的歷史文物資源未被好好運用到歷史教育中，例如抗戰時期發動游擊戰的地點，應好好規劃，讓後人「有得講、有得睇、有得行」，從而將當年浴血奮戰的抗戰歷史銘記心中。

近年有學者與愛國團體共同研究香港抗戰遺址，初步擬定三條抗戰文物徑的計劃，其中第一條為沙頭角抗戰文物徑。有份參與計劃的尹素明透露，沙頭角抗戰文物徑的起點是抗戰第一家羅家大屋紀念館，辦展覽時發現，可以將周圍幾個有抗戰痕跡的地點串連成抗日行山徑。

尹素明表示，愛國主義教育應該用各種各樣靈活的形式，實實在在地告訴別人這裏發生的故事，比如合理利用好本地素材，以文物徑的方式向大眾訴說歷史，這樣會比照本宣科的效果更好。她與團隊正編寫《帶您尋蹤抗日游擊隊香江足跡》，為行山人士提供指引，銘記這段反法西斯歷史。

（原載大公報 2021 年 6 月 8 日 A10，記者黎慧怡、鍾怡）

陳水粦：愛國情懷始於校 守護家園未怕過

艱苦的抗戰歲月已成為歷史，但當年奮戰景象仍歷歷在目，當年振奮人心的歌曲時常縈繞心間。「九一八，血痕尚未乾；東三省，山河尚未還。海可枯，石可爛，國恥一日未雪，國民責任未完……」原廣東人民抗日游擊隊東江縱隊港九大隊沙頭角中隊民兵、現年九十六歲的陳水粦回想着抗戰經歷，不禁哼起這首自己學唱的第一首愛國歌曲。

●李漢家中珍藏着東江縱隊老戰友的合照。 香港文匯報記者 翻攝

▲陳水燊 香港文匯報記者 攝

慶祝中國共產黨成立100周年
特別報道之老兵傳奇

艱苦的抗戰歲月已成爲歷史，但當年奮戰景象仍歷歷在目，當年振奮人心的歌曲時常縈繞心間。「九一八，血痕尚未乾；東三省，山河尚未還。海可枯，石可爛，國恥一日未雪，國民責任未完……」原廣東人民抗日游擊隊東江縱隊港九大隊沙頭角中隊民兵、現年96歲的陳水燊回想着抗戰經歷，不禁哼起這首自己學唱的第一首愛國歌曲。

●香港文匯報記者 黃書蘭

掃碼睇片

灑熱血 寫春秋
憶抗戰 護家園

96歲東江縱隊老兵哼起愛國歌：國恥未雪 責任未完

●李漢（右）與妻子 香港文匯報記者 攝

陳水燊 愛國情懷始於校 守護家園未怕過

老兵寄語：

有國才有家，希望下一代明白「樹有根，水有源」的道理。

1931年日寇侵華，侵佔中國東北地區，抗日戰爭展開。1938年廣州淪陷，大量同胞走難來港。同年，父母近親俱亡，本身是農民的陳水燊居住在鄰近港深邊界的蠻皮村，遇上了從北方逃難來港的老師。陳水燊說：「這一年我十二三歲，才第二年讀書，老師在學校教我唱歌識字，剛才那一首就是老師教的第一首歌，教曉我『有國才有家』。」他的愛國情懷始於學校，源自恩師。

事實上，日寇在侵襲香港前，早已令陳水燊見識到家破人亡的悲哀。陳水燊說：「1938年秋收後，有天我突然在田野聽到深圳傳來戰機的轟炸聲。翌日，學校旁的沙頭角公路使人潮不絕，有抱着孩子的、揹着背包的、扶老攜幼的。當我好奇所為何事，便有人用客家話鬧罵：『日本仔，炸彈亂處丟，炸死我好多人！炸死我好多人！』原來是日寇入侵深圳。」

隨後，原本已移居深圳的老村民都相繼返村，難民則流離失所，沒瓦遮頭，十分淒涼。他在父母去世後繼承家業，有兩間屋，於是收留了兩家難民同胞，這也是他第一次近距離感受到日軍侵略對普通百姓帶來的傷痛。

1941年12月8日凌晨，日寇空襲啟德機場並同時入侵香港。陳水燊記得那天他原本提着書籃出門上學，走到村口斜坡時，卻聽到平日村內賣豆腐的叔叔高喊：「日本仔來了！陰功了，淒涼了，日本仔來了！」陳水燊說：「這天，日本仔先以戰機炸毀了我們村附近的坪輋孔嶺一號橋，繼而在軍地炸橋，黑煙竄天。到下午，我看着3隊日本兵路過，沿途擄走了一些村民幫他們做搬運煮飯的雜頭。此後，一些土匪、漢奸不時勾結日本仔到處搶掠，搶走我們村耕牛、穀米，蠻皮村就有3間大屋在搶掠後被焚燒，而一些搶不到東西的土匪，更會擄人勒索。當時我想着老師曾告訴我們日本仔侵佔南京、上海的暴行，我內心讓燒着愛國情懷。」

因應日寇、土匪肆虐，民不聊生，中國共產黨領導的廣東人民抗日游擊總隊在1942年的冬天來到了蠻皮村鼓勵村民、組織自衛、宣傳抗日。「幸好有游擊隊的到來，使土匪不再出現，使蠻皮村回復安定。記得那時發生大旱，有很多人餓死。當時我家經已有一年沒有收成。游擊隊在那時找到我，教育、鼓勵我開荒，又組織年輕人幫手插秧，成功助我們村民渡過難關，令我覺悟到中國人要團結，於是我主動要求加入游擊隊，參與抗日。」陳水燊回憶道。

牽小牛掩飾 探日寇動向

加入游擊隊後，陳水燊被安排擔任地下情報員，負責暗中監察日寇動向，然後悄悄報告。陳水燊說：「在經過大旱後，我買了一頭小牛，以牽着牠食草為掩飾，四出探聽日寇動向，比如哪裏有多少日本仔出入、哪輛車上有多少日本仔。」這一年游擊隊根據他所上報的相關情報，進行了4次截殺日寇行動，其中兩次成功。

獻情報建功 擊斃「殺人王」

次年，陳水燊的情報更助部隊截殺一名日寇頭目。他說：「1944年3月插秧後，我在軍地站崗時，看到了200米前方有一人衣着光鮮，明顯異於農民，不似本地人，懷疑他是日寇喬裝，於是我加快腳步緊跟其後，記錄他的行蹤，並經部隊的交通仔（傳令兵）上報沙頭角中隊武工隊隊長曾發，使部隊加緊戒備。幾天後，部隊確認此人竟是有『殺人王』之稱的上水日本憲兵隊隊長小貞，成功將他擊斃。」

被問到當時曾否害怕會有生命危險，陳水燊的回答讓大家知道了什麼樣的人和精神才能夠守護家園：「我有很多同學都在參與抗日時犧牲了，就我所知已有6位同學。我們已立志『為家國，能斷頭』，從未怕過！」

●東江縱隊老戰友赴西貢抗日英烈紀念碑緬懷英烈。 香港文匯報記者 翻攝

●中共中央、國務院、中央軍委頒發給陳水燊的紀念章。 香港文匯報記者 攝

嘆港缺愛國教育 指教改有必要

香港文匯報訊（記者 黃書蘭）「世界是你們的，也是我們的，但是歸根結底是你們的。你們青年人朝氣蓬勃，正在興旺時期，好像早晨八九點鐘的太陽。希望寄託在你們身上。」抗日老兵陳水燊想起近年有不少香港年輕人參與反中亂港活動，不禁想起已故毛澤東主席的這番話語。陳水燊說，年輕人是國家的棟樑、柱石，深感香港缺乏愛國教育，有必要進行教育改革。

回想起不少抗戰時期的孩童都甘願為家國拋頭顱，陳水燊說：「我們的愛國初心始於學校，從老師教我唱愛國歌曲開始，是學校教曉我愛國、愛港、愛同胞、愛民族。」但反觀現在的香港，卻缺乏胸懷宏偉志向的愛國教育，陳水燊認為現今香港有很多年輕人被誤導，正是因為這一點。

陳水燊說：「新中國在1949年成立，標誌着中國人已不再受列強欺負，脫離災難。隨着中國共產黨帶領人民走中國特色社會主義道路，已成功讓國家富強，人民脫貧，從吃不飽到走入小康，造福每一個中國人。」他認為，香港的下一代應該看到祖國的可喜變化和成就，明白「樹有根，水有源」的道理，培養自己的愛國心。

李漢 難忘游擊隊救港 盼港青有愛國心

老兵寄語：

一生愛國無怨無悔，我很感激黨對國家的領導，希望香港的年輕人亦做個有愛國初心的人。

香港文匯報訊（記者 黃書蘭）「如果沒有游擊隊，當時的香港真的不知道會亂成怎樣……」日寇1941年入侵香港，原廣東人民抗日游擊隊東江縱隊港九大隊民兵、烏蛟騰村兒童團團長、現年95歲的李漢憶起當年中國共產黨派遣游擊隊來港抗日，難掩感激。

香港新界烏蛟騰村在日寇侵佔香港期間，是東江縱隊港九大隊的重要據點。

●中共中央、國務院、中央軍委頒發給李漢的紀念章。 香港文匯報記者 攝

日軍圍村三次 打死三名村長

出生於烏蛟騰村的李漢提起當年日軍的侵略，仍心有餘悸：「日本仔打香港時，土匪四出打家劫舍；而日本仔亦曾圍村三次，先後打死我們兩名村長後，再強迫村民選出村長，並再次打死。」他話鋒一轉：「幸好游擊隊到來後，組織我們抗日、教育我們如何對待敵人，當時大家都十分踴躍參加。」

李漢近日向香港文匯報介紹道，烏蛟騰村當時有近600人，超過九成半人都服從游擊隊安排的抗日工作，當中約有10人加入了游擊隊，「大家都十分愛國，包括協助通訊、收集情報，無論是長者、年輕人、婦女、兒童都被團結起來參與抗日，萬眾一心為國效力，當年被人稱為『紅色村』。」當年李漢年紀尚輕，生性活潑，於是亦加入了游擊隊的烏蛟騰村兒童團並擔任團長，負責組織兒童及婦女學習愛國主義，包括帶領群眾學唱抗戰歌曲。

「如果沒有共產黨領導下的游擊隊，香港真的不知道會亂成怎樣，雖然游擊隊的人數不是很多，只有數千人，沒有辦法與敵人正面開戰，但我們卻靠着靈活頭腦，與敵人一直周旋。」他形容，「有兒童團從思想上打日本仔，亦有武裝力量懲治漢奸、特務，比如有五六個漢奸就在烏蛟騰村伏法。」

抗戰勝利後，東江縱隊北撤往山東煙台，李漢則應上級要求，留在香港打理好烏蛟騰村作為「紅色根據地」，而接下來的愛國行動在港英政府的壓迫下亦並不順利。

中國人一定要團結愛國

李漢積極帶領兒童團到訪不同鄉村與群眾講述抗日歷史，宣揚中國人要團結、愛國的理念，「卻遭到港英政府以『莫須有』的罪名將我判監9個月。不過，就算我身在牢獄，一樣堅持抗議，高呼打倒英國殖民、帝國主義，高唱『紅軍不怕遠征難，萬水千山只等閒』。」在他的心中，中國人一定要團結、愛國，要有不怕困難和壓迫的氣節。

終於，李漢帶着他熾熱的愛國心，見證了國家從站起來、到富起來，再到強起來的壯麗歷史，而祖國亦從沒有忘記他們這些老戰士為國家作出的貢獻，還提着中共中央、國務院、中央軍委於2015年在抗日戰爭勝利70周年頒發給他的紀念章，李漢深有感觸地說：「國家視我為退休幹部，看到今天中國的強大，想到國家今天的發展，我的心就很高興，很滿足，很感激黨的領導！」

他感嘆道，自己的人生雖然經歷起起伏伏，但愛國之心從未有過絲毫改變，亦無怨無悔。香港過去幾年亦經歷挫折，這位見證國家發展歷史的老戰士，亦有話想對香港的未來說，他希望香港的年輕人亦能和他一樣，做個有愛國初心的人。

東江縱隊老戰友赴西貢抗日英烈紀念碑緬懷英烈。

1931 年日寇侵華，侵佔中國東北地區，抗日戰爭展開。1938 年廣州淪陷，大量同胞走難來港。同年，父母近親俱亡、本身是農民的陳水莽居住在鄰近港深邊界的嶺皮村，遇上了從北方逃難來港的老師。陳水莽說：「這一年我十二三歲，才第二年讀書，老師在學校教我唱歌識字，剛才那一首就是老師教的第一首歌，教曉我『有國才有家』。」他的愛國情懷始於學校，源自恩師。

事實上，日寇在侵襲香港前，早已令陳水莽見識到家破人亡的悲哀。陳水莽說：「1938 年秋收後，有天我突然在田野聽到深圳傳來戰機的轟炸聲。翌日，學校旁的沙頭角公路便人潮不絕，有抱着孩子的、揹着背包的、扶老攜幼的。當我好奇所為何事，便有人用客家話喊罵：『日本仔，炸彈亂處丟，炸死我好多人！炸死我好多人！』原來是日寇入侵深圳。」

隨後，原本已移居深圳的老村民都相繼返村，難民則流離失所、沒瓦遮頭，十分淒涼。他在父母去世後繼承家業，有兩間屋，於是收留了兩家難民同胞，這也是他第一次近距離感受到日軍侵略對普通百姓帶來的傷痛。

1941 年 12 月 8 日凌晨，日寇空襲啟德機場並同時入侵香港。陳水莽記得

陳水彝

那天他原本提着爛書籃出門上學，走到村口斜坡時，卻聽到平日村內賣豆腐的叔叔高喊：「日本仔來了！陰功了，淒涼了，日本仔來了！」陳水彝說：「這天，日本仔先以戰機炸毀了我們村附近的坪輋孔嶺一號橋，繼而在軍地炸橋，黑煙蹿天。到下午，我看着 3 隊日本兵路過，沿途擄走了一些村民幫他們做搬運煮飯的鑊頭。此後，一些土匪、漢奸不時勾結日本仔到處搶掠，搶走我們村耕牛、穀米，嶺皮村就有 3 間大屋在搶掠後被焚燒，而一些搶不到東西的土匪，更會擄人勒索。當時我想着老師曾告訴我們日本仔侵佔南京、上海的暴行，我內心瀰漫着愛國情懷。」

因應日寇、土匪肆虐，民不聊生，中國共產黨領導的廣東人民抗日游擊總隊在 1942 年的冬天來到了嶺皮村鼓勵村民、組織自衛、宣傳抗日。「幸好有游擊隊的到來，使土匪不再出現，使嶺皮村回復安定。記得那時發生大旱，有很多人餓死。當時我家經已有一年沒有收成。游擊隊在那時找到我，教育、鼓勵我開荒，又組織年輕人幫手插秧，成功助我們村民渡過難關，令我覺悟到中國人要團結，於是我主動要求加入游擊隊，參與抗日。」陳水彝回憶道。

中共中央、國務院、中央軍委頒發給陳水彝的紀念章。

牽小牛掩飾 探日寇動向

加入游擊隊後，陳水彝被安排擔任地下情報員，負責暗中監察日寇動向，然後悄悄報告。陳水彝說：「在捱過大旱後，我買了一頭小牛，以牽着牠食草為掩飾，四出探聽日寇動向，比如哪裏有多少日本仔出入、哪輛車上有多少日本仔。」這一年游擊隊根據他所上報的相關情報，進行了 4 次截殺日寇行動，其中兩次成功。

獻情報建功 擊斃「殺人王」

次年，陳水彝的情報更助部隊截殺一名日寇頭目。他說：「1944 年 3 月插秧後，我在軍地站崗時，看到了 200 米前方有一人衣着光鮮，明顯異於農民，不似本地人，懷疑他是日寇喬裝，於是我加快腳步緊跟其後，記錄他的行蹤，並經部隊的交通仔（傳令兵）上報沙頭角中隊武工隊隊長曾發，使部隊加緊戒備。幾天後，部隊確認此人竟是有『殺人王』之稱的上水日本憲兵隊隊長小貞，成功將他擊斃。」

被問到當時曾否害怕會有生命危險，陳水彝的回答讓大家知道了什麼樣的人和精神才能夠守護家園：「我有很多同學都在參與抗日時犧牲了，就我所知已有 6 位同學。我們已立志『為家國，能斷頭』，從未怕過！」

嘆港缺愛國教育 指教改有必要

「世界是你們的，也是我們的，但是歸根結底是你們的。你們青年人朝氣蓬勃，正在興旺時期，好像早晨八九點鐘的太陽。希望寄託在你們身上。」抗日老兵陳水彝想起近年有不少香港年輕人參與反中亂港活動，不禁想起已故毛澤東主席的這番話語。陳水彝說，年輕人是國家的棟樑、柱石，深感香港缺乏愛國教育，有必要進行教育改革。

回想起不少抗戰時期的孩童都甘願為家國拋頭顱，陳水彝說：「我們的愛國初心始於學校，從老師教我唱愛國歌曲開始，是學校教曉我愛國、愛港、愛同胞、愛民族。」但反觀現在的香港，卻缺乏胸懷宏偉志向的愛國教育，陳水彝認為現今香港有很多年輕人被誤導，正是因為這一點。

陳水彝說：「新中國在 1949 年成立，標誌着中國人已不再受列強欺負、脫離災難。隨着中國共產黨帶領人民走中國特色社會主義道路，已成功讓國家富強、人民脫貧，從吃不飽到走入小康，造福每一個中國人。」他認為，香港的下一代應該看到祖國的可喜變化和成就，明白「樹有根，水有源」的道理，培養自己的愛國心。

（原載香港文匯報 2021 年 5 月 24 日 A4 版，記者黃書蘭）

一寸山河一寸血
東江縱隊抗戰老兵傳奇故事：
戰鬥在香港！

記者　蘇婷

一寸山河一寸血，一抔熱土一抔魂。新中國是無數革命先烈用鮮血和生命鑄就的，在烽火連天的香港抗戰歲月，中國共產黨領導的東江縱隊，曾用青春熱血護港衛國。在建黨百年這一歷史節點，「點新聞」尋訪多位東江縱隊老兵及老兵後人，聽他們講述香江革命兒女的抗戰傳奇，讓愛國愛港的紅色基因、革命薪火在香江代代傳承。

紅星耀香江

96 歲東縱抗戰老兵陳水犇：樹有根水有源　愛港愛國是初心

「九一八，血痕尚未乾；東三省，山河尚未還……」兒時老師教唱的一首《九一八》，讓「國家」的觀念在他心中萌芽。

「陰功了，淒涼了，日本人來了。」日寇鐵蹄染指香港，在部隊教育、鼓勵下，他毅然入伍，成為情報交通員。

「樹有根，水有源。每個人都應有愛港愛國愛同胞愛民族的初心。」建黨百年之際，他真誠寄語，希望香港年輕人明白「有國才有家」的道理。

採編手記：微雨中的軍禮

96 歲的陳水犇，是這次尋訪東江縱隊紅色記憶過程中，我們見到的第一位港九大隊老戰士。對於訪問一位即將百歲的耄耋老者，我們心中做過很多假設，更藏了幾分忐忑。比如溝通會不會有障礙、老人身體能否吃得消……凡此種種，後來被證明皆是多餘的擔心。

至今記得那日，一路陰雨綿綿，攝製組剛踏進陳家院子，十幾米外陳宅屋門半敞，陳水犇老人獨自立在門口，一見到我們，緩緩舉起右手敬了一個軍禮。晨間微雨的水汽還在空氣中氤氳未散，酸澀的感動突然由鼻腔上湧，濕潤了眼底。某種記者的「職業敏感」讓我們悄悄感嘆：這是怎樣珍貴的畫面！作為一個見證者，我深知那是一種非身處當下便無法感同身受的震撼。

在陳水犇家停留的時間，從預想的一小時拉長至兩小時。那些列在採訪提綱上的問題，卻幾乎無須我們宣之於口。他記得十幾歲時老師教唱的那首

《九一八》，記得日寇入侵香港那天的混亂與狼狽，記得如何發現和跟蹤上水日本憲兵隊隊長小貞……關於那段烽火連天的歲月，陳水𦍑能夠憶述的故事、細節，驚心動魄，蕩氣迴腸，他對當下香港社會的關照和思考，也遠遠超出我的預想。

作為整個尋訪的開端，與陳水𦍑的對話決定了後來的許多事。我不再去憂心如何跨越幾十年的時空，或者如何以深刻的設問來引起深入的對談。反之，面對這些飽經滄桑的老人自始至終敞開的心門、面對他們表達的迫切需求，我學着以一個單純傾聽者、記錄者的姿態，給這些老人更多的表達空間。這，是我們對於一份難能可貴的真摯之心，能給予的最大的尊重。

（記者 沐晚）

紅星耀香江
96歲東縱抗戰老兵
陳水彝
樹有根水有源
愛港愛國是初心
大公文匯
HKTKWW
全媒體新聞中心製圖

李漢：難忘游擊隊救港 盼港青有愛國心

「如果沒有游擊隊，當時的香港真的不知道會亂成怎樣……」日寇一九四一年入侵香港，原廣東人民抗日游擊隊東江縱隊港九大隊民兵、烏蛟騰村兒童團團長、現年九十五歲的李漢憶起當年中國共產黨派遣游擊隊來港抗日，難掩感激。

●李漢家中珍藏着東江縱隊老戰友的合照。 香港文匯報記者 翻攝

▲陳水燊 香港文匯報記者 攝

慶祝中國共產黨成立100周年
特別報道之老兵傳奇

艱苦的抗戰歲月已成爲歷史，但當年奮戰景象仍歷歷在目，當年振奮人心的歌曲時常縈繞心間。「九一八，血痕尚未乾；東三省，山河尚未還。海可枯，石可爛，國恥一日未雪，國民責任未完……」原廣東人民抗日游擊隊東江縱隊港九大隊沙頭角中隊民兵、現年96歲的陳水燊回想着抗戰經歷，不禁哼起這首自己學唱的第一首愛國歌曲。

●香港文匯報記者 黃書蘭

掃碼睇片

灑熱血 寫春秋 憶抗戰 護家園

96歲東江縱隊老兵哼起愛國歌：國恥未雪 責任未完

●李漢(右)與妻子。 香港文匯報記者 攝

陳水燊：愛國情懷始於校 守護家園未怕過

老兵寄語：

有國才有家，希望下一代明白「樹有根，水有源」的道理。

1931年日寇侵華，侵佔中國東北地區，抗日戰爭展開。1938年廣州淪陷，大量同胞走難來港。同年，父母近親俱亡，本身是農民的陳水燊居住在鄰近港深邊界的鱟皮村，遇上了從北方逃難來港的老師。陳水燊說：「這一年我十二三歲，才第二年讀書，老師在學校教我唱歌識字，剛才那一首就是老師教的第一首歌，教曉我『有國才有家』。」他的愛國情懷始於學校，源自恩師。

事實上，日寇在侵襲香港前，早已令陳水燊見識到家破人亡的慘哀。陳水燊說：「1938年秋收後，有天我突然在田野聽到深圳傳來戰機的轟炸聲。翌日，學校旁的沙頭角公路使人潮不絕，有抱着孩子的，揹着背包的，扶老攜幼的。當我好奇所為何事，便有人用客家話喊罵：『日本仔，炸彈亂咁丟，炸死我好多人！炸死我好多人！』原來是日寇入侵深圳。」

隨後，原本已移居深圳的老村民都相繼返村，難民則流離失所，沒瓦遮頭，十分淒涼。他在父母去世後繼承家業，有兩間屋，於是收留了兩家難民同胞，這也是他第一次近距離感受到日軍侵略對善通百姓帶來的傷痛。

1941年12月8日凌晨，日寇空襲啟德機場並同時入侵香港。陳水燊記得那天他原本提着欄書籃出門上學，走到村口斜坡時，卻聽到平日村內賣豆腐的叔叔高喊：「日本仔來了！除功了，淒涼了，日本仔來了！」陳水燊說：「這天，日本仔先以戰機炸毀了我們村附近的坪輋孔嶺一號橋，繼而在軍地炸橋，濃煙竄天。到下午，我看着3隊日本兵路過，沿途擄走了一些村民幫他們做搬運煮飯的遞頭。此後，一些土匪、漢奸不時勾結日本仔到處搶掠，搶走我們村耕牛、穀米，鱟皮村就有3間大屋在搶掠後被焚燒，而一些搶不到東西的土匪，更會擄人勒索。當時我想着老師曾告訴我們日本仔侵佔南京、上海的暴行，我內心彌漫着愛國情懷。」

因應日寇、土匪肆虐，民不聊生，中國共產黨領導的廣東人民抗日游擊總隊在1942年的冬天來到了鱟皮村鼓勵村民，組織自衛，宣傳抗日。「幸好有游擊隊的到來，使土匪不再出現，使鱟皮村回復安定。記得那時發生大旱，有很多人餓死。當時我家經已有一年沒有收成。游擊隊在那時找到我，教育、鼓勵我開荒，又組織年輕人幫手插秧，成功助我們村民渡過難關，令我覺悟到中國人要團結，於是我主動要求加入游擊隊，參與抗日。」陳水燊回憶道。

牽小牛掩飾 探日寇動向

加入游擊隊後，陳水燊被安排擔任地下情報員，負責暗中監察日寇動向，然後悄悄報告。陳水燊說：「在經過大旱後，我買了一頭小牛，以牽着牠食草為掩飾，四出探聽日寇動向，比如哪裏有多少日本仔出入，哪輛車上有多少日本仔。」這一年游擊隊根據他所上報的相關情報，進行了4次截殺日寇行動，其中兩次成功。

獻情報建功 擊斃「殺人王」

次年，陳水燊的情報更助部隊截殺一名日寇頭目。他說：「1944年3月插秧後，我在軍地站崗時，看到了200米前方有一人衣着光鮮，明顯異於農民，不似本地人，懷疑他是日寇喬裝，於是我加快腳步緊跟其後，記錄他的行蹤，並經部隊的交通仔(傳令兵)上報沙頭角中隊武工隊隊長曾發，使部隊加緊戒備。幾天後，部隊確認此人竟是有『殺人王』之稱的上水日本憲兵隊隊長小貞，成功將他擊斃。」

被問到當時會否害怕會有生命危險，陳水燊的回答讓大家知道了什麼樣的人和精神才能夠守護家園：「我有很多同學都在參與抗日時犧牲了，就我所知已有6位同學。我們已立志『為家國，能斷頭』，從未怕過！」

嘆港缺愛國教育 指教改有必要

香港文匯報訊（記者 黃書蘭）「世界是你們的，也是我們的，但是歸根結底是你們的。你們青年人朝氣蓬勃，正在興旺時期，好像早晨八九點鐘的太陽，希望寄託在你們身上。」抗日老兵陳水燊想起近年有不少香港年輕人參與反中亂港活動，不禁想起已故毛澤東主席的這番話語。陳水燊說，年輕人是國家的棟樑、柱石，深感香港缺乏愛國教育，有必要進行教育改革。

回想起不少抗戰時期的孩童都甘願為家國拋頭顱，陳水燊說：「我們的愛國初心始於學校，從老師教我唱愛國歌曲開始，是學校教曉我愛國、愛港、愛同胞、愛民族。」但反觀現在的香港，卻缺乏胸懷宏偉志向的愛國教育，陳水燊認為現今香港有很多年輕人被誤導，正是因為這一點。

陳水燊說：「新中國在1949年成立，標誌着中國人已不再受列強欺負、脫離災難。隨着中國共產黨帶領人民走中國特色社會主義道路，已成功讓國家富強、人民脫貧，從吃不飽到走入小康，造福每一個中國人。」他認為，香港的下一代應該看到祖國的可喜變化和成就，明白「樹有根，水有源」的道理，培養自己的愛國心。

●東江縱隊老戰友赴西貢抗日英烈紀念碑緬懷英烈。 香港文匯報記者 翻攝

●中共中央、國務院、中央軍委頒發給陳水燊的紀念章。 香港文匯報記者 攝

李漢：難忘游擊隊救港 盼港青有愛國心

老兵寄語：

一生愛國無怨無悔，我很感激黨對國家的領導，希望香港的年輕人亦做個有愛國初心的人。

香港文匯報訊（記者 黃書蘭）「如果沒有游擊隊，當時的香港真的不知道會亂成怎樣……」日寇1941年入侵香港，原廣東人民抗日游擊隊東江縱隊港九大隊民兵、烏蛟騰村兒童團團長、現年95歲的李漢憶起當年中國共產黨派遣游擊隊來港抗日，難掩感激。

香港新界烏蛟騰村在日寇侵佔香港期間，是東江縱隊港九大隊的重要據點。

日軍圍村三次 打死三名村長

出生於烏蛟騰村的李漢提起當年日軍的侵略，仍心有餘悸：「日本仔打香港時，土匪四出打家劫舍；而日本仔亦曾圍村三次，先後打死我們兩名村長後，再強迫村民選出村長，並再次打死。」他話鋒一轉：「幸好游擊隊到來後，組織我們抗日，教育我們如何對待敵人，當時大家都十分踴躍參加。」

李漢近日向香港文匯報介紹道，烏蛟騰村當時有近600人，超過九成半人都服從游擊隊安排的抗日工作，當中約有40人加入了游擊隊，「大家都十分愛國，包括協助通訊、收集情報，無論是長者、年輕人、婦女、兒童都被團結起來參與抗日，萬眾一心為國效力，當年被人稱為『紅色村』。」當年李漢年紀尚輕，生性活潑，於是亦加入了游擊隊的烏蛟騰村兒童團並擔任團長，負責組織兒童及婦女學習愛國主義，包括帶領群眾學唱抗戰歌曲。

「如果沒有共產黨領導下的游擊隊，香港真的不知道會亂成怎樣，雖然游擊隊的人數不是很多，只有數千人，沒有辦法與敵人正面開戰，但我們卻靠着靈活頭腦，與敵人一直周旋。」他形容，「有兒童團從思想上打日本仔，亦有武裝力量懲治漢奸、特務，比如有五六個漢奸就在烏蛟騰村伏法。」

抗戰勝利後，東江縱隊北撤往山東煙台，李漢則應上級要求，留在香港打理好烏蛟騰村作為「紅色根據地」，而接下來的愛國行動在港英政府的壓迫下亦並不順利。

●中共中央、國務院、中央軍委頒發給李漢的紀念章。 香港文匯報記者 攝

中國人一定要團結愛國

李漢積極帶領兒童團到訪不同鄉村與群眾講述抗日歷史，宣揚中國人要團結、愛國的理念，「卻遭到港英政府以『莫須有』的罪名將我判監9個月。不過，就算我身在牢獄，一樣堅持抗議，高呼打倒英國殖民、帝國主義，高唱『紅軍不怕遠征難，萬水千山只等閒』。」在他的心中，中國人一定要團結、愛國，要有不怕困難和壓迫的氣節。

終於，李漢帶着他熾熱的愛國心，見證了國家從站起來、到富起來，再到強起來的壯麗歷史，而祖國亦從沒有忘記他們這些老戰士為國家作出的貢獻。憑着中共中央、國務院、中央軍委於2015年在抗日戰爭勝利70周年頒發給他的紀念章，李漢深有感觸地說：「國家視我為退休幹部，看到今天中國的強大，想到國家今天的發展，我的心就很高興，很滿足，很感激黨的領導！」

他感嘆道，自己的人生雖然經歷起起伏伏，但愛國之心從未有過絲毫改變，亦無怨無悔。香港過去幾年亦經歷挫折，這位見證國家發展歷史的老戰士，亦有話想對香港的未來說，他希望香港的年輕人亦能和他一樣，做個有愛國初心的人。

李漢家中珍藏着東江縱隊老戰友的合照。

香港新界烏蛟騰村在日寇侵佔香港期間，是東江縱隊港九大隊的重要據點。

日軍圍村三次　打死三名村長

出生於烏蛟騰村的李漢提起當年日軍的侵略，仍心有餘悸：「日本仔打香港時，土匪四出打家劫舍；而日本仔亦曾圍村三次，先後打死我們兩名村長後，再強迫村民選出村長，並再次打死。」他話鋒一轉：「幸好游擊隊到來後，組織我們抗日，教育我們如何對待敵人，當時大家都十分踴躍參加。」

李漢近日向香港文匯報介紹道，烏蛟騰村當時有近 600 人，超過九成半人都服從游擊隊安排的抗日工作，當中約有 40 人加入了游擊隊，「大家都十分愛國，包括協助通訊、收集情報，無論是長者、年輕人、婦女、兒童都被團結起來參與抗日，萬眾一心為國效力，當年被人稱為『紅色村』。」當年李漢年紀尚輕，生性活潑，於是亦加入了游擊隊的烏蛟騰村兒童團並擔任團長，負責組織兒童及婦女學習愛國主義，包括帶領群眾學唱抗戰歌曲。

「如果沒有共產黨領導下的游擊隊，香港真的不知道會亂成怎樣，雖然游擊隊的人數不是很多，只有數千人，沒有辦法與敵人正面開戰，但我們卻靠着靈活頭腦，與敵人一直周旋。」他形容，「有兒童團從思想上打日本仔，亦有武裝力量懲治漢奸、特務，比如有五六個漢奸就在烏蛟騰村伏法。」

抗戰勝利後，東江縱隊北撤往山東煙台，李漢則應上級要求，留在香港打

李漢（右）與妻子。

中共中央、國務院、中央軍委頒發給李漢的紀念章。

理好烏蛟騰村作為「紅色根據地」。而接下來的愛國行動在港英政府的壓迫下亦並不順利。

中國人一定要團結愛國

李漢積極帶領兒童團到訪不同鄉村與群眾講述抗日歷史，宣揚中國人要團結、愛國的理念，「卻遭到港英政府以『莫須有』的罪名將我判監 9 個月。不過，就算我身在牢獄，一樣堅持抗議，高呼打倒英國殖民、帝國主義，高唱『紅軍不怕遠征難，萬水千山只等閒』。」在他的心中，中國人一定要團結、愛國，要有不怕困難和壓迫的氣節。

終於，李漢帶着他熾熱的愛國心，見證了國家從站起來、到富起來，再到強起來的壯麗歷史，而祖國亦從沒有忘記他們這些老戰士為國家作出的貢獻。凝視着中共中央、國務院、中央軍委於 2015 年在抗日戰爭勝利 70 周年頒發給他的紀念章，李漢深有感觸地說：「國家視我為退休幹部。看到今天中國的強大，想到國家今天的發展，我的心就很高興、很滿足，很感激黨的領導！」

他感嘆道，自己的人生雖然經歷起起伏伏，但愛國之心從未有過絲毫改變，亦無怨無悔。香港過去幾年亦經歷挫折，這位見證國家發展歷史的老戰士，亦有話想對香港的未來說，他希望香港的年輕人亦能和他一樣，做個有愛國初心的人。

（原載香港文匯報 2021 年 5 月 24 日 A4 版，記者黃書蘭）

紅星耀香江

95 歲東縱抗戰老兵李漢：留在烏蛟騰 將紅色根據地發揚光大

14 歲，日軍入侵香港，他在游擊隊帶領下成為烏蛟騰村兒童團團長，組織兒童、以歌聲鼓舞士氣，「從思想上打日本人」。

22 歲，原想返鄉的他，因組織的一句「留在這，將紅色基地發揚光大」而留守香港，這句話，成為他一生的信條。

60 年代，他背誦毛澤東詩詞，卻遭港英以「莫須有」罪名拉去坐監，他抗議，「打倒英國殖民主義」。

95 歲，他參與發起為抗戰烈士立紀念碑，呼籲傳承紅色精神，他仍在烏蛟騰，守護這塊紅色根據地。

採編手記：組織一句囑託 老兵一生守護

「組織讓我留在烏蛟騰、搞好烏蛟騰，將烏蛟騰這個紅色根據地發揚光大。」就是這樣一句話，決定了李漢老人此後 70 餘年的人生方向。他說，後來他哪裏都沒去過；他說，後來村裏搞群眾工作、搞福利，他都是帶頭的；他說，到前年退休，終於卸下肩頭重擔，可以安度晚年。

李漢講起這段故事，每句話的尾音合着下頜線的弧度不自覺地上揚，眼光閃爍間，眼前 95 歲的老人彷彿一下子變回那個十幾歲的孩子，為着自己被信任、被需要而歡欣鼓舞；帶着圓滿完成任務的纍纍碩果，等鏡頭後的我們誇讚「你真棒」。

這是 1948 年的事，那年李漢約莫 20 歲出頭，這個年紀是我們這代人剛大

學畢業的年紀。彼時身為初入社會的新鮮人，我們幾乎無一例外地嚮往更大、更廣闊的世界，我們對未來、對未知充滿無限想像。我們會因為誰的一句囑託而改變、而放棄、而堅守嗎？我捫心自問，知道答案是否定的。

或許這便是我們兩代人之間最大的區別。追求個性和自我實現已然被植入基因，我至今仍無法全然理解，推動着李漢老人堅守烏蛟騰一生的力量究竟是什麼？但我知道，當烏蛟騰抗日英烈紀念碑落成，當「烏蛟騰」這個名字被一代又一代人記住，他內心的滿足感和成就感，真實而豐滿。我亦知道，我在李漢的故事裏受到的震撼和感動，獨一無二。

那天採訪結束，李漢老人的妻子一路送我們出來。隔着採訪車的玻璃，她久久向我們揮手告別。我想，這次送別包含着上一輩對下一輩的期待與託付，把他們的故事講給更多人聽，把那段歷史更完整地記錄，是我們在建黨百年這個時間的關口，開啟這次尋訪的意義所在。

（記者 沐晚）

徐墀：自費派抗日傳單 獻力燃勝利希望

日寇侵華，改變了徐墀的人生路。家國遭侵略，讓從小懷有愛國心的徐墀毅然加入廣東人民抗日游擊隊東江縱隊港九大隊。現年九十三歲的徐墀在接受香港文匯報訪問時透露，自己當年還負責秘密派送抗日宣傳品，打「紙彈戰」。當年，一旦被搜出有抗日的傳單、情報將性命難保，但他從未因此而動搖抗日之心，更為了成功執行任務而特意參加了當年的日本語講習所，貢獻自己的一份力，終於迎來抗戰勝利。回想當年的抗日經歷，到今日依然令人感動和震撼。

慶祝中國共產黨成立100周年

特別報道之老兵傳奇

日寇侵華，改變了徐墀的人生路。家國遭侵略，讓從小懷有愛國心的徐墀毅然加入廣東人民抗日游擊隊東江縱隊港九大隊。現年93歲的徐墀日前在接受香港文匯報訪問時透露，自己當年還負責秘密派送抗日宣傳品，打「紙彈戰」。當年，一旦被搜出有抗日的傳單、情報將性命難保，但他從未因此而動搖抗日之心，更爲了成功執行任務而特意參加了當年的日本語講習所，貢獻自己的一分力，終於迎來抗戰勝利。回想當年的抗日經歷，到今日依然令人感動和震撼。

●香港文匯報記者 黃書蘭

掃碼睇片

徐墀憶述東江縱隊令香港市民懷着「一定要打倒日本仔」的希望。大公文匯全媒體記者 攝

劉炳安讚東江縱隊紀律嚴明，並教他要樂於助人。大公文匯全媒體記者 攝

方蘭（右）1987年重訪檳榔灣村探望劉炳安（左），二人分別40年後重逢，恍如隔世。受訪者供圖

捨生死 傳軍情 秉信念 破敵頑

93歲老戰士昔投「紙彈戰」燃衛國希望「一定要打倒日本仔」

徐墀 自費派抗日傳單 獻力燃勝利希望

老兵寄語：

希望香港青年多到內地走走，把握粵港澳大灣區的發展機遇，相信你們會前途無量。

1941年日寇入侵香港時，徐墀14歲，住在筲箕灣小漁村的一間磚屋。他在小學幾年都考第一，取得了投考英文中學的名額並成功考入，將在這年9月開始入讀，若成績保持優異，3年後就有機會獲送偷渡升學。那年12月8日凌晨，日軍空襲香港啟德機場，徐墀當日上午如常提着藤喼乘電車上學，看着天空的戰機，還以為是演習，到達學校才知道是日寇入侵香港，從此他的人生路開始轉向。

日寇流彈襲港 粉碎升學美夢

「當我回到東大街街市對出的斜坡時，看到有人中了日本戰機的流彈受傷，遍地是血，那時我見到血都怕。當時市區有很多傷者，情況都好嚴重。回到家後，我便和父母、兩個弟弟、一個妹妹，一起遷入附近的防空洞。我身為長子，每天早上我都會回家燉粥煮飯，再拿給防空洞的家人。」徐墀想起日寇如何迫使他失去學業、有家歸不得。

「再過幾天，日本仔的炮艇開始登陸，馬達聲很響亮，我們一家徹夜難眠，我偷偷往外看，見到日本馬隊在東大街經過。第二天，整個東區被佔領了。再過了幾天，日軍佔領了九龍半島。當時日軍入侵香港，駐港英軍及加拿大兵抗擊日軍18天後，時任港督楊慕琦在12月25日投降。日本仔開始到處捉人，不服從就捉。當時市民見到日本仔都要鞠躬，否則便會遭日本仔以槍托打胸口。日本仔又強迫市民用軍票，要用4元港幣兌換1元軍票，強奪我們的財產。」徐墀見證着香港進入了三年零八個月的淪陷歲月。

他時常想起小學時老師教唱的《義勇軍進行曲》，也就是今天的國歌，「我們當時好熱衷唱，歌詞彷彿讓我燃起一股能夠抗日的力量。」1942年9月，徐墀加入了港九大隊，並於1944年5月正式加入市區中隊，負責情報及交通工作，協助進行「紙彈戰」。

記錄戰艦動向 張貼日軍敗績

徐墀每天會負責記錄及監察鯉魚門炮台附近的日軍戰艦動向，包括泊位及航線，還負責秘密派送抗日宣傳品，包括抗日傳單《地下火》和《前進報》等。

日寇侵佔香港期間在香港設立區役所監察華人，安排華人擔任所長，並在區役所的報告板張貼日軍的「戰績」。「我經常將抗日小冊子放進區役所所長的抽屜內，讓所長知道自己受港九大隊注意，希望他切勿對中國人做殘酷、苛刻的事；我又會在區役所的報告板張貼日本海軍戰敗的消息，讓群眾知道抗日戰爭仍在進行，而日軍正不斷潰敗；我還用做手工魚鈎賺的錢買了輛舊單車，每天來往中環、北角等地派送抗日傳單。有了這些宣傳品，市民都懷着『一定要打倒日本仔』的希望，否則一定對前途絕望，會很頹廢。」徐墀講解着「紙彈戰」的重要。

日寇當年在香港設了很多關卡，更在晚上實施戒嚴，出入不易。若抗日傳單、情報被搜出，性命難保。因此，徐墀特意參加當時的日本語講習所，並憑着謹小慎微的處事態度，基本日語會話及講習所的學生證，成功執行任務，直到抗戰勝利。

1945年8月15日，日本宣布無條件投降。「當天我們看着日本仔放下武器，脫下戰衫，打大赤膊從東大街行去鯉魚門……」徐墀說，那天他很高興，迎來夢寐以求的一天。

劉炳安 毋忘鮮血換和平 囑青勿暴動毀港

老兵寄語：

現在的生活來之不易，希望年輕人珍惜，千萬不要行差踏錯。

香港文匯報訊（記者 黃書蘭）「當時我反應慢一點便沒有命！」原廣東人民抗日游擊隊東江縱隊港九大隊市區中隊隊長方蘭的傳訊員，現年87歲的劉炳安向香港文匯報記者回憶起自己死裏逃生的抗日經歷，但他的戰友卻不幸犧牲，深知幸福生活是靠先烈的鮮血換來，劉炳安更感現在生活來之不易，希望告誡年輕人珍惜，千萬不要行差踏錯。

1941年12月，日寇侵佔香港，土匪隨後亦在全港肆虐，打家劫舍。在西貢清水灣檳榔灣村的農家長大的劉炳安說：「當年新界的鄉村飽受土匪威脅、搶錢，幸好當年方蘭與游擊隊的到來，肅清了四處作惡的土匪，游擊隊非但沒有借立大功而索取保護費，反而到處幫人，每到一條村都幫助農民耕種，廣受新界鄉民歡迎。」其後，游擊隊更在檳榔灣村建立了市區中隊的抗日隊部。

日寇當時欺壓中國人，實施糧食配給制度，從一開始每人每天獲配「六兩四錢」米，甚至後來改為「三兩二錢」，即半碗飯，令物價高漲，令香港市民每天捱餓，要以樹根及以木薯根製成的麪粉充飢，導致營養不良、消化不良，每天便秘。如此種種，更令劉炳安憎恨日寇，遂於1942年底加入了游擊隊抗日，四野為家，那時他大約只有9歲。

投游擊隊派遞信件傳單

游擊隊紀律嚴明，教導他要樂於助人，又規定隊員不可與村中婦女發生男女關係，不可偷竊等，否則就要以手槍自行了結，部隊嚴明的作風，亦得到了很多村民的敬重，進一步團結了抗日的力量。

劉炳安在游擊隊的角色是傳訊員，「負責派遞信件及抗日傳單，與方蘭的母親（同屬東江縱隊港九大隊市區中隊）負責往來西貢、中環、灣仔、銅鑼灣等地的傳訊工作。入隊時我們都會宣誓不能洩露游擊隊的行蹤，而重要的軍令、情報均不設署名，只會以幾何圖案等暗號代替，以防洩露。」

劉炳安回想自己當年的工作，例如在深夜送遞緊急信件，不能拿電筒，只能摸黑走舊山路，「我會勒緊褲管，防止山蛇纏身；若見到白地便要提防，因為那是水，不能掉進去；下山時我則會背着走，密步行，以免墮下山；接近部隊的特槍哨點，我便要以口令相應。」

傳訊遇日寇搜身險送命

若劉炳安的傳訊路線出現日寇，村民一般都會以暗號提醒，比如在門外晾衫。不過，劉炳安亦曾在沒有暗號下遭遇日寇，原來那次日寇強徵了很多村民為他們攀山涉水運送糧食，「當時我揹着一袋部隊的信件，看見了日本仔與村民運送糧食的隊伍後，我繼續前行，與第一個日本仔擦身而過，他沒有理會，隨後我便立即走到隊伍中間，趁着人多有視線遮擋，將信件扔進叢林中，我隨即被隊伍尾的日本仔截查，要脫我衣服搜身，反應稍慢便沒有命，十分兇險。」當時，有不少東江縱隊的戰士為抗日付出寶貴生命，比如方蘭的母親就因遭到日寇搜獲信件而犧牲。

現在的和平生活，是先烈用鮮血換來，這一點，劉炳安感受尤深。所以，他更不忍見到香港近年的亂象，希望年輕人不要行差踏錯，不要參與暴亂，破壞香港。

愛國教育由師起 勉港青多到內地

香港文匯報訊（記者 黃書蘭）「教育者先受教育，若教師未曾正式接受愛國主義教育，實難以將愛國思想教育至下一代。」從事青年工作多年，93歲的抗日老兵徐墀對香港的教育工作長掛於心，並對香港有部分年輕人不認同自己是中國人感到很悲哀。他認為，香港要從教師開始推展愛國教育，並鼓勵港青多到內地走走，把握粵港澳大灣區的發展機遇。

苦難的三年零八個月終於過去，徐墀需要投身工作幫補家計。於是，他組織了筲箕灣業餘聯誼社擔任副理事長，積極參與爭取勞工權益運動。當時，工運遭到港英政府以高壓手段打壓，多名工人代表被遞解出境，當時的港英政府政治部更到徐墀家中搜捕。

1952年12月，徐墀前往內地投身新中國建設，多年來致力青年工作，包括發起成立青年幹部學院，先後擔任廣東省委員會青年工作部部長、廣東省團校副校長及青運史研究室主任，至1988年離休。

對少數港青拒認作中國人感悲哀

這位青年工作者提起香港對下一代的教育時有很深感觸：「我覺得很悲哀，香港回歸祖國經已23年，香港竟然有不少大學生不承認自己是中國人，搞所謂『港獨』，自稱是所謂『香港人』，明顯在回歸後疏忽了愛國教育及宣傳。」

「我太太是一名教師，在內地華南師範大學首屆畢業。她曾說『教育者先受教育，若教師未曾正式接受愛國主義教育，實難以將愛國思想教育至下一代。』」徐墀認為，有不少香港年輕人上街揮舞外國旗幟，是因為香港教育界一直過於重視西方思想教育，認為香港有必要從教師層面開始推展愛國教育。

他說，任何殖民主義者，在侵佔一個地方後都會試圖磨滅當地歷史，希望香港年輕人要認識到這一點，並反省自己的身份，主動了解國家的歷史和成就。

徐墀相信，不少對內地有偏見的年輕人都未曾到訪內地，故鼓勵他們多到內地走走，才能在將來更好把握大灣區發展機遇，並相信抓住這些機遇的香港年輕人前途無量。

1941 年日寇入侵香港時，徐墀 14 歲，住在筲箕灣小漁村的一間磚屋。他在小學幾年都考第一，取得了投考英文中學的名額並成功考入，將在這年 9 月開始入讀，若成績保持優異，3 年後就有機會獲送倫敦升學。那年 12 月 8 日凌晨，日軍空襲香港啟德機場，徐墀當日上午如常提着藤喼乘電車上學，看着天空的戰機，還以為是演習，到達學校才知道是日寇入侵香港，從此他的人生路開始轉向。

日寇流彈襲港　粉碎升學美夢

「當我回到東大街街市對出的斜坡時，看到有人中了日本戰機的流彈受傷，遍地是血，那時我見到血都怕。當時市區有很多傷者，情況都好嚴重。回到家後，我便和父母、兩個弟弟、一個妹妹，一起遷入附近的防空洞。身為長子，每天早上我都會回家做兩頓飯，再拿給防空洞的家人。」徐墀想起日寇如何迫使他失去學業、有家歸不得。

「再過幾天，日本仔的炮艇開始登陸，馬達聲很響亮，我們一家徹夜難眠。我偷偷遠看，見到日本馬隊在東大街經過。第二天，整個東區被佔領了。再過了幾天，日軍佔領了九龍半島。當時日軍入侵香港，駐港英軍及加拿大兵抗擊日軍 18 天後，時任港督楊慕琦在 12 月 25 日投降。日本仔開始到處捉人，不服從就捉。當時市民見到日本仔都要鞠躬，否則便會遭日本仔以槍托打胸口。日本仔又強迫市民用軍票，要用 4 元港幣兌換 1 元軍票，強奪我們的財產。」徐墀見證着香港進入了三年零八個月的淪陷歲月。

他時常想起小學時老師教唱的《義勇軍進行曲》，也就是今天的國歌，「我們當時好熱衷唱，歌詞彷彿讓我燃起一股能夠抗日的力量。」1942 年 9 月，徐墀加入了港九大隊，並於 1944 年 5 月正式加入市區中隊，負責情報及交通工作，協助進行「紙彈戰」。

記錄戰艦動向　張貼日軍敗績

徐墀每天會負責記錄及監察鯉魚門炮台附近的日軍戰艦動向，包括泊位及航線，還負責秘密派送抗日宣傳品，包括抗日傳單《地下火》和《前進報》等。

徐墀憶述東江縱隊令香港市民懷着「一定要打倒日本仔」的希望。

日寇侵佔香港期間在香港設立區役所監察華人，安排華人擔任所長，並在區役所的報告板張貼日軍的「戰績」。「我經常將抗日小冊子放進區役所所長的抽屜內，讓所長知道自己受港九大隊注意，希望他切勿對中國人做殘酷、苛刻的事；我又會在區役所的報告板張貼日本海軍戰敗的消息，讓群眾知道抗日戰爭仍在進行，而日軍正不斷潰敗；我還用做手工魚鈎賺的錢買了輛舊單車，每天來往中環、北角等地派送抗日傳單。有了這些宣傳品，市民都懷着『一定要打倒日本仔』的希望，否則一定對前途絕望，會很頹廢。」徐墀講解着「紙彈戰」的重要。

日寇當年在香港設了很多關卡，更在晚上實施戒嚴，出入不易。若抗日傳單、情報被搜出，性命難保。因此，徐墀特意參加當時的日本語講習所，並憑着謹小慎微的處事態度、基本日語會話及講習所的學生證，成功執行任務，直到抗戰勝利。

1945年8月15日，日本宣布無條件投降。「當天我們看着日本仔放下武器、脫下襯衫、打大赤膊從東大街行去鯉魚門……」徐塀說，那天他很高興，迎來夢寐以求的一天。

愛國教育由師起 勉港青多到內地

「教育者先受教育，若教師未曾正式接受愛國主義教育，實難以將愛國思想教育至下一代。」從事青年工作多年、93歲的抗日老兵徐塀對香港的教育工作長掛於心，並對香港有部分年輕人不認同自己是中國人感到很悲哀。他認為，香港要從教師開始推展愛國教育，並鼓勵港青多到內地走走，把握粵港澳大灣區的發展機遇。

苦難的三年零八個月終於過去，徐塀需要投身工作幫補家計。於是，他組織了筲箕灣漁業聯誼社擔任副理事長，積極參與爭取勞工權益運動。當時，工運遭到港英政府以高壓手段打壓，多名工人代表被遞解出境，當時的港英政府政治部更到徐塀家中搜捕。

1952年12月，徐塀前往內地投身新中國建設，多年來致力青年工作，包括發起成立青年幹部學院，先後擔任廣東省委員會青年工作部部長、廣州團校副校長及青運史研究室主任，至1988年離休。

對少數港青拒認作中國人感悲哀

這位青年工作者提起香港對下一代的教育時有很深感觸：「我覺得很悲哀，香港回歸祖國經已23年，香港竟然有不少大學生不承認自己是中國人，搞所謂『港獨』、自稱是所謂『香港人』，明顯在回歸後疏忽了愛國教育及宣傳。」

「我太太是一名教師，在內地華南師範大學首屆畢業。她曾說『教育者先受教育，若教師未曾正式接受愛國主義教育，實難以將愛國思想教育至下一代。』」徐塀認為，有不少香港年輕人上街揮舞外國旗幟，是因為香港教育界一直過於重視西方思想教育，認為香港有必要從教師層面開始推展愛國教育。

他說，任何殖民主義者，在侵佔一個地方後都會試圖磨滅當地歷史，希望香港年輕人要認識到這一點，並反省自己的身份，主動了解國家的歷史和成就。

徐墀相信，不少對內地有偏見的年輕人都未曾到訪內地，故鼓勵他們多到內地走走，才能在將來更好把握大灣區發展機遇，並相信抓住這些機遇的香港年輕人前途無量。

（原載香港文匯報 2021 年 5 月 25 日 A9 版，記者黃書蘭）

紅星耀香江

不用子彈用「紙彈」 東縱老兵徐塀：在日軍眼皮下打文宣戰

日寇入侵、香港淪陷，品學兼優的他未能如願完成學業，被迫離開校園，轉而投身抗日，以「紙彈」，打贏了一場場輿論攻防戰。

解放後，他前往廣州，胼手胝足恢復團校，投身於宣傳教育工作。

耄耋之年，93 歲的他老驥伏櫪，卻仍志在千里，「能盡多大力，便再做些工作」，建設國家、守護香港，這是他對堅守一生事業的承諾。

採編手記： 九旬老人的少年感

「看看大家還有什麼要提問的。」徐塀雙手向前揮了兩下，又拂過自己的前額，靦腆地表示自己可能講得沒有很好。「滴。」攝影師適時按下暫停鍵，錄影計時器停在 55:28。後期製作時重聽，徐塀整場敘述已然有完整的起承轉合，如果不考慮篇幅的限制，只需將錄音轉化為文字，「自述」稿便已完成了大半。

聽者表示驚嘆的「哇」和講者終於放鬆的「吁」同一時間釋放出來，兩種情緒在密閉空間中匯合、交錯，最終融為一體。攝製組的幾位同事對視一眼，對眼前這位 93 歲的老人刮目相看。

事實上，和徐塀對話，大多數時候你會忘記他的年紀，而被一種撲面而來的少年感打動。採訪地點在油麻地的高齡教工會所，徐塀說「我自己搭巴士就來了」。閒談中我們得知，年初時他曾因跌傷入院，原因竟是「想要自己換燈泡」，他說「家人有擔心，但我覺得我都可以喇」。徐塀的表述帶着歲月的沉

穩，而他的笑裏，總能捕捉一種與年紀不符的狡黠和稚氣。

聽徐墀講，他十四五歲時曾以第一名的成績考入英文學校，若非被戰火中斷學業，今日的徐墀可能是留英歸來的學者。昔日家國命運和一整個大時代裹挾着他走向另外一邊，才有了如今坐在鏡頭前侃侃而談的老戰士徐墀。

這樣的「陰差陽錯」，有時會讓人感覺在大時代面前的渺小與無奈，而徐墀的存在，對這種無奈起到了極好的消解作用。我想，徐墀身上所飽有的少年感和對生活的熱情，或能成為當下的青少年們的不竭力量源泉。

（記者 沐晚）

劉炳安：毋忘鮮血換和平 囑青勿暴動毀港

「當時我反應慢一點便沒有命！」原廣東人民抗日游擊隊東江縱隊港九大隊市區中隊隊長方蘭的傳訊員、現年八十七歲的劉炳安向香港文匯報記者回憶起自己死裏逃生的抗日經歷，但他的戰友卻不幸犧牲。深知幸福生活是靠先烈的鮮血換來，劉炳安更感現在生活來之不易，希望告誡年輕人珍惜，千萬不要行差踏錯。

慶祝中國共產黨成立100周年

特別報道之老兵傳奇

捨生死傳軍情 秉信念破敵頑

93歲老戰士昔投「紙彈戰」燃衛國希望「一定要打倒日本仔」

日寇侵華，改變了徐墀的人生路。家國遭侵略，讓從小懷有愛國心的徐墀毅然加入廣東人民抗日游擊隊東江縱隊港九大隊。現年93歲的徐墀日前在接受香港文匯報訪問時透露，自己當年還負責秘密派送抗日宣傳品，打「紙彈戰」。當年，一旦被搜出有抗日的傳單、情報將性命難保，但他從未因此而動搖抗日之心，更為了成功執行任務而特意參加了當年的日本語講習所，貢獻自己的一分力，終於迎來抗戰勝利。回想當年的抗日經歷，到今日依然令人感動和震撼。

●香港文匯報記者 黃書蘭

掃碼睇片

●徐墀憶述東江縱隊令香港市民懷着「一定要打倒日本仔」的希望。大公文匯全媒體記者攝

●劉炳安讚東江縱隊紀律嚴明，並教他要樂於助人。大公文匯全媒體記者攝

●方蘭（右）1987年重訪檳榔灣村探望劉炳安（左），二人分別40年後重逢，恍如隔世。受訪者供圖

徐墀：自費派抗日傳單 獻力燃勝利希望

老兵寄語：

希望香港青年多到內地走走，把握粵港澳大灣區的發展機遇，相信你們會前途無量。

1941年日寇入侵香港時，徐墀14歲，住在筲箕灣小漁村的一間磚屋。他在小學幾年都考第一，取得了投考英文中學的名額並成功考入，將在這年9月開始入讀，若成績保持優異，3年後就有機會獲送倫敦升學。那年12月8日凌晨，日軍空襲香港啟德機場，徐墀當日上午如常提着藤喼乘電車上學，看着天空的戰機，還以為是演習，到達學校才知道是日寇入侵香港，從此他的人生路開始轉向。

日寇流彈襲港 粉碎升學美夢

「當我回到東大街街市對出的斜坡時，看到有人中了日本戰機的流彈受傷，遍地是血，那時我見到血都怕。當時市區有很多傷者，情況都好嚴重。回到家後，我便和父母、兩個弟弟、一個妹妹，一起遷入附近的防空洞。我身為長子，每天早上我都會回家做兩頓飯，再拿給防空洞的家人。」徐墀想起日寇如何迫使他失去學業、有家歸不得。

「再過幾天，日本仔的炮艇開始登陸，馬達聲很響亮，我們一家徹夜難眠。我偷偷遠看，見到日本馬隊在東大街經過。第二天，整個東區被佔領了。再過了幾天，日軍佔領了九龍半島。當時日軍入侵香港，駐港英軍及加拿大兵抗擊日軍18天後，時任港督楊慕琦在12月25日投降。日本仔開始到處捉人，不服從就捉。當時市民見到日本仔都要鞠躬，否則便會遭日本仔以槍托打胸口。日本仔又強迫市民用軍票，要用4元港幣兌換1元軍票，強奪我們的財產。」徐墀見證着香港進入了三年零八個月的淪陷歲月。

他時常想起小學時老師教唱的《義勇軍進行曲》，也就是今天的國歌，「我們當時好熱衷唱，歌詞彷彿讓我燃起一股能夠抗日的力量。」1942年9月，徐墀加入了港九大隊，並於1944年5月正式加入市區中隊，負責情報及交通工作，協助進行「紙彈戰」。

記錄戰艦動向 張貼日軍敗績

徐墀每天會負責記錄及監察鯉魚門炮台附近的日軍戰艦動向，包括泊位及航線，還負責秘密派送抗日宣傳品，包括抗日傳單《地下火》和《前進報》等。

日寇侵佔香港期間在香港設立區役所監察華人，安排華人擔任所長，並在區役所的報告板張貼日軍的「戰績」。「我經常將抗日小冊子放進區役所所長的抽屜內，讓所長知道自己受港九大隊注意，希望他切勿對中國人做殘酷、苛刻的事；我又會在區役所的報告板張貼日本海軍戰敗的消息，讓群眾知道抗日戰爭仍在進行，而日軍正不斷潰敗；我還用做手工魚鉤賺的錢買了輛舊單車，每天來往中環、北角等地派送抗日傳單。有了這些宣傳品，市民都懷着『一定要打倒日本仔』的希望，否則一定對前途絕望，會很頹廢。」徐墀講解着「紙彈戰」的重要。

日寇當年在香港設了很多關卡，更在晚上實施戒嚴，出入不易。若抗日傳單、情報被搜出，性命難保。因此，徐墀特意參加當時的日本語講習所，並憑着謹小慎微的處事態度、基本日語會話及講習所的學生證，成功執行任務，直到抗戰勝利。

1945年8月15日，日本宣布無條件投降。「當天我們看着日本仔放下武器、脫下襯衫、打大赤膊從東大街行去鯉魚門……」徐墀說，那天他很高興，迎來夢寐以求的一天。

愛國教育由師起 勉港青多到內地

香港文匯報訊（記者 黃書蘭）「教育者先受教育，若教師未曾正式接受愛國主義教育，實難以將愛國思想教育至下一代。」從事青年工作多年、93歲的抗日老兵徐墀對香港的教育工作長掛於心，並對香港有部分年輕人不認同自己是中國人感到很悲哀。他認為，香港要從教師開始推展愛國教育，並鼓勵港青多到內地走走，把握粵港澳大灣區的發展機遇。

苦難的三年零八個月終於過去，徐墀需要投身工作幫補家計。於是，他組織了筲箕灣業餘聯誼社擔任副理事長，積極參與爭取勞工權益運動。當時，工運遭到港英政府以高壓手段打壓，多名工人代表被遞解出境，當時的港英政府政治部更到徐墀家中搜捕。

1952年12月，徐墀前往內地投身新中國建設，多年來致力青年工作，包括發起成立青年幹部學院，先後擔任廣東省委員會青年工作部部長、廣東省團校副校長及青運史研究室主任，至1988年離休。

對少數港青拒認作中國人感悲哀

這位青年工作者提起香港對下一代的教育時有很深感觸：「我覺得很悲哀，香港回歸祖國經已23年，香港竟然有不少大學生不承認自己是中國人，搞所謂『港獨』，自稱是所謂『香港人』，明顯在回歸後疏忽了愛國教育及宣傳。」

「我太太是一名教師，在內地華南師範大學首屆畢業。她曾說『教育者先受教育，若教師未曾正式接受愛國主義教育，實難以將愛國思想教育至下一代。』」徐墀認為，有不少香港年輕人上街揮舞外國旗幟，是因為香港教育界一直過於重視西方思想教育，認為香港有必要從教師層面開始推展愛國教育。

他說，任何殖民主義者，在侵佔一個地方後都會試圖磨滅當地歷史，希望香港年輕人要認識到這一點，並反省自己的身份，主動了解國家的歷史和成就。

徐墀相信，不少對內地有偏見的年輕人都未曾到訪內地，故鼓勵他們多到內地走走，才能在將來更好把握大灣區發展機遇，並相信抓住這些機遇的香港年輕人前途無量。

劉炳安：毋忘鮮血換和平 囑青勿暴動毀港

老兵寄語：

現在的生活來之不易，希望年輕人珍惜，千萬不要行差踏錯。

香港文匯報訊（記者 黃書蘭）「當時我反應慢一點便沒有命！」原廣東人民抗日游擊隊東江縱隊港九大隊市區中隊隊長方蘭的傳訊員、現年87歲的劉炳安向香港文匯報記者回憶起自己死裏逃生的抗日經歷，但他的戰友都不幸犧牲。深知幸福生活是靠先烈的鮮血換來，劉炳安更感現在生活來之不易，希望告誡年輕人珍惜，千萬不要行差踏錯。

1941年12月，日寇侵佔香港，土匪隨後亦在全港肆虐，打家劫舍。在西貢清水灣檳榔灣村的農家長大的劉炳安說：「當年新界的鄉村飽受土匪威脅、摧殘，幸好當年方蘭與游擊隊的到來，肅清了四處作惡的土匪，游擊隊非但沒有借立大功而索取保護費，反而到處幫人，每到一條村都幫助農民耕種，廣受新界鄉民歡迎。」其後，游擊隊更在檳榔灣村設立了市區中隊的抗日隊部。

日寇當時欺壓中國人，實施糧食配給制度，從一開始每人每天獲配「六兩四錢」米，甚至後來改為「三兩二錢」，即半碗飯，令物價高漲，令香港市民每天捱餓，要以樹根及以木薯根製成的澱粉充飢，導致營養不良、消化不良，每天便秘。如此種種，更令劉炳安憎恨日寇，遂於1942年底加入了游擊隊抗日，四野為家，那時他大約只有9歲。

投游擊隊派遞信件傳單

游擊隊紀律嚴明，教導他要樂於助人，又規定隊員不可與村中婦女發生男女關係、不可偷盜等，否則就要以手槍自行了結，部隊嚴明的作風，亦得到了很多村民的尊重，進一步團結了抗日的力量。

劉炳安在游擊隊的角色是傳訊員，「負責派遞信件及抗日傳單，與方蘭的母親（同屬東江縱隊港九大隊市區中隊）負責往來西貢、中環、灣仔、銅鑼灣等地的傳訊工作。入隊時我們都會宣誓不能洩露游擊隊的行蹤。而重要的軍令、情報均不設署名，只會以幾何圖案等暗號代替，以防洩露。」

劉炳安回想自己當年的工作，例如在深夜送遞緊急信件，不能拿電筒，只能摸黑走舊山路，「我會勒緊褲管，防止山蛇纏身；若見到白地便要提防，因為那是水，不能掉進去；下山時我則會背着走、密步行，以免滾下山；接近部隊的持槍哨點，我便要以口令相應。」

傳訊遇日寇搜身險送命

若劉炳安的傳訊路線出現日寇，村民一般都會以暗號提醒，比如在門外晾衫。不過，劉炳安亦曾在沒有暗號下遭遇日寇，原來那次日寇強徵了很多村民為他們攀山涉水運送糧食，「當時我揹着一袋部隊的信件，看見了日本仔與村民運送糧食的隊伍後，我繼續前行，與第一個日本仔擦身而過，他沒有理會，隨後我便立即走到隊伍中間，趁着人多有視線遮擋，將信件扔進叢林中，我隨即被隊伍尾的日本仔截查，要脫我衣服搜身，反應稍慢便沒有命，十分兇險。」當時，有不少東江縱隊的戰士為抗日付出寶貴生命，比如方蘭的母親就因遭到日寇搜獲信件而犧牲。

現在的和平生活，是先烈用鮮血換來，這一點，劉炳安感受尤深。所以，他更不忍見到香港近年的亂象，希望年輕人不要行差踏錯，不要參與暴動，破壞香港。

劉炳安讚東江縱隊紀律嚴明，並教他要樂於助人。

方蘭（右）1987年重訪檳榔灣村探望劉炳安（左），二人分別40年後重逢，恍如隔世。

1941年12月，日寇侵佔香港，土匪隨後亦在全港肆虐，打家劫舍。在西貢清水灣檳榔灣村的農家長大的劉炳安說：「當年新界的鄉村飽受土匪威脅、摧殘，幸好當年方蘭與游擊隊的到來，肅清了四處作惡的土匪，游擊隊非但沒有借立大功而索取保護費，反而到處幫人，每到一條村都幫助農民耕種，廣受新界鄉民歡迎。」其後，游擊隊更在檳榔灣村建立了市區中隊的抗日隊部。

日寇當時欺壓中國人，實施糧食配給制度，從一開始每人每天獲配「六両四錢」米，甚至後來改為「三両二錢」，即半碗飯，令物價高漲，令香港市民每天捱餓，要以樹根及以木薯根製成的澱粉充飢，導致營養不良、消化不良，每天便秘。如此種種，更令劉炳安憎恨日寇，遂於 1942 年底加入了游擊隊抗日，四野為家，那時他大約只有 9 歲。

投游擊隊派遞信件傳單

游擊隊紀律嚴明，教導他要樂於助人，又規定隊員不可與村中婦女發生男女關係、不可偷盜等，否則就要以手槍自行了結，部隊嚴明的作風，亦得到了很多村民的敬重，進一步團結了抗日的力量。

劉炳安在游擊隊的角色是傳訊員，「負責派遞信件及抗日傳單，與方蘭的母親（同屬東江縱隊港九大隊市區中隊）負責往來西貢、中環、灣仔、銅鑼灣等地的傳訊工作。入隊時我們都會宣誓不能洩露游擊隊的行蹤。而重要的軍令、情報均不設署名，只會以幾何圖案等暗號代替，以防洩露。」

劉炳安回想自己當年的工作，例如在深夜送遞緊急信件，不能拿電筒，只能摸黑走舊山路，「我會勒緊褲管，防止山蛇纏身；若見到白地便要提防，因為那是水，不能掉進去；下山時我則會背着走、密步行，以免滾下山；接近部隊的持槍哨點，我便要以口令相應。」

傳訊遇日寇搜身險送命

若劉炳安的傳訊路線出現日寇，村民一般都會以暗號提醒，比如在門外晾衫。不過，劉炳安亦曾在沒有暗號下遭遇日寇，原來那次日寇強徵了很多村民為他們攀山涉水運送糧食。「當時我揹着一袋部隊的信件，看見了日本仔與村民運送糧食的隊伍後，我繼續前行，與第一個日本仔擦身而過，他沒有理會，隨後我便立即走到隊伍中間，趁着人多有視線遮擋，將信件扔進叢林中，我隨即被隊伍尾的日本仔截查，要脫我衣服搜身，反應稍慢便沒有命，十分兇險。」當時，有不少東江縱隊的戰士為抗日付出寶貴生命，比如方蘭的母親就因遭到日寇搜獲信件而犧牲。

現在的和平生活，是先烈用鮮血換來，這一點，劉炳安感受尤深。所以，他更不忍見到香港近年的亂象，希望年輕人不要行差踏錯，不要參與暴動，破壞香港。

（原載香港文匯報 2021 年 5 月 25 日 A9 版，記者黃書蘭）

紅星耀香江

通菜鹹魚藏信件 東縱老兵劉炳安：游擊隊長方蘭招募我當通訊員

東江縱隊港九大隊在香港有多個中隊，其中市區中隊選址在劉炳安家的祖屋，香港淪陷時期，年僅七八歲的他成為市區中隊隊長方蘭的小小通訊員。

送情報、躲截查，他在與日本人的斡旋中發揮聰明才智，數次化險為夷。

此去經年，感念和平可貴，他寄望青年人珍惜當下，切莫行差踏錯。

採編手記： 天生倖存者

「安仔，你要不要來做我的通訊員？」劉炳安的故事，當從方蘭的一句問話講起。

太多巧合了——這是我聽過劉炳安的故事之後，最為直觀的感受：東江縱隊港九大隊市區中隊「恰好」把隊部選在了劉家祖屋；心裏一直尊敬的女戰士方蘭「恰好」招募了他；後來「恰好」西貢中隊不夠人他又調至方蘭身邊……一個又一個「恰好」接踵而至，這個當年只有七八歲的孩子無從知曉「恰好」的緣由，卻已然成為三年零八個月的香港抗戰歷史中不可或缺的「局中人」。雖然，他講述當年故事時看起來對自己的這份「不可或缺」知之甚少。

去往劉炳安家的路上，原東江縱隊港九獨立大隊老游擊戰士聯誼會會長林珍告訴我們，得知自己要被採訪，劉炳安的第一反應是「哎呀，我都不太記得以前的事，不知道要說什麼」。連攝製組作準備工作時，他也顯得有些侷促。但當對話真正開始的時候，卻讓大家驚喜連連。

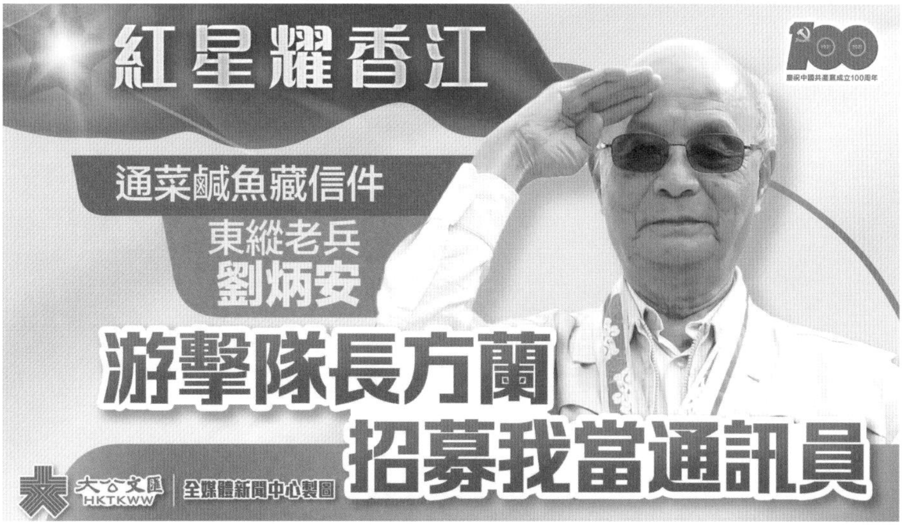

如何在通菜、木瓜、鹹魚上做手腳，以攜帶情報躲過日本人的搜查；走夜路時如何避開毒蛇和水窪；又是如何趕在被日本人發現前，急中生智把情報丟進樹林裏……劉炳安的講述沒有宏大敘事，甚至少見結構複雜的句子，卻有大量的小細節，槍林彈雨中的故事，就這樣被他講「活」了，連一句「差點就冇命」，都帶着僥倖逃生的雀躍。細想之下，每一個這樣的時刻，幾乎都攸關生死。然而在「聽故事」的當下，首先在腦海中跳出的詞彙反而是「妙趣橫生」。

待和平重臨，劉炳安重新回到學校讀書，他仍舊居於祖屋，多年後與方蘭重逢，於他是驚喜，是赴一個久別重逢的約。在往日的「恰好」裏，他有驚無險，更明白安寧生活的來之不易。我想，當一個人不得不面對歷史的必然，那麼以他的方式打開這段歷程，該是最幸運的一種。

（記者 沐晚）

潘江偉：身負槍傷血狂流 農民照料渡難關

戰爭的硝煙離我們遠去，但戰爭給原廣東人民抗日游擊隊東江縱隊戰士潘江偉留下的傷痛纏繞多年。現年九十八歲的潘江偉曾在抗日戰爭中槍，近年因傷口感染而截肢，而更令他傷痛的是，當年和他一起一心抗日保家衛國的許多戰友在抗日期間犧牲。不過，看着祖國日新月異的發展，潘江偉接受香港文匯報訪問時感到安慰：「雖然受了這麼多痛苦，我亦毫無後悔。作為中國人，這（保家衛國）是我應盡的義務。」

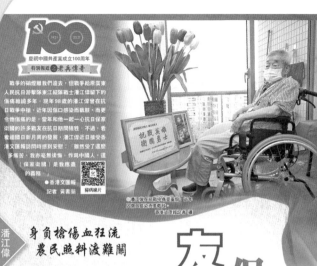

慶祝中國共產黨成立100周年

特別報道之老兵傳奇

戰爭的硝煙離我們遠去，但戰爭給原廣東人民抗日游擊隊東江縱隊戰士潘江偉留下的傷痛纏繞多年。現年98歲的潘江偉曾在抗日戰爭中槍，近年因傷口感染而截肢，而更令他傷痛的是，當年和他一起一心抗日保家衛國的許多戰友在抗日期間犧牲。不過，看着祖國日新月異的發展，潘江偉近日接受香港文匯報訪問時感到安慰：「雖然受了這麼多痛苦，我亦毫無後悔。作為中國人，這（保家衛國）是我應盡的義務。」

●香港文匯報記者 黃書蘭

掃碼睇片

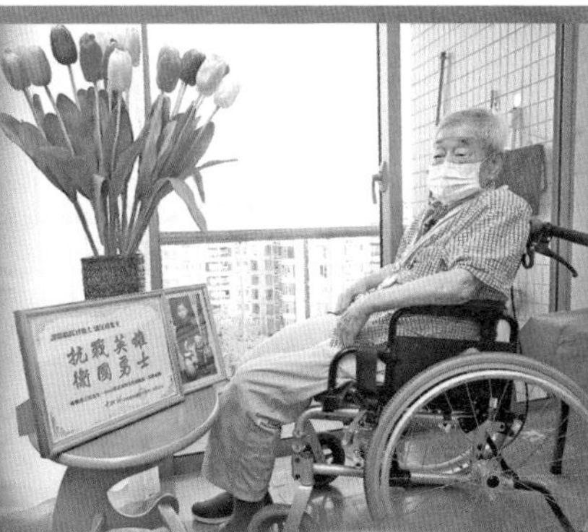

●潘江偉在抗戰中身受重傷，近年因傷口感染而要截肢。 香港文匯報記者 攝

●潘江偉（後排左八）在1965年參與港澳工會代表團在國慶節到訪內地。 香港文匯報記者 翻攝

●潘江偉（前排左三）、賈華（前排右二）與「東聯圖書館」成員合照。 香港文匯報記者 翻攝

●林珍憶述東江縱隊隊員冒着生命危險來完成抗日任務。 香港文匯報記者 攝

保家國 心無悔 友犧牲 傷痛在

中槍戰士傷口感染腿截肢 睹祖國發展感安慰

潘江偉：身負槍傷血狂流 農民照料渡難關

老兵寄語：

希望大家要謹記今天國家的繁榮穩定，是英烈昔日的犧牲換來的。

潘江偉1923年3月生於上海市，父母在他年幼時離世，13歲時，他已進入閘北的大東書局當印刷學徒謀生。不過，日寇1937年侵佔上海後，令潘江偉家園盡毀，大東書局亦停工，於是潘江偉被迫背井離鄉，與一批上海工友到香港大東書局印刷廠工作。

來港後，潘江偉與工友在1939年1月組織了基層工會組織「東聯圖書館」，積極宣傳抗日。「我們工會有60多位工作人員，當中有40多人都表示願意參加游擊隊。」他們一行人便在1942年1月1日動身，分兩批人步行兩天至深圳白石龍參加廣東人民抗日游擊隊第五大隊及第三大隊，正式開啟了他們的抗戰路。

「我們到達白石龍後，部隊首長會過來向我們逐一詢問：『你們待在部隊會很艱苦，隨時準備要為國犧牲，你能做到嗎？你不行就不要參加。』最終，我的一行20多人只有兩三人退縮。」

自行鉗走碎骨 養傷6個月

潘江偉先後參與了20多場戰役。1943年8月，潘江偉更在攻打兩座日偽軍炮樓時中機槍受重傷。「我當時左腳膝肘中了三彈，子彈從後擊中，在前面出，血流不止……我自行用鉗將碎骨逐一鉗走，傷得很重，養了傷6個月。」

他當時一度以為自己扛不過難關，幸好得到跌打師傅的有效醫治，以及當地農民的悉心照顧才逃過一劫。「當時部隊與當地農民的關係很好，每天有農民照顧我，幫我清理大小便、買菜、做飯、洗臉。」潘江偉提起當年的情景仍記憶猶新。

12歲小通訊員遭燒脊拷問

雖然傷情嚴重令潘江偉無法再在前線戰鬥，但一心抗日的他，仍繼續在游擊隊不同崗位作出貢獻，更見證了年輕人保家衛國的忠肝義膽。「那時我擔任交通站站長，收到情報說日本仔晚上可能會圍村，我便立即通知所有同胞要離村。有一名12歲的小通訊員因沒有及時離村而被俘，遭到日本仔以火燒背脊等酷刑拷問，但他卻堅決不肯說出游擊隊去向，令日軍在一無所獲下只好撤退。之後部隊立即趕往救治小通訊員，最終成功將他救回。」

1944年中，潘江偉被調往東江縱隊《前進報》工作，先後在大鵬灣鵝公村及羅浮山上寺廟參與籌建印刷廠，並在1945年1月1日印出第一份報紙，以月刊形式印發。直至1945年7月，潘江偉隨東江縱隊主力部隊北上粵湘邊界準備迎接八路軍南下反攻廣州，惟日本在同年8月15日宣布投降。

遺憾的是，曾經與潘江偉一同出生入死的老戰友大部分都在抗日期間為國捐軀，40人中僅有潘江偉和戰友賈華生還，賈華1979年還出任深圳第一任市長，他們終其一生為國家建設奉獻，替犧牲的老戰友愛護自己的國家。潘江偉在日寇投降後隨即返港參與了《華商報》的復刊工作及組織「印工業餘戀廬」，團結工人愛國力量，並在後來參與組織創辦香港工聯會，致力為勞工爭取權益。他至今仍任工聯會會務顧問。

觀閱兵心情激動 黨領導國家富強

香港文匯報訊（記者 黃書蘭）潘江偉近日接受香港文匯報訪問，憶起2015年與東江縱隊老戰士受邀赴京參加中國人民抗日戰爭暨世界反法西斯戰爭勝利70周年紀念日的閱兵觀禮儀式時，仍然心情激動：「那時我的心情非常興奮，好多武器以往都沒有，看不到，但這次我看到了。」他說，如今，中國共產黨即將迎來建黨100周年，在共產黨領導下國家不斷走向富強，最近還自主發射「天問一號」探測器並成功着陸火星，更加印證國力強大。

而在民生方面國家亦成就卓越。談到國家能夠迅速有效控制疫情，令中國的民生經濟快速恢復，潘江偉認為這充分反映了共產黨帶領人民堅持走社會主義道路，執政以人為本，以人民利益為最大考量，為人民福祉全心全意付出。

籲港教改加強愛國教育

不過，潘江偉亦感嘆：「很多香港年輕人根本都不認識國家，對國家的制度一知半解，更有少數人沒有為身為中國人感到光榮。」他認為這一問題出在香港的教育制度，而曾出現在考卷上對日本侵華的利弊分析題，就足以證明這一點：「日本仔奉行三光政策『殺光、燒光、搶光』，製造南京大屠殺致30萬民眾遇難，日軍侵華怎會有利！」他認為2019年有很多香港學生參與黑暴，更證明香港的教育政策嚴重失敗，他期望特區政府能認真考慮並大刀闊斧推行教育改革，加強愛國主義教育。

●林珍（前排右三）與將軍澳官立中學一眾師生到西貢抗日英烈紀念碑緬懷英烈，教育年輕人愛國家、愛民族。 受訪者供圖

林珍：游擊戰靈活多變 隊員英勇抗日寇

老兵寄語：

這段歷史不能忘；後來雖然經歷了很多不同的環境，但我覺得走這條路是很正確的。

香港文匯報訊（記者 黃書蘭）現年86歲的原東江縱隊港九獨立大隊老游擊戰士聯誼會會長林珍多年來擔當抗戰精神的傳播者。她近日接受香港文匯報訪問時憶及，東江縱隊的敵後游擊戰靈活多變，戰略戰術往往令日寇意想不到，而隊員又都英勇無畏，一心只為抗日，所以屢屢取得戰績。

林珍說：「我是因為我姐姐才參加港九大隊市區中隊的。中隊就像是港九大隊在香港淪陷期間深入敵陣的一把利刀，除了以宣傳品作『紙彈戰』，將各種有利港九大隊襲擊敵人的信息傳遞給市民外，亦在『地雷戰』，以武力炸毀敵方佔據的重要設施。」

一家六口 四人入隊

林珍的姐姐林展在港九大隊功勞顯赫。受姐姐影響，1943年12月，8歲的林珍成為港九大隊的小交通員，後來又做傷兵護理員。「我們家6個人，4個人正式參加了港九大隊。」林珍語氣裏充滿自豪：「這段歷史我覺得不能忘，後來雖然經歷了很多不同的環境，但我覺得走這條路是很正確的。」

港九大隊當年憑着嚴謹的情報工作，成功突破日寇在維港的海上封鎖，在香港淪陷後的11個月裏，先後救出800多名滯留香港的文化精英、愛國民主人士及其家屬，包括茅盾、鄒韜奮、何香凝、柳亞子、梅蘭芳等。

東江縱隊救美軍中尉成佳話

而在抗日的過程中，東江縱隊亦締造感人佳話。1944年2月，美軍飛虎隊中尉克爾駕駛戰機襲擊日寇佔領的香港啟德機場，擊墜3架日本戰機後被日軍炮火擊中，被迫跳傘。克爾在降落後雖然得到港九大隊援救脫險，仍遭到日寇派出的海陸空三軍四出包圍、搜索。為助克爾撤退，港九大隊決定以「圍魏救趙」之策，包括派人炸毀窩打老道火車橋、夜襲啟德，又在市區四處發放抗日傳單，散播要襲擊市區日寇的謠言，最終成功分散日寇兵力，將克爾送出香港。克爾家族對東江縱隊的援救多年來抱有強烈的感激之情，他們的故事更曾被編輯成書，亦在媒體上被廣為報道。

執行炸毀窩打老道火車橋的任務時，戰友的機智和英勇，亦讓林珍印象深刻。她說，負責爆炸的戰士叫梁福，雖然表面上得日寇軍政府信任，在渠務署擔任清理溢水的指揮，但卻是東江縱隊的地下游擊隊員。

她說，當時梁福為炸火車橋，曾特意到大隊部學習爆破技術，但由於市區的炸藥材料不足，第一次爆破未有成功，於是市區中隊隊長方蘭將炸藥材料藏於牽牛用的牛鞭竹枝內，最終成功執行任務。她指日寇在爆炸後四出搜捕，更曾到梁福的家搜查，戰友們是冒着生命危險來完成任務，而這樣的犧牲精神，亦融入在每名戰士的血液中。

潘江偉 1923 年 3 月生於上海市，父母在他年幼時離世，13 歲時，他已進入閘北的大東書局當印刷學徒謀生。不過，日寇 1937 年侵佔上海後，令潘江偉家園盡毀，大東書局亦停工，於是潘江偉被迫背井離鄉，與一批上海工友到香港大東書局印刷廠工作。

來港後，潘江偉與工友在 1939 年 1 月組織了基層工會組織「東聯圖書館」，積極宣傳抗日，「我們工會有 60 多位工作人員，當中有 40 多人都表示願意參加游擊隊。」他們一行人便在 1942 年 1 月 1 日動身，分兩批人步行兩天至深圳白石龍參加廣東人民抗日游擊隊第五大隊及第三大隊，正式開啟了他們的抗戰路。

「我們到達白石龍後，部隊首長會過來向我們逐一詢問：『你們待在部隊會很艱苦，隨時準備要為國犧牲，你能做到嗎？你不行就不要參加。』最終，我的一行 20 多人只有兩三人退縮。」

自行鉗走碎骨　養傷 6 個月

潘江偉先後參與了 20 多場戰役。1943 年 8 月，潘江偉更在攻打兩座日偽軍炮樓時中機槍受重傷。「我當時左腳腳肘中了三彈，子彈從後擊中，在前面出，血流不止……我自行用鉗將碎骨逐一鉗走，傷得很重，養了傷 6 個月。」

他當時一度以為自己扛不過難關，幸好得到跌打師傅的有效醫治，以及當地農民的悉心照顧才逃過一劫，「當時部隊與當地農民的關係很好，每天有農民照顧我，幫我清理大小便、買菜、做飯、洗臉。」潘江偉提起當年的情景仍記憶猶新。

12 歲小通訊員遭燒脊拷問

雖然傷情嚴重令潘江偉無法再在前線戰鬥，但一心抗日的他，仍繼續在游擊隊不同崗位作出貢獻，更見證了年輕人保家衛國的忠肝義膽。「那時我擔任交通站站長，收到情報說日本仔晚上可能會圍村，我便立即通知所有同胞要離村。有一名 12 歲的小通訊員因沒有及時離村而被俘，遭到日本仔以火燒背脊等嚴刑拷問，但他卻堅決不肯說出游擊隊去向，令日軍在一無所獲下只好撤退。之後部隊立即趕往救治小通訊員，最終成功將他救回。」

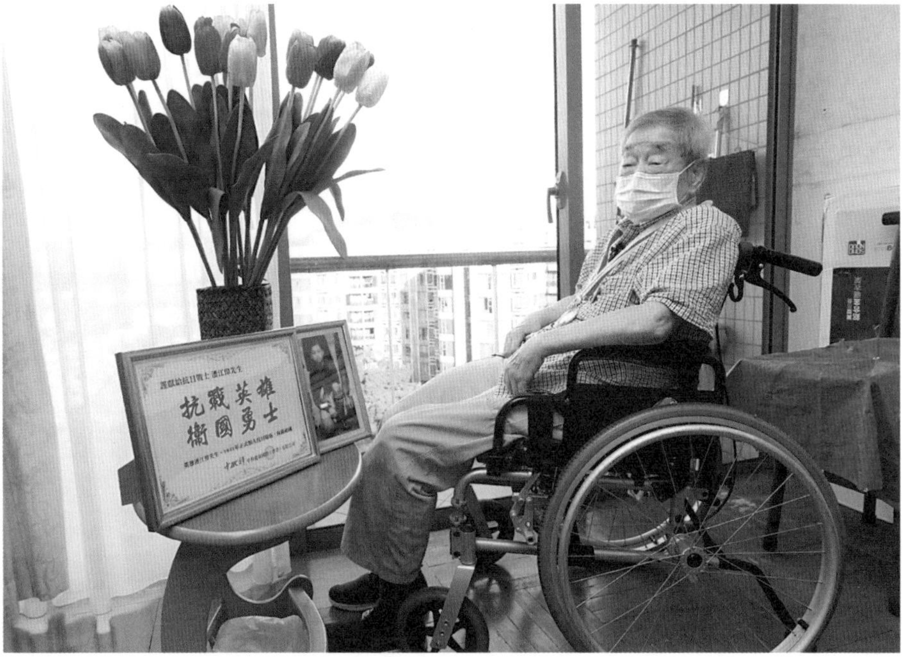

潘江偉在抗戰中身受重傷，近年因傷口感染而要截肢。

1944 年中，潘江偉被調往東江縱隊《前進報》工作，先後在大鵬灣鵝公村及羅浮山上寺廟參與籌建印刷廠，並在 1945 年 1 月 1 日印出第一份報紙，以月刊形式印發。直至 1945 年 7 月，潘江偉隨東江縱隊主力部隊北上粵湘邊界準備迎接八路軍南下反攻廣州，惟日本在同年 8 月 15 日宣布投降。

遺憾的是，曾經與潘江偉一同出生入死的老戰友大部分都在抗日期間為國捐軀，40 人中僅有潘江偉和戰友賈華生還，賈華 1979 年還出任深圳第一任市長，他們終其一生為國家建設奉獻，替犧牲的老戰友愛護自己的國家。潘江偉在日寇投降後隨即返港參與了《華商報》的復刊工作及組織「印工業餘憩廬」，團結工人愛國力量，並在後來參與組織創辦香港工聯會，致力為勞工爭取權益。他至今仍任工聯會會務顧問。

潘江偉（後排左八）在 1965 年參與港澳工會代表團在國慶節到訪北京。

觀閱兵心情激動 黨領導國家富強

潘江偉近日接受香港文匯報訪問，憶起 2015 年與東江縱隊老戰士受邀赴京參加中國人民抗日戰爭暨世界反法西斯戰爭勝利 70 周年紀念日的閱兵觀禮儀式時，仍然心情激動：「那時我的心情非常興奮，好多武器以往都沒有，看不到，但這次我看到了。」他說，如今，中國共產黨即將迎來建黨 100 周年，在共產黨領導下國家不斷走向富強，最近還自主發射「天問一號」探測器並成功着陸火星，更加印證國力強大。

而在民生方面國家亦成就卓越。談到國家能夠迅速有效控制疫情，令中國的民生經濟快速恢復，潘江偉認為這充分反映了共產黨帶領人民堅持走社會主義道路，執政以人為本、以人民利益為最大考量、為人民福祉全心全意付出。

潘江偉（前排左三）、賈華（前排右二）與「東聯圖書館」成員合照。

籲港教改加強愛國教育

不過，潘江偉亦慨嘆：「很多香港年輕人根本都不認識國家，對國家的制度一知半解，更有少數人沒有為身為中國人感到光榮。」他認為這一問題出在香港的教育制度，而曾出現在考卷上對日本侵華的利弊分析題，就足以證明這一點：「日本仔奉行三光政策『殺光、燒光、搶光』，製造南京大屠殺致 30 萬民眾遇難，日軍侵華怎會有利！」他認為 2019 年有很多香港學生參與黑暴，更證明香港的教育政策嚴重失敗，他期望特區政府能認真考慮並大刀闊斧推行教育改革，加強愛國主義教育。

（原載香港文匯報 2021 年 5 月 26 日 A7 版，記者黃書蘭）

紅星耀香江

身負槍傷腿截肢98歲東縱抗戰老兵潘江偉：保家衛國犧牲小我從未後悔

日寇入侵、家園盡毀，不得已背井離鄉，從上海到香港，他投身工會，積極參與抗日宣傳。

投筆從戎，身經 20 餘場戰爭，因負重傷不得已告別火線，一心抗日的他，仍繼續在游擊隊不同崗位作出貢獻。

戰爭期間槍傷未得到及時治療，留下舊患。晚年因舊傷感染不得不截肢，九旬高齡的他從容以對。

得見祖國發展強大，有了新式武器，也飛天攬月，他感慨當年無數革命先烈的犧牲換來今日國家強盛，終得安慰。

採編手記：作為中國人應盡的義務

對潘江偉的訪問正式開始前，潘太囑咐我們，「他講話有些口音，可能要慢些講。」潘太所說的「口音」是上海腔調——那是潘江偉的故土，從 1938 年因戰爭被迫離開上海算起，他已然離鄉八十餘載。在研究潘江偉過往時，我留意到他這段「從上海到香港」的經歷與眾不同，卻從未預想他與故土的連結，會殘留在「上海人」「印刷工人」這些具體詞彙的發音裏。

所謂「鄉音難改」，大抵如是。

潘江偉從上海到香港的經歷，讓我不禁思索，香港與內地，二者究竟是何種關係，而今所謂「境內境外」，是否從根本上是偽命題？在香港被殖民統治的動盪年代，一個少年從滬上江南輾轉來到香江之畔謀生，繼而在此組織工人運動、參軍抵禦外敵，及至餘生定居此地……凡此種種，已然給出了最好的答

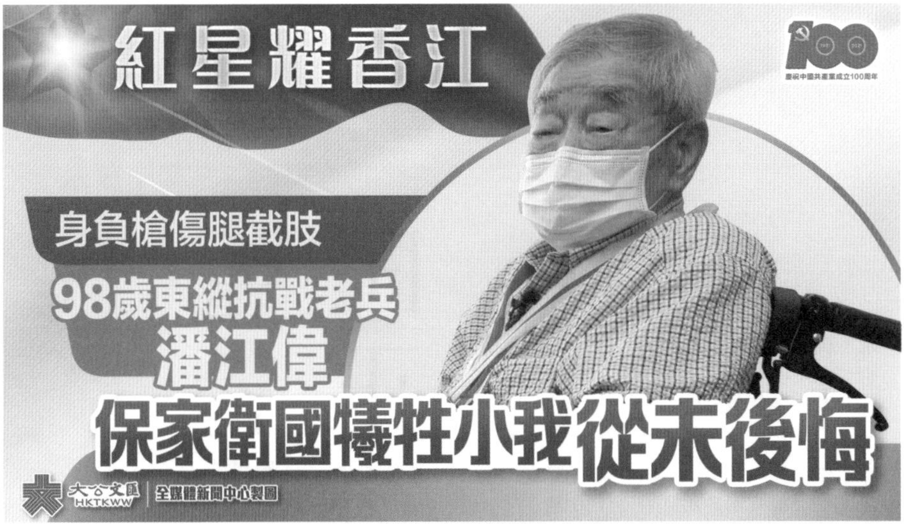

案：香港與內地，從來都本是一體，血脈相連。

98 歲的潘江偉，是我們今次採訪的東縱老兵中最年長的一位。因為年事漸長，他此前已有數年未曾接受公開媒體訪問。所以鮮有人知道，2019 年，他在抗戰中負傷的左腿因為舊傷感染，而不得不進行截肢。

採訪開始未久，這個意料之外的信息點被潘江偉雲淡風輕地帶到我們眼前。他說「（這條腿）現在裝了假肢」，繼而哈哈一笑，在家人的幫助下向我們展示截肢後的情況，似乎在講別人的故事。

目睹整個過程的我，腦海中最初閃現的是「戰爭帶給普通人深遠的傷痛」，而採訪結束後在視頻素材中再一次看到他的笑顏，方意識到，潘江偉的那句話，有着怎樣的重量——

「抗戰時中國人民犧牲很大，但這個犧牲是必要的，如果不是這樣，我們今天都不會有這麼太平的日子，所以受到這些痛苦，我沒有後悔，因為這是作為中國人，自己應盡的義務。」

（記者 沐晚）

吳軍捷：

蒐老兵威水史 匡正後輩觀念

日軍一九四一年十二月侵佔香港，從此香港開始了「三年零八個月」不堪回首的黑暗歷史，直至一九四五年八月日本宣布投降。其間，中國軍民奮起抗日，展現出中華民族英勇抗敵的堅毅精神。一直專注研究這段歷史的香港抗戰歷史研究會會長吳軍捷接受香港文匯報訪問，言談間流露出對抗日英雄的敬仰之情，特別是中國共產黨領導的東江縱隊港九獨立大隊，留下了許多可歌可泣的故事。原來，吳軍捷的父親正是東江縱隊的成員。作為抗日老戰士的後代，吳軍捷為父輩們的付出而自豪，也希望年輕一輩可以正確認識中國歷史，明白到現在的和平日子來之不易，「光講歷史有如隔靴搔癢，最好可以收集老戰士娓娓道來的抗戰故事，讓學生了解我們和祖國命運相連，理應同舟共濟。」

慶祝中國共產黨成立100周年
特別報道之老兵後代

蒐老兵威水史 匡正後輩觀念

抗日英雄後代籌建史研會 讓學生認識與祖國命運相連

日軍1941年12月侵佔香港，從此香港開始了「三年零八個月」不堪回首的黑暗歷史，直至1945年8月日本宣布投降。其間，中國軍民奮起抗日，展現出中華民族英勇抗敵的堅毅精神。一直專注研究這段歷史的香港抗戰歷史研究會會長吳軍捷近日接受香港文匯報訪問，言談間流露出對抗日英雄的敬仰之情，特別是中國共產黨領導的東江縱隊港九獨立大隊，留下了許多可歌可泣的故事。原來，吳軍捷的父親正是港九大隊的成員。作爲抗日老戰士的後代，吳軍捷爲父輩們的付出而自豪，也希望年輕一輩可以正確認識中國歷史，明白到現在的和平日子來之不易，「光講歷史有如隔靴搔癢，最好可以收集老戰士娓娓道來的抗戰故事，讓學生了解我們和祖國命運相連、理應同舟共濟。」

●香港文匯報記者 詹漢基

●吳軍捷接受香港文匯報專訪時認為，「香港要做好抗日戰爭歷史的宣傳，香港人若沒有了民族感情、沒有了愛國的心，那就沒有希望了。」　香港文匯報記者 攝

日軍在1941年12月入侵香港，駐港英軍節節敗退，香港同月宣告淪陷。其後，中國共產黨領導的廣東人民抗日游擊總隊派員進入新界，營救滯港的文化人，並開闢香港的抗日戰線。1942年2月，廣東人民抗日游擊總隊港九大隊在西貢黃毛應村的教堂宣告成立，後改稱港九獨立大隊，當時隊員有逾千人，大多為本地人士，大隊直屬東江縱隊司令部，他們是香港抗日戰事的中流砥柱，曾與盟軍合作抗戰、營救英軍戰俘、保護航道等，貢獻良多。

父親奶奶被捉去修路 7歲姑姑餓死

吳軍捷出生於1949年，抗日戰事是他出生前的事情。然而，他與大部分的老香港一樣，親人都曾受日本兵勞役、迫害。多年來不斷收集抗日故事的他，說起奶奶、父親的往事格外動情。他的奶奶與父親曾經被日本兵捉去啟德機場擦石仔、修跑道和道路，「當時只有7歲的姑姑因缺乏照顧而餓死，奶奶和父親既傷心又氣憤，便從機場逃了出來。」父親其後在餐廳打工，出於對日軍的怨恨，曾偷偷在日軍的奶茶咖啡中吐痰洩憤、「整蠱」他們。

其後父親加入共產黨的游擊隊，一同參加抗日戰爭，曾被派去做勸降日軍的工作，「當時日軍不肯向共產黨領導的軍隊投降，只肯向國軍投降。父親花了很多工夫，才能說服對方。」吳軍捷指，父親帶了一個士兵做翻譯，日軍叫他吃飯，他以肚子疼為由拒絕；日軍說給藥他吃，他想了想，覺得如果自己屢屢拒絕對方的好意，雙方很難「有傾偈」，於是吳父吃下了日軍的藥，運用溝通技巧成功說服對方投降，「當時東江縱隊也許沒多少人做這類工作。」

吳軍捷憶述，父親退休後，在香港與老戰友重逢，大家組織起東江縱隊老戰士聯誼會，在陪伴父親參加活動時，與不少老戰士見面、聊天，開始想了解更多抗日戰爭歷史、東江縱隊的事跡。後來他曾連同一些老戰士的後代籌辦東江縱隊紀念會、清明節掃墓活動、座談會、展覽等，「我最先接觸香港抗日戰爭歷史應該是從2003年、2004年左右吧！」

2015年，適值中國人民抗日戰爭勝利70周年，吳軍捷連同有志之士成立香港抗戰歷史研究會，收集整理及研究史料，宣傳及傳承抗戰歷史，同年底該會在觀塘海濱公園舉辦「飛虎歸來．縱港記憶」香港抗戰歷史文化展覽，最具特色的展品是造價近一百萬元，按照一比一的比例製造的美國飛虎隊P-40高仿戰機，它曾經轟炸香港的日軍機場，打擊日軍。展覽活動曾創下單日三千人次入場紀錄。

「人無民族情無愛國心，就無希望了」

吳軍捷敬佩父輩們在抗戰時的堅毅精神及其付出了血汗，香港應要做好歷史教育工作，「人若沒有了民族感情、沒有了愛國的心，那就沒有希望了。今年是抗日戰爭90年，香港淪陷80年，被英國佔領180年。我們還不做一些工作，那就對不起歷史。」

不過，要推動歷史教育困難重重，他感慨道：「東江縱隊打過仗，能考察到的遺址起碼有二三十個，卻沒有任何保護；港九獨立大隊市區中隊長方蘭的母親馮芝擔任交通員，當年她被日本兵捉去逼供，放狼狗咬她，她強調自己是中國人，拒絕招供……最後被綁到樹上，被亂刀捅死。香港有沒有她的紀念碑呢？」吳軍捷說到這裏，難忍心酸。

●吳軍捷（後排左二）的全家福，前排為吳軍捷的父母，後排另外三人則是他的弟妹。　受訪者供圖

●吳軍捷珍藏的「紀念中國人民抗日戰爭勝利60周年」紀念章。　香港文匯報記者 攝

●吳軍捷珍藏的東江縱隊50周年紀念章。　香港文匯報記者 攝

▼吳軍捷多年來致力保育軍事遺蹟，他早前曾前往隱藏於沙頭角鹿頸的日軍頑抗所築槍壘群。　香港文匯報記者詹漢基 攝

特稿

只有國民自強 才能免受欺負

日軍侵華是中華民族的傷痛回憶，是非對錯一目了然，惟去年中學文憑試歷史科問及日軍侵華是否「利多於弊」，旋即引起全城震怒。吳軍捷認為，中國人曾經受日本人壓迫，政府應該對學生進行愛國教育，提升青年人的民族感情及國家意識，只有國民自強，才能免受其他國家的欺負。

作為香港抗戰歷史研究會會長，吳軍捷指現在香港仍有不少年過九十的長者，他們是歷史的見證者，「若能找到其中100位老人來分享抗戰時期的經歷，那就是活生生的歷史。」他期望社會各界有錢出錢、有力出力，為收集老戰士或見證者的口述史料貢獻力量。

日本侵華期間，姦淫擄掠無惡不作，亦令香港滿目瘡痍、民不聊生。日軍為了利益，強迫市民以真金白銀兌換日軍發行的所謂「軍票」；又實施糧食配給制度，導致黑米價格飆升，窮人只能以樹皮充飢，餓死的人更是不計其數，香港變成「人間煉獄」。中學文憑試歷史科問及日軍侵華是否「利多於弊」，冷血問題惹起公憤，實在不難理解。

吳軍捷認為，要培養年輕人的愛國情懷，只教歷史知識其實意義不大，「如果教歷史，當然可以從三皇五帝說到辛亥革命，但真正要和我們這代人、甚至是十幾歲學生連結的，抗日戰爭就是很好的切入點，例如我們講歷史帶來的苦難時，可以強調當年在港的幾千名英軍當了戰俘，唯獨東江縱隊的900名戰士還繼續作戰，在「三年零八個月」的苦難歲月中，一天都沒有停過！」

他又指，近年香港社會出現撕裂及連串的社會事件，「歸根究底就是因為民族感情、國家意識薄弱。」

●香港文匯報記者 詹漢基

港抗日第一家後人 願捐大宅作紀念館

●羅許月（前排左一）1980年與到訪沙頭角的原東江縱隊司令員曾生（第二排中間）及深圳市第一任市長賈華（前排右一）等原東江縱隊戰士合照。

●黃俊康表示願捐出羅家大宅作抗戰紀念館。　大公文匯全媒體記者 攝

「日寇侵佔香港的三年零八個月，唯有中國共產黨領導的抗日力量堅持進行武裝抗戰，是在港抗日的中流砥柱，香港人不可以忘記這段歷史。」被譽為「香港抗日第一家」的沙頭角羅家後人、港九大隊老游擊戰士聯誼會副會長黃俊康希望藉家族捐出三級歷史建築物羅家大宅作為抗戰紀念館，教育年輕人愛國家、愛民族，以學習歷史建立正確歷史觀，貢獻社會，把愛國心不斷傳承下去。

黃俊康是已故廣東人民抗日游擊隊東江縱隊港九大隊抗日戰士黃翔與黃羅許月之子。日寇在侵華期間犯下大量戰爭罪行，激起了羅家的愛國心，羅家一家11人均參加了共產黨帶領的抗日力量。黃俊康曾好奇詢問長輩們為何紛紛加入共產黨：「他們說：『我們被共產黨的抗日主張吸引，他們新生而廉潔，代表着光明的未來。』」黃俊康指英軍僅奮戰18天便已投降，唯有中共帶領的武裝力量屹立不倒，堅持在港抗日直至日寇投降。

羅家人加入了中共領導的港九大隊後，參與了指揮作戰、宣傳、後勤、情報、醫療、營救盟軍及文化精英等抗日工作，被譽為「香港抗日第一家」。1941年12月8日，日寇入侵香港。黃俊康的舅父羅汝澄於12月10日凌晨已引領抗日英雄林沖領導的武工隊從內地來到羅家大宅，開展敵後游擊戰。羅汝澄亦在1942年奉命以臥底身份深入日寇，年僅21歲便任粉嶺憲查隊隊長，並先後在1943年及1944年，出任港九大隊西貢中隊隊長及沙頭角中隊隊長。

1941年，黃俊康的另一位舅父羅歐鋒及舅母歐堅當時雖然只是九龍英文書院的學生，亦毅然離港奔赴內地東江前線，參加廣東人民抗日游擊隊。1942年，年僅16歲的歐堅便已深入日軍設在沙頭角的區役所盜取大量情報，其後更在1944年為東江縱隊設立醫院及任院長。同年，年僅19歲的羅歐鋒亦擔任了東江縱隊的海上中隊隊長。

抗戰勝利後，羅家多人更放下在香港的舒適生活，奉命前往內地參加全國解放戰爭，建設新中國。至香港回歸祖國後，羅歐鋒回港成立港九獨立大隊老游擊戰士聯誼會，擔任創會會長，爭取特區政府承認在抗日犧牲的115位東江縱隊港九大隊烈士，及對犧牲烈屬及受傷老戰士按退伍軍人待遇照顧。

盼港青牢記歷史勿忘黑暗歲月

身處和平時代，不能忘卻民族的歷史，更應認識「國」的重要性。黃俊康相信抗戰紀念館除了能讓後世緬懷抗戰英雄，亦能為推動愛國主義、普及國民教育發揮作用，將愛國家、愛民族的精神代代相傳。「香港教育已給年輕人帶來毀滅性影響，他們在回歸後的二十多年間已被『洗腦』，必須設法扭轉。我希望年輕人要牢記歷史，切勿忘記香港三年零八個月的黑暗歲月。」

「忘記過去就意味着背叛。」黃俊康鼓勵香港年輕人要多學習歷史，為香港未來多做貢獻。他希望特區政府落實計劃中的沙頭角抗戰文物徑，以抗戰紀念館（即羅家大屋）為起點，烏蛟騰村為終點，串連抗戰相關的歷史遺址，讓公眾在了解香港淪陷期間的抗戰歷史之餘，亦能欣賞鄉郊的自然風光。　●香港文匯報記者 黃書蘭

吳軍捷（後排左二）的全家福。前排為吳軍捷的父母，後排另外三人則是他的弟妹。

日軍在 1941 年 12 月入侵香港，駐港英軍節節敗退，香港同月宣告淪陷。其後，中國共產黨領導的廣東人民抗日游擊總隊派員進入新界，營救滯港的文化人，並開闢香港的抗日戰線。1942 年 2 月，廣東人民抗日游擊總隊港九大隊在西貢黃毛應村的教堂宣告成立，後改稱港九獨立大隊，當時隊員有逾千人，大多為本地人士，大隊直屬東江縱隊司令部，他們是香港抗日戰事的中流砥柱，曾與盟軍合作抗戰、營救英軍戰俘、保護航道等，貢獻良多。

父親奶奶被捉去修路 7歲姑姑餓死

吳軍捷出生於 1949 年，抗日戰事是他出生前的事情。然而，他與大部分的老香港一樣，親人都曾受日本兵勞役、迫害。多年來不斷收集抗日故事的他，說起奶奶、父親的往事格外動情。他的奶奶與父親曾經被日本兵捉去啟德機場搲石仔、修跑道和道路，「當時只有 7 歲的姑姑因缺乏照顧而餓死，奶奶和父親既傷心又氣憤，便從機場逃了出來。」父親其後在餐廳打工，出於對日軍的怨恨，曾偷偷在日軍的奶茶咖啡中吐痰洩憤，「整蠱」他們。

其後父親加入共產黨的游擊隊，一同參加抗日戰爭，曾被派去做勸降日軍

吳軍捷接受香港文匯報專訪時認為，「香港要做好抗日戰爭歷史的宣傳，香港人若沒有了民族感情、沒有了愛國的心，那就沒有希望了。」

的工作，「當時日軍不肯向共產黨領導的軍隊投降，只肯向國軍投降。父親花了很多工夫，才能說服對方。」吳軍捷指，父親帶了一個士兵做翻譯，日軍叫他吃飯，他以肚子疼為由拒絕；日軍說給藥他吃，他想了想，覺得如果自己屢屢拒絕對方的好意，雙方很難「有偈傾」，於是吳父吃下了日軍的藥，運用溝通技巧成功說服對方投降，「當時東江縱隊也許沒多少人做這類工作。」

吳軍捷憶述，父親退休後，在香港與老戰友重逢，大家組織起東江縱隊老戰士聯誼會，在陪伴父親參加活動時，與不少老戰士見面、聊天，開始想了解更多抗日戰爭歷史、東江縱隊的事跡。後來他曾連同一些老戰士的後代籌辦東江縱隊紀念會、清明節掃墓活動、座談會、展覽等，「我最先接觸香港抗日戰爭歷史應該是從 2003 年、2004 年左右吧！」

2015 年，適值中國人民抗日戰爭勝利 70 周年，吳軍捷連同有志之士成立香港抗戰歷史研究會，收集整理及研究史料，宣傳及傳承抗戰歷史，同年底該會在觀塘海濱公園舉辦「飛虎歸來・維港記憶」香港抗戰歷史文化展覽，最具特色的展品是造價近一百萬元、按照一比一的比例製造的美國飛虎隊 P-40 高仿戰機，它曾經轟炸香港的日軍機場，打擊日軍。展覽活動曾創下單日三千人

吳軍捷珍藏的「紀念中國人民抗日戰爭勝利60周年」紀念章。

吳軍捷珍藏的東江縱隊50周年紀念章。

次入場紀錄。

「人無民族情無愛國心，就無希望了」

吳軍捷敬佩父輩們在抗戰時的堅毅精神及其付出了血汗，香港應要做好歷史教育工作，「人若沒有了民族感情、沒有了愛國的心，那就沒有希望了。今年是抗日戰爭 90 年、香港淪陷 80 年、被英國佔領近 180 年。我們還不做一些工作，那就對不起歷史。」

不過，要推動歷史教育困難重重，他感慨道：「東江縱隊打過仗、能考察到的遺址起碼有二三十個，卻沒有任何保護；港九獨立大隊市區中隊長方蘭的母親馮芝擔任交通員，當年她被日本兵捉去逼供，放狼狗咬她，她強調自己是中國人，拒絕招供……最後被綁到樹上，被亂刀捅死。香港有沒有她的紀念碑呢？」吳軍捷說到這裏，難忍心酸。

只有國民自強　才能免受欺負

日軍侵華是中華民族的傷痛回憶，是非對錯一目了然，惟去年中學文憑試歷史科問及日軍侵華是否「利多於弊」，旋即引起全城震怒。吳軍捷認為，中國人曾經受日本人壓迫，政府應該對學生進行愛國教育，提升青年人的民族感情及國家意識，只有國民自強，才能免受其他國家的欺負。

作為香港抗戰歷史研究會會長，吳軍捷指現在香港仍有不少年過九十的長者，他們是歷史的見證者，「若能找到其中 100 位老人來分享抗戰時期的經歷，那就是活生生的歷史。」他期望社會各界有錢出錢、

吳軍捷多年來致力保育軍事遺蹟，他曾前往隱蔽於沙頭角鹿頸的日軍頑抗所築槍堡群。

有力出力，為收集老戰士或見證者的口述史料貢獻力量。

日本侵華期間，姦淫擄掠無惡不作，亦令香港滿目瘡痍、民不聊生。日軍為了利益，強迫市民以真金白銀兌換日軍發行的所謂「軍票」；又實施糧食配給制度，導致黑米價格飆升，窮人只能以樹皮充飢，餓死的人更是不計其數，香港變成「人間煉獄」。中學文憑試歷史科問及日軍侵華是否「利多於弊」，冷血問題惹起公憤，實在不難理解。

吳軍捷認為，要培養年輕人的愛國情懷，只教歷史知識其實意義不大，「如果教歷史，當然可以從三皇五帝說到辛亥革命，但真正要和我們這代人、甚至是十幾歲學生連結的，抗日戰爭就是很好的切入點，例如我們講歷史帶來的苦難時，可以強調當年在港的幾千名英軍當了戰俘，唯獨東江縱隊的 900 名戰士還繼續作戰，在『三年零八個月』的苦難歲月中，一天都沒有停過！」

他又指，近年香港社會出現撕裂及連串的社會事件，「歸根究底就是因為民族感情、國家意識薄弱。」

（原載香港文匯報 2021 年 5 月 27 日 A8 版，記者詹漢基）

紅星耀香江

推互動展向青年生動講述抗戰史
東縱老兵後人吳軍捷冀把歷史融入今天

生於 1949 的吳軍捷，雖未曾親身經歷抗戰烽火，卻從親歷戰火的父輩故事中，了解到戰爭背後鮮為人知的殘酷。父輩先後辭世，「那些故事再也聽不到了」的緊迫感，讓他決心承擔起研究和傳承香港抗戰歷史的重任。「抗戰歷史不是離天百丈的事」，這是傳承者吳軍捷的行動宗旨，也該是當下所有人，面對香港抗戰歷史應有的態度。

採編手記： 繼往開來

聽吳軍捷講述父輩的抗戰故事，常常被他生動的敘述所吸引。我們記住的，是行軍中軍醫以火藥治療痢疾；是十四五歲的小鬼陳勛給被困的科爾中尉送糖果；是一班老戰友為「誰打敗更多日本人」而爭執不下。

這些以口耳相傳的形式存在於吳軍捷記憶中的小事，激發了吳軍捷對香港抗戰歷史的興趣和好奇心，也是這些細節可能再無人知的緊迫感，讓吳軍捷成為香港抗戰歷史的研究者和守護人。

提升參與感、推出電子互動遊戲、組織演出……這位古稀老人的每一次努力，都試圖讓曾經那個聽父輩講故事的自己穿越時空，去找尋抗戰歷史與當代年輕人興趣的結合點。某種程度上，當吳軍捷決心承擔起傳承歷史的重任，他所選擇的實現路徑注定與眾不同。

有關銘記這段歷史的「必要性」「重要性」以及「意義」已被重複千次，而吳軍捷卻說，單單只是講給他們聽，是沒有用的。「必須要讓青年人感覺到，抗戰歷史不是離天百丈的事，自己的命運同國家民族的命運連結在一起。」時移世易，當抗戰作為一個歷史事件，在時間軸維度與我們的生活漸行漸遠，傳承的方式與思路，或許比傳承的意願更為關鍵。而吳軍捷，正在成為一個新思路的提供者。

（記者 沐晚）

黃俊康：

港「抗日第一家」後人願捐大宅作紀念館

「日寇侵佔香港的三年零八個月，唯有中國共產黨領導的抗日力量堅持進行武裝抗戰，是在港抗日的中流砥柱，香港人不可以忘記這段歷史。」被譽為「香港抗日第一家」的沙頭角羅家後人、港九大隊老游擊戰士聯誼會副會長黃俊康希望藉家族捐出三級歷史建築物羅家大宅作為抗戰紀念館，教育年輕人愛國家、愛民族，以學習歷史建立正確歷史觀，貢獻社會，把愛國心不斷傳承下去。

慶祝中國共產黨成立100周年

特別報道之老兵後代

蒐老兵威水史 匡正後輩觀念

抗日英雄後代籌建史研會 讓學生認識與祖國命運相連

日軍1941年12月侵佔香港，從此香港開始了「三年零八個月」不堪回首的黑暗歷史，直至1945年8月日本宣布投降。其間，中國軍民奮起抗日，展現出中華民族英勇抗敵的堅毅精神。一直專注研究這段歷史的香港抗戰歷史研究會會長吳軍捷近日接受香港文匯報訪問，言談間流露出對抗日英雄的敬仰之情，特別是中國共產黨領導的東江縱隊港九獨立大隊，留下了許多可歌可泣的故事。原來，吳軍捷的父親正是港九大隊的成員。作為抗日老戰士的後代，吳軍捷爲父輩們的付出而自豪，也希望年輕一輩可以正確認識中國歷史，明白到現在的和平日子來之不易，「光講歷史有如隔靴搔癢，最好可以收集老戰士娓娓道來的抗戰故事，讓學生了解我們和祖國命運相連、理應同舟共濟。」

●香港文匯報記者 詹漢基

●吳軍捷接受香港文匯報專訪時認為，「香港要做好抗日戰爭歷史的宣傳，香港人若沒有了民族感情、沒有了愛國的心，那就沒有希望了。」 香港文匯報記者 攝

日軍在1941年12月入侵香港，駐港英軍節節敗退，香港同月宣告淪陷。其後，中國共產黨領導的廣東人民抗日游擊總隊派員進入新界，營救滯港的文化人，並開闢香港的抗日戰線。1942年2月，廣東人民抗日游擊總隊港九大隊在西貢黃毛應村的教堂宣告成立，後改稱港九獨立大隊，當時隊員有逾千人，大多為本地人士，大隊直屬東江縱隊司令部，他們是香港抗日戰事的中流砥柱，曾與盟軍合作抗戰、營救英軍戰俘、保護航道等，貢獻良多。

父親奶奶被捉去修路 7歲姑姑餓死

吳軍捷出生於1949年，抗日戰事是他出生前的事情。然而，他與大部分的老香港一樣，親人都曾受日本兵勞役、迫害。多年來不斷收集抗日故事的他，說起奶奶、父親的往事格外動情。他的奶奶與父親曾經被日本兵捉去啟德機場撬石仔、修跑道和道路，「當時只有7歲的姑姑因缺乏照顧而餓死，奶奶和父親既傷心又氣憤，便從機場逃了出來。」父親其後在餐廳打工，出於對日軍的怨恨，曾偷偷在日軍的奶茶咖啡中吐痰洩憤，「整蠱」他們。

其後父親加入共產黨的游擊隊，一同參加抗日戰爭，曾被派去做勸降日軍的工作，「當時日軍不肯向共產黨領導的軍隊投降，只肯向國軍投降。父親花了很多工夫，才能說服對方。」吳軍捷指，父親帶了一個士兵做翻譯，日軍叫他吃飯，他以肚子疼為由拒絕；日軍說給藥他吃，他想了想，覺得如果自己屢屢拒絕對方的好意，雙方很難「有偈傾」，於是吳父吃下了日軍的藥，運用溝通技巧成功說服對方投降，「當時東江縱隊也許沒多少人做這類工作。」

吳軍捷憶述，父親退休後，在香港與老戰友重逢，大家組織起東江縱隊老戰士聯誼會，在陪伴父親參加活動時，與不少老戰士見面，聊天，開始想了解更多抗日戰爭歷史、東江縱隊的事跡。後來他曾隨同一些老戰士的後代籌辦東江縱隊紀念會、清明節掃墓活動、座談會、展覽等，「我最先接觸香港抗日戰爭歷史應該是從2003年、2004年左右吧！」

2015年，適值中國人民抗日戰爭勝利70周年，吳軍捷連同有志之士成立香港抗戰歷史研究會，收集整理及研究史料，宣傳及傳承抗戰歷史，同年底該會在觀塘海濱公園舉辦「飛虎歸來，緬港記憶」香港抗戰歷史文化展覽，最具特色的展品是造價近一百萬元，按照一比一的比例製造的美國飛虎隊P-40高仿戰機，它曾經轟炸香港的日軍機場，打擊日軍。展覽活動曾創下單日三千人次入場紀錄。

「人無民族情無愛國心，就無希望了」

吳軍捷敬佩父輩們在抗戰時的堅毅精神及其付出了血汗，香港應要做好歷史教育工作，「人若沒有了民族感情，沒有了愛國的心，那就沒有希望了。今年是抗日戰爭90年、香港淪陷80年、被英國佔領180年。我們還不做一些工作，那就對不起歷史。」

不過，要推動歷史教育困難重重，他感慨道：「東江縱隊打過仗、能考察到的遺址起碼有二三十個，卻沒有任何保護；港九獨立大隊市區中隊長方蘭的母親馮芝擔任交通員，當年她被日本兵捉去逼供，放狼狗咬她，她強調自己是中國人，拒絕招供……最後被綁到樹上，被亂刀捅死。香港有沒有她的紀念碑呢？」吳軍捷說到這裏，難忍心酸。

●吳軍捷（後排左二）的全家福。前排為吳軍捷的父母，後排另外三人則是他的弟妹。 受訪者供圖

●吳軍捷珍藏的「紀念中國人民抗日戰爭勝利60周年」紀念章。 香港文匯報記者 攝

●吳軍捷珍藏的東江縱隊50周年紀念章。 香港文匯報記者 攝

▼吳軍捷多年來致力保育軍事遺蹟，他早前曾前往隱蔽於沙頭角鹿頸的日軍頑抗所築槍堡群。 香港文匯報記者詹漢基 攝

特稿

只有國民自強 才能免受欺負

日軍侵華是中華民族的傷痛回憶，是非對錯一目了然，惟去年中學文憑試歷史科問及日軍侵華是否「利多於弊」，旋即引起全城震怒。吳軍捷認為，中國人曾經受日本人壓迫，政府應該對學生進行愛國教育，提升青年人的民族感情及國家意識，只有國民自強，才能免受其他國家的欺負。

作為香港抗戰歷史研究會會長，吳軍捷指現在香港仍有不少年過九十的長者，他們是歷史的見證者，「若能找到其中100位老人來分享抗戰時期的經歷，那就是活生生的歷史。」他期望社會各界有錢出錢、有力出力，為收集老戰士或見證者的口述史料貢獻力量。

日本侵華期間，姦淫擄掠無惡不作，亦令香港滿目瘡痍、民不聊生。日軍為了利益，強迫市民以真金白銀兌換日軍發行的所謂「軍票」；又實施糧食配給制度，導致黑米價格飆升，窮人只能以樹皮充飢，餓死的人更是不計其數，香港變成「人間煉獄」。中學文憑試歷史科問及日軍侵華是否「利多於弊」，冷血問題惹起公憤，實在不難理解。

吳軍捷認為，要培養年輕人的愛國情懷，只教歷史知識其實意義不大，「如果教歷史，當然可以從三皇五帝說到辛亥革命，但真正要和我們這代人、甚至是十幾歲學生連結的，抗日戰爭就是很好的切入點，例如我們講歷史帶來的苦難時，可以強調當年在港的幾千名英軍當了戰俘，唯獨東江縱隊的900名戰士還繼續作戰，在「三年零八個月」的苦難歲月中，一天都沒有停過！」

他又指，近年香港社會出現撕裂及連串的社會事件，「歸根究底就是因為民族感情、國家意識薄弱。」

●香港文匯報記者 詹漢基

港抗日第一家後人 願捐大宅作紀念館

●羅許月（前排左一）1980年與到訪沙頭角的原東江縱隊司令員曾生（第二排中間）及深圳市第一任市長賈華（前排右一）等原東江縱隊戰士合照。

●黃俊康表示願捐出羅家大宅作抗戰紀念館。 大公文匯全媒體記者 攝

「日寇侵佔香港的三年零八個月，唯有中國共產黨領導的抗日力量堅持進行武裝抗戰，是在港抗日的中流砥柱，香港人不可以忘記這段歷史。」被譽為「香港抗日第一家」的沙頭角羅家後人、港九大隊老游擊戰士聯誼會副會長黃俊康希望爺家族捐出三級歷史建築物羅家大宅作為抗戰紀念館，教育年輕人愛國家、愛民族，以學習歷史建立正確歷史觀，貢獻社會，把愛國心不斷傳承下去。

黃俊康是已故廣東人民抗日游擊隊東江縱隊港九大隊抗日戰士黃翔與黃羅許月之子。日寇在侵華期間犯下大量戰爭罪行，激起了羅家的愛國心，羅家一家11人均參加了共產黨帶領的抗日力量。黃俊康曾好奇詢問長輩們為何紛紛加入共產黨：「他們說：『我們被共產黨的抗日主張吸引，他們新生而廉潔，代表着光明的未來。』」黃俊康指英軍僅奮戰18天便已投降，唯有中共帶領的武裝力量屹立不倒，堅持在港抗日直至日寇投降。

羅家人加入了中共領導的港九大隊後，參與了指揮作戰、宣傳、後勤、情報、醫療、營救盟軍及文化精英等抗日工作，被譽為「香港抗日第一家」。1941年12月8日，日寇入侵香港，黃俊康的舅父羅汝澄於12月10日凌晨已引領抗日英雄林沖領導的武工隊從內地來到羅家大宅，開展敵後游擊戰。羅汝澄亦在1942年奉命以臥底身份深入日寇，年僅21歲便任粉嶺憲查隊隊長，並先後在1943年及1944年，出任港九大隊西貢中隊隊長及沙頭角中隊隊長。

1941年，黃俊康的另一位舅父羅歐鋒及舅母歐堅當時雖然只是九龍英文書院的學生，亦毅然離港奔赴內地東江前線，參加廣東人民抗日游擊隊。1942年，年僅16歲的歐堅便已深入日軍設在沙頭角的區役所竊取大量情報，其後更在1944年為東江縱隊設立醫院及任院長。同年，年僅19歲的羅歐鋒亦擔任了東江縱隊的海上中隊隊長。

抗戰勝利後，羅家多人更放下在香港的舒適生活，奉命前往內地參加全國解放戰爭，建設新中國。至香港回歸祖國後，羅歐鋒回港成立港九獨立大隊老游擊戰士聯誼會，擔任創會會長，爭取特區政府承認在抗日犧牲的115位東江縱隊港九大隊烈士，及對犧牲烈屬及受傷老戰士按退伍軍人待遇照顧。

盼港青牢記歷史勿忘黑暗歲月

身處和平時代，不能忘卻民族的歷史，更應認識「國」的重要性。黃俊康相信抗戰紀念館除了能讓後世緬懷抗戰英雄，亦能為推動愛國主義、普及國民教育發揮作用，將愛國家、愛民族的精神代代相傳。「香港教育已給年輕人帶來毀滅性影響，他們在回歸後的二十多年間已被『洗腦』，必須設法扭轉。我希望年輕人要牢記歷史，切勿忘記香港三年零八個月的黑暗歲月。」

「忘記過去就意味着背叛。」黃俊康鼓勵香港年輕人要多學習歷史，為香港未來多做貢獻。他希望特區政府落實計劃中的沙頭角抗戰文物徑，以抗戰紀念館（即羅家大屋）為起點，烏蛟騰村為終點，串連抗戰相關的歷史遺址，讓公眾在了解香港淪陷期間的抗戰歷史之餘，亦能欣賞鄉郊的自然風光。 ●香港文匯報記者 黃書蘭

羅許月（前排左一）1980 年與到訪沙頭角的原東江縱隊司令員曾生（第二排中間）及深圳市第一任市長賈華（前排右一）等原東江縱隊戰士合照。

黃俊康是已故廣東人民抗日游擊隊東江縱隊港九大隊抗日戰士黃翔與黃羅許月之子。日寇在侵華期間犯下大量戰爭罪行，激起了羅家的愛國心，羅家一家 11 人均參加了共產黨帶領的抗日力量。黃俊康曾好奇詢問長輩們為何紛紛加入共產黨：「他們說：『我們被共產黨的抗日主張吸引，他們新生而廉潔，代表着光明的未來。』」黃俊康指英軍僅奮戰 18 天便已投降，唯有中共帶領的武裝力量屹立不倒，堅持在港抗日直至日寇投降。

羅家人加入了中共領導的港九大隊後，參與了指揮作戰、宣傳、後勤、情報、醫療、營救盟軍及文化精英等抗日工作，被譽為「香港抗日第一家」。1941 年 12 月 8 日，日寇入侵香港。黃俊康的舅父羅汝澄於 12 月 10 日凌晨已引領抗日英雄林沖領導的武工隊從內地來到羅家大宅，開展敵後游擊戰。羅汝澄亦在 1942 年奉命以臥底身份深入日寇，年僅 21 歲便任粉嶺憲查隊隊長，並先後在 1943 年及 1944 年，出任港九大隊西貢中隊隊長及沙頭角中隊隊長。

1941 年，黃俊康的另一位舅父羅歐鋒及舅母歐堅當時雖然只是九龍英文書院的學生，亦毅然離港奔赴內地東江前線，參加廣東人民抗日游擊隊。1942 年，年僅 16 歲的歐堅便已深入日軍設在沙頭角的區役所盜取大量情報，其後更在 1944 年為東江縱隊設立醫院及任院長。同年，年僅 19 歲的羅歐鋒亦擔任了東江縱隊的海上中隊隊長。

黃俊康表示願捐出羅家大宅作抗戰紀念館。

抗戰勝利後，羅家多人更放下在香港的舒適生活，奉命前往內地參加全國解放戰爭，建設新中國。至香港回歸祖國後，羅歐鋒回港成立港九獨立大隊老游擊戰士聯誼會，擔任創會會長，爭取特區政府承認在抗日犧牲的 115 位東江縱隊港九大隊烈士，及對犧牲烈屬及受傷老戰士按退伍軍人待遇照顧。

盼港青牢記歷史勿忘黑暗歲月

身處和平時代，不能忘卻民族的歷史，更應認識「國」的重要性。黃俊康相信抗戰紀念館除了能讓後世緬懷抗戰英雄，亦能為推動愛國主義、普及國民教育發揮作用，將愛國家、愛民族的精神代代相傳。「香港教育已給年輕人帶來毀滅性影響，他們在回歸後的二十多年間已被『洗腦』，必須設法扭轉。我希望年輕人要牢記歷史，切勿忘記香港三年零八個月的黑暗歲月。」

「忘記過去就意味着背叛。」黃俊康鼓勵香港年輕人要多學習歷史，為香港未來多作貢獻。他希望特區政府落實計劃中的沙頭角抗戰文物徑，以抗戰紀念館（即羅家大屋）為起點，烏蛟騰村為終點，串連抗戰相關的歷史遺址，讓公眾在了解香港淪陷期間的抗戰歷史之餘，亦能欣賞鄉郊的自然風光。

（原載香港文匯報 2021 年 5 月 27 日 A8 版，記者黃書蘭）

紅星耀香江

「香港抗日第一家」11人參軍從救國到建國 後人捐祖屋建紀念館傳承羅家精神

全家十一人參加部隊、海陸空各條戰線均有他們的身影，「香港抗日第一家」的盛譽之下，是一個家族在抗戰歲月的犧牲與付出。

抗戰勝利後接組織命令北上內地，參與解放戰爭、建設新中國乃至改革開放，他們從未缺席，這是一個家族與國家命運的休戚與共。

捐出祖屋改建紀念館，為傳承先輩精神奔走呼號，這是身為後輩的責任與承擔。

採編手記： 薪火相傳

按照原本的拍攝計劃，羅家大屋是我們要拍攝的「歷史地點」。關於「香港抗日第一家」，公開可查的史料足夠豐富，以講述結合鏡頭，製作一條介紹歷史故事的短片並非難事。

去往羅家大屋的路上，聯絡人告知黃俊康和他的三位姊妹當天也在現場，可以接受訪問。這場意料外的訪問持續 40 分鐘，已算採訪過程中最簡短的一次。但也正是這次訪問，讓我們看到了另外一種敘事視角——傳承者視角。

啟動「紅星耀香江」專項的初始動因，「記錄本身即是價值」已不言自明。但於今時今日的內地與香港、面對在太平盛世中成長起來的一代，我們做的這件事究竟有什麼現實意義？這個問題伴隨始終，而答案，則就在黃俊康及許許多多抗戰老兵的後人們身上。

他們對國土淪陷的記憶、對戰爭的理解，承襲自父輩；他們對當下的思索、為讓年輕人了解歷史而付出的「微薄之力」，又發乎自身。當他們成為攝製組鏡頭的聚焦點，那座橫亘在歷史和現實之間的「天塹」終變「通途」。

距離採訪黃俊康已過去月餘，再次從片中聽到他講「羅家有十一個人參加部隊，也付出了好大犧牲」，講「我們用自己好微小的力量，去推動羅家的精神代代相傳」，仍會被那語氣裏的自豪和篤定感染。時光有去無回，歷史倏忽而過，當年的親歷者亦成耄耋老人，終有一日，當我們無法再從親歷者的視角去了解那個時代的人與事，惟其有黃俊康這樣的傳承者，我們方能相信，如「羅家精神」這樣寶貴的精神財富能夠薪火相傳。

（記者 沐晚）

林珍憶姊：

挨拷打寧死不屈 滿身傷不哭一聲

原東江縱隊港九獨立大隊老游擊戰士聯誼會會長、現年八十六歲的林珍，當年才八歲就成為「小鬼通訊員」，一生深受抗日歲月的影響。她接受香港文匯報訪問時，憶述自己同多名家人走上抗日救國道路均受家姐林展的影響。她說，家姐求學時期就熱衷宣傳愛國工作，更在「七七事變」爆發後正式走上抗日救國的道路，抗戰過程中，曾有日寇企圖侵犯林展，奮力反抗下力保不失的她卻遭暗算，被日寇拷打。而這一樁樁一幕幕在林珍和家人心裏留下深刻印記，於是一家人加入中國共產黨領導的東江縱隊，抗擊敵軍，守衛家園。

●林珍展示其姊林展在抗戰時的英姿照片。 香港文匯報記者 攝

●1944年3月，美軍飛虎隊中尉克爾為東江縱隊司令員曾生等人拍攝合照。左起：黃作梅、周伯明、曾生、林展、袁庚。 香港文匯報記者 翻攝

●林展（前排左三）、林圻（前排左一）1982年在廣州市與原東江縱隊政治部敵工科老戰士合影。 香港文匯報記者 翻攝

老兵寄語：

我親身體會到中國共產黨的道路是經得起實踐驗證，明白只有民族的利益才是第一，相信中國人民始終跟隨着黨的步伐走，任何難題都將迎刃而解。

●林珍（右）2007年在西貢斬竹灣抗日英烈紀念碑，與她曾在傷兵醫院照料的東江縱隊老戰士曾九（左）合照。 香港文匯報記者 翻攝

慶祝中國共產黨成立100周年

特別報道之老兵傳奇

滿身傷不哭一聲 挨拷打寧死不屈

林珍憶姊反抗日寇侵犯 遭誣陷偷軍票綁車遊街險喪命

原東江縱隊港九獨立大隊老游擊戰士聯誼會會長、現年86歲的林珍，當年才8歲就成為「小鬼通訊員」，一生深受抗日歲月的影響。她日前接受香港文匯報訪問時，憶述自己同多名家人走上抗日救國道路均受家姐林展的影響。她說，家姐求學時期就熱衷宣傳愛國工作，更在「七七事變」爆發後正式走上抗日救國的道路，抗戰過程中，曾有日寇企圖侵犯林展，奮力反抗下力保不失的她卻遭暗算，被日寇拷打。而這一樁樁一幕幕在林珍和家人心裏留下深刻印記，於是一家人加入中國共產黨領導的東江縱隊，抗擊敵軍，守衛家園。

●香港文匯報記者 黃書蘭

林珍憶及，1937年7月7日，日寇展開全面侵華，香港學界發起了香港學生賑濟會，組織全港學生以行動抗日救國。當時正在讀中學的家姐林展被不少同學推舉為代表，參加了該會許多抗日活動，隨後更在校內推動成立了學生會，引導同學關注時政，宣傳愛國。

翌年，17歲的林展參加了香港大學入學考試並獲取錄，卻因家境無法負擔高昂學費而放棄升學，投身社會。其後，林展先後參加了華僑回鄉服務團等愛國團體的宣傳抗日工作，到全港各區教青年、學生演唱《義勇軍進行曲》、《在松花江上》等歌曲，而她亦逐漸有了成為真正抗日戰士的理想，遂加入了中國共產黨領導的廣東人民抗日游擊隊，由有愛國熱情的中學生，成長為年輕的抗日戰士。

潛伏日寇軍官公寓蒐情報

1941年12月，日寇入侵香港，林展為能隱秘地執行抗日情報工作，潛伏在一所日寇軍官公寓當洗衣工，卻有一名日寇企圖侵犯她，雖然林展在反抗下力保不失，但該名日寇卻在無法得逞後，向日寇憲兵部告狀，誣陷林展偷軍票。

「某天，母親的一名私塾學生氣喘地跑到我家說：『不好了，大姊（林展）不知為何被日本人綁在車上遊街。』過了一會，有多個憲兵來到我們家，有兩人拿着刺刀守在我家樓下門口，一人以刺刀押着大姐上樓，還有一個腰間佩大刀、當軍官的上來我們家。他們上來後，便把大姊綁在梯間的欄杆上，一邊拷打，一邊問大姊『軍票在哪裏？』」林珍憶述日寇當日十分殘暴，反覆拷打林展，打昏了就往臉上澆水，醒來後就繼續打。林母當時不忍，數度企圖上前阻攔，卻被林展勸止，而林展則強忍着，就算滿身傷痕，亦未曾哭過一聲，更叫當時年幼的林珍也「不要哭！」

「突然日本仔又把我和哥哥（林圻）趕出騎樓，我看見街坊擠滿了樓下整條街，但無人敢上來救我們。過了一會，我們聽到大姊大叫『弟弟、妹妹，若我被殺，你們一定要為我報仇！』我們馬上進去看，原來當時日本仔的刀正架在大姊的頸上，隨後才收進刀鞘。」日寇最終只能在林宅亂翻抽屜、書架，臨走時更奪去了林珍父親的珍貴遺物——一副高級軍用望遠鏡。日寇離開後，林展才向林母透露，原來她在早前去惠州旅行時，便已參加了抗日游擊隊，更是國際工作小組的成員，為了收集情報才潛伏在日寇公寓。

老百姓團結才可抵抗欺辱

經此一事，林展一家對日寇的認識與仇恨更加強烈和深刻，亦令他們明白老百姓必須團結，組織起來，才可能抵抗日寇的侵略、欺辱和霸凌。於是，林母決定帶同兒子林圻、小女兒林珍加入游擊隊，而林展亦在養傷期間苦學日語，在歸隊往政訓室學習後，被調回司令部任英文翻譯，其後在1944年加入敵工科，踏上新的征程。

掃碼睇片

雖受日軍虐待 堅持寬待俘虜

香港文匯報訊（記者 黃書蘭）1944年，隨着東江縱隊主動反攻，俘獲的日寇官兵日漸增多，東江縱隊為了利用俘虜分化、瓦解敵人，壯大反法西斯陣線的力量，特此成立了敵工科，熟悉日語的林展及其弟林圻是當中的成員，他們通過思想教育、政治宣傳的手段，瓦解敵軍、策反俘虜。中國共產黨實施寬待俘虜政策，在黨的指導下「大姊（林展）雖然曾受日本仔虐待，卻能堅決以這一政策，使俘虜轉變立場投靠我方，這精神是在黨的指導下才能做到。」抗日老兵林珍日前接受香港文匯報訪問時，道出了東江縱隊的戰士們當年為了成功策反敵軍官兵的關鍵。

日寇被俘被送到敵工科後，首先會獲告知「繳槍不殺」的政策，以穩定他們的情緒，防止其自殺、行兇。敵工科的警衛人員會保護俘虜免受痛恨日寇的老百姓傷害，並對俘虜有起碼的尊重，逐步消除其戒心，以便日後的思想教育工作。

製教材講解侵略非正義

林展會自行製作詳細教材，用日語給日籍俘虜上政治課，講解包括法西斯侵略戰爭的非正義性，說明東江縱隊堅決反對的只是日本法西斯侵略者，他們只要改變與中國人民為敵的立場，游擊隊一律歡迎、優待，這一策略成功感動、策反不少俘虜。

不過，林展的教育俘虜工作並非一直風平浪靜。1945年春，一名俘虜告發，一名被俘的日寇曹長正策劃暴動，準備在當晚殺死林展及其他戰士，並策劃搶奪槍械逃走。得此消息後，敵工科將涉事的日籍俘虜隔離起來，然後向其他俘虜宣布暴亂陰謀已被粉碎，着令他們交出武器，既往不咎。最終，涉事俘虜將他們自製的匕首全部交出，該名日寇曹長早前偷取了一段大鐘發條，然後截成多段安裝在木柄上，再把尖端磨得鋒利，具有相當殺傷力。

儘管面臨危險，但為了革命事業，東江縱隊依然堅持貫徹黨的指示。當時部隊的物質條件很差，但敵工科始終堅持執行中國共產黨的寬待俘虜政策。例如，俘虜每人能獲發行軍毛氈兩條、衣服兩套，比游擊隊戰士多一倍，肉食餸菜的份量亦更多；而抽煙的俘虜更能獲發香煙，約3天一包，這是連幹部、戰士也沒有的待遇。東江縱隊的戰士們有時要露宿荒野、草棚，俘虜們卻能優先睡在屋內、床上。

1945年6月，敵工科把在延安的日本共產黨總書記岡野進組織日本人民反戰同盟一事轉告所有俘虜，使受到敵工科教育的日本籍俘虜同月成立「日本人民反戰同盟華南支部」，以編印及散發傳單、陣前喊話等形式向敵方進行反戰宣傳及勸降等工作。

助傷兵見鐵膽柔情 體會跟黨走無難題

香港文匯報訊（記者 黃書蘭）「我見證着中國共產黨堅持與全國人民共同抗日，領導游擊隊依靠群眾、團結群眾，在艱苦下生存、抵抗、直至勝利。我親身體會到中國共產黨的道路是經得起實踐驗證，明白只有民族的利益才是第一，相信中國人民始終跟隨着黨的步伐走，任何難題都將迎刃而解。」抗日老戰士林珍近日在接受香港文匯報訪問時如是說。她的這些感觸，要從林珍親手幫助傷兵的經歷談起。

1943年，當時只有8歲的林珍得悉東江縱隊已批准了她和家人加入。林珍先是被安排擔任「小鬼通訊員」，1944年中，由於東江縱隊傷兵醫院需要人手，又被安排到傷兵醫院擔任小護理員，直至抗戰結束。而這段日子亦讓林珍更領略了東江縱隊戰士的風采。

當時傷兵醫院缺乏麻醉藥物，林珍說許多中槍的戰士需要在沒有麻醉藥的情況下被取出子彈，甚至要在清醒的狀態下進行截肢手術。但艱苦的醫療條件並沒有嚇退東江縱隊的戰士，他們依然能無畏無懼，繼續奮勇上陣。她敬佩這些在中國共產黨的領導下的英勇戰士，他們不計較個人得失，一心為民族謀福祉。

而這些英雄不僅有鐵膽，還有柔情。「我會幫助傷兵喝水、洗面、抹腳、倒便盆等。有天我正好負責護理在地雷爆炸時受傷失明的戰士。記得我每次替兩位戰士哥哥解開紗布換藥時，我都會問他們能不能看到有多少根手指，但他們每次都是搖頭，使我十分心痛。」而這些戰士雖然已經失明，但還不忘反過來安慰林珍說：「日後你在香港當了白色小天使，要歡迎我們入院，幫我們醫治。」這讓林珍不僅心生溫暖，更對他們心生敬佩。

在東江縱隊的日子還讓林珍領略了什麼是正直的品質。「當時我受游擊隊教育，學習遵守『三大紀律八項注意』等軍紀，抗戰結束時，我的領導告訴我部隊需要北撤，那天他臨走前帶着我逐一找曾經借住房間、賣過糧食給部隊的老鄉結賬。」

見證了部隊就算即將北撤，亦不忘堅持貫徹「借東西要還」等「注意」，讓林珍更加明白共產黨深得人心的原因。

●林珍表示體會到中國共產黨的道路是經得起實踐驗證，明白只有民族的利益才是第一。 香港文匯報記者 攝

林珍展示其姊林展在抗戰時的英姿照片。

林展（前排左三）、林圻（前排左一）1982 年在廣州市與原東江縱隊政治部敵工科老戰士合影。

林珍憶及，1937 年 7 月 7 日，日寇展開全面侵華，香港學界發起了香港學生賑濟會，組織全港學生以行動抗日救國。當時正在讀中學的家姊林展被不少同學推舉為代表，參加了該會許多抗日活動，隨後更在校內推動成立了學生會，引導同學關注時政，宣傳愛國。

翌年，17 歲的林展參加了香港大學入學考試並獲取錄，卻因家境無法負擔高昂學費而放棄升學，投身社會。其後，林展先後參加了華僑回鄉服務團等愛國團體的宣傳抗日工作，到全港各區教青年、學生演唱《義勇軍進行曲》、《在松花江上》等歌曲，而她亦逐漸有了成為真正抗日戰士的理想，遂加入了中國共產黨領導的廣東人民抗日游擊隊。由有愛國熱情的中學生，成長為年輕的抗日戰士。

潛伏日寇軍官公寓蒐情報

1941 年 12 月，日寇入侵香港。林展為能隱秘地執行抗日情報工作，潛伏在一所日寇軍官公寓當洗衣工，卻有一名日寇企圖侵犯她，雖然林展在反抗下力保不失，但該名日寇卻在無法得逞後，向日寇憲兵部告狀，誣陷林展偷軍票。

「某天，母親的一名私塾學生氣喘地跑到我家說：『不好了，大姊（林展）不知為何被日本人綁在車上遊街。』過了一會，有多個憲兵來到我們家，有兩人拿着刺刀守在我家樓下門口，一人以刺刀押着大姐上樓，還有一個腰間佩大刀、當軍官的上來我們家。他們上來後，便把大姊綁在梯間的欄杆上，一邊拷打，一邊問大姊『軍票在哪裏？』」林珍憶述日寇當日十分殘暴，反覆拷打林展，打昏了就往臉上潑水，醒來後就繼續打。林母當時不忍，數度企圖上前阻攔，卻被林展勸止，而林展則強忍着，就算滿身傷痕，亦未曾哭過一聲，更叫當時年幼的林珍也「不要哭！」

「突然日本仔又把我和哥哥（林圻）趕出騎樓，我看見街坊擠滿了樓下整條街，但無人敢上來救我們。過了一會，我們聽到大姊大叫『弟弟、妹妹，若我被殺，你們一定要為我報仇！』我們馬上進去看，原來當時日本仔的刀正架在大姊的頸上，隨後才收進刀鞘。」日寇最終只能在林宅亂翻抽屜、書架，臨走時更奪去了林珍父親的珍貴遺物——一副高級軍用望遠鏡。日寇離開後，林展才向林母透露，原來她在早前去惠州旅行時，便已參加了抗日游擊隊，更是國際工作小組的成員，為了收集情報才潛伏在日寇公寓。

老百姓團結才可抵抗欺辱

經此一事，林展一家對日寇的認識與仇恨更加強烈和深刻，亦令他們明白老百姓必須團結、組織起來，才可能抵抗日寇的侵略、欺辱和霸凌。於是，林母決定帶同兒子林圻、小女兒林珍加入游擊隊。而林展亦在養傷期間苦學日語，在歸隊往政訓室學習後，被調回司令部任英文翻譯，其後在 1944 年加入敵工科，踏上新的征程。

1944年3月，美軍飛虎隊中尉克爾為東江縱隊司令員曾生等人拍攝合照。左起：黃作梅、周伯明、曾生、林展、饒彰風。

雖受日軍虐待 堅持寬待俘虜

1944年，隨着東江縱隊主動反攻，俘獲的日寇官兵日漸增多，東江縱隊為了利用俘虜分化、瓦解敵人，壯大反法西斯陣線的力量，特此成立了敵工科，熟悉日語的林展及其弟林圻是當中的成員，他們通過思想教育、政治宣傳的手段，瓦解敵軍、策反俘虜。中國共產黨實施寬待俘虜政策，在黨的指導下，「大姊（林展）雖然曾受日本仔虐待，卻能堅決以這一政策，使俘虜轉變立場投靠我方，這精神是在黨的指導下才能做到。」抗日老兵林珍日前接受香港文匯報訪問時，道出了東江縱隊的戰士們當年為了成功策反敵軍官兵的關鍵。

日寇被俘被送到敵工科後，首先會獲告知「繳槍不殺」的政策，以穩定他們的情緒，防止其自殺、行兇。敵工科的警衛人員會保護俘虜免受痛恨日寇的老百姓傷害，並對俘虜有起碼的尊重，逐步消除其戒心，以便日後的思

林珍（右）2007年在西貢斬竹灣抗日英烈紀念碑，與她曾在傷兵醫院照料的東江縱隊老戰士曾九（左）合照。

想教育工作。

製教材講解侵略非正義

林展會自行製作詳細教材，用日語給日裔俘虜上政治課，講解包括法西斯侵略戰爭的非正義性，說明東江縱隊堅決反對的只是日本法西斯侵略者，他們只要改變與中國人民為敵的立場，游擊隊一律歡迎、優待，這一策略成功感動、策反不少俘虜。

不過，林展的教育俘虜工作並非一直風平浪靜。1945年春，一名俘虜告發，一名被俘的日寇曹長正策劃暴動，準備在當晚殺死林展及其他戰士，並策劃搶奪槍械逃走。得此消息後，敵工科將涉事的日籍俘虜隔離起來，然後向其他俘虜宣布暴亂陰謀已被粉碎，着令他們交出武器，既往不咎。最終，涉事俘虜將他們自製的匕首全部交出。該名日寇曹長早前偷取了一段大鐘發條，然後截成多段安裝在木柄上，再把尖端磨得鋒利，具有相當殺傷力。

儘管面臨危險，但為了革命事業，東江縱隊依然堅持貫徹黨的指示。當時部隊的物質條件很差，但敵工科始終堅持執行中國共產黨的寬待俘虜政策。例如，俘虜每人能獲發行軍毛氈兩條、衣服兩套，比游擊隊戰士多一倍，肉食餸菜的分量亦更多；而抽煙的俘虜更能獲發香煙，約 3 天一包，這是連幹部、戰士也沒有的待遇。東江縱隊的戰士們有時要露宿荒野、草棚，俘虜們卻能優先睡在屋內、床上。

1945 年 6 月，敵工科把在延安的日本共產黨總書記岡野進組織日本人民反戰同盟一事轉告所有俘虜，使受到敵工科教育的日本籍俘虜同月成立「日本人民反戰同盟華南支部」，以編印及散發傳單、陣前喊話等形式向敵方進行反戰宣傳及勸降等工作。

助傷兵見鐵膽柔情　體會跟黨走無難題

「我見證着中國共產黨堅持與全國人民共同抗日，領導游擊隊依靠群眾、團結群眾，在艱苦下生存、抵抗，直至勝利。我親身體會到中國共產黨的道路是經得起實踐驗證，明白只有民族的利益才是第一，相信中國人民始終跟隨着黨的步伐走，任何難題都將迎刃而解。」抗日老戰士林珍近日在接受香港文匯報訪問時如是說。她的這些感觸，要從林珍親手幫助傷兵的經歷談起。

1943 年，當時只有 8 歲的林珍得悉東江縱隊已批准了她和家人加入。林珍先是被安排擔任「小鬼通訊員」，1944 年中，由於東江縱隊傷兵醫院需要人手，又被安排到傷兵醫院擔任小護理員，直至抗戰結束。而這段日子亦讓林珍更領略了東江縱隊戰士的風采。

當時傷兵醫院缺乏麻醉藥物，林珍說許多中槍的戰士需要在沒有麻醉藥的情況下被取出子彈，甚至要在清醒的狀態下進行截肢手術。但艱苦的醫療條件並沒有嚇退東江縱隊的戰士，他們依然能無畏無懼，繼續奮勇上陣，她敬佩這些在中國共產黨的領導下的英勇戰士，他們不計較個人得失，一心為民族謀福祉。

林珍表示體會到中國共產黨的道路是經得起實踐驗證，明白只有民族的利益才是第一。

而這些英雄不僅有鐵膽，還有柔情。「我會幫助傷兵喝水、洗面、抹腳、倒便盆等。有天我正好負責護理在地雷爆炸時受傷失明的戰士。記得我每次替兩位戰士哥哥翻開紗布換藥時，我都會問他們能不能看到有多少根手指，但他們每次都是搖頭，使我十分心痛。」而這些戰士雖然已經失明，但還不忘反過來安慰林珍說：「日後你在香港當了白色小天使，要歡迎我們入院，幫我們醫治。」這讓林珍不僅心生溫暖，更對他們心生敬佩。

在東江縱隊的日子還讓林珍領略了什麼是正直的品質。「當時我受游擊隊教育，學習遵守『三大紀律八項注意』等軍紀，抗戰結束時，我的領導告訴我部隊需要北撤，那天他臨走前帶着我逐一找曾經借住房間、賣過糧食給部隊的老鄉結賬。」

見證了部隊就算即將北撤，亦不忘堅持貫徹「借東西要還」等「注意」，讓林珍更加明白共產黨深得人心的原因。

（原載香港文匯報 2021 年 6 月 14 日 A8版，記者黃書蘭）

紅星耀香江

從「小鬼通訊員」到歷史傳承者 林珍：人老心不老 紅心一片向國家

目睹搞革命的姐姐林展遭日寇拷打寧死不屈，年幼的她跟隨親人加入游擊隊，盡己所能為抗戰服務。

從「小鬼通訊員」到「小護理員」，見到前線戰士身負重傷仍心懷希望，她備受鼓舞，找尋到自己的人生方向。

擔任原東江縱隊港九大隊老游擊戰士聯誼會會長，她以「人雖然老了 但心不可以老化」要求自己，盡力做好愛國抗戰史宣傳工作。

採編手記：「葉」的事業

「我自己這段不是什麼英雄事跡，我都想多講講我家姐。」林珍這樣說。然而，她是我們採訪過程中一個最特別亦最至關重要的存在。

身為「小鬼通訊員」，林珍的見聞，已經是足夠生動的故事。面對鏡頭，她更多時候在講大姐林展、講哥哥、講母親，講自己如何受到革命者的感召和指引，講一個家庭與部隊的水乳交融。作為原東江縱隊港九大隊老游擊戰士聯誼會會長，林珍是今次尋訪東縱老兵旅程中不可或缺的串聯人。從沙頭角到烏蛟騰，從清水灣到西貢，她引着攝製組的腳步，尋見一個個老兵；又在每一次採訪中，恰如其分地喚起他們關於細節的寶貴回憶。

泰戈爾說，「花的事業是甜美的，果的事業是尊重的，但是讓我做葉的事業吧，因為葉總是謙遜地專心地垂着綠蔭。」於林珍而言也是一樣，將近 90 歲的她，為了讓東江縱隊港九大隊的歷史和一個個曾經鮮活的人物能夠被記住，不停奔走努力，以「葉」的姿態，承載着傳承的使命。每次採訪，她都與

攝製組一路同行，從清晨到傍晚，彷彿不會累。「人雖然老了，但心不可以老化，最重要紅心一片，向着國家，盡自己的餘力做好這些宣傳工作。」這是她的宣言，亦是她始終踐行的準則。

在林珍的講述裏，我們亦得以管窺半個多世紀前，一個投身革命的中國家庭在戰爭中的存在形式——在舉家加入部隊後，除了年幼的林珍得以跟隨母親外，其餘家庭成員間長久地處於離散狀態。擔憂嗎？想念嗎？當我們試圖以當下的思維去「揣測」和捕捉溫情的瞬間，林珍卻說，進入部隊之後，跟着部隊生活，部隊就是他們的家。「作為一個中國人，因國恨家仇而參加了游擊隊，在戰爭中，游擊隊和老百姓一起，艱苦團結，就有生存和勝利的希望。」

類似的場景幾乎貫穿整個尋訪過程。面對日本人會害怕嗎？小小年紀怎麼會想要參軍？和家人分開會想念嗎……面對這類問題，這些老兵們的第一反應都是「沒想過」、「不會去想」。這些堅定的情懷和信仰，老人們毫無保留地呈現出來，希望通過我們的鏡頭，能將它們傳遞到更多的人心中。

（記者 沐晚）

讓年輕人了解真實的抗戰歷史

在新界北區偏僻處、群山環抱的烏蛟騰村，矗立着一座鐫刻紅五星的抗日英烈紀念碑。碑上銘刻着香港淪陷的三年零八月裏，那些抗擊日寇、保護家園的英雄名字，記錄着東江縱隊港九大隊與香港民眾團結抗戰的英勇事跡。「這裏是港九獨立大隊的重要據點，我們通過電台得到黨中央的指示，我們村的烈士面對日寇嚴刑拷打堅貞不屈……」八十六歲的老游擊戰士聯誼會會長林珍、九十五歲的原東江縱隊港九獨立大隊老兵李漢向大公報記者娓娓道來：「這是愛國的根據地，我們要把抗戰精神世代傳承。」

跟着東縱老兵，來一趟烏蛟騰紅色之旅

「讓年輕人了解真實的抗戰歷史」

紅色足跡 ❶

在新界北區偏僻處、群山環抱的烏蛟騰村，矗立着一座頂刻紅五星的抗日英烈紀念碑，碑上銘刻着香港淪陷的三年零八月裏，那些抗擊日寇、保護家園的英雄名字，記錄着東江縱隊港九大隊與香港民眾團結抗戰的英勇事跡。「這裏是港九獨立大隊的重要據點，我們通過電台得到黨中央的指示，我們村的烈士面對日寇嚴刑拷打堅貞不屈……」八十六歲的老游擊戰士聯誼會會長林珍、九十五歲的原東江縱隊港九獨立大隊老兵李漢向大公報記者娓娓道來：「這是愛國的根據地，我們要把抗戰精神世代傳承。」

大公報記者 賀軍楠（文）
梁堅、廣州地區老游擊戰士聯誼會（圖）

村內建電台 與延安保持聯繫

日軍嚴刑 村民寧死不從

港英刻意淡化東縱貢獻

▲烏蛟騰村民計劃興建「烏蛟騰抗戰紀念博物館」，地點就在李冠環身後這一所舊校舍。

珍惜這份情誼……

採訪手記

「同食同住同勞動」

「有着共同的語言」

大公報記者 賀軍楠

烏蛟騰會議

1943年2月，在烏蛟騰村附近的山坡上，中共廣東省臨委和東江軍政委員會召開聯席會議——貫徹執行中共南方局的指示，總結東江和珠江地區敵後抗日游擊戰爭的經驗教訓和部署今後的工作，史稱「烏蛟騰會議」。會議對於東江縱隊、廣東地區的工作，以及對東江軍政委員會的抗日工作都有重要的意義。

隨後，中共中央指示把廣東人民抗日游擊總隊的番號，改為廣東人民抗日游擊隊東江縱隊，下轄七個大隊，曾生任司令員，尹林平任政委。1943年12月2日，東江縱隊正式宣告成立。港九大隊是東江縱隊首批七個大隊之一。

▲烏蛟騰村是東江縱隊港九獨立大隊在日據時代抗日的基地。1943年2月，中共中央為了重建新的機構來領導廣東省的黨組織和抗日武裝鬥爭，在烏蛟騰村附近的山坡上召開了一次會議，歷史上稱為「烏蛟騰會議」。

廣九鐵路破襲戰

1944年2月下旬，東江縱隊在廣九鐵路中段全面開展破襲戰，破壞敵人的鐵路運輸線，炸毀日軍碉堡炮樓，剪斷電線，使敵軍火車相撞，九名日軍喪命，粉碎日軍打通廣九鐵路的企圖。圖為在廣九鐵路兩側戰鬥的東縱戰士。

東江縱隊成立時根據地形勢圖

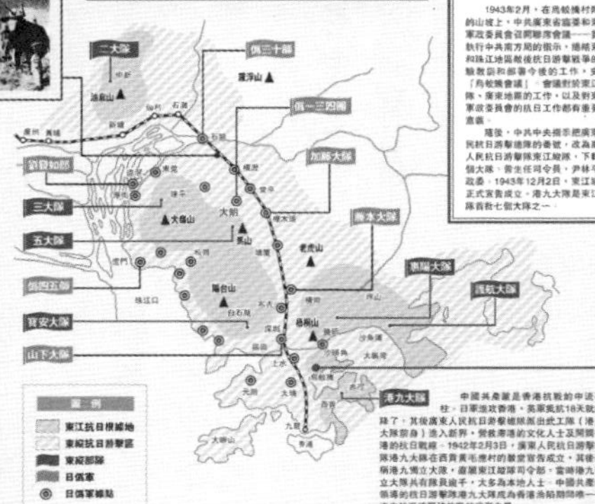

中國共產黨是香港抗戰的中流砥柱。日軍強攻香港，英軍僅抵抗18天就投降了。其後廣東人民抗日游擊總隊派出武工隊（港九大隊前身）進入新界，營救滯港的文化人士及開展香港的抗日戰鬥。1942年2月3日，廣東人民抗日游擊總隊港九大隊在西貢黃毛應村的黃家宗祠成立，其後改稱港九獨立大隊，直屬東江縱隊司令部。當時港九獨立大隊共有隊員近千，大多為本地人士。中國共產黨領導的抗日游擊隊港九大隊成為香港淪陷時期唯一堅持抗戰到底的武裝力量。

▶林珍與李漢展覽地圖，〈游擊隊之歌〉、〈雁安謠〉等抗戰紅歌。

那些年的小故事

山路上的小毛驢

大公報記者 賀軍楠

▲一九四四年八月十七日，延安《解放日報》以「東江縱隊威震港粵」為題報道東江縱隊抗擊日偽軍的戰報。

哼着紅歌 緬懷驕傲歲月

大公報記者 賀軍楠

> 《游擊隊之歌》
> （節錄）
>
> 我們都是神槍手，
> 每一顆子彈消滅一個敵人，
> 我們都是飛行軍，
> 哪怕那山高水又深。
> 在那密密的樹林裏，
> 到處都安排同志們的宿營地，
> 在那高高的山崗上，
> 有我們無數的好兄弟。

掃一掃 看大公報

更多內容歡迎 掃描二維碼

烏蛟騰抗日英烈紀念碑碑文：

1941年12月8日，日本法西斯發動太平洋戰爭，港九新界淪為日本侵略者的佔領區，新界人民發揚抗暴鬥爭的歷史傳統，在東江人民抗日游擊隊領導下，同日本法西斯展開了可歌可泣的鬥爭。在三年八個月的時間裏，日本侵略者對烏蛟騰及其周圍村莊發動了大小掃蕩十餘次。1942年9月25日（農曆8月16日），日本侵略者掃蕩包圍烏蛟騰村，強迫群眾交出自衛武器和供出游擊隊員，村長李世藩、李源培挺身而出，不怕灌水，不怕火燒，不怕軍馬踐踏，堅貞不屈，李世藩壯烈犧牲！日本法西斯的殘暴統治，激起了廣大群眾的民族仇恨，成千上萬的熱血青年男女，愛國愛鄉，紛紛參加港九人民抗日游擊隊，英勇殺敵，烏蛟騰村有李世藩、李憲尉、李天生、李志宏、李官盛、李偉文、黃官保、王志英、李源培等，獻出了自己寶貴的生命。日本法西斯終於1945年8月14日宣布無條件投降，反法西斯戰爭勝利了。

英雄烈士們的光輝業績同港九新界的山山水水一樣，萬古長存！

人民英雄永垂不朽！

「這裏先後有九位抗日志士犧牲」、「當時村裏有四十多位青年參加了游擊隊」、「這裏曾經設置電台與延安保持聯繫」……五月的一天，記者來到烏蛟騰，在高聳的抗日英烈紀念碑下，聽老戰士林珍講述八十年前發生在這裏的故事。

「這是一段香港年輕人應該知道的歷史」，已經八十六歲的老戰士林珍，每次來到烏蛟騰，講起這裏的抗戰故事，前來緬懷烈士的市民都聽得入神。

村內建電台與延安保持聯繫

1941 年年底日軍攻佔香港，在三年零八月的苦難日子裏，中國共產黨領導的東江縱隊港九獨立大隊，在新界各鄉村建立根據地抗擊日寇，烏蛟騰村是港九大隊的重要基地，在偷襲啟德機場、炸毀日軍九龍第四號鐵路及軍火庫等行動中，烏蛟騰小分隊屢立戰功。

林珍說，烏蛟騰村「有山有水有平地」，作為港九大隊的重要基地，根據當時周圍的環境，這裏也建立了電台。一九四二年四月，電台進駐烏蛟騰村附近山上的石水澗村，「從此，我們的情況就可以通過電台向黨中央報告，可以及時得到黨中央的指示。」電台在石水澗隱藏了八個月，持續不斷的發射信號，使得廣東與延安保持聯繫。一年後日軍對石水澗「掃蕩」，而電台已安全轉移。日軍抓住村民逼供，活生生打死，還放火燒毀房子……

日軍嚴刑村民寧死不從

「烏蛟騰及周圍村莊遭受過日軍大大小小十餘次的掃蕩。」林珍訴說，1942 年 9 月 25 日的清晨，大批日軍包圍烏蛟騰，村中各出入口都被封鎖，日軍帶着軍犬，將所有村民無論男女老少，押往村前的曬穀場，強迫村民交出自衛武器、供出游擊隊員。日軍頭目在曬谷場審問村長李世藩，先以甜言蜜語利誘，其後又以嚴刑拷打。李世藩不懼灌水、火燒，在酷刑下守口如瓶，最終壯烈犧牲。日軍又將另一位村長李源培押往溪澗，對其灌水拷打，燒煙灼背，馬蹄踏腹。李源培在殘酷折磨之下，依舊毫不鬆口。包括李世藩在內，該村先後至少有九位烈士為抗日獻出寶貴生命。

日本侵略者的殘暴嚇不倒烏蛟騰的村民，反而激起他們抵禦外敵、保家衛國的決心。據了解，有 40 多名村內青年先後加入港九大隊，英勇抗日。現年

林珍與李漢興奮地唱起《游擊隊之歌》、《延安頌》等抗戰紅歌。

九十五歲的李漢憶述，土生土長的他加入游擊隊時僅十五歲，「我當時係呢個村嘅兒童團團長，負責帶領兒童團宣傳抗日資訊、為部隊送情報，一直到抗戰勝利。我哋仲會一齊唱歌畀啲戰士聽，鼓舞士氣好重要㗎！」他還告訴記者，當時不懼強敵、堅守家園的村民，他們都積極支援部隊、維持治安，為抗日做了大量工作。

港英刻意淡化東縱貢獻

1949 年新中國成立了，烏蛟騰的村民提議樹立紀念碑緬懷先烈。「我哋當時籌備緊，但港英政府有意淡化，甚至抹殺共產黨在香港的抗日功績……人人自危，就連當時起紀念碑，都無人敢承擔。」李漢說，「但我哋烏蛟騰人就唔怕，人哋唔敢做，我哋自己做！」1951 年 10 月，村民們合力在村西頭一處山坡下修成「烏蛟騰烈士紀念碑」，紀念九位烈士。1984 年 9 月，東江縱隊司令曾生重訪烏蛟騰，建議將紀念碑改名為「抗日英烈紀念碑」。1985 年 8 月，紀念碑重修。2009 年 12 月，紀念碑遷於新娘潭道與烏蛟騰交匯處重建。林珍補

中共中央、國務院、中央軍委頒發給李漢的紀念章。

李漢（後排左一）年輕時與戰友的合照。

充說，1998 年 10 月 28 日，特區政府舉行儀式，紀念為保衛香港而捐軀的烈士。在這次儀式上，一支在港英時期被刻意「遺忘」的隊伍，被鄭重地介紹給香港市民。一百五十五位為保衛香港而捐軀的原東江縱隊港九獨立大隊烈士名冊，被安放在中環大會堂紀念龕內，與其他為保衛香港而捐軀的人士同受港人永遠悼念。

「我們立志要守好這個根據地。」幾十年來，李漢、林珍等老戰士們一直不忘初心、牢記使命，每年向烏蛟騰抗日英烈紀念碑敬獻花圈，以默哀緬懷英烈，並向群眾宣講抗戰的歷史，傳承東江縱隊的紅色精神。此外，烏蛟騰村民計劃興建「烏蛟騰抗戰紀念博物館」，村長李冠運介紹，博物館將建在村中學校舊址，「將啲打日本仔嘅『紀念品』全部擺晒出嚟，畀下一代了解真實嘅抗戰歷史。」

珍惜這份情誼……

走在烏蛟騰村的鄉間小路上，村民們展現的熱情令記者印象深刻。林珍告訴記者，當年游擊隊員與村民聯手抗戰產生的革命情誼歷久彌新，烏蛟騰村的鄰里間非常友好，一路走來，都有村民熱情地同林珍打招呼，老人們還互相問候各家後輩的去向。

記者留意到，林珍與家家戶戶的老人都交談甚歡，他們彼此用客家話交流，記者多數都聽不明白。話說出生於九龍的林珍，自小說的是廣東話，但客

李漢珍藏着東江縱隊老戰友的合照。

家話都「識聽又識講」，她笑着告訴記者，小時候做「小鬼」交通員，與各種語系的村民皆有接觸，當年「『同食同住同勞動』都做到，何況語言？」

「同食同住同勞動」

林珍說，當年游擊隊員奉行「同食同住同勞動」的準則，住在村民家中，與村民一同吃飯，毋須輸送情報的日子，自然會與村民一同在田間勞動。她表示，這不單是對村民在吃住上照顧的感謝，更是珍惜彼此間的互相交流和互相理解，共同度過的時間愈長，就會愈了解村民的難處，設身處地地幫村民解決問題。

林珍還告訴記者，1942 年，游擊隊員甫到烏蛟騰村，村民見到「一大堆人又有槍」，誤以為土匪山賊，曾激動地趕他們走。游擊隊明白當地人苦於土匪肆虐已久，理解他們的恐懼，便令大部分人先退後，僅留一男一女隊員，不帶任何武器，上前與村民耐心溝通。村民雖將信將疑，但見二人態度誠懇，便不再強硬阻擋，讓二人進村。此後，土匪多次來襲，游擊隊員不顧自身安全也堅持力抗土匪，又是正面交戰又是談判，與村民同仇敵愾，齊心協力趕走了土匪。村民開心之餘亦對游擊隊員充滿感激，接納他們融入村子，也就有了以後提供掩護、拚死保護的故事。

「有着共同的語言」

多年後，林珍與村內的老人一直保持緊密聯繫，彼此熟悉。記者一行人路過一戶又一戶的人家，不時被犬吠驚擾。在家中的村民聞聲而出，見是林珍便會讓自家狗隻「收聲」，然後二人便揮着手、隔着大門互相問候，交談甚歡。聊着聊着，說起東邊的人家搬去城裏、西邊的孫子考上大學，家家戶戶的情況他們都十分清楚。老人們在陽光下說說笑笑，追憶往日的困苦，珍惜當下的安寧，記者深深感受到，聯手抗擊外侮，共同保護家園的情誼，將他們緊密相連。

山路上的小毛驢

烏蛟騰村地處偏遠，縱使現時已有車路開通，依然需要細細分辨才能尋到。在一個晴朗的夏日，記者隨着抗日老戰士林珍，來到這條英雄的村莊。林珍精神矍鑠，一面向記者講解這裏的地勢路徑，一面回憶起當年游擊隊員運送物資「爬坡」進山的場景。

「普通山路就騎馬，實在太陡就要轉作騎驢。」

記者想像着小毛驢慢吞吞行走在山林中的景象，不由得好奇地詢問騎馬騎驢的分別。林珍娓娓解說，馬雖然速度更快，但馬蹄較平，「抓力」有限，太陡峭的山路並無法上去；驢蹄在修剪過後「抓力」更強，步子平穩，村民不會為其安裝鐵蹄，行走山路反而更有優勢。

驢卻不挑食，有什麼吃什麼；更重要的是，驢的性格較馬更溫順，人不易摔落，平路摔下馬背事小，在山路上可就直接掉下山溝了，萬萬不可啊！」

哼着紅歌 緬懷驕傲歲月

在訪問的過程中，兒童團團長李漢唱響了《我的中國心》。他是那麼的喜愛唱歌，每每提到自己在戰時任兒童團團長，帶領孩子們一同唱軍歌，滿臉的驕傲，眼中更是閃爍着光芒。在場的人不斷鼓勵他「來一首」，老人推脫不過，表示要為大家演唱一首《我的中國心》，以表達自己對於黨和國家的熱愛與感激。

眾所周知，《我的中國心》的高音部分並不易唱，而李漢在九十五歲的高齡依然盡全力完成，在場人無一不為之動容。彷彿被歌聲帶回了過往的歲月，

烏蛟騰村是東江縱隊港九獨立大隊在日據時代抗日的基地。1943 年 2 月，中共中央為了重建新的機構來領導廣東省的黨組織和抗日武裝鬥爭，在烏蛟騰村附近的山坡上召開了一次會議，歷史上稱為「烏蛟騰會議」。

原本坐在不遠處的林珍亦來到李漢身邊，兩人一同哼起了經典的抗戰紅歌《游擊隊之歌》、《延安頌》，年輕一輩則打着節拍為兩位老人助興，一片其樂融融之景。李漢的次女不禁感嘆，許久未見父親如此開心了。

烏蛟騰抗日英烈紀念碑碑文：

1941 年 12 月 8 日，日本法西斯發動太平洋戰爭，港九新界淪為日本侵略者的佔領區，新界人民發揚抗暴鬥爭的歷史傳統，在東江人民抗日游擊隊領導下，同日本法西斯展開了可歌可泣的鬥爭。在三年八個月的時間裏，日本侵略者對烏蛟騰及其周圍村莊發動了大小掃蕩十餘次，1942 年 9 月 25 日（農曆 8 月 16 日），日本侵略者拂曉包圍烏蛟騰村，強迫群眾交出自衛武器和供出游擊隊員，村長李世藩、李源培挺身而出，不怕灌水，不怕火燒，不怕軍馬踐踏，堅貞不屈，李世藩壯烈犧牲！日本法西斯的殘暴統治，激起了廣大群眾的民族仇恨，成千上萬的熱血青年男女，愛國愛鄉，紛紛參加港九人民抗日游擊隊，英勇殺敵。烏蛟騰村有李世藩、李憲新、李天生、李志宏、李官盛、李偉文、王官保、王志英、李源培等，獻出了自己寶貴的生命。日本法西斯終於 1945 年 8 月 14 日宣布無條件投降，反法西斯戰爭勝利了，英雄烈士們的光輝業績同港九新界的山山水水一樣，萬古長存！人民英雄永垂不朽！

（原載大公報 2021 年 5 月 31 日 A12、A13，記者龔學鳴）

紅色印記西貢尋

一九四一年十二月，日軍入侵香港，香港陷入三年零八個月的苦難歲月。中共領導下的廣東人民抗日游擊總隊（東江縱隊前身）迅即進入香港新界地區，肅清土匪，組織民眾開展抗日救亡工作。其中，西貢是游擊隊的重要根據地：一九四二年初，東江縱隊港九獨立大隊於西貢黃毛應村宣布成立；一九四四年，空襲日軍受傷的美軍中尉克爾獲救後，曾輾轉經西貢離港。西貢斬竹灣，有一座抗日英烈紀念碑……到西貢走走看看，尋找那些年的紅色足跡。

西貢尋紅色印記

1941年12月，日軍入侵香港，香港陷入三年零八個月的苦難歲月。中共領導下的廣東人民抗日游擊總隊（東江縱隊前身）迅即進入香港新界地區，肅清土匪，組織民眾開展抗日救亡工作。其中，西貢是游擊隊的重要根據地：1942年初，東江縱隊港九獨立大隊於西貢黃毛應村宣布成立；1944年，空襲日軍受傷的美軍中尉克爾獲救後，曾輾轉經西貢離港。西貢斬竹灣，有一座抗日英烈紀念碑……到西貢走走看看，尋找那些年的紅色足跡。

大公報記者　常曦珊（文）梁堅、文灝（圖）　受訪者供圖

• 鄧小南（上排）與大哥鄧振南（下排右）、二哥鄧民友（下排左）。

• 黃毛應村玫瑰小堂，當年是游擊隊隊員的駐地。

• 1944年秋天，日寇在玫瑰小堂內殘害村民，村民寧死不屈。

• 惠陽坪山人民送給克爾中尉的錦旗，上面寫着「空中英雄」。

• 克爾中尉所駕駛的P-40E型戰機。

• 克爾的兒子根據他的日記，尋找父親當年藏匿的山洞。

• 克爾與妻子維達的合照。

• 克爾手繪的漫畫，描繪戰機被擊落後跳傘逃生的情況。

同仇敵愾

日寇嚴刑 村民寧死不屈 「保護戰士，我很光榮！」

以鄧姓族人為主的黃毛應村，是西貢人跡罕至的小村落，曾經的游擊隊「小鬼」、如今的九旬老人鄧小南接受《大公報》專訪，講述村民與游擊隊員守望相助，共同抗擊日寇的英勇故事。

鄧小南如今已年近九十歲，說起抗戰時做「小鬼」的經歷，依然神采奕奕。他憶述游擊隊員剛入村的情景：西貢地區匪患橫行，那時村民一見到陌生人入村，便先入為主當他們又是一該土匪，哪知他們「又不砸又不搶」，只是不時與村民聊上幾句，態度也分外客氣，慢慢道出自己是前來抗日的游擊隊。他又說，當時日寇佔領西貢，區內幾位神父無故被殺，黃毛應村用來做禮拜的玫瑰小堂就此閒置，久而久之成為了游擊隊隊員的據點。

小教堂「中轉站」 供游擊隊歇腳補給

而黃毛應村當時與附近的蠔上、赤徑及大浪村有緊密聯繫，此後亦逐步發展成為游擊隊基地。及至一九四二年二月三日，東江縱隊港九獨立大隊在黃毛應玫瑰小堂宣布成立。鄧小南告訴記者，黃毛應本是個僅有十幾戶人家的小村子，自從日寇入村，村內青壯年早已組成了自衛隊，鄧小南的兄長亦在其中，與港九大隊游擊隊員並肩作戰。鄧小南當時不過十一、十二歲，眼見兄長能貢獻國家，自己也嚷着要「打倒日本仔」，便加入了村中的兒童團，成為了一名送信、做宣傳的小鬼。他說，兒童團雖然不能扛槍作戰，「冇咁威」，但遠遠見到「日本仔」過來，撒腿就跑去給游擊隊員通風報信，能參與保護戰士們的任務，他感到很光榮。

兩年間，約有七十名游擊隊成員定居和駐紮在這小小的教堂裏，教堂內還儲備了游擊隊的補給、武器和軍火。不僅如此，由於黃毛應村特殊的地理位置，玫瑰小堂亦成為前往西南部的「中轉站」，為往來人員提供歇腳點、食水、物資及庇護。

◀鄧小南的父親鄧福，當年被日寇嚴刑迫供，即使腰骨折斷、雙腳燒傷，依然沒有透露游擊隊的行蹤。

然而在一九四四年秋天，在教堂發生了一段悲壯的故事。鄧小南憶述，游擊隊本來抓到漢奸楊九仔，卻讓他逃跑了，隨後他還帶着日寇回來報復村民。那天早上，日寇包圍村民，帶着楊九仔在人群中轉來轉去，仔細地進行辨認，但始終沒有找到游擊隊員，日寇轉而向村民下毒手。敵人將鄧小南的父親鄧福，以及鄧德安、鄧戊奎兩名青年等抓到村裏的教堂去，對他們嚴刑逼供。

灌水火燒倒吊 兄弟班誰也不就範

鄧小南轉述父親鄧福的回憶說，那日本審官拿着一把閃閃發光的東洋劍，架在他頸上，威脅他說出游擊隊的情況。這一招失敗之後，鄧福又被灌水，一勺勺水從口鼻灌進去，頂不住暈過去又被澆冷水叫醒。見鄧福依舊不就範，日本軍官又用一條扁擔壓在他的削上，兩名日寇分頭踩上去，硬生生踩斷了他的腰骨，無法動彈。日寇隨後又用麻繩綁住他的雙手，吊在教堂內的橫樑上，還在腳下點着禾草往上燒，鄧福的雙腳都被燒爛了，慘叫聲震撼了教堂內外。其餘二人同樣受着如斯酷刑，鄧德安的雙腳幾乎被燒焦了，骨肉都露出來，被折磨得不省人事，鄧戊奎亦數次被燒到暈了過去。

面對日寇嚴刑酷打下，三人堅貞不屈，沒有吐露半點游擊隊的活動情況。日寇最終洗劫全村，將所有牲口、財物搶掠一空。日寇走後，村民立即對三人進行搶救，然而鄧德安傷勢太重，三天後便犧牲了，年僅二十歲。鄧福因腰骨折斷、雙腳燒傷，醫治了半年才能下床，受傷較輕的鄧戊奎也醫治了三個月才痊愈。

鄧小南說，他們兄弟幾人被父親的英勇無畏所觸動，更加堅定了信念，於是哥哥鄧振南、鄧民友毅然加入了游擊隊，為保衛家鄉，保衛國家而戰鬥。年幼的他繼續着「小鬼」的抗日宣傳工作，抗戰勝利後便加入了由鄒韜奮、范長江等愛國知識分子創辦的《華商報》，將自己的愛國情懷融入工作中，希望影響更多的人。

▲當年的游擊隊「小鬼」鄧小南（左）與東縱歷史研究會顧問羅叔清聚首話當年。

飛虎情緣

聯手抗戰 東縱救美兵 「跟我來，我帶你回家！」

「我現在帶你回家！」一這句印在《克爾日記：香港淪陷時期東江縱隊營救美軍飛行員紀實》封面上的話，緩緩揭開了故事的序幕：美軍飛虎隊一級中尉唐納德．克爾（Donald Kerr），在一九四四年二月十一日執行轟炸「日軍基地」香港啟德機場任務時，被日軍擊落，後為東江縱隊游擊隊戰士所救，經歷驚險的逃亡，最後平安歸國，並將歷時二十七天的被救過程完整地寫在日記上。二〇〇八年，克爾的兒子戴維帶着父親留下的珍貴史料來港，向東江縱隊戰士及後人表達感謝。由東縱老戰士組成的東縱歷史研究會，與戴維一同重溫克爾當年的脫險路徑，身為研究會顧問的羅叔清亦參與其中。他感慨道，這段中美大國之間的「飛虎之情」，實在是難能可貴。

羅叔清清楚記得，戴維說，父親曾鄭重地向他形容，中國是個偉大、友善的國家，父親以自己在中國被營救的經歷，教育兒子在困難時仍要幫助別人。戴維的父親終究沒有機會再回到中國，但他希望兒子替他了結這個心願。聽過父親的故事後，戴維常常問自己，究竟那些與父親只是萍水相逢，在危急關頭仍願意拯救他的是什麼人？在整理父親遺物時，戴維發現父親留下一面寫有「空中英雄，克爾中尉留念，惠陽坪山人民敬贈」的錦旗，進一步激發他回去尋訪營救父親的人。

相隔大半世紀 克爾兒子帶着感恩回中國

於是，二〇〇八年戴維探訪了坪山東縱紀念館，隨後在東江縱隊歷史研究會，以及東縱「第二代」的協助下，他在香港的一間安老院見到了李石——當年克爾中尉降傘着陸後第一個拯救他的東縱「小鬼」，如今已是白髮蒼蒼。相隔六十四年的情誼竟能再續。戴維親筆寫了一封感謝信給老人，感謝他在一九四四年二月保護了父親，感謝他在危難面前的無私行為，挽救了許多生命。告別李石，戴維隨後又見到了老戰士曾雲飛——正是他把那句「跟我來，我現在帶你回家」的字句寫在手繪地圖上，遞到克爾中尉手中，令克爾重燃生存的希望與熱情。大半個世紀後，這圖、這字，再次回到中國，出現在曾雲飛的面前，場面令人動容。

不僅如此，在二〇〇八年炎熱的夏季，戴維及家人，東縱老戰士的第二代、第三代，二、三十人的隊伍浩浩蕩蕩地走過了克爾中尉當年拖着傷臂、傷腿的逃生路徑：掛着克爾降落傘的那座建築物、深谷裏的「完美」炭窰、隱藏在岩石下的那塊奇形怪狀的空地、克爾由游擊隊護送上船並與東江縱隊司令員曾生等人合照的海灘……一路走來，不單還原了歷史，更續寫了克爾中尉與東縱老戰士之間的情誼。

兩國人民 兩代情 「我們永遠都是一家人！」

羅叔清說，隨後幾年，當年參與營救的老戰士一位又一位告別塵寰，戴維及家人數次不遠千里前來，在烈士碑園獻花祭拜，以表謝意與敬意。在二〇一〇年十二月，戴維前往深圳坪山祭拜老戰士李兆華時，帶來了一幅鑲在相架內的卡片，兩側分別是克爾與李兆華的相片，中間則是一塊將美國國旗與中國國旗連在一起的繡片。卡片上，克爾更以文字表達心意，寫着「兩位士兵能夠相遇，是我們國家的榮幸」。隨後，戴維將其交給李兆華的兒子江山，兩人的手緊握在一起。「我們永遠都是一家人！」戴維動情地說。江山亦說，「希望我們中美之間的友誼長存！」

羅叔清說，當年中美兩國因「抗戰」走在一起，隨後便有了中美合作的佳話。克爾中尉與老戰士的這段「飛虎情緣」，確認了東江縱隊是真正的抗日隊伍，證明了中國共產黨對於反擊日本侵略者所付出的心血。不單與港人同舟共濟、共渡難關，還援助外國友人，對抗戰作出巨大貢獻，也體現了包容與大愛的精神。

▲曾生司令（中）為克爾中尉送行。

▲兩國人民兩代情，羅叔清與戴維的家人，以及東縱的後人一同合照留念。

不忘眾英烈 籌款百萬立碑致敬

抗日戰爭勝利後，港九大隊的老戰士們以及西貢的鄉親們念念不忘犧牲的英烈，一直想給他們立一座豐碑。新界社團聯會榮譽會長羅叔清表示，一九八四年，中英談判展開，為修建烈士紀念碑帶來契機。當年五月，原東江縱隊司令曾生出陳訪問，途經香港，到當年港九大隊的根據地西貢看望父老鄉親。他得知大家想為犧牲者建紀念碑，欣然題寫了「抗日英烈紀念碑」。於是，趕在一九八四年的最後一日，西貢各界代表成立紀念碑籌建委員會，在主席劉溏喜的帶領下，選址、籌款、設計和修建各項工作正式啟動。西貢居民與老戰士們積蓄無多，籌委會便先後到內地、國外走訪，在得到各方的支持下，終於籌集到建碑所需款項。「當時的一百萬可是巨款啊！」羅叔清感嘆道。

步槍造型象徵游擊隊員

據羅叔清介紹，紀念碑由華南理工大學的師生於一九八六年設計，籌委會最終選擇了以步槍為原型的設計方案，游擊隊員們平安歸來時都會將步槍立着擺在腳，見槍如見人，因此以步槍象徵游擊隊員，再合適不過。

籌委會本想選址在黃石碼頭等「文化大營救」必經之路上，後來因紀念園的佔地面積較大，遂轉而考慮其他更為開闊的地點。羅叔清說，籌委會在主席劉溏喜的帶領下，走遍西貢的荒郊野嶺，某日途經斬竹灣畔，眼見這塊疑似閒置運動場的空地面積適中，便多方打聽其歸屬，才知道那是水警的籃球場，屬政府用地。羅叔清告訴記者，雖然當時港英政府閉口不談港九大隊，但是華人官員卻鼎力相助，大家都認為港九大隊的抗日事跡是香港人值得驕傲的一段歷史。因此，那籃球場順利成為了墓園用地，且每年只需向政府交一元的象徵式牌照費。

終於，一九八九年一月二十三日，紀念碑揭幕，愛國人士同聚一堂，向抗日英烈致敬！

▲抗日戰爭勝利後，老戰士們以及西貢的鄉親們念念不忘犧牲的英烈，於是籌款立碑。

同仇敵愾
日寇嚴刑 村民寧死不屈
「保護戰士，我很光榮！」

以鄧姓族人為主的黃毛應村，是西貢人跡罕至的小村落，曾經的游擊隊「小鬼」、如今的九旬老人鄧小南接受《大公報》專訪，講述村民與游擊隊員守望相助，共同抗擊日寇的英勇故事。

鄧小南如今已年近九十歲，說起抗戰時做「小鬼」的經歷，依然神采奕奕。他憶述游擊隊員剛入村的情景：西貢地區匪患橫行，那時村民一見到陌生人入村，便先入為主當他們又是一波土匪，哪知他們「又不砸又不搶」，只是不時與村民聊上幾句，態度也分外客氣，慢慢道出自己是前來抗日的游擊隊。他又說，當時日軍佔領西貢，區內幾位神父無故被殺，黃毛應村用來做禮拜的玫瑰小堂就此閒置，久而久之成為了游擊隊隊員的據點。

小教堂「中轉站」 供游擊隊歇腳補給

而黃毛應村當時與附近的嶂上、赤徑及大浪村有緊密聯繫，此後亦逐步發展成為游擊隊基地。及至 1942 年 2 月 3 日，東江縱隊港九獨立大隊在黃毛應玫瑰小堂宣布成立。鄧小南告訴記者，黃毛應本是個僅有十幾戶人家的小村子，自從日寇入村，村內青壯年早已組成了自衛隊，鄧小南的兄長亦在其中，與港九大隊游擊隊員並肩作戰。鄧小南當時不過十一、十二歲，眼見兄長能貢獻國家，自己也嚷着要「打倒日本仔」，便加入了村中的兒童團，成為了一名送信、做宣傳的小鬼。他說，兒童團雖然不能扛槍作戰，「冇咁威」，但遠遠見到「日本仔」過來，撒腿就跑去給游擊隊員通風報信，能參與保護戰士們的任務，他感到很光榮。

兩年間，約有七十名游擊隊成員定居和駐紮在這小小的教堂裏，教堂內還儲備了游擊隊的補給、武器和軍火。不僅如此，由於黃毛應村特殊的地理位置，玫瑰小堂亦成為前往西南部的「中轉站」，為往來人員提供歇腳點、食水、物資及庇護。

鄧小南的父親鄧福，當年被日寇嚴刑逼供，即使腰骨折斷、雙腳燒傷，依然沒有透露游擊隊的行蹤。

當年的游擊隊「小鬼」鄧小南（左）與東縱歷史研究會顧問羅叔清聚首話當年。

然而在 1944 年秋天，在教堂發生了一段悲壯的故事。鄧小南憶述，游擊隊本來抓到漢奸楊九仔，卻讓他逃跑了，隨後他還帶着日寇回來報復村民。那天早上，日寇包圍村民，帶着楊九仔在人群中轉來轉去，仔細地進行辨認，但始終沒有找到游擊隊員，日寇轉而向村民下毒手。敵人將鄧小南的父親鄧福，以及鄧德安、鄧戊奎兩名青年等抓到村裏的教堂去，對他們嚴刑逼供。

灌水火燒倒吊　兄弟班誰也不就範

鄧小南轉述父親鄧福的回憶說，那日本軍官拿着一把閃閃發光的東洋劍，架在他頸上，威脅他說出游擊隊的情況。這一招失敗之後，鄧福又被灌水，一勺勺水從口鼻灌進去，頂不住暈過去又被潑冷水叫醒。見鄧福依舊不就範，日本軍官又用一條扁擔壓在他的肩上，兩名日寇分頭踩上去，硬生生踩斷了他的腰骨，無法動彈。日寇隨後又用麻繩綁住他的雙手，吊在教堂內的橫樑上，還在腳下點着禾草往上燒，鄧福的雙腳都被燒爛了，慘叫聲震撼了教堂內外。其餘二人同樣受着如斯酷刑，鄧德安的雙腳幾乎被燒焦了，骨肉都露出來，被折磨得不省人事，鄧戊奎亦數次被燒到暈了過去。

面對日寇嚴刑酷打下，三人堅貞不屈，沒有吐露半點游擊隊的活動情況。

日寇最終洗劫全村，將所有牲口、財物搶掠一空。日寇走後，村民立即對三人進行搶救，然而鄧德安傷勢太重，三天後便犧牲了，年僅二十歲。鄧福因腰骨折斷、雙腳燒傷，醫治了半年才能下床，受傷較輕的鄧戊奎也醫治了三個月才痊愈。

鄧小南說，他們兄弟幾人被父親的英勇無畏所觸動，更加堅定了信念，於是哥哥鄧振南、鄧民友毅然加入了游擊隊，為保衛家鄉，保衛國家而戰鬥。年幼的他繼續着「小鬼」的抗日宣傳工作，抗戰勝利後便加入了由鄒韜奮、范長江等愛國知識分子創辦的《華商報》，將自己的愛國情懷融入工作中，希望影響更多的人。

飛虎情緣
聯手抗戰 東縱救美兵
「跟我來，我帶你回家！」

「我現在帶你回家！」這句印在《克爾日記：香港淪陷時期東江縱隊營救美軍飛行員紀實》封面上的話，緩緩揭開了故事的序幕：美軍飛虎隊一級中尉唐納德·克爾（Donald.Kerr），在 1944 年 2 月 11 日執行轟炸「日軍基地」香港啟德機場任務時，被日軍擊落，後為東江縱隊游擊隊戰士所救，經歷驚險的逃亡，最後平安歸國，並將歷時二十七天的被救過程完整地寫在日記上。2008 年，克爾的兒子戴維帶着父親留下的珍貴史料來港，向東江縱隊戰士及後人表達感謝。由東縱老戰士組成的東縱歷史研究會，與戴維一同重溫克爾當年的脫險路徑，身為研究會顧問的羅叔清亦參與其中。他感慨道，這段中美大國之間的「飛虎之情」，實在是難能可貴。

羅叔清清楚記得，戴維說，父親曾鄭重地向他形容，中國是個偉大、友善的國家，父親以自己在中國被營救的經歷，教育兒子在困難時仍要幫助別人。戴維的父親終究沒有機會再回到中國，但他希望兒子替他了結這個心願。聽過父親的故事後，戴維常常問自己，究竟那些與父親只是萍水相逢，在危急關頭仍願意拯救他的是什麼人？在整理父親遺物時，戴維發現父親留下一面寫有

曾生司令（中）為克爾中尉送行。

兩國人民兩代情，羅叔清與戴維的家人，以及東縱的後人一同合照留念。

「空中英雄，克爾中尉留念，惠陽坪山人民敬贈」的錦旗，進一步激發他回去尋訪營救父親的人。

相隔大半世紀　克爾兒子帶着感恩回中國

於是，2008 年戴維探訪了坪山東縱紀念館，隨後在東江縱隊歷史研究會，以及東縱「第二代」的協助下，他在香港的一間安老院見到了李石——當年克爾中尉降傘着陸後第一個拯救他的東縱「小鬼」，如今已是白髮蒼蒼。相隔六十四年的情誼竟能再續。戴維親筆寫了一封感謝信給老人，感謝他在一九四四年二月保護了父親，感謝他在危難面前的無私行為，挽救了許多生命。告別李石，戴維隨後又見到了老戰士詹雲飛——正是他把那句「跟我來，我現在帶你回家」的字句寫在手繪地圖上，遞到克爾中尉手中，令克爾重燃生存的希望與熱情。大半個世紀後，這圖、這字，再次回到中國，出現在詹雲飛的面前，場面令人動容。

不僅如此，在 2008 年炎熱的夏季，戴維及家人，東縱老戰士的第二代、第三代，二、三十人的隊伍浩浩蕩蕩地走過了克爾中尉當年拖着傷臂、傷腿的逃生路徑：掛着克爾降落傘的那座建築物、深谷裏的「完美」炭窰、隱藏在岩石下的那塊奇形怪狀的空地、克爾由游擊隊護送上船並與東江縱隊司令員曾生等人合照的海灘……一路走來，不單還原了歷史，更續寫了克爾中尉與東縱老戰士之間的情誼。

抗日戰爭勝利後，老戰士們以及西貢的鄉親們念念不忘犧牲的英烈，於是籌款立碑。

兩國人民　兩代情「我們永遠都是一家人！」

羅叔清說，隨後幾年，當年參與營救的老戰士一位又一位告別塵寰，戴維及家人數次不遠千里前來，在烈士碑園獻花祭拜，以表謝意與敬意。在 2010 年 12 月，戴維前往深圳坪山祭拜老戰士李兆華時，帶來了一幅鑲在相架內的卡片，兩側分別是克爾與李兆華的相片，中間則是一塊將美國國旗與中國國旗連在一起的繡片。卡片上，克爾更以文字表達心意，寫着「兩位士兵能夠相遇，是我們國家的榮幸」。隨後，戴維將其交給李兆華的兒子江山，兩人的手緊握在一起。「我們永遠都是一家人！」戴維動情地說。江山亦說，「希望我們中美之間的友誼長存！」

羅叔清說，當年中美兩國因「抗戰」走在一起，隨後便有了中美合作的佳話。克爾中尉與老戰士的這段「飛虎情緣」，確認了東江縱隊是真正的抗日隊伍，證明了中國共產黨對於反擊日本侵略者所付出的心血，不單與港人同舟共濟、共渡難關，還援助外國友人，對抗戰作出巨大貢獻，也體現了包容與大愛的精神。

不忘眾英烈 籌款百萬立碑致敬

抗日戰爭勝利後，港九大隊的老戰士們以及西貢的鄉親們念念不忘犧牲的英烈，一直想給他們立一座豐碑。新界社團聯會榮譽會長羅叔清表示，1984年，中英談判展開，為修建烈士紀念碑帶來契機。當年五月，原東江縱隊司令曾生出國訪問，途經香港，到當年港九大隊的根據地西貢看望父老鄉親。他得知大家想為犧牲者建紀念碑，欣然題寫了「抗日英烈紀念碑」。於是，趕在 1984 年的最後一日，西貢各界代表成立紀念碑籌建委員會，在主席劉運喜的帶領下，選址、籌款、設計和修建各項工作正式啟動。西貢居民與老戰士們積蓄無多，籌委會便先後到內地、國外走訪，在得到各方的支持下，終於籌集到建碑所需款項。「當時的一百萬可是巨款啊！」羅叔清感嘆道。

步槍造型象徵游擊隊員

據羅叔清介紹，紀念碑由華南理工大學的師生於一九八六年設計，籌委會最終選擇了以步槍為原型的設計方案，游擊隊員們平安歸來時都會將步槍立着擺在牆腳，見槍如見人，因此以步槍象徵游擊隊員，再合適不過。

籌委會本想選址在黃石碼頭等「文化大營救」必經之路上，後來因紀念園的佔地面積較大，遂轉而考慮其他更為開闊的地點。羅叔清說，籌委會在主席劉運喜的帶領下，走遍西貢的荒郊野嶺，某日途經斬竹灣畔，眼見這塊疑似閒置運動場的空地面積適中，便多方打聽其歸屬，才知道那是水警的籃球場，屬政府用地。羅叔清告訴記者，雖然當時港英政府閉口不談港九大隊，但是華人官員卻鼎力相助，大家都認為港九大隊的抗日事跡是香港人值得驕傲的一段歷史。因此，那籃球場順利成為了墓園用地，且每年只需向政府交一元的象徵式牌照費。

終於，1989 年 1 月 23 日，紀念碑揭幕，愛國人士同聚一堂，向抗日英烈致敬！

（原載大公報 2021 年 7 月 24 日 A9，記者常彧璠）

戰士村民託肝膽
抗戰史蹟證情誼

由中國共產黨領導的東江縱隊港九獨立大隊游擊隊，在抗日戰爭期間活躍於香港多個地區，在抗擊日軍及營救愛國民主人士等方面均作出重大貢獻。香港文匯報記者跟隨嶺南大學香港與華南歷史研究部高級研究員劉蜀永走訪元朗多個相關抗戰史蹟，透過村民口述歷史，探尋昔日游擊隊足跡，緬懷戰士們與村民彼此相連的愛國心與深厚情誼。

抗戰史蹟證情誼 戰士村民託肝膽

山下村「愛國種子」植根 村長憶述村民捨命救游擊隊成員

●張木林（中）表示陳瑞於戰後曾經再次與張兆生妻子見面，兩人更一起合照，紀念救命之恩。 香港文匯報記者 攝

山下村

潘屋

●劉蜀永建議有關當局可考慮將潘屋改建作元朗抗戰歷史博物館，好好活化這項一級歷史建築。 香港文匯報記者 攝

●位於元朗凹頭的潘屋又名「蔭華廬」，於1930年代由商人潘君勉所建。 香港文匯報記者 攝

●現年98歲的山下村族長張廣祥，抗戰期間曾加入港九大隊元朗中隊。 香港文匯報記者 攝

慶祝中國共產黨成立100周年

由中國共產黨領導的東江縱隊港九獨立大隊游擊隊，在抗日戰爭期間活躍於香港多個地區，在抗擊日軍及營救愛國民主人士等方面均作出重大貢獻。香港文匯報記者近日跟隨嶺南大學香港與華南歷史研究部高級研究員劉蜀永走訪元朗多個相關抗戰史蹟，透過村民口述歷史，探尋昔日游擊隊足跡，緬懷戰士們與村民彼此相連的愛國心與深厚情誼。

元朗山下村是抗戰期間共產黨領導的東江縱隊港九大隊元朗中隊的活動地點，村民不但積極支持游擊隊行動，更有男丁主動「當兵」，為抗日事業奉獻良多。有老戰士兒子接受訪問時，分享了父親少年時加入游擊隊經歷。山下村現任村長張木林介紹村民昔日捨命救出元朗中隊民運區委陳瑞的故事。當年，港九大隊為全村上下的愛國種子植根，大半世紀過去，先輩事跡至今仍口耳相傳，村民都引以為榮。

●香港文匯報 記者 姬文風

楊家村

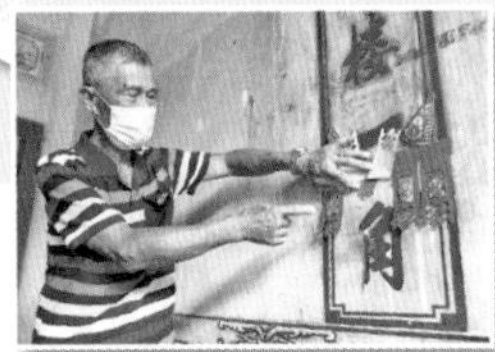

●楊永光指着中廳牆身一個修補處，原來當年曾有槍械不慎走火，子彈打入牆身所致。 香港文匯報記者 攝

現年98歲的山下村族長張廣祥，於抗戰期間加入共產黨領導的東江縱隊港九獨立大隊元朗中隊。香港文匯報記者探訪當日，他因身體抱恙未現身，由兒子張永昌代為講述父親昔日經歷，「大約是在十多歲加入吧，一來我父親比較好動，而且日本仔可能對細路警覺性較低，於是跟着游擊隊做『小鬼』，負責打探情報、通風報訊。」

掩護傷兵脫險 村民不顧生死

根據張廣祥昔日自述，山下村後方是山，很是偏僻，但又在往北的要道上，所以游擊隊早早就選擇在村活動。張木林受訪時憶述張廣祥說過，游擊隊當時利用張氏宗祠作開會和活動之用，「聽族長講，游擊隊每次開完會後就會四散，不會留下過夜，只因經常有日本人到來圍村、搜村，以免會連累村民。」

也許正是這份將心比心，山下村與游擊隊的關係也日益緊密，大難到來，村民都願以命相救。劉蜀永說，在1945年1月，元朗中隊與民兵配合，在山下村展開鋤除密探的行動，戰鬥期間不慎給密探逃脫。其後，上百名日本憲兵到山下村進行掃蕩，游擊隊撤到山上躲避，雙方陷入激烈槍戰。過程中，女民運區委陳瑞腿部不幸被敵人擊中受傷，幸得村民張兆生夫婦在田裏救走藏匿，並由村民們協助連夜護送脫險。

酷刑逼供不屈 堅守游擊情報

張木林說，陳瑞在戰後曾再次與張兆生妻子見面，感謝其救命之恩，兩人更一起合照。

日軍於山下村查無所獲，捉拿了七名村民嚴刑逼問，「其中一名村民是年僅20歲的張金福，日軍也許是見他年紀輕，以為用刑就能逼他招供，但他即使遭受多日酷刑，卻仍舊堅貞不屈，守口如瓶，最終被折磨至死。」劉蜀永嘆道。

他說，張金福本身是村內地下游擊小組成員，協助游擊隊傳送信件及情報，為紀念其英勇事跡，特區政府已將他列入「為保衛香港而捐軀之東江縱隊港九獨立大隊陣亡戰士名單」之中。

張永昌分享道，自己近年跟父親一起出席一場慶祝香港回歸祖國的活動，席間遇到一位外國客人，對方對張廣祥印象深刻，「他說他的父親（戰時）是個飛行員，曾經被游擊隊所救，看見我老豆一眼就認出來了。」

「我們山下村素來都很愛國，每年都會大肆慶祝國慶，只因港九大隊早在抗日戰爭時已帶來了愛國種子。」張木林認為，抗戰時期的眾多事件，充分反映出村民們對游擊隊的信任和支持，情誼值得銘記。

夜間宣傳抗日 村民助避敵軍

山下村村民多次落力參與及支援游擊隊工作，劉蜀永表示，山下村的地下游擊小組元朗區人數最多。由1943年到日軍投降的兩年多期間，小組除了營救陳瑞事件外，在抗日宣傳、保護同志等對敵鬥爭中都作出了積極貢獻。

劉蜀永指出，山下村記載了多宗協助游擊隊的事跡。1943年秋，部隊決定夜間潛入元朗街散發傳單和張貼標語，這任務由山下游擊小組配合武工隊和民運隊來完成。山下村游擊小組成員張福全、張貞吉、張榮樂、張木火、張耀櫃等人，在港九大隊元朗中隊民運區委吳江的率領下潛入元朗墟。不到一小時，就在元朗街道和商店到處散發和張貼了標語傳單。

同年，住在山下村村民張松安家裏的游擊隊成員黃思明，一天因為工作準備進元朗墟與地下黨員接頭，此時日軍內應正向山下村竄來。正在田間勞動的張母發現後，立即回家告知黃思明，並把他掩蔽在房間裏，然後轉身把門鎖上，出田勞動。不到五六分鐘，敵人果然來敲門搜查，見門上了鎖，也就不搜了。張媽媽就這樣臨危不懼，巧妙地躲過敵人，保護了游擊隊成員的安全。

●香港文匯報記者 姬文風

潘屋兩層意義 影響香港歷史

位於元朗凹頭的潘屋又名「蔭華廬」，於1930年代由商人潘君勉所建。劉蜀永介紹說，中共領導人葉劍英於1938年11月曾到此地，啟發潘君勉出錢出力支持抗戰事業。從歷史角度而言，這次來港經歷也影響了葉劍英日後主持或參與制訂中國共產黨對香港政策。由於潘屋這歷史建築承載着兩層重要意義，他建議特區政府參考適將此改建作元朗抗戰歷史博物館，好好活化這項一級歷史建築。

「1938年11月，葉劍英曾經來港養病，也許是同鄉的關係，這期間他曾到元朗『蔭華廬』潘君勉家中作客，受到熱情款待，並與潘家人合影留念。」劉蜀永說，《葉劍英傳》中就有提及有關歷史，而當時潘君勉正是受到葉劍英的啟發，於其後串連香港商界捐獻鉅款支持神聖的抗戰事業，更通過葉劍英的關係，將兩名侄兒送到八路軍參與抗日，「這是很特別的一件事情。」

劉蜀永指出，葉劍英到訪潘屋的另一層意義，在於令他對香港情況、特殊地位都有親身體驗，包括在香港落實的「一國兩制」，與葉劍英當年提出「有關和平統一台灣的九條方針政策」所延伸出來的概念有關，「中共領導人周恩來、鄧小平、葉劍英等，早年都曾到過香港，我認為這份經歷，對他們後來主持或參與制訂中國共產黨對香港政策有相當影響。」

「所以（潘屋）這段意義，一方面體現了早年中共領導人在港經歷，繼而對後來的影響；另一方面有關葉劍英在潘屋的活動，也是香港民眾抗日救亡活動的一個組成部分，是有着兩層意義。」他說。

●香港文匯報 記者 姬文風

潘屋歷史

適廬見證「大營救」 成重要歷史地點

1941年底香港淪陷，數以百計的中國文化界人士滯留香港。當時，中共領導人周恩來指示香港的中共地下黨前來營救。在日寇嚴密封鎖下，游擊隊順利將800多人救出險境，完成「秘密大營救」，被譽為「抗戰以來最偉大的搶救工作」。位處新界元朗十八鄉的楊家村適廬，是當年「秘密大營救」西線的重要中轉站，楊家後人至今仍居住於此。

在採訪當天，楊家後人楊永光向記者憶述，母親當年接待半百游擊隊員，從最初的惶恐不已，到後來建立尊重和信賴，家人更被共產黨的奮鬥精神深深感動，哪怕後來有族人遭日軍捉拿施虐，由始至終都沒有透露游擊隊消息，令人動容。

1933年，楊永光父親楊衛南與叔叔楊竹南建成適廬。當時，楊家村是廣東省梅縣客家人的聚居地，大多數曾僑居印尼，來港後以務農和畜牧為生。「那年我大概五六歲，只依稀記得有很多人來過（適廬），人來人往，後來聽媽媽說，才知道那些人是共產黨游擊隊及他們帶回來的難民。」年屆85歲的楊永光說。

楊永光向香港文匯報記者展示了多張家族照片，並逐一介紹，「這是我叔叔（楊竹南），她是嬸嬸，她是母親，可惜已找不到父親的照片了。」

看着一張一張舊日面容，他的記憶也逐漸鮮明起來，「應該是1942年吧，我媽媽說某天有三個人到來家中，周圍張望。我媽問：『大哥，你們來找哪位？』對方只道過來看看。」詎料，相隔僅半小時，約五六十名大漢隨後到來，此前三個人的說法也跟着改變，從「過來看看」變為「借屋暫住」。

「我阿媽一個女人帶着幾個孩子，不知對方來歷，害怕得『騰騰震』。後來對方說明身份來意：『我們是共產黨的，來住只為避難』。」楊永光說，家中霎時多了數十名陌生人，任誰都難以一時接受，但是面對「群情洶湧」，母親當時亦無法拒絕。

槍械走火 為牆身留史痕

於是，一行數十人正式「進駐」適廬。楊永光帶着記者看他們所居之處，「高級人員們住兩間房，其餘就住橫廳那邊，共六個房間，一間房少說都有十個八個人睡，但還是不夠地方，於是亦有人出廳打地鋪，餘下地方則放滿了槍。」楊永光指着中廳牆身一個修補處，原來當年曾有人的槍械不慎走火，子彈打入牆身所致，算是亂世下的小小歷史痕跡。

隊員仁慈禮貌 助村民改善伙食

他說，與游擊隊相處下來，媽媽亦由當初的害怕變得欣賞，尤其是隊員們都好仁慈，好有禮貌，幫助村民改善伙食，又積極對有需要的人予以幫助，「共產黨好好人，招呼過好多難民，給他們吃飯，有段時間每日招呼百幾人，食完飯就走，連續一個星期多都有。」

1942年夏秋之間，懷疑有人洩露消息，日軍大舉到村內搜蕩游擊隊，機警的游擊隊及時撤離，日軍遍尋不果，就將楊竹南帶走問話，在元朗市區囚禁近一個多月，「我叔叔被日軍用水刑，灌水爆肚，但也始終沒有透露半句。」結果，日軍也只得放人。

正是這些相處點滴與經歷，令楊家上下跟游擊隊建立了互信和尊重，也讓適廬成了見證「秘密大營救」，以及港九大隊元朗中隊在這一帶多項活動的重要歷史地點。

●香港文匯報記者 姬文風

元朗山下村是抗戰期間共產黨領導的東江縱隊港九大隊元朗中隊的活動地點，村民不但積極支持游擊隊行動，更有男丁主動「當兵」，為抗日事業奉獻良多。有老戰士兒子接受訪問時，分享了父親少年時加入游擊隊經歷。山下村現任村長張木林介紹村民昔日捨命救出元朗中隊民運區委陳瑞的故事。當年，港九大隊為全村上下的愛國種子植根，大半世紀過去，先輩事跡至今仍口耳相傳，村民都引以為榮。

現年 98 歲的山下村族長張廣祥，於抗戰期間加入共產黨領導的東江縱隊港九獨立大隊元朗中隊。香港文匯報記者探訪當日，他因身體抱恙未現身，由兒子張永昌代為講述父親昔日經歷，「大約是在十多歲加入吧，一來我父親比較好動，而且日本仔可能對細路警覺性較低，於是跟着游擊隊做『小鬼』，負責打探情報、通風報訊。」

掩護傷兵脫險　村民不顧生死

根據張廣祥昔日自述，山下村後方是山，很是偏僻，但又在往北的要道上，所以游擊隊早早就選擇在村活動。張木林受訪時憶述張廣祥說過，游擊隊當時利用張氏宗祠作開會和活動之用，「聽族長講，游擊隊每次開完會後就會四散，不會留下過夜，只因經常有日本人到來圍村、搜村，以免會連累村民。」

也許正是這份將心比心，山下村與游擊隊的關係也日益緊密，大難到來，村民都願以命相救。劉蜀永說，在 1945 年 1 月，元朗中隊與民兵配合，在山下村展開鏟除密探的行動，戰鬥期間不慎給密探逃脫。其後，上百名日本憲兵到山下村進行掃蕩，游擊隊撤到山上躲避，雙方陷入激烈槍戰。過程中，女民運區委陳瑞腿部不幸被敵人擊中受傷，幸得村民張兆生夫婦在田裏救走藏匿，並由村民們協助連夜護送脫險。

酷刑逼供不屈　堅守游擊情報

張木林說，陳瑞在戰後曾再次與張兆生妻子見面，感謝其救命之恩，兩人更一起合照。

日軍於山下村查無所獲，捉拿了七名村民嚴刑逼問，「其中一名村民是年僅 20 歲的張金福，日軍也許是見他年紀輕，以為用刑就能逼他招供，但他即使遭受多日酷刑，卻仍舊堅貞不屈，守口如瓶，最終被折磨至死。」劉蜀永嘆道。

他說，張金福本身是村內地下游擊小組成員，協助游擊隊傳送信件及情報，為紀念其英勇事跡，特區政府已將他列入「為保衛香港而捐軀之東江縱隊港九獨立大隊陣亡戰士名單」之中。

張永昌分享道，自己近年跟父親一起出席一場慶祝香港回歸祖國的活動，席間遇到一位外國客人，對方對張廣祥印象深刻，「他說他的父親（戰時）是個飛行員，曾經被游擊隊所救，看見我老竇一眼就認出來了。」

「我們山下村素來都很愛國，每年都會大事慶祝國慶，只因港九大隊早在抗日戰爭時已帶來了愛國種子。」張木林認為，抗戰時間的眾多事件，充分反映出村民們對游擊隊的信任和支持，情誼值得銘記。

現年 98 歲的山下村族長張廣祥，抗戰期間曾加入港九大隊元朗中隊。

張木林（中）表示陳瑞於戰後曾經再次與張兆生妻子見面，兩人更一起合照，紀念救命之恩。

夜間宣傳抗日 村民助避敵軍

山下村村民多次落力參與及支援游擊隊工作，劉蜀永表示，山下村的地下游擊小組元朗區人數最多。由 1943 年到日軍投降的兩年多時間，小組除了營救陳瑞事件外，在抗日宣傳、保護同志等對敵鬥爭中都作出了積極貢獻。

劉蜀永指出，山下村記載了多宗協助游擊隊的事跡。1943 年秋，部隊決定夜間潛入元朗街散發傳單和張貼標語，這任務由山下游擊小組配合武工隊和民運隊來完成。山下村游擊小組成員張福全、張貞吉、張榮樂、張木火、張耀樞等人，在港九大隊元朗中隊民運區委吳江的率領下潛入元朗墟。不到一小時，就在元朗街道和商店到處散發和張貼了標語傳單。

同年，住在山下村村民張松安家裏的游擊隊成員黃思明，一天因為工作準備進元朗墟與地下黨員接頭，此時日軍內應正向山下村竄來。正在田間勞動的張母發現後，立即回家告知黃思明，並把他掩蔽在房間裏，然後轉身把門鎖上，出田勞動。不到五六分鐘，敵人果然來敲門搜查，見門上了鎖，也就不搜了。張媽媽就這樣臨危不慌，巧妙地躲過敵人，保護了游擊隊成員的安全。

潘屋兩層意義 影響香港歷史

位於元朗凹頭的潘屋又名「蔭華廬」，於 1930 年代由商人潘君勉所建。劉蜀永介紹說，中共領導人葉劍英於 1938 年 11 月曾到此地，啟發潘君勉出錢出力支持抗戰事業。從歷史角度而言，這次來港經歷也影響了葉劍英日後主持或參與制訂中國共產黨對香港政策。由於潘屋這歷史建築承載着兩層重要意義，他建議特區政府應考慮將此改建作元朗抗戰歷史博物館，好好活化這項一級歷史建築。

「1938 年 11 月，葉劍英曾經來港養病，也許是同鄉的關係，這期間他曾到元朗『蔭華廬』潘君勉家中作客，受到熱情款待，並與潘家人合影留念。」劉蜀永說，《葉劍英傳》中就有提及有關歷史，而當時潘君勉正是受到葉劍英的啟發，於其後串連香港商界捐獻鉅款支持神聖的抗戰事業，更通過葉劍英的

位於元朗凹頭的潘屋又名「蔭華廬」，於 1930 年代由商人潘君勉所建。

關係，將兩名侄兒送到八路軍參與抗日，「這是很特別的一件事情。」

劉蜀永指出，葉劍英到訪潘屋的另一層意義，在於令他對香港情況、特殊地位都有親身體驗，包括在香港落實的「一國兩制」，與葉劍英當年提出「有關和平統一台灣的九條方針政策」所延伸出來的概念有關，「中共領導人周恩來、鄧小平、葉劍英等，早年都曾到過香港，我認為這份經歷，對他們後來主持或參與制訂中國共產黨對香港的政策有相當影響。」

「所以（潘屋）這段意義，一方面體現了早年中共領導人在港經歷，繼而對後來的影響；另一方面有關葉劍英在潘屋的活動，也是香港民眾抗日救亡活動的一個組成部分，是有着兩層意義。」他說。

劉蜀永建議有關當局可考慮將潘屋改建作元朗抗戰歷史博物館，好好活化這項一級歷史建築。

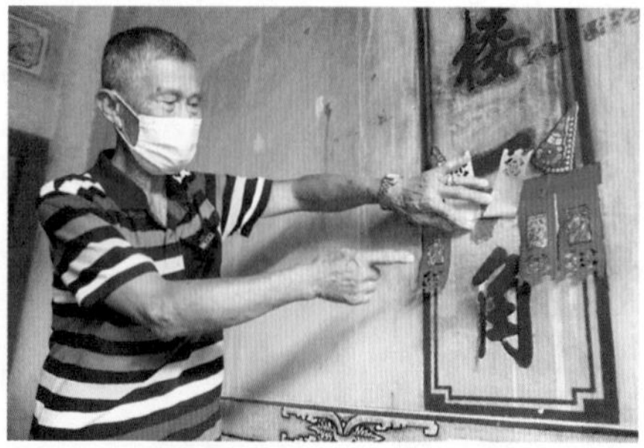

楊永光指着中廳牆身一個修補處，原來當年曾有槍械不慎走火，子彈打入牆身所致。

楊家後人楊永光：
適廬見證「大營救」 成重要歷史地點

1941 年底香港淪陷，數以百計的中國文化界人士滯留香港。當時，中共領導人周恩來指示香港的中共地下黨前來營救。在日寇嚴密封鎖下，游擊隊順利將 800 多人救出險境，完成「秘密大營救」，被譽為「抗戰以來最偉大的搶救工作」。位處新界元朗十八鄉的楊家村適廬，是當年「秘密大營救」西線的重要中轉站，楊家後人至今仍居住於此。

在探訪當天，楊家後人楊永光向記者憶述，母親當年接待半百游擊隊員，從最初的惶恐不已，到後來建立尊重和信賴，家人更被共產黨的奮鬥精神深深感動，哪怕後來有族人遭日軍捉拿施虐，由始至終都沒有透露游擊隊消息，令人動容。

1933 年，楊永光父親楊衛南與叔叔楊竹南建成適廬。當時，楊家村是廣東省梅縣客家人的聚居地，大多數曾僑居印尼，來港後以務農和畜牧為生。「那年我大概五六歲，只依稀記得有很多人來過（適廬），人來人往，後來聽媽媽說，才知道那些人是共產黨游擊隊及他們帶回來的難民。」年屆 85 歲的楊永光說。

楊永光向香港文匯報記者展示了多張家族照片，並逐一介紹，「這是我叔叔（楊竹南），她是嫲嫲，她是母親，可惜已找不到父親的照片了。」

看着一張一張舊日面容，他的記憶也逐漸鮮明起來，「應該是 1942 年吧，我媽媽說某天有三個人到來家中，周圍張望。我媽問：『大哥，你們來找哪位？』對方只道過來看看。」詎料，相隔僅半小時，約五六十名大漢隨後到來，此前三個人的說法也跟着改變，從「過來看看」變為「借屋暫住」。

「我阿媽一個女人帶着幾個孩子，不知對方來歷，害怕得『騰騰震』。後來對方說明身份來意：『我們是共產黨的，來住只為避難』。」楊永光說，家中霎時多了數十名陌生人，任誰都難以一時接受，但是面對「群情洶湧」，母親當時亦無法拒絕。

槍械走火 為牆身留史痕

於是，一行數十人正式「進駐」適廬，楊永光帶着記者看他們所居之處，「高級人員們住兩間房，其餘就住橫廳那邊，共六個房間，一間房少說都有十個八個人睡，但還是不夠地方，於是亦有人出廳打地鋪，餘下地方則放滿了槍。」楊永光指着中廳牆身一個修補處，原來當年曾有人的槍械不慎走火，子彈打入牆身所致，算是亂世下的小小歷史痕跡。

隊員仁慈禮貌助村民改善伙食

他說，與游擊隊相處下來，媽媽亦由當初的害怕變得欣賞，尤其是隊員們都好仁慈，好有禮貌，幫助村民改善伙食，又積極對有需要的人予以幫助，「共產黨好好人，招呼過好多難民，給他們吃飯，有段時間每日招呼百幾人，食完飯就走，連續一個星期多都有。」

1942 年夏秋之間，懷疑有人洩露消息，日軍大舉到村內掃蕩游擊隊。機警的游擊隊及時撤離，日軍遍尋不果，就將楊竹南帶走問話，在元朗市區囚禁近一個多月，「我叔叔被日軍用水刑，灌水踢肚，但也始終沒有透露半句。」結果，日軍也只得放人。

正是這些相處點滴與經歷，令楊家上下跟游擊隊建立了互信和尊重，也讓適廬成了見證「秘密大營救」，以及港九大隊元朗中隊在這一帶多項活動的重要歷史地點。

（原載香港文匯報 2021 年 6 月 18 日 A10 版，記者姬文風）

東縱精神感動了我們

香港淪陷期間，由中國共產黨領導的東江縱隊展開空前絕後的「秘密大營救」，在日寇嚴密封鎖下，把何香凝、鄒韜奮、茅盾、梅蘭芳和蔡楚生等在內的數百名文化人士營救出來，轉移往後方安全地帶，奇跡般地完成一場「最偉大的搶救工作」。元朗十八鄉楊家村的適廬，曾是這次大營救中極其重要的「中轉站」。當年親歷者、楊家村的後代楊永光現仍生活於此。楊永光接受《大公報》訪問時憶述，「日本仔來三次都捉唔到人，我伯父被打到半死，差點被放火燒，亦死都唔講。」他說，楊家村村民「從初始的警惕，到後來為保護游擊隊員寧死不屈，是共產黨的奮鬥精神感動了楊家人。」

紅色足跡 ②

香港淪陷期間，由中國共產黨領導的東江縱隊展開空前絕後的「秘密大營救」，在日寇嚴密封鎖下，把何香凝、鄒韜奮、茅盾、梅蘭芳和蔡楚生等在內的數百名文化人士營救出來，轉移往後方安全地帶，奇跡般地完成一場「最偉大的搶救工作」。元朗十八鄉楊家村的遠廬，曾是這次大營救中極其重要的「中轉站」。當年親歷者、楊家村的後代楊永光現仍生活於此。楊永光日前接受《大公報》訪問時憶述：「日本仔來三次都捉唔到人，我伯父被打到半死，差點被放火燒，亦死都唔講」。他說，楊家村村民「從初始的驚懼，到後來為保護游擊隊員寧死不屈，是共產黨的奮鬥精神感動了楊家人」。

大公報記者 劉越琦、常成瑤（文）
文匯、廣州地區老游擊戰士聯誼會（圖）

走訪「秘密大營救」中轉站 探尋紅色記憶
「東縱精神感動了我們」

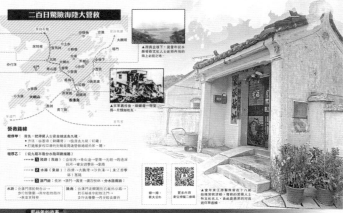

▲「遠廬」是抗戰時期東江游擊隊其中的根據地，楊永光介紹「遠廬」內的布局，圖中所見，曾是昔日藏放槍支的地方。

▲一九四四年三月十八日，（左起）黃作梅、謝伯明、曾生、林展（林珍姐姐）及楊影風合影。

▲日軍搜捕抗日人士，其間殺害許多無辜香港市民，屍體堆積如山，令人慘不忍睹。

秘密大營救中部分獲救的文化名人

保護村民免受土匪騷擾

「共產黨對我阿媽好好」

陸路必經之地——遠廬

▲1941年，在香港的部分文化名人及知名人士（從左到右）陳歌辛、蕭白迪、夏衍、丁聰、何香凝、洪遒、廖夢醒、歐陽予倩合影。

小鬼交通員的「紙彈戰」

採訪手記

炸藥藏竹竿 隨牛群送市區

大公報記者 常成瑤、劉越琦

二百日驚險海陸大營救

▶元朗十八鄉的大棠村楊家村，是東江縱隊的重要交通站，很多文化人經此地到達東江游擊區。

▶寶安縣白石龍村，是1942年文化群英從香港脫險後，到達游擊區停留的第一站。

▲西貢企嶺下，是當年從水路營救文化人士返回內地的海上必經之地。

營救路線

程序甲：首先，把滯留人士安全地送去九龍。
- 方法：由香港（銅鑼灣）→偷渡去九龍（紅磡）
- 打通維多利亞港的封鎖是佈通營救路線的第一關。

程序乙：（從九龍半島分水陸兩路撤離）
1. 陸路（西線）：由旺角→青山道→荃灣→元朗→再過深圳河→寶安游擊區→惠陽
2. 水路（東線）：西貢→大鵬灣→沙魚涌→（東江游擊區）惠陽
3. 澳門線：長洲→澳門→齊東→廣西桂林，分水陸兩路：

水路：由澳門搭船到台山→步行到肇慶→再坐船到梧州→乘車至桂林

陸路：由澳門走關閘到石岐的公路→到石岐後坐船到江門→步行去肇慶→再坐船去廣西

▲日軍在青山道沿途設崗搜查過路行人，許多文化人裝扮成難民，在游擊隊員的掩護下與回鄉客一起逃離。

▲日軍轟炸後，銅鑼灣一帶變得一片頹垣敗瓦。

◀▶「要把抗戰精神傳承下去！」楊永光及林珍向記者講述當年那些年的抗日故事。

▲當年東江游擊隊曾在十八鄉進行營救活動，當中的愛國人士和文化名人，由此逃過深圳河返回游擊區。

掃一掃，看大公網
更多內容 歡迎掃描二維碼

那些年的故事

妙設樞紐 雁過無痕

暗語：有黃花魚賣嗎？

二百天救出八百餘人

廖承志 潘漢年

大公報記者 常成瑤

血濃於水 港澳同胞支援抗戰

千餘人回國參加東江縱隊

適居仁里 廬境人群

話你知

九華徑，一處滿載歷史的地方，在香港淪陷期間，是進出九龍及新界的交通要道，也是東江縱隊活動的範圍。當年「秘密大營救」的路線分別為「西線，行青山公路，經九華徑至荃灣，越過大帽山到元朗十八鄉楊家村，然後渡過深圳河進入寶安游擊區；東線，由九龍經西貢村、沙魚涌、淡水，進入惠陽游擊區。」

保護村民免受土匪騷擾

元朗十八鄉楊家村，環境優美，綠意盎然，八十年前，這裏是東江抗日游擊隊的交通站，也是「秘密大營救」的中轉站。「那年我大概五六歲，只模糊記得很多人來過，後來媽媽告訴我，共產黨的游擊隊經常帶來很多人，不止一批，大部分吃頓飯就繼續趕路了，小部分留下住一晚才走。」年屆八十五歲的楊永光說。當時的香港，社會治安十分混亂，新界區處在無政府狀態。土匪橫行，大小惡勢力佔據，姦淫搶劫，無惡不作。從長輩口中，從親身的感受中，他憶述元朗居民當年的恐慌：時刻擔驚受怕，有的害怕到「夜晚唔敢喺度住，日頭先返嚟」，有的甚至全家逃難……直到共產黨游擊隊的到來，才免受土匪騷擾。

楊永光說，當年游擊隊到來後，主動維持治安，表明為「打日本仔」先至此地，又主動約當地土匪「開會」，要求「唔好再騷擾百姓」。游擊隊「有槍又有人」，又組織起護村隊，慢慢得到居民信任。他們消滅或趕走惡勢力，包括當時盤踞在大帽山的土匪黃慕容等，令到秘密大營救行動更順利，增加村民、過境的民眾、被營救轉移的文化界人士的安全保障。

「共產黨對我阿媽好好」

記者日前實地探訪楊家村，村子的後面是高低起伏的山巒，放眼四周盡是樹林與田間小路，時至今日都沒有行車路直達，不難想像八十年前，該處是如何的偏遠難覓，為東江游擊隊提供了一個隱蔽的活動據點。土匪橫行的年代，村民對一切陌生人都充滿防備，從初始的警惕，到後來配合游擊隊員進行抗日，楊永光說，是共產黨人的奮鬥精神感動了楊家人。

香港淪陷後物資匱乏，當時日軍大量驅趕在港居民回內地，難民源源不

「要把抗戰精神傳承下去！」楊永光及林珍向記者娓娓道來那些年的抗日故事。

斷，楊家村是陸路離港的重要「中轉站」，游擊隊把要營救的人混入了難民的隊伍。經常有人在此過夜，有更多人則在屋前禾坪暫作休息，「食一餐」就走，「共產黨好好人，都招呼好多難民，畀佢食飯，每天都有過百難民在門口食，食完先離開，持續了一個禮拜有多。」年幼的楊永光更記得，「共產黨對我阿媽好好，態度客氣，仲會幫手煮飯。」

「日本仔來三次都捉唔到人，我伯父被打到半死，日本仔還帶來火水放在門口，要挾再唔講就要放火燒屋，伯父死都唔講出來。」在楊永光的記憶裏，從小到大常聽父輩講述他們經歷的各種戰鬥和艱險，抗日故事就是他成長中最真實的教材，還有祖輩世居的楊家村，作為「中轉站」在秘密大營救中發揮的重要作用。

陸路必經之地——適廬

中國現代著名作家茅盾將這次營救活動稱為「抗戰以來最偉大的搶救工作」。從他寫作的《脫險雜記》中，可以窺見當年那艱辛的「逃亡路」：一九四二年一月九日，茅盾夫婦等人被游擊隊帶到皇后大道東的臨時集中點，

日軍搜捕抗日人士，其間殺害許多無辜香港市民，屍體堆積如山，令人慘不忍睹。

「適廬」是抗戰時期東江游擊隊其中的根據地。楊永光介紹「適廬」內的布局，圖中所見，曾是昔日擺放槍支的地方。

扮成難民模樣，通過日軍檢查站，在夜幕掩護下登上停靠在避風塘的駁船，與鄒韜奮等人會合。一月十日凌晨，他們分乘三艘小艇迅速衝向九龍，並在油麻地佐敦休息。之後兩日，他們經荃灣，到元朗十八鄉的適廬歇息一晚，再渡過深圳河。一月十三日，他們一行抵達寶安游擊區的游擊隊臨時指揮所駐地白石龍，並見到了林平等游擊隊領導。

小鬼交通員的「紙彈戰」

「要把抗戰精神傳承下去！」記者連日尋訪香港的抗戰足跡，老游擊戰士聯誼會會長林珍帶着記者沿着紅色足跡實地走訪。從烏蛟騰到元朗十八鄉，一路走來，每個地方都有許多港九大隊的事跡，記者還認識了不同的戰術，如「紙彈戰」與「地雷戰」等，東縱英勇的形象在記者腦海中愈見立體。

林珍加入游擊隊抗擊日寇時，年僅八歲，作為一名「小鬼交通員」，雖然她不能像大人們一樣夜襲日軍，也並非日日都有「交通員任務」，但大部分時候，她在後方協助進行「紙彈戰」，幫忙印刷抗日文宣，派發宣傳單張。

林珍向記者描述，初期宣傳單皆由後方統一印刷，然後交到游擊隊員手中進行派發。而對工作充滿熱忱的「小鬼」們總是以最快速度，在極短時間內就能將宣傳單派發完，然後等待下一波傳單的到來。戰時本就時間緊迫，豈能虛

日軍在青山道沿途設崗搜查過路行人，許多文化人裝扮成難民，在游擊隊員的掩護下與回鄉客一起逃離。

日軍轟炸後，銅鑼灣一帶變得一片頹垣敗瓦。

度光陰？很快游擊隊員就在當地建起了簡易的「印刷工坊」，以自創「印刷術」帶領「小鬼」們自製宣傳品，一邊製造一邊派送。實現了「自給自足」，大家喜笑顏開，不遺餘力地進行着宣傳工作，將共產黨抗日理念的「星星之火」，送至香港的大街小巷。

炸藥藏竹竿　隨牛群送市區

除了「紙彈戰」之外，「地雷戰」同樣也是港九大隊靈活殲敵、反「掃蕩」作戰的智慧結晶。據林珍描述，一九四四年四月二十一日，轟隆一聲巨響，震動了全港。市區中隊成功爆破了九龍窩打老街四號鐵路橋，幾支隊伍配合作戰，迫使日軍回援，「地雷戰」獲得很大的效果。她驕傲地說，「說明我們的部隊有策略。這是烏蛟騰會議後，由被動巧妙轉換為主動的戰鬥典範，證明我們的情報工作很準確。」

「當時的交通要道有日軍把守，橫跨窩打老道大街的鐵路天橋，離日本九龍地區憲兵本部約百米左右，橋上只通火車，不通行人。於是機智的『小鬼』將炸藥藏在竹竿裏，揚着竹竿跟着牛群，混過敵人的檢查哨，把子彈粉和雷管送到市區。」林珍說，炸藥原料來自收集而來的英軍武器彈藥，「一行人到達四號橋後，從斜坡爬上，把炸藥藏在鐵軌下，接上計時器，對準時間，爆炸了。」

原來，「小鬼」同樣能發揮大作用！

妙設樞紐 雁過無痕

1941 年 12 月，香港淪陷，大批愛國民主人士和進步文化人士滯留香港。正當日軍四處張貼告示，限令要鄒韜奮、茅盾、梅蘭芳和蔡楚生等文化人士前去日軍軍部報到時，他們卻已經在嚴密的封鎖下「人間蒸發」，並在數月之後安然出現在抗日大後方和根據地。這場由黨中央指導、東江縱隊執行的大營救歷時近二百天，突破日軍、偽軍、土匪設置的重重關卡，共營救出八百餘人，無一失誤。

12 月 7 日，受黨中央指示，中共中央南方局書記周恩來兩次急電香港工作的負責人廖承志、潘漢年、劉少文，要求他們迅速做好應變準備，「許多重要民主人士、文化界人士被困留香港，他們是我國文化界的精華，要想盡一切辦法把他們搶救出來。」

暗語：有黃花魚賣嗎？

據記載，1942 年 1 月 9 日晚，交通員李錦榮帶領包括茅盾夫婦、張鐵生在內的第一批文化界人士到達銅鑼灣，他問岸邊的一艘小艇：「有黃花魚賣嗎？」漁人答：「有。」又問：「論斤還是論條？」對方答：「你到艙下來看看吧。」暗號對上了，李錦榮才安心地帶大家上船，隨後與鄒韜奮、胡繩、廖沫沙等人會合，在九龍悄然上岸。此後，他們通過九龍城，走上直通元朗的青山道，又經過一條狹窄的山路登上海拔九百多米的大帽山，再穿過隱秘的山谷。

二百天救出八百餘人

海上線路的艱險自然也不比陸上線路少。夏衍、金仲華、范長江一行二十一人就在途中經歷了日寇的盤問查詢，驚險萬分。當時，雖然人人都喬裝打扮、蓬頭垢面，電影明星王瑩還是引起了日本兵的注意，對她嚴加盤問。眼見王瑩就快招架不住，千鈞一髮之際，作為共產黨員的夏衍挺身而出，用日語謊稱一行人是商人和家屬，要疏散去長洲，因為害怕才將臉抹黑。幾句日語或許是引起了日本兵的思鄉之情，他和夏衍閒聊了幾句，索性連行李都不查了，大手一揮便放了行。船漸漸行遠，大家都好似絕處逢生，感慨不已。

血濃於水 港澳同胞支援抗戰

香港在中國人民抗日鬥爭史上佔有重要的地位，它曾是華南地區的抗日救亡運動中心。抗日戰爭爆發後，香港市工委和香港海員工委響應黨中央的號召，在港澳地區積極開展抗日救亡運動。此外，海外僑胞和港澳同胞出錢出力支援抗戰，千餘人回國參加東江縱隊。

香港各階層民眾自始至終關心和支援祖國抗戰。「七七事變」後，在香港以援助抗戰為宗旨的社會團體紛紛成立，廣泛開展活動募集捐款。從 1937 年 9 月至 1938 年 5 月，香港學生賑濟會通過街頭賣花、賣物會、義唱、義演、節食活動等方式，募集兩萬餘港元。

千餘人回國參加東江縱隊

1938 年 10 月，香港同胞將慶祝雙十節宴會款項改作捐募寒衣，香港七十六個商團聯合募集寒衣三十六萬件。其他賑濟團體、學生界則舉行贈旗募款，採購寒衣及防毒面具。1938年年底，香港九龍新界司機總工會的工人師傅，走遍港島、九龍和新界，籌集四千餘港元購買了前方急需的救護車及藥品，開車前往桂林捐獻給八路軍。

1939 年初，按照宋慶齡的建議，香港的幾個婦女團體募集了四千五百多種中國藝術珍品，運至紐約、巴黎和倫敦出售，所得收入用於中國的醫療救濟事業。

此外，1938 年 8 月起，海外僑胞和港澳同胞先後組織了十五個工作隊、十二個服務團隊、兩個劇團及一個政工隊共五百多人回到東江。他們廣泛深入東江城鄉，慰問飢寒交迫、傷病侵擾的同胞，發放救濟糧食和衣物，免費給傷、病員治病，鼓勵受難的同胞行動起來，保衛家鄉。據不完全統計，從東江人民抗日武裝建立，再到 1941 年 12 月太平洋戰爭爆發前，先後參加東江人民抗日武裝的港澳同胞和華僑子弟有一千人以上。

（原載大公報 2021 年 6 月 2 日 A12、13，記者劉越琦、常彧璠）

東縱後人憶母親 勇救盟軍機師

「當年我母親營救跌落於香港新界觀音山的美國飛行員克爾，後來戰士們就是把他送到這裏來養傷的。」在位於深圳大鵬新區土洋社區的東縱大隊司令部舊址，原廣東抗日游擊隊第三大隊進入香港武工隊隊長江水之子江山帶着記者參觀東縱遺跡，並講述他父母的這段抗戰史。雖然東縱歷史已越來越久遠，但江山在工作中仍然踐行「東縱精神」。他指出，如今生活條件好了，但「『東縱精神』必須代代相傳，尤其是年輕人應該多了解歷史，從歷史中學到敢於擔當的愛國主義精神。」

繞過日寇大搜捕 安全護送出香港

東縱後人憶母親勇救盟軍機師

◀東縱後代黃偉健（左）、李惠萍（中）、江山（右）在東縱司令部舊址裏的東縱史跡展門前合影。 大公報記者郭若溪攝

▲1944年，在深圳坪山，被營救回來的美軍飛行員克爾與東江縱隊司令曾生（左二）合影。

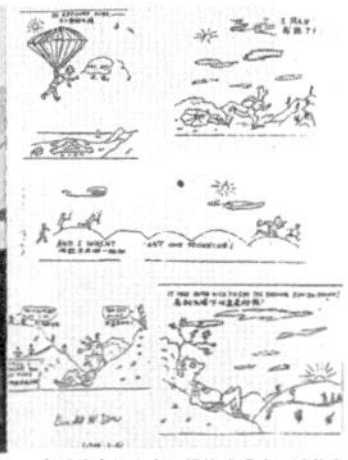

▲克爾後來把逃生經歷繪成漫畫，隨他寫給東江縱隊的感謝信刊登在廣東人民抗日游擊總隊機關報《前進報》上。

「當年我母親營救跌落於香港新界觀音山的美國飛行員克爾，後來戰士們就是把他送到這裏來養傷的。」在位於深圳大鵬新區土洋社區的東縱大隊司令部舊址，原廣東抗日游擊隊第三大隊進入香港武工隊隊長江水之子江山帶着記者參觀東縱遺跡，並講述他父母的這段抗戰史。雖然東縱歷史已越來越久遠，但江山在工作中仍然踐行「東縱精神」。他指出，如今生活條件好了，但「『東縱精神』必須代代相傳，尤其是年輕人應該多了解歷史，從歷史中學到敢於擔當的愛國主義精神。」

大公報記者　黃仰鵬、郭若溪深圳報道

1952年出生的江山憶述，雖然父親江水和母親李兆華都是東縱老戰士，但他們在家裏很少談東縱事跡，講得更多的是古代愛國人士的故事。很多父母的抗戰事跡，都是後來從身邊的叔叔、阿姨口中得知。江山說，雖然父母以前工作都十分繁忙，但每次回到家，總是很慈愛，對下一代充滿了關懷，從未打罵過子女。

父親營救茅盾等文化精英

1941年12月8日，日本發動突襲入侵香港，大批中國共產黨的地下工作者和抗日進步文化人士被困香港。根據中共中央指示，游擊總隊挑選骨幹組成多支精悍的小分隊。在一次行動中，擔任短槍隊中隊長的江水帶領隊員與廖承志、喬冠華、連貫等人在九龍劉慶記紡紗廠門口會合，雙方通過暗號接頭後，假裝出城拜神還願的香客，順利混出了九龍城。

入夜之後，江水領着眾人繞過近千米長的雷區，長途跋涉百餘里，最終將他們安全送達。此後長達100多天的時間裏，江水照着這種方法，共營救出茅盾夫婦、何香凝、柳亞子、梁漱溟等文化人士、愛國民主人士、國際友人和進步學生1000多人。最讓人欣慰和感動的是，此次大營救無一被捕，無一犧牲。

李兆華是馬來西亞華僑。祖國抗日戰爭爆發後，14歲的她便投入南洋華僑組織的抗日救亡活動。在對比國民黨部隊與共產黨部隊後，李兆華明白：「只有共產黨領導的部隊才是最好的部隊，只有共產黨才能領導廣大人民群眾取得最終勝利」，於是毅然決定留在東江游擊隊，成為一名共產黨員，後來在港九獨立大隊裏當民運幹事。

江山說，1944年2月11日、他母親生日那天，美國「飛虎隊員」克爾中尉等人駕駛20架戰機突襲日軍佔領的啟德機場，不料在香港上空遭遇日軍攔截，克爾的戰機不幸被擊中，被迫棄機跳傘。「東江縱隊港九大隊交通員李石路過觀音山看到克爾，知道他是盟軍後，就將他帶到附近一個山坳藏起來，並將情況告訴了我的母親。母親得知消息後，迅速帶領群眾骨幹把飛行員轉移到吊草岩山坳。」

躲避日軍搜捕 匿藏墳墓

克爾座機被擊落後，日軍出動了海、陸、空三軍一千多人對沙田區、西貢區進行大搜捕。「當時日軍已經封鎖各個主要交通要道，我母親為克爾準備了乾糧，用草藥包紮傷口，住過山洞、山溝，甚至客家人的墳墓（形如矮小屋寮）。」江山說，在歷練千辛萬苦後，母親終於與短槍隊隊長劉黑仔接上了頭，輾轉護送克爾穿過敵人封鎖線，從香港來到深圳坪山的東江縱隊司令部養傷。38天後，已經痊愈的克爾起程返回廣西桂林美軍航空基地，重新加入對日戰鬥。

江山常常跟女兒講爺爺奶奶年輕時候的故事，並教導女兒要多了解歷史，從歷史中學到敢於擔當的愛國主義精神。

「隨着時間的推移，一個個曾經參加過保家衛國和解放戰爭的東縱戰士離我們而去，但他們在這片土地上揮灑過的青春和熱血，我們永遠不能忘記。」江山說，東縱的精神值得下一代人傳承和學習。

▲江山的父親江水和母親李兆華都是東縱老戰士。

東縱精神

- 忠貞不渝、矢志不移的愛國情懷；
- 百折不撓、一往無前的堅定信念；
- 萬眾一心、和衷共濟的團結意識；
- 英勇無畏、赴湯蹈火的英雄氣概；
- 心懷天下、顧全大局的寬廣胸襟。

▲東縱司令部舊址原為意大利人建的天主教堂。 大公報記者郭若溪攝

夜襲啓德機場 轟炸日軍油庫

「父輩當年在香港的抗戰條件實在太艱苦了，現在看來都無法想像。」東縱港九獨立大隊大隊長黃冠芳之子黃偉健，回憶父親的抗戰事跡時十分自豪。他說，「父輩不屈不撓的精神對後代影響深遠，父親時常教導我不能走邪路，一定要跟着共產黨走。」

黃冠芳是當年名震港九的抗日游擊隊長，1938年加入中國共產黨，同年參加惠寶人民抗日游擊總隊。香港於1941年12月25日淪陷之後，他率領廣東人民抗日游擊隊第三大隊武工隊，以「冠」字號的江湖名頭作掩護，進駐新界西貢地區，發動群眾，搜羅英軍遺棄的武器，秘密開展對日游擊戰，先後擔任武工隊長、短槍隊長和港九獨立大隊大隊長。

黃偉健說，在香港抗戰期間，其父親黃冠芳和劉黑仔帶領的短槍隊員，讓日寇漢奸聞風喪膽。其間，為營救美國飛行員克爾，他們採取了一系列「調虎離山」計行動，實施破壞日軍計劃。他們深入虎穴，夜襲香港啟德機場，轟炸日軍基地油庫。

抗戰勝利後，黃冠芳和夫人張婉華都隨東縱主力北撤山東煙台，後來雙雙隨兩廣縱隊大軍南下，回到故鄉。黃冠芳後來先後擔任廣東粵中軍區後勤部長、澳門南光公司經理、佛山地區統戰部部長、行署專員等職。

◀東縱司令部舊址的電台模型。 大公報記者黃仰鵬攝

延續父輩精神 爲國流汗出力

1941年末，日軍攻佔香港。東江縱隊派出武工隊挺進港九，成功救出300餘名文化精英。

「當時考慮到陸路關卡多，一些名氣較大的文化人容易被敵人認出，中共地下黨人就決定安排他們從香港經長洲，再轉乘船經澳門、中山、湛江等地進入內地，而負責長洲中轉站的就是我父親陳亮明。」東江縱隊革命戰士陳亮明和巢湘玲的女兒陳凱倫向記者提供了一份其父親的回憶文章《難忘的歲月》，當中提到，經這條交通線脫險的有夏衍、范長江、金仲華、司徒慧敏、蔡楚生等幾十人。其中最著名的，是何香凝和柳亞子，他們是老同盟會會員、國民黨民主派的突出代表，地位高、影響大。

回憶文章中記載，按當年的計劃，何香凝、柳亞子要從香港島轉移至長洲，再轉往海豐。可是好幾天過去了，海豐游擊隊一直沒有接到人。陳亮明聞訊後立即發動全島漁船出海，苦尋一周後才得知，何香凝等人已到海豐。「因為當時日軍沒收了一切機器，何香凝等人乘坐的帆船只能靠風力航行，出海後風向不定，才在海上漂泊很久。」

自小就十分熟悉父親這段歷史的陳凱倫認為，不論在任何歷史階段裏，香港都有很多愛國人士為國家作出貢獻，她也希望能有為祖國流汗和出力的機會。

「香港要和內地更加多的來往、融合，我們這邊要多做工作，發動一些民間的力量，做些事情幫助香港的穩定。大家都是中華兒女，未來一定會越來越好！」陳凱倫說。

▲東縱後人陳凱倫向記者展示其父母的照片。 大公報記者郭若溪攝

深圳東縱紅色景點

深圳東江縱隊紀念館

地點： 坪山新區江嶺社區

簡介： 由大廳、展廳、文物廳、烈士芳名碑組成。展廳分13部分，形象地展示東江縱隊和兩廣縱隊、粵贛湘邊縱隊南征北戰的史跡。

東江縱隊司令部舊址

地點： 大鵬新區土洋社區

簡介： 原為意大利人建的天主教堂，抗戰時期成為廣東人民抗日游擊隊東江縱隊司令部所在地，東縱歷史上的「土洋會議」就在這裏召開。

文化名人大營救紀念館

地點： 龍華區白石龍社區

簡介： 紀念館主要以圖文資料、文物展陳和互動多媒體為主，以6個篇章全面展現1942年歷時近200天的白石龍文化名人大營救事件。

掃描二維碼，聽東縱後人給港青的寄語

深港山水相連 毋忘攜手抗戰

「深港兩地山水相依，而在歷史上也是息息相關，我們不能忘記那段粵港兩地聯合抗戰的歷史。」深圳市東江縱隊粵贛湘邊縱隊研究會副秘書長李惠萍是香港元朗八鄉人，她的父親李香全當年參加了港九獨立大隊，組織元朗中隊參與抗日戰爭。「從被英國、日本侵略時期起，元朗人民就在英勇地進行抗爭，到現在他們依然有愛國愛港的情懷。」李惠萍說，現在很多香港青年可能對過去的歷史不了解，未來可以多到內地加深認識和了解。

另一位東縱戰士後人江山也說，香港青年不應忘記中國的兩段歷史，其一是鴉片戰爭，其二是抗日戰爭。「鴉片戰爭是英國人帶給中國的一段恥辱和黑暗的歷史，他們當年把鴉片、毒品販賣到中國，港英當局並不提及這段歷史，這本身是對中國的傷害。」

江山說，香港青年更不應該忘記抗日戰爭的歷史。當年，日軍在1941年12月8日開始進攻香港，英軍只抵抗了18天就舉白旗投降，而中國共產黨領導的廣東人民抗戰游擊隊隨即挺進香港與日軍周旋，打起游擊戰，歷經三年又八個月，直到日軍投降，這段歷史就是祖國對香港最典型的一個關懷。「香港青年不能忘記這段歷史，不能忘記祖國，不能忘記中國共產黨對香港同胞的關心和愛護。」

「香港回歸20多年，但很多年輕人對歷史了解不多，對香港與內地的淵源和關係不甚了了，更加需要把東縱精神傳承下去，培育和激勵新一代。」江山說。

▲東縱司令部舊址是入黨入團的首選紅色教育基地。 大公報記者郭若溪攝

1952年出生的江山憶述，雖然父親江水和母親李兆華都是東縱老戰士，但他們在家裏很少談東縱事跡，講得更多的是古代愛國人士的故事。很多父母的抗戰事跡，都是後來從身邊的叔叔、阿姨口中得知。江山說，雖然父母以前工作都十分繁忙，但每次回到家，總是很慈愛，對下一代充滿了關懷，從未打罵過子女。

父親營救茅盾等文化精英

1941年12月8日，日本發動突襲入侵香港，大批中國共產黨的地下工作者和抗日進步文化人士被困香港。根據中共中央指示，遊擊總隊挑選骨幹組成多支精悍的小分隊。在一次行動中，擔任短槍隊中隊長的江水帶領隊員與廖承志、喬冠華、連貫等人在九龍劉慶記紡紗廠門口會合，雙方通過暗號接頭後，假裝出城拜神還願的香客，順利混出了九龍城。

入夜之後，江水領着眾人趟過近千米長的雷區，長途跋涉百餘里，最終將他們安全送達。此後長達100多天的時間裏，江水照着這種方法，共營救出茅盾夫婦、何香凝、柳亞子、梁漱溟等文化人士、愛國民主人士、國際友人和進步學生1000多人。最讓人欣慰和感動的是，此次大營救無一被捕，無一犧牲。

李兆華是馬來西亞華僑。祖國抗日戰爭爆發後，14歲的她便投入南洋華僑組織的抗日救亡活動。在對比國民黨部隊與共產黨部隊後，李兆華明白：「只有共產黨領導的部隊才是最好的部隊，只有共產黨才能領導廣大人民群眾取得最終勝利」，於是毅然決定留在東江遊擊隊，成為一名共產黨員，後來在港九獨立大隊裏當民運幹事。

江山說，1944年2月11日、他母親生日那天，美國「飛虎隊員」克爾中尉等人駕駛20架戰機突襲日軍佔領的啟德機場，不料在香港上空遭遇日軍攔截，克爾的戰機不幸被擊中，被迫棄機跳傘。「東江縱隊港九大隊交通員李石路過觀音山看到克爾，知道他是盟軍後，就將他帶到附近一個山坳藏起來，並將情況告訴了我的母親。母親得知消息後，迅速帶領群眾骨幹把飛行員轉移到吊草岩山坳。」

東縱後代黃偉健（左）、李惠萍（中）、江山（右）在東縱司令部舊址裏的東縱史跡展門前合影。

躲避日軍蒐捕　匿藏墳墓

克爾座機被擊落後，日軍出動了海、陸、空三軍一千多人對沙田區、西貢區進行大蒐捕。「當時日軍已經封鎖各個主要交通要道，我母親為克爾準備了乾糧，用草藥包紮傷口，住過山洞、山溝，甚至客家人的墳墓（形如矮小屋寮）。」江山說，在歷經千辛萬苦後，母親終於與短槍隊隊長劉黑仔接上了頭，輾轉護送克爾穿過敵人封鎖線，從香港來到深圳坪山的東江縱隊司令部養傷。38 天後，已經痊癒的克爾起程返回廣西桂林美軍航空基地，重新加入對日戰鬥。

江山常常跟女兒講爺爺奶奶年輕時候的故事，並教導女兒要多了解歷史，從歷史中學到敢於擔當的愛國主義精神。

「隨着時間的推移，一個個曾經參加過保家衛國和解放戰爭的東縱戰士離我們而去，但他們在這片土地上揮灑過的青春和熱血，我們永遠不能忘記。」江山說，東縱的精神值得下一代人傳承和學習。

東縱司令部舊址的電台模型。

夜襲啟德機場　轟炸日軍油庫

「父親當年在香港的抗戰條件實在太艱苦了，現在看來都無法想像。」東縱港九獨立大隊大隊長黃冠芳之子黃偉健，回憶父親的抗戰事跡時十分自豪。他說，「父輩不屈不撓的精神對後代影響深遠，父親時常教導我不能走邪路，一定要跟着共產黨走。」

黃冠芳是當年名震港九的抗日遊擊隊長，1938 年加入中國共產黨，同年參加惠寶人民抗日遊擊總隊。香港於 1941 年 12 月 25 日淪陷之後，他率領廣東人民抗日遊擊隊第三大隊武工隊，以「冠」字號的江湖名頭作掩護，進駐新界西貢地區，發動群眾，蒐羅英軍遺棄的武器，秘密開展對日遊擊戰，先後擔任武工隊長、短槍隊長和港九獨立大隊大隊長。

黃偉健說，在香港抗戰期間，其父親黃冠芳和劉黑仔帶領的短槍隊員，讓日寇漢奸聞風喪膽。其間，為營救美國飛行員克爾，他們採取了一系列「調虎離山」計行動，實施破壞日軍計劃。他們深入虎穴，夜襲香港啟德機場，轟炸

1944 年，在深圳坪山，被營救回來的美軍飛行員克爾與東江縱隊司令曾生（左二）合影。

日軍基地油庫。

抗戰勝利後，黃冠芳和夫人張婉華都隨東縱主力北撤山東煙台，後來雙雙隨兩廣縱隊大軍南下，回到故鄉。黃冠芳後來先後擔任廣東粵中軍區後勤部長、澳門南光公司經理、佛山地區統戰部部長、行署專員等職。

延續父輩精神 為國流汗出力

1941 年末，日軍攻佔香港。東江縱隊派出武工隊挺進港九，成功救出 300 餘名文化精英。

「當時考慮到陸路關卡多，一些名氣較大的文化人容易被敵人認出，中共地下黨人就決定安排他們從香港經長洲，再轉乘船經澳門、中山、湛江等地進入內地，而負責長洲中轉站的就是我父親陳亮明。」東江縱隊革命戰士陳亮明和巢湘玲的女兒陳凱倫向記者提供了一份其父親的回憶文章《難忘的歲月》，當中提到，經這條交通線脫險的有夏衍、范長江、金仲華、司徒慧敏、蔡楚生等幾十人。其中最著名的，是何香凝和柳亞子，他們是老同盟會會員、國民黨民主派的突出代表，地位高、影響大。

回憶文章中記載，按當年的計劃，何香凝、柳亞子要從香港島轉移至長洲，再轉往海豐。可是好幾天過去了，海豐遊擊隊一直沒有接到人。陳亮明聞訊後立即發動全島漁船出海，苦尋一周後才得知，何香凝等人已到海豐。「因為當時日軍沒收了一切機器，何香凝等人乘坐的帆船只能靠風力航行，出海後風向不定，才在海上漂泊很久。」

自小就十分熟悉父親這段歷史的陳凱倫認為，不論在任何歷史階段裏，香港都有很多愛國人士為國家作出貢獻，她也希望能有為祖國流汗和出力的機會。

「香港要和內地更加多的來往、融合，我們這邊要多做工作，發動一些民間的力量，做些事情幫助香港的穩定。大家都是中華兒女，未來一定會越來越好！」陳凱倫說。

東縱後人陳凱倫向記者展示其父母的照片。

東縱司令部舊址原為意大利人建的天主教堂。

深港山水相連　毋忘攜手抗戰

「深港兩地山水相依，而在歷史上也是息息相關，我們不能忘記那段粵港兩地聯合抗戰的歷史。」深圳市東江縱隊粵贛湘邊縱隊研究會副秘書長李惠萍是香港元朗八鄉人，她的父親李香全當年參加了港九獨立大隊，組織元朗中隊參與抗日戰爭。「從被英國、日本侵略時期起，元朗人民就在英勇地進行抗爭，到現在他們依然有愛國愛港的情懷。」李惠萍說，現在很多香港青年可能對過去的歷史不了解，未來可以多到內地加深認識和了解。

東縱司令部舊址是入黨入團的首選紅色教育基地。

另一位東縱戰士後人江山也說，香港青年不應忘記中國的兩段歷史，其一是鴉片戰爭，其二是抗日戰爭。「鴉片戰爭是英國人帶給中國的一段恥辱和黑暗的歷史，他們當年把鴉片、毒品販賣到中國，港英當局並不提及這段歷史，這本身是對中國的傷害。」

江山說，香港青年更不應該忘記抗日戰爭的歷史。當年，日軍在 1941 年 12 月 8 日開始進攻香港，英軍只抵抗了 18 天就舉白旗投降，而中國共產黨領導的廣東人民抗戰游擊隊隨即挺進香港與日軍周旋，打起游擊戰，歷經三年又八個月，直到日軍投降，這段歷史就是祖國對香港最典型的一個關懷。「香港青年不能忘記這段歷史，不能忘記祖國，不能忘記中國共產黨對香港同胞的關心和愛護。」

「香港回歸 20 多年，但很多年輕人對歷史了解不多，對香港與內地的淵源和關係不甚了了，更加需要把東縱精神傳承下去，培育和激勵新一代。」江山說。

（原載大公報 2021 年 6 月 28 日 A10 版，記者黃仰鵬、郭若溪）

東縱情報員
智奪大鵬日軍物資

「我是一九四八年入黨，至今已經有七十三年了，儘管離入黨那天已經遙遠，但我依然記得那一刻的莊嚴神聖，也一直深信只有共產黨才是真正的救國救民。」九十六歲的東縱老戰士鍾聲（鍾寶武）十二歲隨兄抗日，曾蒐情報智奪大鵬敵軍物資，助前線偵察敵情立功。在深圳大鵬東江縱隊革命烈士紀念碑前，鍾聲撫摸着記載有一百二十餘名革命烈士的芳名錄，上面有他已逝親人們的名字。「革命烈士永垂不朽」八個大字，記錄着東江縱隊在中國共產黨領導下，在香港堅持抗戰的那段難忘的紅色革命歷史。

東縱情報員 智奪大鵬日軍物資

12歲隨兄上陣 助前線偵察敵情立功

◀「東江縱隊港九大隊」對抗戰勝利作出了不可磨滅的貢獻。資料圖片

▲在鍾聲老戰士家中，他向記者侃侃而談，追憶當年。
大公報記者郭若溪攝

▲一九四六年，東江縱隊等部二千餘人，自廣東經海路到達煙台，受到當地軍民熱烈歡迎。資料圖片

「我是1948年入的黨，至今已經有73年了，儘管離入黨那天已經遙遠，但我依然記得那一刻的莊嚴神聖，也一直深信只有共產黨才是真正的救國救民。」96歲的東縱老戰士鍾聲（鍾寶武）12歲隨兄抗日，曾蒐情報智奪大鵬敵軍物資，助前線偵察敵情立功。在深圳大鵬東江縱隊革命烈士紀念碑前，鍾聲撫摸着記載有120餘名革命烈士的芳名錄，上面有他已逝親人們的名字。「革命烈士　永垂不朽」八個大字，記錄着東江縱隊在中國共產黨領導下，在香港堅持抗戰的那段難忘的紅色革命歷史。

大公報記者　郭若溪、黃仰鵬

1938年，日軍在大亞灣登陸。國民黨守軍潰逃，廣東淪陷，中共香港海員工委書記曾生，遵照八路軍香港辦事處主任廖承志的指示，在惠寶邊地區建立了惠寶人民抗日游擊總隊。同時，中共東莞中心縣委在東寶惠邊地區建立了以王作堯為大隊長的東寶惠邊人民抗日游擊大隊。這就是在抗日時期開闢華南敵後戰場，堅持華南抗戰的東江縱隊。

國難當頭 一家9人參加東縱

鍾聲的大哥鍾原（鍾寶斌）早年參加中國共產黨，在香港教書，受黨指派回大鵬光德學校任教，秘密成立中共地下黨組織，並擔任區委書記。

有一次，大哥夜晚回家，召開家庭會議，坦白自己共產黨身份並動員全家參加抗日。「大哥說完後，父親非常高興，父親以前是海員，看到過中國人在其他國家沒地位，被欺負，而中國當時被國民黨統治，非常腐敗。」鍾聲回憶道。在鍾原的感召之下，鍾家9人均加入了東縱。然而，考慮到父母年邁需要照顧，鍾原決定讓年僅12歲的鍾聲留守大鵬。最初鍾聲不肯，又哭又鬧，跟着東縱戰士上前線，但每次都被部隊送了回來。「後來，大哥嚴肅的對我說，抗日不僅僅是前方殺敵，讓我留在家裏，擔當東縱的情報員。如果做得好，也一樣可以在情報戰線上立大功。」

鍾聲這才停止與大哥鬥氣，正式成為東縱一名情報戰線的戰士。每隔三天，他就要帶着「洪濤情報站」的接頭信物——一枚刻有「洪濤」字樣的店舖木印，從大鵬挑貨擔步行40里去坪山，到一間小店找一個姓王的老闆，將他的「貨」帶回來。鍾聲膽大心細，機智勇敢，從沒有暴露過任何痕跡，出色地完成了任務。

作為東縱情報戰士的鍾聲，更重要的任務是偵察情況。他手下有幾位小交通員，經常裝成採藥的、放牛的、打柴的，到處偵察，密切掌握大鵬地區的鬼子、漢奸的動態。一天，鍾聲接到報告，說有三艘日軍貨船在油草棚的海邊停泊，十多個日本兵毫無戒備。鍾聲覺得情況重大，立即帶人去找主力部隊。接到情報後，100多東縱戰士立即出發趕到海邊，殲滅和俘虜了那裏的十多名日本兵，繳獲了大量物資。正是這些物資，在貧困時期幫了東縱大忙，情報站因此立下大功。

「只有中共才真正救國救民」

在深圳大鵬的鍾家故居裏，鍾聲拿出了父親手寫的傳世家譜，父親的殷殷囑託音猶在耳，「東縱堅持抗日，非常英勇，他們心裏只有民族大義，沒有私心私利，只有共產黨才是真正的救國救民。他還囑咐我們長大了要努力讀書，為社會服務。」

鍾聲告訴記者，自己所理解的東縱精神既包括初心信念，也涵蓋行動作為。鍾聲感慨道，「東江縱隊是中國共產黨領導的人民武裝，是當年唯一在香港堅持抗戰的隊伍，東縱精神是中國共產黨精神的一部分，如果年輕人能夠秉承這樣的精神，又有什麼事業會不能成功呢？」

掃描二維碼，聽東縱革命老戰士追憶當年。

▲鍾聲在大鵬革命烈士陵園的革命烈士紀念碑前留影。
大公報記者郭若溪攝

東江縱隊 中國抗戰的中流砥柱

1938年10月12日

- 日本侵略軍分三路在大亞灣的蝦涌圩、澳頭、平海等處登陸。日軍登陸的第二天，中共中央即電示廣東省委和八路軍駐香港辦事處：「要在東江日佔區開拓游擊區」。

1941年12月

- 日軍攻佔香港。周恩來急電八路軍香港辦事處主任廖承志：「設法營救困留香港的文化界和愛國民主人士撤到東江游擊區。」

1943年12月2日

- 廣東人民抗日游擊隊東江縱隊成立，公開宣布自己是中國共產黨領導的人民武裝，公開高揚起抗日大旗。

抗戰勝利後

- 國共兩黨重慶談判中，中共同意讓出廣東等8個解放區。1946年6月30日，東江縱隊2583名將士奉命從大鵬灣沙魚涌登船北撤山東，抵達煙台解放區。1947年，這支部隊擴大組建為中國人民解放軍兩廣縱隊，編入華東野戰軍，參加了南麻、臨朐、諸城、豫東、濟南、淮海等重大戰役。

1949年

- 兩廣縱隊南下與粵贛湘邊縱隊並肩作戰，擔負廣東戰役一翼的任務，為解放廣東作出貢獻。1950年，廣東軍區整編，兩廣縱隊、粵贛湘邊縱隊番號撤銷，人員充實到解放軍各部隊和地方。抗戰鬥爭中，東江縱隊對日偽軍作戰一千四百多次，斃傷日偽軍九千餘人。為保衛家園、拯救民眾，東江縱隊有兩千五百餘名官兵英勇捐軀。

寄語港青：堂堂正正當國家主人

改革開放之後，鍾聲曾兩次因緣赴港。第一次帶隊，到了香港也不敢上街，一直沒有出門，整整在房間裏待了一周。「香港當時形勢非常複雜，而因為自己一直是做地下黨工作，還帶着隊伍，所以也不敢到處走。」退休後，經香港的朋友邀請，鍾聲第二次有機會到香港，「這一次玩得很開心，去逛了公園，看了維港風景，香港真美，相信以後也會越來越好。」

兩次短暫的接觸，更加深了鍾聲對香港的感情。談及香港年輕一代，鍾聲直言他們絕大多數都是有教養、聰明和優秀的，只因香港歷史教育的話語權被長久的歪曲，「現在一些外國勢力，用西方的偏見甚至謊言來給香港的孩子們洗腦，導致年輕人無從知道『我是誰？從哪裏來？』也就更搞不清自己『要往哪裏去』了。」

「我相信他們一旦衝破謊言迷霧，必然能夠取得出類拔萃、不同凡響的成就。也希望香港的歷史教育可以儘快走上客觀真實的正軌，站在中國人自己的立場上來評判是非黑白。」

談話中，鍾聲多次表達出對香港年輕人的期許，他表示，無論你願意不願意，人家都只能把你當成中國人，與其卑躬屈膝去當什麼國家的二等公民，實在不如堂堂正正當好自己國家的主人。

◀坪山小學黨組織曾帶領教員號召附近的青年團結抗日，許多青年加入到抗日隊伍中。圖為活躍在坪山學校附近的青年戰士。資料圖片

後人繼續從軍 守護祖國平安

走進深圳龍崗區橫崗街道六約社區大和村92歲的曾記老戰士家中，一排排相框映入眼簾。發黃的黑白照片，彷彿在訴說着那不平凡的崢嶸歲月。

曾記1929年出生於惠陽縣，1937年進入橫崗六約學校讀書。1938年12月，日軍在大亞灣登陸後，橫崗一帶動盪不安，六約學校正是宣傳抗日救亡運動的前沿陣地。1944年，抱着「國家興亡，匹夫有責」的信念，年僅15歲的曾記前往東莞參加了東江游擊隊。兩年後，正式成為一名戰士。「當時橫崗這裏有駐紮日本軍的一個營，平日在這裏練兵打靶。我當時參加東縱的目的就是要打日本人，把他們從我的家鄉趕出去。」

1946年6月，曾記隨東江縱隊的2583人北撤山東煙台，隨後部隊分別編入華東軍政大學、華東黨校進行軍政教育。1947年曾記加入中國共產黨，之後東縱編入華東野戰軍，稱兩廣縱隊，曾記擔任二團七連的班長。2015年，東江縱隊北撤山東紀念碑在鯊魚涌落成，曾記的名字就在其中。

「我從有記憶的時候就跟他走了很多地方，都是邊遠的礦山等地。」曾記的兒子曾東明告訴記者，父親戎馬一生榮光無數，為了將革命精神傳承下去，曾記老戰士常常教育後人，記住歷史，銘記歷史。如今，曾家也有子孫後代從軍，繼續守護祖國平安。

◀曾記老戰士神采奕奕的講述歷史。
大公報記者郭若溪攝

今天幸福來之不易 應格外珍惜

今年已有93歲高齡的東江縱隊老戰士曾志光，精神矍鑠，行走穩健，回想起當年的從軍歷史依然飽富激情。正是這段光榮歲月，讓他時常感悟並教導後輩：「而今的幸福來之不易，是革命先輩們拋頭顱灑熱血換來的，應當格外珍惜現在的幸福生活，繼續傳承東縱精神。」

曾志光是廣東惠陽縣人，15歲投身革命，1943年3月在東江縱隊惠陽縣大隊擔任警衛員。次年加入中國共產黨，參加過抗日戰爭、解放戰爭，榮立個人一等功、三等功各一次。談起當年投身革命參加的第一場戰鬥，曾老記憶猶新，因為險些成為敵人的炮灰。曾老回憶說，當年部隊收到上級指示，要對日本兵駐紮在深圳沙灣的一個炮樓實施轟炸。「剛開始非常順利，然而因為火藥不夠，面對炮樓下來的火力掃射，部隊只好全體撤退。「當年的作戰條件十分艱苦，槍支和彈藥嚴重匱乏。」曾老無奈地說。

「在淮海戰役期間，好幾次與敵軍的子彈擦肩而過，險些丧命。」曾老感慨說，「多次經歷戰友們在自己身邊倒下，那種對勝利的渴望和勝利過後清掃戰場的沉重到現在都深深地印在腦海裏。」曾老說，過去幾十年來，中國共產黨領導全國人民創造了很多個世界奇蹟，這是西方國家沒有想到的。這幾十年來，中國在經濟上突飛猛進，在軍隊建設方面，海陸空全部裝備都實現現代化，跟當年的「小米加步槍」相比，已經恍如隔世。

▲東縱老戰士曾志光。
大公報記者黃仰鵬攝

1938年，日軍在大亞灣登陸。國民黨守軍潰逃，廣東淪陷，中共香港海員工委書記曾生，遵照八路軍香港辦事處主任廖承志的指示，在惠寶邊地區建立了惠寶人民抗日游擊總隊。同時，中共東莞中心縣委在東寶惠邊地區建立了以王作堯為大隊長的東寶惠邊人民抗日游擊大隊。這就是在抗日時期開闢華南敵後戰場，堅持華南抗戰的東江縱隊。

國難當頭　一家9人參加東縱

鍾聲的大哥鍾原（鍾寶斌）早年參加中國共產黨，在香港教書，受黨指派回大鵬光德學校任教，秘密成立中共地下黨組織，並擔任區委書記。

有一次，大哥夜晚回家，召開家庭會議，坦白自己共產黨身份並動員全家參加抗日。「大哥說完後，父親非常高興，父親以前是海員，看到過中國人在其他國家沒地位，被欺負，而中國當時被國民黨統治，非常腐敗。」鍾聲回憶道。在鍾原的感召之下，鍾家9人均加入了東縱。然而，考慮到父母年邁需要照顧，鍾原決定讓年僅12歲的鍾聲留守大鵬。最初鍾聲不肯，又哭又鬧，跟着東縱戰士上前線，但每次都被部隊送了回來。「後來，大哥嚴肅的對我說，抗日不僅僅是前方殺敵，讓我留在家裏，擔當東縱的情報員。如果做得好，也一樣可以在情報戰線上立大功。」

鍾聲這才停止與大哥鬥氣，正式成為東縱一名情報戰線的戰士。每隔三天，他就要帶着「洪濤情報站」的接頭信物——一枚刻有「洪濤」字樣的店舖木印，從大鵬挑貨擔步行40里去坪山，到一間小店找一個姓王的老闆，將他的「貨」帶回來。鍾聲膽大心細，機智勇敢，從沒有暴露過任何痕跡，出色地完成了任務。

作為東縱情報戰士的鍾聲，更重要的任務是偵察情況。他手下有幾位小交通員，經常裝成採藥的、放牛的、打柴的，到處偵察，密切掌握大鵬地區的鬼子、漢奸的動態。一天，鍾聲接到報告，說有三艘日軍貨船在油草棚的海邊停泊，十多個日本兵毫無戒備。鍾聲覺得情況重大，立即帶人去找主力部隊。接到情報後，100多東縱戰士立即出發趕到海邊，殲滅和俘虜了那裏的十多名日本兵，繳獲了大量物資。正是這些物資，在貧困時期幫了東縱大忙，情報站因此立下大功。

在鍾聲老戰士家中，他向記者侃侃而談，追憶當年。

「只有中共才真正救國救民」

在深圳大鵬的鍾家故居裏，鍾聲拿出了父親手寫的傳世家譜，父親的殷殷囑託音猶在耳，「東縱堅持抗日，非常英勇，他們心裏只有民族大義，沒有私心私利，只有共產黨才是真正的救國救民。他還囑咐我們長大了要努力讀書，為社會服務。」

鍾聲告訴記者，自己所理解的東縱精神既包括初心信念，也涵蓋行動作為。鍾聲感慨道，「東江縱隊是中國共產黨領導的人民武裝，是當年唯一在香港堅持抗戰的隊伍，東縱精神是中國共產黨精神的一部分，如果年輕人能夠秉承這樣的精神，又有什麼事業會不能成功呢？」

寄語港青：堂堂正正當國家主人

改革開放之後，鍾聲曾兩次因緣赴港。第一次帶隊，到了香港也不敢上街，一直沒有出門，整整在房間裏待了一周。「香港當時形勢非常複雜，而因為自

「東江縱隊港九大隊」對抗戰勝利作出了不可磨滅的貢獻。

己一直是做地下黨工作，還帶着隊伍，所以也不敢到處走。」退休後，應香港的朋友邀請，鍾聲第二次有機會到香港，「這一次玩得很開心，去逛了公園，看了維港風景，香港真美，相信以後也會越來越好。」

兩次短暫的接觸，更加深了鍾聲對香港的感情。談及香港年輕一代，鍾聲直言他們絕大多數都是有教養、聰明和優秀的，只因香港歷史教育的話語權被長久的歪曲，「現在一些外國勢力，用西方的偏見甚至謊言來給香港的孩子們洗腦，導致年輕人無從知道『我是誰？從哪裏來？』也就更搞不清自己『要往哪裏去』了。」

「我相信他們一旦衝破謊言迷霧，必然能夠取得出類拔萃、不同凡響的成就。也希望香港的歷史教育可以盡快走上客觀真實的正軌，站在中國人自己的立場上來評判是非黑白。」

談話中，鍾聲多次表達出對香港年輕人的期許，他表示，無論你願意不願意，人家都只能把你當成中國人，與其卑躬屈膝去當什麼國家的二等公民，實在不如堂堂正正當好自己國家的主人。

1946 年，東江縱隊等部二千餘人，自廣東經海路到達煙台，受到當地軍民熱烈歡迎。

今天幸福來之不易 應格外珍惜

今年已有 93 歲高齡的東江縱隊老戰士曾志光，精神矍鑠，行走穩健，回想起當年的從軍歷史依然飽富激情。正是這段光榮歲月，讓他時常感悟並教導後輩：「而今的幸福來之不易，是革命先輩們拋頭顱灑熱血換來的，應當格外珍惜現在的幸福生活，繼續傳承東縱精神。」

曾志光是廣東惠陽縣人，15 歲投身革命，1943 年 3 月在東江縱隊惠陽縣大隊擔任警衛員。次年加入中國共產黨，參加過抗日戰爭、解放戰爭，榮立個人一等功、三等功各一次。談起當年投身革命參加的第一場戰鬥，曾老記憶猶新，因為險些成為敵人的炮灰。曾老回憶說，當年部隊收到上級指示，要對日本兵駐紮在深圳沙灣的一個炮樓實施轟炸。「剛開始非常順利，然而因為火藥不夠，面對炮樓下來的火力掃射，部隊只好全體撤退。「當年的作戰條件十分艱苦，槍支和彈藥嚴重匱乏。」曾老無奈地說。

「在淮海戰役期間，好幾次與敵軍的子彈擦肩而過，險些喪命。」曾老感

東縱老戰士曾志光。

曾記老戰士神采奕奕地講述歷史。

概說，「多次經歷戰友們在自己身邊倒下，那種對勝利的渴望和勝利過後清掃戰場的沉重到現在都深深地印在腦海裏。」曾老說，過去幾十年來，中國共產黨領導全國人民創造了很多個世界奇跡，這是西方國家沒有想到的。這幾十年來，中國在經濟上突飛猛進，在軍隊建設方面，海陸空全部裝備都實現現代化，跟當年的「小米加步槍」相比，已經恍如隔世。

後人繼續從軍　守護祖國平安

走進深圳龍崗區橫崗街道六約社區大和村 92 歲的曾記老戰士家中，一排排相框映入眼簾。發黃的黑白照片，彷彿在訴說着那不平凡的崢嶸歲月。

曾記 1929 年出生於惠陽縣，1937 年進入橫崗六約學校讀書。1938 年 12 月，日軍在大亞灣登陸後，橫崗一帶動盪不安，六約學校正是宣傳抗日救亡運動的前沿陣地。1944 年，抱着「國家興亡，匹夫有責」的信念，年僅 15 歲的曾記前往東莞參加了東江游擊隊。兩年後，正式成為一名戰士。「當時橫崗這裏有駐紮日本軍的一個營，平日在這裏練兵打靶。我當時參加東縱的目的就是要打日本人，把他們從我的家鄉趕出去。」

1946 年 6 月，曾記隨東江縱隊的 2583 人北撤山東煙台，隨後部隊分別編入華東軍政大學、華東黨校進行軍政教育。1947 年曾記加入中國共產黨，之後東縱編入華東野戰軍，兩廣縱隊，曾記擔任二團七連的班長。2015 年，東江縱隊北撤山東紀念碑在沙魚涌落成，曾記的名字就在其中。

「我從有記憶的時候就跟他走了很多地方，都是邊遠的礦山等地。」曾記的兒子曾東明告訴記者，父親戎馬一生榮光無數，為了將革命精神傳承下去，曾記老戰士常常教育後人，記住歷史，對照歷史。如今，曾家也有子孫後代從軍，繼續守護祖國平安。

東江縱隊中國抗戰的中流砥柱

1938 年 10 月 12 日

・日本侵略軍分三路在大亞灣的蝦涌圩、澳頭、平海等處登陸。日軍登陸的第二天，中共中央即電示廣東省委和八路軍駐香港辦事處：「要在東江日佔區開拓游擊區」。

1941 年 12 月

・日軍攻佔香港。周恩來急電八路軍香港辦事處主任廖承志：「設法營救困留香港的文化界和愛國民主人士撤到東江游擊區。」

1943 年 12 月 2 日

・廣東人民抗日游擊隊東江縱隊成立，公開宣布自己是中國共產黨領導的人民武裝，公開高揚起抗日大旗。

抗戰勝利後

・國共兩黨重慶談判中，中共同意讓出廣東等 8 個解放區。1946 年 6 月 30 日，東江縱隊 2583 名將士奉命從大鵬灣沙魚涌登船北撤山東，抵達煙台解放區。1947 年，這支部隊擴大組建為中國人民解放軍兩廣縱隊，編入華東野戰軍，參加了南麻、臨朐、諸城、豫東、濟南、淮海等重大戰役。

1949 年

・兩廣縱隊南下與粵贛湘邊縱隊並肩作戰，擔負廣東戰役一翼的任務，為解放廣東作出貢獻。1950 年，廣東軍區整編，兩廣縱隊、粵贛湘邊縱隊番號撤銷，人員充實到解放軍各部隊和地方。抗戰鬥爭中，東江縱隊對日偽軍作戰一千四百多次，斃傷日偽軍九千餘人。為保衛家園、拯救民衆，東江縱隊有兩千五百餘名官兵英勇捐軀。

坪山小學黨組織曾帶領教員號召附近的青年團結抗日，許多青年加入到抗日隊伍中。圖為活躍在坪山學校附近的青年戰士。

鍾聲在大鵬革命烈士陵園的革命烈士紀念碑前留影。

（原載大公報 2021 年 6 月 29 日 A10 版，記者郭若溪、黃仰鵬）

「危難時，我們幸有東縱保護！」

今日之大嶼山以旅遊景點聞名，密布寺廟叢林，一到假期遊客絡繹不絕，然而其地理位置在軍事上的重要性卻鮮為人知。七十七年前，港九大隊的游擊隊員得到大嶼山村民以及僧尼的支持和掩護，並肩作戰，打土匪、鬥偽軍，堅決破壞敵人的海上運輸，日軍視之為眼中釘，多次組織大規模封鎖掃蕩。一九四五年日軍投降後還垂死掙扎，發動「銀礦灣大屠殺」。大嶼山中隊老戰士謝琦十多年前曾經「口述抗戰歷史」，與老人稔熟的農牧職工會離島辦事處主任溫來喜記錄了下來，他向大公報記者講述了大嶼山的這一段紅色足跡。

▶二〇〇九年二月，香港農牧職工會離島辦事處主任梁東富（左一）、游擊隊老戰士謝琦（左二）、東江縱隊歷史研究會顧問、新界社團聯會榮譽會長龐玖清（右二）等在大嶼山梅窩村留影。

▶日軍當年把三百多名大嶼山的村民押來這片沙灘嚴刑拷問。

▶一九四一年十二月底香港淪陷，香港市民在日軍監視下走出防空洞。

▶一九四一年十二月八日，日軍突然發動太平洋戰爭，並進攻香港；十二月二十五日，港督楊慕琦宣佈投降，香港淪陷。圖為日機轟炸香港的情形。

紅色足跡 ③

今日之大嶼山以旅遊景點聞名，寺廟叢林，一到假期遊客絡繹不絕，然而其地理位置在軍事上的重要性卻鮮為人知。77年前，港九大隊的游擊隊員得到大嶼山村民以及僧尼的支持和掩護，並肩作戰，打土匪、鬥偽軍，堅決破壞敵人的海上運輸，日軍視之爲眼中釘，多次組織大規模封鎖掃蕩。一九四五年日軍投降後還垂死掙扎，發動「銀礦灣大屠殺」。大嶼山中隊老戰士謝琦十多年前曾經「口述抗戰歷史」，與老人相熟的農牧職工會離島辦事處主任梁東富記錄了下來。近日，他向大公報記者講述了大嶼山的這一段紅色足跡，老人的兒子謝建國亦在現場，感觸良深。

大公報記者 常鳴瑤（文、圖）
廣州地區老游擊戰士聯誼會（圖）

銀礦灣大屠殺 老戰士回憶抗日血淚

「危難時，我們幸有東縱保護！」

憑大嶼山地利 游擊隊屢破敵人海路

戰敗懷羞成怒 日軍虐殺村民

天降異象「日本仔嚇到喊！」

謝琦海上運米巧避日軍

大嶼山旱災 北上覓糧食

▶謝琦投身東縱成為游擊隊員，保家衛國。

特稿

悼抗戰死難者 八號風球 冒雨拜祭

大公報記者常鳴瑤

▲日軍從內地橫渡深圳河南下，迅速佔領新界、九龍。

日軍進攻香港路線

銀礦灣大屠殺

• 日本宣佈戰敗投降後，當時仍有一批日軍守在大嶼山仍未繳械，游擊隊員與日軍的戰鬥還未停止，數日後，日軍不甘心戰鬥死傷，加上天皇宣布投降的挫敗感，日軍忽然出動，在附近的三個村落放火、濫殺平民，俘虜了三百村民，被捕的村民在獄中被虐待，有的甚至被打至死。

「日本投降矣！」

• 1945年8月15日，《大公報》頭版用超大號的五個鉛字「日本投降矣！」向全國人民報告了抗戰勝利消息。

日本投降矣！

東江縱隊——香港的希望

• 在香港淪陷的歲月裏，由共產黨領導的東江縱隊港九獨立大隊，堅留在香港頑強地抗擊日軍。他們是香港在這三年零八個月艱苦歲月中，唯一的武裝力量。

英軍將香港拱手讓給日本

• 1941年12月8日，日軍進攻香港，英軍只進行了十八天的抵抗，1941年12月25日，港督楊慕琦代表英國殖民地官員，向當時總部設於九龍半島酒店的日軍投降，香港全面淪陷，投降的那天被稱為「黑色聖誕日」。

日軍「入城式」

• 1941年12月26日，日軍在香港島北岸舉行入城步操，陸軍司令酒井隆（左二）在海軍司令新見政一（左一）陪同下，向在軒尼詩道列隊的日軍敬禮。

日軍惡行彙景

建慰安所
• 日軍到處姦淫婦女，還擄走婦女充當慰安婦。香港淪陷後，日軍於灣仔大佛口建立500間「慰安所」。

強拆民房
• 1942年2月20日，日本派磯谷廉介中將為總督，行政中心由九龍半島酒店搬到香港匯豐銀行大廈。日軍為了擴闊機場，將大子道和宋王臺一帶的數百間工廠、樓宇強行拆毀，居民流離失所。不久，又將灣仔駱克道一帶劃為日本人居留地，限令160多幢樓宇的居民在三日內全部搬走。

草菅人命
• 在三年零八個月中，香港人口由160萬減少至60萬。淪陷初期，短短九個月內，香港已有50多萬人回鄉避難。而在接下來的兩年多，有40多萬人「消失」了，這些人大部分是被殺或餓死。

沒收大米
• 日軍一進城，就在全港各處，將商人存倉的米糧全部沒收，以每人每日6.4両的定額配售（兩年後連禁止配給皆不給市民）。港民無米可買，黑市價不斷上漲，由每斤2元升至200多元。

發行軍票
• 日軍佔領香港後，便立即發行「軍用手票」，規定以原有港幣2元兌換軍票1元，後來又宣布4元換1元，並禁止港幣流通。掠搶的金錢實際是用作購買物資送回日本。日本戰敗後，軍票頓成廢紙，許多市民一夜破產。

◀抗日戰士謝琦之子謝建國，展示父親的榮譽證書及徽章。

希望在我有生之年，能見到梅窩建一座英雄紀念碑

▶謝建國表示，當年日軍就是在此處將村民殺害，上址現為梅窩涌邊。

那些年的故事

國家興亡 僧尼有責

了見尼姑助魯風藏身山洞

筏可大師寧死不出賣游擊隊

▲日軍到大嶼山掃蕩，多虧了見尼姑（左圖）將魯風（右圖）藏進山洞才逃離開追捕。

▶筏可大師即使被日軍打得遍體鱗傷，仍對魯風的行蹤守口如瓶。

大公報記者常鳴瑤

溫來喜找出自己 2008 年前往老戰士謝琦家中所記筆錄，老人當年激動地口述歷史的情形仍歷歷在目。謝琦說，大嶼山地理位置特殊，位處珠江口，南通澳門、珠海，北通廣州，此等「中轉站」乃「兵家必爭之地」，故而日軍派兵駐紮，還「想用當地人的生產作為軍隊物資補給。」日軍的武裝小汽船、小炮艇經常在港澳海域巡邏，初時以港島附近為重點，令到各股海盜流竄到面積大、人口少的大嶼山，打家劫舍，居民苦不堪言。

1942 年初，港九大隊派出游擊隊員進入大嶼山，宣傳抗日精神，組織民眾保護家鄉，先後消滅、趕走李七等海盜、土匪、村霸，奮勇抗擊日軍、偽軍對當地人民的殘酷壓榨。溫來喜說，謝琦老人當年講述過許多故事，說到自己作為游擊隊員為保護家鄉發揮的作用，「就好激動好自豪」，「我們一直住在這裏的村民，好多老人，都好感激在那個艱難的時期，有游擊隊員的陪伴與保護。」

憑大嶼山地利　游擊隊屢破敵人海路

在當地居民的支持下，游擊隊屢屢成功破壞敵人的海上交通，大嶼山基地持續鞏固和發展。對爭奪與掌控大嶼山十分重視的日軍，更加把活躍在大嶼山的抗日游擊隊視為眼中釘，不斷加強伏擊、掃蕩。1943 年 5 月，日軍炮艇潛伏在龍鼓、沙洲附近海面，伏擊游擊隊員，劉春祥等十二名指戰員英勇迎戰，壯烈犧牲。1944 年 4 月，日軍出動二千多人，中小型戰艦四十多艘，飛機四架，由一名將官指揮，海陸空全面大掃蕩，歷時二十一天。然而，在當地民眾的掩護配合下，儘管歷盡艱辛，游擊隊未有被日軍搜尋到，保存了實力。

1945 年 8 月 15 日，日本宣告戰敗投降，全國人民都為「終於趕走日本仔」而十分振奮。然而，當時仍有一批日軍守在大嶼山仍未繳械，游擊隊員與日軍的戰鬥還未停止，數日後，不甘心戰鬥死傷，加上天皇宣布投降的挫敗感，日軍忽然出動，製造一場令人震驚的慘劇。

戰敗惱羞成怒　日軍濫殺村民

溫來喜轉述慘劇親歷者謝琦的回憶，日軍最初以搜查偷襲的游擊隊為由，在附近白銀鄉、大地塘、鹿地塘三個村落大肆破壞，但搜查無果，便找幾位村

溫來喜表示，當年日軍就是在此處將村民斬首。上址現為梅窩泳灘。

長，要求「交人」。然而村長們寧死不屈，堅決不暴露游擊隊員的身份與行蹤。日軍竟將村長當眾斬首，頭顱丟棄在海灘中。其後，日軍更將三百多名村民押至營地附近的沙灘嚴刑拷問，村民同樣誓死保護游擊隊員，不肯透露半點消息，惱羞成怒的日軍竟然就地展開慘絕人寰的大屠殺。

「三個村落的屠殺還不足以令日軍泄憤，他們又去了『行三、四個鐘先行到』的牛牯塱村，四處點火燒村，將村民押回營地拷問和虐殺。」溫來喜繼續轉述謝琦老人說。翻查資料發現，當年的大屠殺中，日軍至少濫殺三十餘名村民，另外有幾十個老弱婦孺被迫露宿荒野餓死，梅窩集中營裏則有約二十多人被虐待致死。

天降異象「日本仔嚇到喊！」

謝琦老人險些在這場屠殺中喪命，據謝琦講述，當天日軍拷問他及同伴幾人，他們受酷刑仍不肯鬆口，氣急敗壞的日本兵便將他們帶去灘塗準備「砍

1941年12月8日，日軍突然發動太平洋戰爭，並進攻香港。12月25日，港督楊慕琦宣告投降，香港淪陷。圖為日機轟炸香港的情形。

謝琦很自豪能成為游擊隊隊員，保家衛國。

頭」。忽然天空烏雲密布、雷聲大作，瞬間下起傾盆大雨，連身邊人臉都看不清楚。「日本仔嚇到喊！」老人說，天象異變下，日本兵嚇到失措，哇哇亂叫着跑遠了，他與同伴趁機逃跑，這才撿回一條命。

謝琦老人的兒子全程陪同訪問，他的名字是「建國」。謝建國坦言，自己對父親經歷的這些其實所知甚少，只知道父親一生助人為樂，街坊鄰居對他亦都十分敬重。他告訴記者，從小感受到父親有強烈的愛國情懷，但父親極少主動對子女詳細談論英雄事跡，自己也是近年來看着父親接受訪問的報道，方知父親原來曾是游擊隊員，有過這樣保家衛國、驚心動魄的經歷。

溫來喜也感嘆道，大嶼山的抗戰歷史鮮為人知，許多地方發生過的抗戰足跡已日漸湮沒，但抗日戰士為保家國拋頭顱灑熱血的事跡，與日軍的殘暴侵略的罪行，都應該讓年輕一代知道。「希望在我有生之年，能見到梅窩建一座英雄紀念碑。」

謝琦海上運米巧避日軍

「只要可以打日本仔，無論去咩地方我都要參軍！」溫來喜轉述謝琦所言的入伍過程：香港淪陷那年，二十四歲的謝琦熱血沸騰，慷慨踏上參軍抗日之路，即使行至元朗被寡母派人勸回，他隨後仍堅持加入了大嶼山抗日隊伍之列。

1941 年 12 月底香港淪陷，香港市民在日軍監視下走出防空洞。

抗日戰士謝琦之子謝建國，展示父親的榮譽證書及徽章。

香港淪陷後，謝琦與三名同伴義無反顧地離家尋找抗日隊伍，只是在離家不久，他們被叔伯找到，並告知謝琦，他的寡母在家哭得撕心裂肺，謝琦唯有答應回家，目送同伴去往韶關入伍。及至東縱游擊隊來到大嶼山，他第一時間毛遂自薦，終於得償所願，正式加入抗日行列。

大嶼山旱災 北上覓糧食

謝琦曾憶述抗戰的經歷，最危險的一次是從海上運米遇上日軍。1943 年 5 月大嶼山大旱災，糧食物資極短缺，不得不北上內地運米回來以解燃眉之急。他接受了這項重任，與六名游擊隊員，拿上「三支爛鬼槍」便乘「蝦艇」往內地。七人當晚由黃田運米回航，經蛇口時已是晚上十一時許。由於海上無風，船速相當慢，數人相繼入睡。至翌晨天亮，謝琦率先醒來，驚覺約百米外有多艘日寇的「大頭蝦」（日軍船隊）在海上巡邏。

若與日寇硬碰，等同以卵擊石。「我心諗呢次真係『揼使』（棘手）！」縱使心中發怵，謝琦依然果斷令大家鎮定，保持安靜、速速收帆，悄悄搖撸到不遠處的沙洲躲避。因為對環境熟悉，謝琦深知早上八、九點的東北風可「助一臂之力」，更是巧妙利用了沙洲上的大石作為掩護，令船「消失」在日軍視野中。這之後，謝琦甚至從容不迫煮了早餐，為大家補充體力，待風起，便迅速動身，七人毫髮無損、全身而退，成功帶着白米回到大嶼山。

日本投降矣！
答覆四國接受規定條款
今晨七時四國首都同時正式宣布
日本答覆係昨晚提出
社評
注意善後救濟工作
昨日東京
巨機八百架昨炸日本
敵機前日襲美機動艦隊
蘇軍越過大興安嶺
黑龍江省攻佔索倫
敵稱長春已作局部撤退

1945 年 8 月 15 日，《大公報》頭版用超大號的五個鉛字「日本投降矣！」向全國人民報告了抗戰勝利消息。

2009 年 2 月，香港農牧職工會離島辦事處主任溫來喜（左一），游擊隊老戰士謝琦（左二），東江縱隊歷史研究會顧問、新界社團聯會榮譽會長羅叔清（右二）等在大嶼山礅頭村留影。

1941 年 12 月 26 日，日軍在香港島北岸進行入城步操，陸軍司令酒井隆（左二）在海軍司令新見政一（左一）陪同下，向在軒尼詩道列隊的日軍敬禮。

悼抗戰死難者 八號風球 冒雨拜祭

溫來喜向記者分享了 2014 年的故事。那年，他與當時仍在世的謝琦，還有幾位抗日老戰士，祭拜日軍屠刀下的死難者，當日天文台掛起八號風球，是「開遮都冇用」的暴風雨晚上。謝琦堅持要冒雨前行，溫來喜等晚輩見勸不住只得同意，誰知在約定祭拜的時間突然雨停，彷彿是在有意眷顧他們，讓他們順利地完成了對亡靈的告慰。而令人驚嘆的是，在參與者各自歸家後再起狂風暴雨，「好似特登話畀大家知，唔好忘記」。

國家興亡 僧尼有責

「國家興亡，匹夫有責，僧尼亦有責！」寶蓮禪寺是大嶼山著名景點，而寺中幾代法師與抗日游擊隊員的淵源，卻鮮為外人所知。新界社團聯會副會長周轉香告訴記者，自己與已故寶蓮禪寺住持智慧法師熟識多年，眾人皆知法師在建設昂坪，籌建天壇大佛中做出傑出貢獻，但法師年幼時更曾是一名游擊隊「小鬼」，曾為居於寺中養病的港九大隊副大隊長魯風「通過信、報過信」。年幼的智慧法師印象最深刻的，還是大嶼山上尼姑了見幫助港九大隊副大隊長魯風隱藏身份，以及寶蓮禪寺住持筏可大師承受日軍的毒打威逼，寧死都不走漏風聲。

1942 年初，東江縱隊港九獨立大隊正式成立，由蔡國樑擔任大隊長，魯風任副大隊長。魯風在長期緊張艱辛的戰鬥環境下積勞成疾，當年秋天咳血被診斷出患有肺結核，完成手術後身體依舊虛弱，便暫居大嶼山養病。1943 年夏，大嶼山中隊政治指導員陳亮明將魯風安置在地塘仔尼姑庵居住，尼姑了見本姓何，為便於掩護，二人便以姑侄相稱，魯風化名為「何方來」。

了見尼姑助魯風藏身山洞

了見並不清楚魯風的身份，只知「陳先生（陳亮明）和他弟兄們」所在的團體趕跑了凌辱婦女、打家劫舍、殺人放火的土匪，又一心抗日，心存感激，便對陳先生「帶來」的魯風關懷體諒，見其食葷亦不曾流露過不悅情緒。風平浪靜一陣子後，尼姑庵中出現風言風語，說魯風是危險人物，被日軍發現便會牽連大家。了見聽聞，於是尋到魯風，試探他是如何與陳先生相識。

魯風不便透露身份，起初答以祖輩為舊相識，見她仍未罷休，故而決定試探她對游擊隊及抗日的態度，問道：「你認為參加陳先生的那個團體好嗎？」了見正色答道：「天下興亡，匹夫有責。」魯風亦說：「全國人民，應不分男女老少、東南西北、貧富貴賤，有錢出錢、有力出力，動員起來共同抗日。我待健康好轉，一定全力而為。」

魯風經過一段時間的休養，健康逐漸恢復，還可適當做些勞動。他在養病之餘也關心僧尼們的生活，幫他們解決各種實際困難。直至一年後，大嶼山遭

日軍到大嶼山掃蕩，多虧了見尼姑（左圖）將魯風（右圖）藏進山洞才能避開追捕。

筏可大師即使被日軍打得遍體鱗傷，仍對魯風的行蹤守口如瓶。

到日軍掃蕩，日軍聽聞游擊隊員「何先生」居住於此，便來包圍，多虧了見將其藏進山洞才避開搜查，後又將其送至寶蓮禪寺隱藏。寶蓮禪寺當時的住持，便是智慧法師的師傅筏可大師。他安排魯風住下，裝扮成僧人模樣，又弄來良民證，還指點如何應付敵人查問。

沒幾天後，當魯風與百名僧尼及信徒一同在大雄寶殿聽筏可大師講經之際，日軍突然闖入。魯風與周圍僧侶閉目合掌，筏可大師誦畢，領着眾人鎮定自若地向居所走去。魯風緊跟隊伍，眼見大師進入方丈室，便佯裝鎮定地向方丈室走去，意圖繞道後隱藏起來。誰知身後追來幾個日本兵，魯風以為是來抓自己，豈料未趕得及有所反應，日軍已越過他衝入方丈室，不分青紅皂白便將方丈一頓痛打。

筏可大師寧死不出賣游擊隊

日本軍官面目猙獰地說：「何先生可有？交出來，皇軍大大的有賞；不然，殺頭。」筏可大師不緊不慢答道：「游擊隊，來來去去的有，我早已向大澳皇軍報告過。聽說隊長姓陳，何先生未聽過。」日本軍官未得到滿意的答案，惱

日本宣告戰敗投降後，當時仍有一批日軍守在大嶼山仍未繳械，游擊隊員與日軍的戰鬥還未停止，數日後，日軍不甘心戰鬥死傷，加上天皇宣布投降的挫敗感，日軍忽然出動，在附近的三個村落放火，屠殺平民，俘虜了三百村民，被捕的村民在獄中被虐待，有的甚至被打致死。

羞成怒，直接上前對筏可大師拳打腳踢，大師遍體鱗傷、血跡斑斑，卻依舊一言不發。「姓何的藏在哪裏？」日本軍官瞪着雙眼，怒吼着將刀架在大師的脖子上，威脅他再不交代就要殺頭。大師依舊平靜地說：「姓何的我的確不認識，也未聽說他到昂坪，就是殺了我的頭，也是不知道。」日本軍官逼供不成，繼續對大師拳打腳踢泄憤，然後怏怏離去。

周轉香告訴記者，智慧法師當年僅僅是個七歲的小和尚，目睹了日軍的殘暴，更堅定了要認真完成「小鬼」工作的決心。在魯風居住於寶蓮禪寺期間，作為一個「看牛仔」，智慧法師「眼觀六路、耳聽八方」，在東邊見到游擊隊，又在西邊看到日本兵，估摸着兩隊人怕是要撞上，便趕緊回到寺中向筏可大師「報信」，再由大師遣人通知，令游擊隊有所防備，不至於與日軍正面交鋒。

就這樣，英勇抗擊日寇的游擊隊員，在大嶼山僧尼與居民冒着生命危險的保護下，平安渡過重重難關。「天下興亡，匹夫有責，僧尼亦有責」，周轉香說，這便是大嶼山的抗日精神，而游擊隊與村民團結一心、互相幫助的故事，亦就此流傳。她又略帶遺憾地說，智慧法師與她二人曾向政府提出請求，在寶蓮禪寺建立抗日紀念碑，亦得到了政府的允諾，然而智慧法師不久後圓寂，立碑的事也耽擱至今。她表示，希望通過立碑，令這些故事能為更多人所知，後人才能看清楚真實的歷史。

（原載大公報 2021 年 6 月 4 日 A12、13，記者常彧璠）

第二章　見證者系列

慶祝中國共產黨成立100周年
The 100th Anniversary of the Founding of
The Communist Party of China

從一窮二白到今日的繁榮富強，中國共產黨領導的改革開放為國家發展帶來偉大轉折，香港各界一同與祖國摸着石頭過河，探索着與祖國一起騰飛發展的道路。當中有見證國家社會發展的政界人士，也有見證和參與國家經濟發展的香港工商界人士。對於今日的祖國，他們感嘆中帶着自豪：只有共產黨帶領的中國才能取得這樣的成就，人民的生活才會真正變得美好。

譚耀宗：加強有效宣傳 引導港青識黨

「我深深感受到如果沒有中國共產黨，就不會有新中國。」全國人大常委會委員、原香港特區基本法起草委員會委員譚耀宗接受香港文匯報專訪時表示，中國共產黨克服重重困難才能成立新中國，是一個能夠不斷努力奮鬥、為人民、自我改革完善的政黨。出身於愛國家庭的譚耀宗坦言，自己最愛的一首歌就是國歌，每每唱起就能感受到身為中國人的光榮。他希望以中共建黨百年為契機，在香港加強對中國共產黨的有效宣傳，讓更多人尤其是年輕人對黨有正確的認識。

欣賞中共堅定為民 自豪中國人身份

譚耀宗：加強有效宣傳 引導港青識黨

慶祝中國共產黨成立100周年 特別報道

「我深深感受到如果沒有中國共產黨，就不會有新中國。」全國人大常委會委員、原香港特區基本法起草委員會委員譚耀宗近日接受香港文匯報專訪時表示，中國共產黨克服重重困難才能成立新中國，是一個能夠不斷努力奮鬥、為人民、自我改革完善的政黨。出身於愛國家庭的譚耀宗坦言，自己最愛的一首歌就是國歌，每每唱起就能感受到身為中國人的光榮。他希望以中共建黨百年為契機，在香港加強對中國共產黨的有效宣傳，讓更多人尤其是年輕人對黨有正確的認識。

掃碼看片

●香港文匯報記者 郭家好

●譚耀宗表示，希望未來能加強對中國共產黨的宣傳，讓更多人尤其是年輕人對黨有正確的認識。 香港文匯報記者 攝

●上世紀八十年代，譚耀宗（右六）與時任勞工界立法局議員及勞顧局勞方代表前往北京訪問，在全國總工會會址門前合影。 受訪者供圖

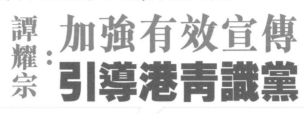

譚耀宗認為，中國共產黨是一個能夠不斷努力奮鬥、為人民、自我完善的政黨，這幾點都是其他政黨未必能做到的。他解釋，中國不像外國般輪流執政，而是在中國共產黨領導下的多黨合作，中國共產黨做到了自我改革完善，不斷發展。他表示，從中國共產黨這一百年的歷史，深信黨與國家都能夠全力以赴為人民利益奮鬥，不斷自我改革，自我完善地繼續發展。他並指，中國共產黨創造性提出「一國兩制」設想，並多年來不斷捍衛「一國兩制」事業，從根本性地幫助香港解決問題，足以證明中國共產黨對落實「一國兩制」是堅定不移。

最愛聽國歌 感受祖國情

被問及最喜歡哪一首歌曲，譚耀宗坦言是國歌《義勇軍進行曲》。他說，國歌是一首非常有氣勢的進行曲，認為每一次聽的感覺都不一樣，但都讓他感覺到身為中國人的光榮與自豪，並指現在中國人去到任何一個地方都可以吐氣揚眉地說出自己中國人的身份。

今年7月1日，譚耀宗應邀出席在北京天安門廣場隆重舉行的慶祝中國共產黨成立100周年大會。他憶述，當時與7萬名各界群眾齊唱國歌，感受與以往很不一樣，「在天安門廣場，在中華民族站起來的地方，大家一起唱國歌，令我感覺到今天中國能夠站起來、富起來、強起來，是身為中國人的自豪與光榮。」

他透露自己日常都會聆聽《沒有共產黨就沒有新中國》、《我和我的祖國》、《我的中國心》、《東方紅》等有關中國共產黨的歌曲，認為它們旋律非常優美，並講出了對國家的情懷，會加強他的愛國情懷。

推薦觀賞《覺醒年代》《1921》

譚耀宗認為，許多香港人尤其是年輕人應該對中國共產黨有更正確的認識，而增強對國家和黨的認識可以透過多樣的途徑。他近日就在觀看重大革命歷史題材電視劇《覺醒年代》，他覺得很有意思，因為讓大家認識到當年中國共產黨成立時的背景，一群年輕的賢能之士有感當時政府的腐敗無能，大家都有一顆救國心，摸索着找出辦法，讓大家知道建黨和成立新中國都不是一件簡單的事。

而近日來在港廣受好評、講述中國共產黨百年前誕生過程的電影《1921》，亦令譚耀宗頗為感動，「從影片中看到一群不怕犧牲、作出很大貢獻和付出，為中華民族尋找出路的年輕人。」

●譚耀宗（前排右四）擔任港區全國政協委員期間在人民大會堂前留影。 受訪者供圖

●1999年譚耀宗（後排左二）和當時行會成員前往北京，參加國慶50周年活動，衆人在慶祝晚宴上合影。 受訪者供圖

善用百年黨慶契機 拉近港青與黨關係

香港一些年輕人缺乏國民教育，加上在別有用心分子的抹黑下，對中國共產黨存在誤解。譚耀宗表示，一些香港年輕人對中國共產黨缺乏基本的了解，應該趁着中國共產黨建黨100周年契機，增強宣傳教育，讓香港年輕人多學習黨史、國家近代歷史，明白中國共產黨如何領導國家、開創及推進「一國兩制」，以及中國共產黨與「一國兩制」的關係等。

譚耀宗指出，香港年輕人過往缺乏對中國共產黨的認識，亦覺得歷史與他們無關，沒有意識做主動了解，在別有用心分子的抹黑下，令部分年輕人甚至誤將中國共產黨當成「洪水猛獸」。

講述黨史發展歷程

他表示，香港年輕人應該改變這種想法，並正確認識中國共產黨。中國共產黨帶領人民建立新中國，國家由中國共產黨領導，憲法第一條寫明，中國共產黨領導是中國特色社會主義最本質的特徵，許多利國利民的政策由中國共產黨制定實施，年輕人應該加強對中國共產黨的正確客觀的認識，不要被別有用心的人蠱惑。

他認為，今年中國共產黨建黨100周年就是一個很好的契機，應該加強對中國共產黨的宣傳，講述中國共產黨百年歷史和發展歷程，闡釋中國共產黨如何領導國家、如何開創「一國兩制」、如何推進「一國兩制」，以及中國共產黨與「一國兩制」的關係等，讓香港年輕人改變刻板印象，拉近與中國共產黨距離。

祖國同齡人 承傳愛國心

出生於1949年的譚耀宗，不但是新中國的同齡人，更是在一個愛國的家庭中成長，令他身體內流淌着愛國的基因，從小就培養了一顆愛國心。身為新中國的同齡人，譚耀宗覺得出生於這個大時代的人，都對國家特別有感情。他認為，原因可能是他們從父母身上都感受到新中國成立的重要性。

幼承父訓 關心國家

原生家庭對孩子的價值觀和成長具有極大的影響力。譚耀宗指，他父親是一名海員，經常漂洋過海，過程中充分體現如果國家不強大，就會很容易被欺負，所以海員普遍都是熱愛國家的，形容這是海員的光榮傳統。

他又指，父親曾經和他講過一些抗日時期的故事，包括他曾經被炸彈炸，躲到桌子底下被壓着，差點就被壓死等等，「我父親看到國家的不斷發展進步會感到很開心，但如果在電視看到別人欺負、侮辱自己國家，也會感到很氣憤，所以他是一個愛恨分明的人。」耳濡目染下，這種愛國的基因從小就流淌在譚耀宗身上。

工作後經同事介紹參加愛國工會，亦令譚耀宗的愛國心再上一個新高度。譚耀宗表示，通過工會令他對國家的認識加深很多，因為工會經常安排他們到內地參觀、訪問、學習等，加上他在國外求學時進一步了解在外國資本主義社會的工運發展，因此對他日後推動工運發展都有幫助，以及當看到國家騰飛發展時都很受鼓舞。

●譚耀宗早年參加全國政協會議，在會場內留影。 受訪者供圖

中央關顧港人 捍衛「一國兩制」

身為資深的政界人士，譚耀宗談起中國共產黨對香港的影響，感觸很深。他從香港回歸祖國講起，他說，如何令到國家既能收回香港，同時令生活在香港的同胞容易接受，願意繼續保持發展，是一個難題。中國共產黨開創前無古人的做法，有氣魄地提出「一國兩制」設想。他回顧實行至今已經24年的「一國兩制」，認為事實證明這個構思是成功的。

香港回歸祖國後也經歷風雨，譚耀宗認為，中國共產黨一直都在不遺餘力地捍衛「一國兩制」事業。他說，每當香港遇到困難時，中央都會從根本性地幫助香港解決問題。比如香港回歸後曾經經歷的兩次金融風暴都是中央出手幫助令香港渡過難關；之後香港想要恢復經濟時，中央又幫助香港制定個人遊、CEPA等，更在疫情衝擊香港之際協助渡過難關，以及制定國安法，完善選舉制度等。

出手制定國安法止暴制亂

「遇到憲制上的問題，（中央會）幫香港解釋法例、解釋基本法，這些都是解決了很多香港本身難以解決的困難和問題。」譚耀宗說道。前年黑暴襲港，他表示，中央出手為香港制定香港國安法非常關鍵，而這亦是中央貫徹依法治國的重要體現。

譚耀宗又指，國家在不同領域上有重大成果時，都會第一時間與香港分享，比如近期的航天科學家團隊訪港，在香港展覽珍貴的月壤等，充分體現了國家對香港的關顧。

譚耀宗認為，中國共產黨是一個能夠不斷努力奮鬥、為人民、自我完善的政黨，這幾點都是其他政黨未必能做到的。他解釋，中國不像外國般輪流執政，而是在中國共產黨領導下的多黨合作，中國共產黨做到了自我改革完善，不斷發展。他表示，從中國共產黨這一百年的歷史，深信黨與國家都能夠全力以赴為人民利益奮鬥，不斷自我改革、自我完善地繼續發展。他並指，中國共產黨創造性提出「一國兩制」設想，並多年來不斷捍衛「一國兩制」事業，從根本性地幫助香港解決問題，足以證明中國共產黨對落實「一國兩制」是堅定不移。

最愛聽國歌　感受祖國情

被問及最喜歡哪一首歌曲，譚耀宗坦言是國歌《義勇軍進行曲》。他說，國歌是一首非常有氣勢的進行曲，認為每一次聽的感覺都不一樣，但都讓他感覺到身為中國人的光榮與自豪，並指現在中國人去到任何一個地方都可以吐氣揚眉地說出自己中國人的身份。

今年 7 月 1 日，譚耀宗應邀出席在北京天安門廣場隆重舉行的慶祝中國共產黨成立 100 周年大會。他憶述，當時與 7 萬名各界群眾齊唱國歌，感受與以往很不一樣，「在天安門廣場，在中華民族站起來的地方，大家一起唱國歌，令我感覺到今天中國能夠站起來、富起來、強起來，是身為中國人的自豪與光榮。」

他透露自己日常都會聆聽《沒有共產黨就沒有新中國》《我和我的祖國》《我的中國心》《東方紅》等有關中國共產黨的歌曲，認為它們旋律非常優美，並講出了對國家的情懷，會加強他的愛國情懷。

推薦觀賞《覺醒年代》《1921》

譚耀宗認為，許多香港人尤其是年輕人應該對中國共產黨有更正確的認識，而增強對國家和黨的認識可以透過多樣的途徑。他近日就在觀看重大革命歷史題材電視劇《覺醒年代》，他覺得很有意思，因為讓大家認識到當年中國共產黨成立時的背景，一群年輕的賢能之士有感當時政府的腐敗無能，大家都有一顆救國心，摸索着找出辦法，讓大家知道建黨和成立新中國都不是一件簡單的事。

譚耀宗表示，希望未來能加強對中國共產黨的宣傳，讓更多人尤其是年輕人對黨有正確的認識。

而近日來在港廣受好評、講述中國共產黨百年前誕生過程的電影《1921》，亦令譚耀宗頗為感動，「從影片中看到一群不怕犧牲、作出很大貢獻和付出、為中華民族尋找出路的年輕人。」

善用百年黨慶契機 拉近港青與黨關係

香港一些年輕人缺乏國民教育，加上在別有用心分子的抹黑下，對中國共產黨存在誤解。譚耀宗表示，一些香港年輕人對中國共產黨缺乏基本的了解，應該趁着中國共產黨建黨 100 周年契機，增強宣傳教育，讓香港年輕人多學習黨史、國家近代歷史，明白中國共產黨如何領導國家、開創及推進「一國兩制」，以及中國共產黨與「一國兩制」的關係等。

上世紀八十年代，譚耀宗（右六）與時任勞工界立法局議員及勞顧局勞方代表前往北京訪問，在全國總工會會址門前合影。

譚耀宗指出，香港年輕人過往缺乏對中國共產黨的認識，亦覺得歷史與他們無關，沒有意識做主動了解，在別有用心分子的抹黑下，令部分年輕人甚至誤將中國共產黨當成「洪水猛獸」。

講述黨史發展歷程

他表示，香港年輕人應該改變這種想法，並正確認識中國共產黨。中國共產黨帶領人民建立新中國，國家由中國共產黨領導，憲法第一條寫明，中國共產黨領導是中國特色社會主義最本質的特徵，許多利國利民的政策由中國共產黨制定實施，年輕人應該加強對中國共產黨的正確客觀的認識，不要被別有用心的人蠱惑。

他認為，今年中國共產黨建黨 100 周年就是一個很好的契機，應該加強對中國共產黨的宣傳，講述中國共產黨百年歷史和發展歷程，闡釋中國共產黨如何領導國家、如何開創「一國兩制」、如何推進「一國兩制」，以及中國共產

譚耀宗（前排右四）擔任港區全國政協委員期間在人民大會堂前留影。

黨與「一國兩制」的關係等，讓香港年輕人改變刻板印象，拉近與中國共產黨的距離。

祖國同齡人　承傳愛國心

出生於 1949 年的譚耀宗，不但是新中國的同齡人，更是在一個愛國的家庭中成長，令他身體內流淌着愛國的基因，從小就培養了一顆愛國心。身為新中國的同齡人，譚耀宗覺得出生於這個大時代的人，都對國家特別有感情。他認為，原因可能是他們從父母身上都感受到新中國成立的重要性。

幼承父訓　關心國家

原生家庭對孩子的價值觀和成長具有極大的影響力。譚耀宗指，他父親是

1999 年譚耀宗（後排左二）和當時行會成員前往北京，參加國慶 50 周年活動，眾人在慶祝晚宴上合影。

一名海員，經常漂洋過海，過程中充分體會如果國家不強大，就會很容易被欺負，所以海員普遍都是熱愛國家的，形容這是海員的光榮傳統。

他又指，父親曾經和他講過一些抗日時期的故事，包括他曾經被炸彈炸、躲到桌子底下被壓着，差點就被壓死等等，「我父親看到國家的不斷發展進步會感到很開心，但如果在電視看到別人欺負、侮辱自己國家，也會感到很氣憤，所以他是一個愛恨分明的人。」耳濡目染下，這種愛國的基因從小就流淌在譚耀宗身上。

工作後經同事介紹參加愛國工會，亦令譚耀宗的愛國心再上一個新高度。譚耀宗表示，通過工會令他對國家的認識加深很多，因為工會經常安排他們到內地參觀、訪問、學習等，加上他在國外求學時進一步了解在外國資本主義社會的工運發展，因此對他日後推動工運發展都有幫助，以及當看到國家騰飛發展時都很受鼓舞。

中央關顧港人　捍衛「一國兩制」

身為資深的政界人士，譚耀宗談起中國共產黨對香港的影響，感觸很深。他從香港回歸祖國講起，他說，如何令到國家既能收回香港，同時令生活在香港的同胞容易接受，願意繼續保持發展，是一個難題。中國共產黨開創前無古人的做法，有氣魄地提出「一國兩制」設想。他回顧實行至今已經 24 年的「一國兩制」，認為事實證明這個構思是成功的。

香港回歸祖國後也經歷風雨，譚耀宗認為，中國共產黨一直都在不遺餘力地捍衛「一國兩制」事業。他說，每當香港遇到困難時，中央都會根本性地幫助香港解決問題。比如香港回歸後曾經經歷的兩次金融風暴都是中央出手幫助令香港渡過難關；之後香港想要恢復經濟時，中央又幫助香港制定個人遊、CEPA 等，更在疫情瀰漫香港之際協助渡過難關，以及制定國安法、完善選舉制度等。

出手制定國安法止暴制亂

「遇到憲制上的問題，（中央會）幫香港解釋法例、解釋基本法，這些都是解決了很多香港本身難以解決的困難和問題。」譚耀宗說道。前年黑暴襲港，他表示，中央出手為香港制定香港國安法非常關鍵，而這亦是中央貫徹依法治國的重要體現。

譚耀宗又指，國家在不同領域上有重大成果時，都會第一時間與香港分享，比如近期的航天科學家團隊訪港，在香港展覽珍貴的月壤等，充分體現了國家對香港的關顧。

（原載香港文匯報 2021 年 7 月 26 日 A12 版，記者郭家好）

鄭耀棠：
中共展不朽精神 領人類文明進步

從參加工會到後來擔任港區全國人大代表，工聯會榮譽會長鄭耀棠親見國家翻天覆地的變化，對中國共產黨的認識亦逐步加深。在他心中，中國共產黨偉大、光榮、正確，胸襟博大、目標清晰，為促進人類進步事業而奮鬥。他在接受香港文匯報專訪時表示，國家過往屢遭西方列強壓迫，但人民在中國共產黨帶領下展現不朽精神，開闢了中國特色社會主義道路，並盡最大力量推動人類文明進步，「到底世上還有哪個政黨如此無私呢？」

親見國家發展加深對黨認識「世上還有哪個政黨如此無私?」

慶祝中國共產黨成立100周年
特別報道

鄭耀棠：中共展不朽精神 領人類文明進步

從參加工會到後來擔任港區全國人大代表，工聯會榮譽會長鄭耀棠親見國家翻天覆地的變化，對中國共產黨的認識亦逐步加深。在他心中，中國共產黨偉大、光榮、正確，胸襟博大、目標清晰，為促進人類進步事業而奮鬥。他近日在接受香港文匯報專訪時表示，國家過往屢遭西方列強壓迫，但人民在中國共產黨帶領下展現不朽精神，開闢了中國特色社會主義道路，並盡最大力量推動人類文明進步，「到底世上還有哪個政黨如此無私呢？」 ●香港文匯報記者 林浩賢

掃碼看片

上世紀六十年代，剛投身社會的鄭耀棠經同事介紹加入工會。當時，工會的學習氣氛相當濃厚，他參加了兩地時事的學習小組，其間閱讀了馬克思撰寫的《資本論》和毛澤東撰寫的《中國社會各階級的分析》，開始認識中國共產黨的初心使命。

在學習過程中，他了解到香港工運初期的背景，而長達16個月的省港大罷工令他十分好奇，「這場罷工能夠把港英政府的統治弄得天翻地覆，令英國的殖民統治慘淡收場，後來我才發現海員大罷工和省港大罷工都有中國共產黨領導的背景。」

推「一國兩制」絕無私心

家國情懷油然而生，鄭耀棠亦希望進一步了解中國共產黨的精神。在他看來，中國共產黨一直為中國人民謀幸福，為促進人類進步事業而奮鬥，這種無私的精神背後有堅實的科學理論依據，配合清晰的目標和嚴明的紀律，中國共產黨必然是偉大、光榮、正確的政黨，「例如香港回歸祖國，中國共產黨實現『一國兩制』就是為了國家統一和民族利益，絕無私心。」

新中國過往數十年發展迅速，自1988年起擔任港區全國人大代表至今的鄭耀棠對此非常感觸。由於全國兩會通常於每年3月在北京召開，氣溫經常不到十度。他記得，自己最初到北京開會時住在京西賓館，雖然天氣寒冷，但洗澡沒有熱水，更只有水壺和臉盆可用。

當時國家正值改革開放，不同省市的面貌千篇一律，街上許多穿白恤衫、藍裇褲的勞工，但人民在中國共產黨帶領下戰勝一個又一個難關，變得愈來愈幸福，「我覺得現時用『一日千里』都不能夠形容國家的發展速度！」

「愈壓迫我們，我們愈燃亮志氣」

雖然西方國家近年竭力阻撓中國的崛起，但鄭耀棠指出，國家的成就全世界都有目共睹，中國人的鬥志是任何國家民族都無法比擬，有中國共產黨的領導主張，再加上中國人不屈不朽的精神，「（西方國家）愈壓迫我們，我們就愈會燃亮志氣，在航天、軍事上走出我們中國的科技發展道路，西方國家封鎖我們，我們就自行研發具有中國特色的產品，這就是中華民族的鬥志！」

展望未來，鄭耀棠對中國共產黨實現第二個百年奮鬥目標，即於2049年新中國成立一百年之際建成社會主義現代化國家充滿信心，「中國共產黨有堅實的科學理論帶領國家發展，我們已成功實現全面建成小康社會的第一個百年奮鬥目標，國家絕對可以實現第二個百年奮鬥目標，而且發展得愈來愈快。」

●鄭耀棠勉勵香港青年把握粵港澳大灣區的機遇，積極融入國家發展大局。 香港文匯報記者 攝

「一國兩制」展黨胸襟 解港歷史遺留問題

中國共產黨為實現國家和平統一，開創了「一國兩制」事業。曾任港事顧問和香港特區籌備委員會委員的鄭耀棠說，提出「一個國家，兩種制度」絕不容易，這是中國共產黨的胸襟包容，既解決歷史遺留的香港問題，亦顧及經歷多年殖民統治的香港同胞，令人深刻感受到「沒有共產黨就沒有新中國，沒有共產黨就沒有『一國兩制』」。

「無微不至」是鄭耀棠對中國共產黨支持香港的形容詞。每當香港遇上困難，中央始終是第一個想着如何為香港解決問題，上世紀六十年代香港遭逢旱災，中央理解到香港每4天供水4小時的苦況，在內地經濟困難的情況下，仍決心開展東深供水工程，解決香港用水問題，又如港人平日生活的糧食日用品，一直都是由內地源源不斷地供給。

批「顏色革命」圖顛覆政權

不過，有一部分香港人長期存在「反共」情緒，2019年更演變成與境外勢力合謀在港推行的「顏色革命」，圖謀顛覆政權和破壞國家領土完整，「既然中國共產黨都有胸襟提出『一國兩制』，反對的人是為了什麼？他們連『一國兩制』都不願接受，我沒辦法接受這種思想，甚至付諸成推翻政權的行動。」

國家日趨富強，西方對國家和香港的失實指控亦與日俱增。他認為只要大家對比西方國家的所作所為和其宣揚的所謂「自由」、「人權」，自會明白其荒謬，並笑言中國共產黨走過百年長路，再大的風浪也經已見過，圖謀詆毀中國共產黨和「一國兩制」的人可以「慳返」。

鄭耀棠強調，香港要適時調整過往做法，要加大宣揚祖國的執政黨和國家的成就。

●鄭耀棠至今已擔任全國人大代表33年。 工聯會供圖

憶港英屢打壓華人 投工會更堅愛國心

剛投身社會，鄭耀棠已經與工會結緣，更從此厚植愛國情懷。為了幫補家計，當年14歲的他放下學業，在中環置地廣場的前身告羅士打酒店當門僮，也因此嚐到人間的辛酸與不平。他至今仍記得在港英政府統治期間，外國人對中國人的囂張氣焰和藐視眼神，與西方所宣揚的「自由平等、仁慈博愛」大相徑庭，深受啟發的他隨其他工友逐漸凝聚成捍衛民族尊嚴的堅實力量。

年輕曾當門僮 受外國人歧視

在香港回歸祖國前，愛國工會儼如港英政府的箭靶，加入愛國組織幾乎注定被針對，但正因為當時的種種不公，鄭耀棠的愛國情感愈發濃烈。他向記者詳談自己加入工會的經過，最初在酒店當門僮時，經常被進出酒店的外國人蔑視，更試過被他們以向狗隻才會使用的指令和手勢對待，甚至被故意推跌。

親歷各種歧視和不公，令鄭耀棠深思西方在港宣揚的思想，「不是說人人平等大家都是同一個家嗎？為何他們這麼橫蠻無理？又為何要這樣待我呢？」其間，他隨工友參加工會，不僅進一步了解國家所受的屈辱，更堅定了他的愛國心。

回首上世紀六七十代，港英政府竭力遏止愛國組織發展。鄭耀棠說，港英政府深怕工人團結，不僅明裏施加諸多限制，還暗裏製造分化。他有位舊同事曾在酒店任職侍應，即使表現良好，卻遭英籍管理層歧視而不獲升遷，後來港英政府改變策略，英資公司故意調升部分具工會背景的華人，企圖營造分化，還好愛國工會始終團結一致，齊心捍衛民族尊嚴。

●鍾情民族歌曲的鄭耀棠於文化交流時與內蒙古姑娘合唱。 工聯會供圖

自幼鍾情民族歌 練就流利普通話

向來以擅歌著稱的鄭耀棠，原來自小已開始鑽研歌藝，更特別鍾情蘊含愛國情懷和民族韻味的歌曲。上世紀六十年代，月薪300多元的他，堅持每月花80元向歌唱老師學習發音和運氣。正因當時經常唱國語歌，亦令他說得一口流利的普通話。

《我是中國人》和《把根留住》等歌曲是上世紀八九十年代的香港十大中文金曲，也是鄭耀棠每逢喜慶場合獻唱的首本名曲。他喜歡這些歌曲的原因很簡單：有令人朗朗上口的旋律和蘊藏愛國情懷的勵志歌詞。

被問及最喜歡哪些歌曲，鄭耀棠笑說，只要有民族韻味的歌都喜歡，並向記者娓娓道來不同民族歌曲的特色：內蒙古鄂爾多斯的歌旋律舒展，起伏跌宕；西藏高原的歌高亢豪放；陝北黃土地的歌，例如《山丹丹開花紅艷艷》就高昂宏壯。

唱功扎實 歌藝享譽政壇

國語歌要唱得好，要唱功扎實且普通話流利，但鄭耀棠是先學唱國語歌再學普通話的。他解釋，唱歌有固定發音，所以唱得多、聽得多，就能夠逐漸應用於日常溝通，不會發錯音。他的歌藝在政壇和工會享譽多年，原來與他學講普通話互為表裏。

鄭耀棠希望香港新一代學好普通話，並在過程中主動了解國家文化，例如中國是禮儀之邦，從來不像美西方國家般撩是鬥非，就正如《我是中國人》的歌曲：「不到最後的關頭，絕不輕言戰鬥，忍無可忍的時候，我會挺身而出。」

●鄭耀棠（最前排右二）與航天英雄和小學生大合照。 工聯會供圖

●鄭耀棠（右三）2017年出席「航天英雄與小學生真情對話會」，出席的航天英雄包括楊利偉(左三)、景海鵬(右二)及陳冬(左二)。 工聯會供圖

率港青考察灣區 勉抓發展機遇

為讓更多港人搭上國家發展的高速列車，工聯會不時組團帶領香港青年考察粵港澳大灣區內地城市，親身了解重點城市面貌。曾負責帶團的鄭耀棠接觸不少年輕人，他勉勵港青抓住國家發展機遇，要勤懇耕耘，「『揼石仔』好辛苦，但有長期打算和努力耕耘，才會做出成績。」

內地發展快速有目共睹，但在回歸前的殖民統治者影響下，有部分港人仍對中國共產黨和內地存在誤解。鄭耀棠直言，香港經歷150多年的殖民統治，西方的意識形態已在部分市民心中扎根，但香港回歸祖國後沒有充分「去殖民化」，國民教育更嚴重滯後，要在短期內改變這個狀況並非易事。

反中亂港分子一直借不同渠道散播歪理，抹黑內地及中央政府，令港人對內地產生誤解甚至恐懼。他認為，在中央制定實施香港國安法和完善香港選舉制度後，香港社會已回復穩定，但香港的教育、傳媒和福利等多個方面都要「另起爐灶」，如此才能推動新一代全面融入國家發展大局。

鄭耀棠提醒港青要有長遠打算，「不能食即食麵」，只要在國家發展過程中踏實耕耘，定會做出成績。

上世紀六十年代，剛投身社會的鄭耀棠經同事介紹加入工會。當時，工會的學習氣氛相當濃厚，他參加了兩地時事的學習小組，其間閱讀了馬克思撰寫的《資本論》和毛澤東撰寫的《中國社會各階級的分析》，開始認識中國共產黨的初心使命。

在學習過程中，他了解到香港工運初期的背景，而長達16個月的省港大罷工令他十分好奇，「這場罷工能夠把港英政府的統治弄得天翻地覆，令英國的殖民統治慘淡收場，後來我才發現海員大罷工和省港大罷工都有中國共產黨領導的背景。」

推「一國兩制」絕無私心

家國情懷油然而生，鄭耀棠亦希望進一步了解中國共產黨的精神。在他看來，中國共產黨一直為中國人民謀幸福，為促進人類進步事業而奮鬥，這種無私的精神背後有堅實的科學理論依據，配合清晰的目標和嚴明的紀律，中國共產黨必然是偉大、光榮、正確的政黨，「例如香港回歸祖國，中國共產黨實現『一國兩制』就是為了國家統一和民族利益，絕無私心。」

新中國過往數十年發展迅速，自1988年起擔任港區全國人大代表至今的鄭耀棠對此非常感觸。由於全國兩會通常於每年3月在北京召開，氣溫經常不到十度。他記得，自己最初到北京開會時住在京西賓館，雖然天氣寒冷，但洗澡沒有熱水，更只有水壺和臉盆可用。

當時國家正值改革開放，不同省市的面貌千篇一律，街上許多穿白恤衫、藍扯褲的勞工，但人民在中國共產黨帶領下戰勝一個又一個難關，變得愈來愈幸福，「我覺得現時用『一日千里』都不能夠形容國家的發展速度！」

「愈壓迫我們，我們愈燃亮志氣」

雖然西方國家近年竭力阻撓中國的崛起，但鄭耀棠指出，國家的成就全世界都有目共睹，中國人的鬥志是任何國家民族都無法比擬，有中國共產黨的領導主張，再加上中國人不屈不撓的精神，「（西方國家）愈壓迫我們，我們就愈會燃亮志氣，在航天、軍事上走出我們中國的科技發展道路，西方國家封鎖我們，我們就自行研發具有中國特色的產品，這就是中華民族的鬥志！」

鄭耀棠勉勵香港青年把握粵港澳大灣區的機遇，積極融入國家發展大局。

展望未來，鄭耀棠對中國共產黨實現第二個百年奮鬥目標，即於 2049 年新中國成立一百年之際建成社會主義現代化國家充滿信心，「中國共產黨有堅實的科學理論帶領國家發展，我們已成功實現全面建成小康社會的第一個百年奮鬥目標，國家絕對可以實現第二個百年奮鬥目標，而且發展得愈來愈快。」

「一國兩制」展黨胸襟 解港歷史遺留問題

中國共產黨為實現國家和平統一，開創了「一國兩制」事業。曾任港事顧問和香港特區籌備委員會委員的鄭耀棠說，提出「一個國家，兩種制度」絕不容易，這是中國共產黨的胸襟包容，既解決歷史遺留的香港問題，亦顧及經歷多年殖民統治的香港同胞，令人深刻感受到「沒有共產黨就沒有新中國，沒有共產黨就沒有『一國兩制』」。

「無微不至」是鄭耀棠對中國共產黨支持香港的形容詞。每當香港遇上困難，中央始終是第一個想着如何為香港解決問題，上世紀六十年代香港遭逢旱災，中央理解到香港每 4 天供水 4 小時的苦況，在內地經濟困難的情況下，仍決心開展東深供水工程，解決香港用水問題，又如港人平日生活的糧食日用品，一直都是由內地源源不斷地供給。

批「顏色革命」圖顛覆政權

不過，有一部分香港人長期存在「反共」情緒，2019 年更演變成與境外勢力合謀在港推行的「顏色革命」，圖謀顛覆政權和破壞國家領土完整，「既然中國共產黨都有胸襟提出『一國兩制』，反對的人是為了什麼？他們連『一國兩制』都不願接受，我沒辦法接受這種思想，甚至付諸成推翻政權的行動。」

國家日趨富強，西方對國家和香港的失實指控亦與日俱增。他認為只要大家對比西方國家的所作所為和其宣揚的所謂「自由」、「人權」，自會明白其荒謬，並笑言中國共產黨走過百年長路，再大的風浪也經已見過，圖謀詆毀中國共產黨和「一國兩制」的人可以「慳返」。鄭耀棠強調，香港要適時調整過往做法，要加大宣揚祖國的執政黨和國家的成就。

憶港英屢打壓華人 投工會更堅愛國心

剛投身社會，鄭耀棠已經與工會結緣，更從此厚植愛國情懷。為了幫補家計，當年 14 歲的他放下學業，在中環置地廣場的前身告羅士打酒店當門僮，也因此嚐到人間的辛酸與不平。他至今仍記得在港英政府統治期間，外國人對中國人的囂張氣焰和藐視眼神，與西方所宣揚的「自由平等、仁慈博愛」大相徑庭，深受啟發的他隨其他工友逐漸凝聚成捍衛民族尊嚴的堅實力量。

年輕曾當門僮 受外國人歧視

在香港回歸祖國前，愛國工會儼如港英政府的箭靶，加入愛國組織幾乎注定被針對，但正因為當時的種種不公，鄭耀棠的愛國情感愈發濃烈。他向記者

鄭耀棠至今已擔任全國人大代表 33 年。

詳談自己加入工會的經過，最初在酒店當門僮時，經常被進出酒店的外國人蔑視，更試過被他們以向狗隻才會使用的指令和手勢對待，甚至被故意推跌。

親歷各種歧視和不公，令鄭耀棠深思西方在港宣揚的思想，「不是說人人平等大家都是同一個家嗎？為何他們這麼橫蠻無理？又為何要這樣待我呢？」其間，他隨工友參加工會，不僅進一步了解國家所受的屈辱，更堅定了他的愛國心。

回首上世紀六七十代，港英政府竭力遏止愛國組織發展。鄭耀棠說，港英政府深怕工人團結，不僅明裏施加諸多限制，還暗裏製造分化。他有位舊同事曾在酒店任職侍應，即使表現良好，卻遭英籍管理層歧視而不獲升遷，後來港英政府改變策略，英資公司故意調升部分具工會背景的華人，企圖營造分化，還好愛國工會始終團結一致，齊心捍衛民族尊嚴。

自幼鍾情民族歌 練就流利普通話

向來以擅歌著稱的鄭耀棠，原來自小已開始鑽研歌藝，更特別鍾情蘊含愛國情懷和民族韻味的歌曲。上世紀六十年代，月薪 300 多元的他，堅持每月花 80 元向歌唱老師學習發音和運氣。正因當時經常唱國語歌，亦令他說得一口流利的普通話。

《我是中國人》和《把根留住》等歌曲是上世紀八九十年代的香港十大中文金曲，也是鄭耀棠每逢喜慶場合獻唱的首本名曲。他喜歡這些歌曲的原因很簡單：有令人朗朗上口的旋律和滿載愛國情懷的勵志歌詞。

被問及最喜歡哪些歌曲，鄭耀棠笑說，只要有民族韻味的歌都喜歡，並向記者娓娓道來不同民族歌曲的特色：內蒙古鄂爾多斯的歌旋律舒展、起伏跌宕；西藏高原的歌高亢豪放；陝北黃土地的歌，例如《山丹丹開花紅艷艷》就高昂宏壯。

唱功扎實 歌藝享譽政壇

國語歌要唱得好，要唱功扎實且普通話流利，但鄭耀棠是先學唱國語歌再學普通話的。他解釋，唱歌有固定發音，所以唱得多、聽得多，就能夠逐漸應用於日常溝通，不會發錯音。他的歌藝在政壇和工會享譽多年，原來與他學講普通話互為表裏。

鄭耀棠希望香港新一代學好普通話，並在過程中主動了解國家文化，例如中國是禮儀之邦，從來不像美西方國家般撩是鬥非，就正如《我是中國人》的歌曲：「不到最後的關頭，絕不輕言戰鬥。忍無可忍的時候，我會挺身而出。」

率港青考察灣區 勉抓發展機遇

為讓更多港人搭上國家發展的高速列車，工聯會不時組團帶領香港青年考察粵港澳大灣區內地城市，親身了解重點城市面貌。曾負責帶團的鄭耀棠接觸不少年輕人，他勉勵港青抓住國家發展機遇，要勤懇耕耘，「『揼石仔』好辛

鄭耀棠（右三）2017 年出席「航天英雄與小學生眞情對話會」，出席的航天英雄包括楊利偉（左三）、景海鵬（右二）及陳冬（左二）。

苦，要有長期打算和努力耕耘，才會做出成績。」

內地發展快速有目共睹，但在回歸前的殖民統治者影響下，有部分港人仍對中國共產黨和內地存在誤解。鄭耀棠直言，香港經歷 150 多年的殖民統治，西方的意識形態已在部分市民心中扎根，但香港回歸祖國後沒有充分「去殖民化」，國民教育更嚴重滯後，要在短期內改變這個狀況並非易事。

反中亂港分子一直借不同渠道散播歪理、抹黑內地及中央政府，令港人對內地產生誤解甚至恐懼。他認為，在中央制定實施香港國安法和完善香港選舉制度後，香港社會已回復穩定，但香港的教育、傳媒和福利等多個方面都要「另起爐灶」，如此才能推動新一代全面融入國家發展大局。

鄭耀棠提醒港青要有長遠打算，「不能食即食麵」，只要在國家發展過程中踏實耕耘，定會做出成績。

（原載香港文匯報 2021 年 7 月 27 日 A18 版，記者林浩賢）

葉國謙：

走好發展道路 展示制度優勢

中國共產黨領導新中國走出了一條符合國情、獨具特色的發展道路，不僅為人民帶來幸福，更為其他國家帶來啟示。港區全國人大代表、民建聯會務顧問葉國謙接受香港文匯報專訪時表示，中國共產黨帶領國民探索自己的發展道路，取得的成就全世界都有目共睹，反觀一些在西方扶植下發展的國家，其國際地位和經濟成果根本無法與中國相比。正因國家堅定不移走好適合自己的發展道路，才能在全面脫貧和控制新冠疫情的工作上取得勝利。

讚中共領導下國富民強 成功經驗啓示世界

葉國謙：走好發展道路 展示制度優勢

慶祝中國共產黨成立100周年
特別報道

中國共產黨領導新中國走出了一條符合國情、獨具特色的發展道路，不僅為人民帶來幸福，更為其他國家帶來啟示。港區全國人大代表、民建聯會務顧問葉國謙近日接受香港文匯報專訪時表示，中國共產黨帶領國民探索自己的發展道路，取得的成就全世界都有目共睹，反觀一些在西方扶植下發展的國家，其國際地位和經濟成果根本無法與中國相比。正因國家堅定不移走好適合自己的發展道路，才能在全面脫貧和控制新冠疫情的工作上取得勝利。

掃碼看片

●香港文匯報記者 林浩賢

●葉國謙表示，中國共產黨帶領中國人民探索出自己的發展道路，取得的成就全世界都有目共睹。香港文匯報記者 攝

年輕時的葉國謙在華南師範大學攻讀地理學，令他更深入了解內地的發展征程。當時內地的經濟面對不少困難，雖然物資匱乏，但人民始終抱持不屈不撓的精神，「那時候，我看到內地本身發展的困難，但同時也看到了國家的機遇和前景。生活不易，但人民在共產黨帶領下堅持發奮向上，我覺得自己身為中國人，也應為自己的國家出力。」

讚近廿年來基建趨完善

致力為國為港效力的葉國謙自2003年起擔任港區全國人大代表，每年都會隨代表團到內地不同省市視察，他最愛在視察日程結束後，自己走入橫街窄巷，了解當地人民的生活。內地的發展令他印象深刻，「2003年時某些省市的人民仍然生活緊絀，即使在酒店內都要用水盆洗臉，周邊幾乎都是普通公路，但現時高速公路隨處可見，交通網絡非常完善。」

除了基建，人民的生活素質亦持續提升，葉國謙記得內地改革開放之初，內地人民的衣着以素色為主，他們最渴望擁有屬於自己的單車；而現在內地人民喜歡時尚的衣飾，追求的是私家車，生活水平已不僅是吃得飽、穿得暖，而是已經提升到更高水平，「現時就算去到雲南、江西等不算太富裕的省份，也可以看到當地人的衣着和生活與過往明顯不同。」

欽佩黨員敬業有使命感

葉國謙說，國家能夠有今天的繁榮富強，中國共產黨的領導至為關鍵。他過往在內地的交流中，深深感到共產黨員「為人民服務」的使命感，他們熱愛自己的工作、有理想亦很進取，這種精神令他十分欽佩。

在中國穩健前行的同時，世上有些國家經歷動盪，亦有些國家喪失發展後勁，葉國謙認為中國道路的成功，不僅為人民帶來繁榮生活，更蘊含着對其他國家發展的重要啟示。他指出，與中國相鄰的印度長期受西方國家扶持，被外界標誌成採用西方民主的國家，但至今其國際地位和經濟成果根本無法與中國相比，原因就是中國共產黨能夠帶領人民探索出符合國情的中國特色社會主義道路。

抗疫果斷護公衆利益

在全球多國尚未能有效控制新冠疫情時，中國經濟率先復甦，為世界發展注入正能量。葉國謙認為，中國同樣尊重自由、民主和人權，但前提是個人的利益不能超越公眾利益。

他以防疫為例，指任何防疫措施必定會與個人生活習慣和個人自由有衝突，但為保障公共健康等宏觀的公眾利益，內地在實行隔離和社交管制的措施上非常果斷和嚴謹，以最有效的方法對抗新冠病毒，抗疫取得極大成功，展現出中國共產黨強大的領導能力，也向世界展示中國的制度優勢。

●葉國謙（前排左一）於1976年參觀山西省昔陽縣大寨。 香港文匯報記者 翻攝

●葉國謙（右二）早年遊覽故宮。 香港文匯報記者 翻攝

●葉國謙（右一）早年與朋友遊覽長城。 香港文匯報記者 翻攝

遊歷大江南北 體會民族團結

踏上黃河壺口、穿越萬里長城、眺望長江三峽、登上布達拉宮……祖國的壯麗河山和中華文化的傳統底蘊，令葉國謙深深熱愛自己的國家，亦令他感受到國家的凝聚力，以及對不同民族和文化的包容。

走遍全國省份的葉國謙在回憶遊歷過程時讚歎，內地各地都擁有其珍貴獨特的中華傳統文化，例如位於長江北岸的「鬼城」，一踏一拜到拉薩朝佛的藏族傳統等。他認為中華大地各民族的文化和風土習慣能夠傳承至今，全賴中央重視每一位國民的向心力，亦正因這互相尊重、隆和的精神，國民才會如此團結，為國家的富強奮鬥。

批西方借民族地區攻擊中國

中華民族的團結精神毋庸置疑，但近日一些西方國家接連借西藏、新疆等地抹黑中國，他指這些被西方國家用來大做文章的民族地區，當地民族人口不斷增加，經濟亦愈趨繁榮，足見各民族在中華大家庭和諧共處，國家更會投入大量資源改善當地人民生活，西方國家的指責根本毫無理據。

●葉國謙（右一）回憶初次踏足北京天安門時，心情激動。 香港文匯報記者 翻攝

初赴天安門倍感慨 獻力祖國志更堅

葉國謙認為，樹立正確的教育觀念才能讓新一代客觀全面地認識國家。在長輩薰陶下，求學期間已經培養出濃厚愛國情懷的葉國謙，看到國家過往發展所受的限制，亦看到人民不斷突破困境，創造輝煌成就的過程，深受觸動的他當時已經立志要為國家發展貢獻。

嘆祖國早年遭西方欺壓

在父親安排下，葉國謙的求學生涯充滿愛國色彩。他憶述，當時港英當局以拒絕提供資源的方式打壓愛國學校，但師生愛國的信念從未動搖，「他們（港英政府）愈是阻撓，我們就愈是找更多渠道去看內地的發展。」

憶及讀書時期首次來到北京天安門，他感慨萬分：「內地經歷過被西方列強瓜分的時期、經歷過一窮二白的時期，但人民始終發奮向上，為國家經濟作貢獻。所以每當我看到西方國家打壓祖國，都覺得非常不合理，很希望自己能為國家出力。」

最令他印象深刻的是港英當局管治期間，外籍人士高高在上，「他們完全掌握着香港的命脈，當時香港市民雖然有自由，但根本沒有任何政治權利。」

嘆部分港青被灌輸反中

中國共產黨帶領中國人民當家作主，但香港一些青少年對內地認識不深，甚至被反對派灌輸、錯誤地以為中國共產黨是「洪水猛獸」，他認為這個現象源於香港回歸祖國後，仍照搬過往港英時期的西方教育價值觀所致，年輕學生不斷被灌輸錯誤的思想。他認為只要年輕人客觀地看待國家的發展，就會看到中國共產黨一直以來都不遺餘力地為人民謀福祉，「這是客觀的事實。」

發揮科研優勢 抓緊祖國機遇

●葉國謙表示，早前內地的火星探測項目中，香港團隊亦參與其中，他認為只要繼續發揮科研優勢，必能迎接更多機遇。圖為香港理大研製的「落火狀態監視相機」（右）。 資料圖片

今年是國家「十四五」規劃開局之年，亦是粵港澳大灣區建設的關鍵之年。葉國謙認為，國家在「十四五」規劃中給予香港特區很好的定位，會支持香港在國際金融、航運、國際資產管理等多個範疇的發展，因此香港應透過參與粵港澳大灣區的建設，融入灣區發展。他寄語香港年輕人裝備自己，投入國家。

今年5月15日，「天問一號」探測器正式踏足火星，在這個神秘的赤色星球上首次留下中國人的印跡。看着祖國取得驕人成就，葉國謙感慨地說，國家從使用「洋釘」到高速發展科技，再到航天工程的成就令人讚歎。

他指，中國航天探月工程已有多次着陸月球的經驗，其研發過程中亦不乏香港科學家和學者的身影，香港理工大學的兩支跨學科研究團隊，更參與了國家這次火星探測項目，包括研製了「落火狀態監視相機（火星相機）」，並為「天問一號」火星着陸區的地形進行測量和評估。

他認為，香港只要繼續發揮在科研上的優勢，必定能隨着國家的發展迎來更多機遇，香港青年應該繼續發揮所長，為國家貢獻。

●葉國謙年輕時已經熱衷遊歷內地，圖為他早年遊覽長城。 香港文匯報記者 翻攝

年輕時的葉國謙在華南師範大學攻讀地理學，令他更深入了解內地的發展征程。當時內地的經濟面對不少困難，雖然物資匱乏，但人民始終抱持不屈不撓的精神，「那時候，我看到內地本身發展的困難，但同時也看到了國家的機遇和前景。生活不易，但人民在共產黨帶領下堅持發奮向上，我覺得自己身為中國人，也應為自己的國家出力。」

讚近廿年來基建趨完善

致力為國為港效力的葉國謙自 2003 年起擔任港區全國人大代表，每年都會隨代表團到內地不同省市視察，他最愛在視察日程結束後，自己走入橫街窄巷，了解當地人民的生活。內地的發展令他印象深刻，「2003 年時某些省市的人民仍然生活緊絀，即使在酒店內都要用水盆洗臉，周邊幾乎都是普通公路，但現時高速公路隨處可見，交通網絡非常完善。」

除了基建，人民的生活素質亦持續提升，葉國謙記得內地改革開放之初，內地人民的衣着以素色為主，他們最渴望擁有屬於自己的單車；而現在內地人民喜歡時尚的衣飾，追求的是私家車，生活水平已不僅是吃得飽、穿得暖，而是已經提升到更高水平，「現時就算去到雲南、江西等不算太富裕的省份，也可以看到當地人的衣着和生活與過往明顯不同。」

欽佩黨員敬業有使命感

葉國謙說，國家能夠有今天的繁榮富強，中國共產黨的領導至為關鍵。他過往在內地的交流中，深深感到共產黨員「為人民服務」的使命感，他們熱愛自己的工作、有理想亦很進取，這種精神令他十分欽佩。

在中國穩健前行的同時，世上有些國家經歷動盪，亦有些國家喪失發展後勁，葉國謙認為中國道路的成功，不僅為人民帶來繁榮生活，更蘊含着對其他國家發展的重要啟示。他指出，與中國相鄰的印度長期受西方國家扶持，被外界標誌成採用西方民主的國家，但至今其國際地位和經濟成果根本無法與中國相比，原因就是中國共產黨能夠帶領人民探索出符合國情的中國特色社會主義道路。

葉國謙表示，中國共產黨帶領中國人民探索出自己的發展道路，取得的成就全世界都有目共睹。

抗疫果斷護公眾利益

在全球多國尚未能有效控制新冠疫情時，中國經濟率先復甦，為世界發展注入正能量。葉國謙認為，中國同樣尊重自由、民主和人權，但前提是個人的利益不能超越公眾利益。

他以防疫為例，指任何防疫措施必定會與個人生活習慣和個人自由有衝突，但為保障公共健康等宏觀的公眾利益，內地在實行隔離和社交管制的措施上非常果斷和嚴謹，以最有效的方法對抗新冠病毒，抗疫取得極大成功，展現出中國共產黨強大的領導能力，也向世界展示中國的制度優勢。

葉國謙（右一）回憶初次踏足北京天安門時，心情激動。

初赴天安門倍感慨　獻力祖國志更堅

葉國謙認為，樹立正確的教育觀念才能讓新一代客觀全面地認識國家。在長輩熏陶下，求學期間已經培養出濃厚愛國情懷的葉國謙，看到國家過往發展所受的限制，亦看到人民不斷突破困境，創造輝煌成就的過程，深受觸動的他當時已經立志要為國家發展貢獻。

嘆祖國早年遭西方欺壓

在父親安排下，葉國謙的求學生涯充滿愛國色彩。他憶述，當時港英當局以拒絕提供資源的方式打壓愛國學校，但師生愛國的信念從未動搖，「他們（港英政府）愈是阻撓，我們就愈是找更多渠道去看內地的發展。」

憶及讀書時期首次來到北京天安門，他感慨萬分：「內地經歷過被西方列

葉國謙（前排左一）於 1976 年參觀山西省昔陽縣大寨。

強瓜分的時期、經歷過一窮二白的時期，但人民始終發奮向上，為國家經濟作貢獻。所以每當我看到西方國家打壓祖國，都覺得非常不合理，很希望自己能為國家出力。」

最令他印象深刻的是港英當局管治期間，外籍人士高高在上，「他們完全掌握着香港的命脈，當時香港市民雖然有自由，但根本沒有任何政治權利。」

嘆部分港青被灌輸反中

中國共產黨帶領中國人民當家作主，但香港一些青少年對內地認識不深，甚至被反對派灌輸、錯誤地以為中國共產黨是「洪水猛獸」，他認為這個現象源於香港回歸祖國後，仍照搬過往港英時期的西方教育價值觀所致，年輕學生不斷被灌輸錯誤的思想。他認為只要年輕人客觀地看待國家的發展，就會看到中國共產黨一直以來都不遺餘力地為人民謀福祉，「這是客觀的事實。」

葉國謙（右二）早年遊覽故宮。

遊歷大江南北 體會民族團結

踏上黃河壺口、穿越萬里長城、眺望長江三峽、登上布達拉宮……祖國的壯麗河山和中華文化的傳統底蘊，令葉國謙深深熱愛自己的國家，亦令他感受到國家的凝聚力，以及對不同民族和文化的包容。

走遍全國省份的葉國謙在回憶遊歷過程時讚歎，內地各地都擁有其珍貴獨特的中華傳統文化，例如位於長江北岸的「鬼城」，一跪一拜到拉薩朝佛的藏族傳統等。他認為中華大地各民族的文化和風土習慣能夠傳承至今，全賴中央重視每一位國民的向心力，亦正因這互相尊重、融和的精神，國民才會如此團結，為國家的富強奮鬥。

批西方借民族地區攻擊中國

中華民族的團結精神毋庸置疑，但近日一些西方國家接連借西藏、新疆等地抹黑中國，他指這些被西方國家用來大做文章的民族地區，當地民族人口不斷增加，經濟亦愈趨繁榮，足見各民族在中華大家庭和諧共處，國家更會投入大量資源改善當地人民的生活，西方國家的指責根本毫無理據。

葉國謙（右一）早年與朋友遊覽長城。

發揮科研優勢 抓緊祖國機遇

今年是國家「十四五」規劃開局之年，亦是粵港澳大灣區建設的關鍵之年。葉國謙認為，國家在「十四五」規劃中給予香港特區很好的定位，會支持香港在國際金融、航運、國際資產管理等多個範疇的發展。因此香港應透過參與粵港澳大灣區的建設，融入灣區發展。他寄語香港年輕人裝備自己，投入國家。

今年 5 月 15 日，「天問一號」探測器正式踏足火星，在這個神秘的赤色星球上首次留下中國人的印跡。看着祖國取得驕人成就，葉國謙感慨地說，國家從使用「洋釘」到高速發展科技，再到航天工程的成就令人讚歎。

他指，中國航天探月工程已有多次着陸月球的經驗，其研發過程中亦不乏香港科學家和學者的身影，香港理工大學的兩支跨學科研究團隊，更參與了國家這次火星探測項目，包括研製了「落火狀態監視相機（火星相機）」，並為「天問一號」火星着陸區的地形進行測量和評估。

他認為，香港只要繼續發揮在科研上的優勢，必定能隨着國家的發展迎來更多機遇，香港青年應該繼續發揮所長，為國家貢獻。

（原載香港文匯報 2021 年 6 月 16 日 A12 版，記者林浩賢）

陳婉嫻：有困難一定幫 中央關顧香港

由中國共產黨領導的新中國愈趨富強，關鍵在於黨的領導下，人民深厚的向心力和凝聚力。工聯會會務顧問陳婉嫻接受香港文匯報專訪時表示，中國共產黨管治方式果斷卻不失人情味，深受群眾支持和擁護，在黨的領導下，當不少國家和地區仍在與新冠病毒搏鬥時，擁有約十四億人口的中國已迅速控制疫情，穩步復甦經濟，值得其他國家思考和學習。而在「一國兩制」下，無論香港遇上災害、黑暴還是疫情，中央始終關顧香港發展，她相信國家的付出和成就正在逐漸釋除部分港人對中央及內地的偏見。

林淑儀：貧村學校現代化 成全村最美建築

掃碼看片

青少年的健康成長是中國共產黨心之所繫。由共青團中央、中國青少年發展基金會發起的「希望工程」正是在黨的關懷下，為貧窮家庭青少年播種了新希望。曾經參與推動「希望工程」建設的全國政協常委、工聯會榮譽會長林淑儀接受香港文匯報訪問時指，30年前看到內地貧困地區學校的環境簡陋，隨着國家近年不斷投放教育資源，當地許多學校已經變得十分現代化，可謂是整個村最美的建築。

回首上世紀七十年代，上學還是內地貧困地區不少孩子的奢望。林淑儀回顧國家發展時說，改革開放初期吸引不少外資促進生產，投資聚焦於經濟，在經濟發展的同時，希望教育亦能跟上。但當時，對偏遠山區和農村部分家庭而言，普及基礎教育需要國家的支援。

難忘30年前內地鄉村苦況

30年前隨中國青少年發展基金會到河北省鄉村參觀的林淑儀憶述，「我當時無法想像連北京周邊也會有如此貧窮的村莊，連食水都沒有，真的很震撼……這些村落資源匱乏，更遑論教育。……我還到過青海和貴州，那裏的學校溶爛到差不多倒塌，上學還要走一個多小時的泥濘路，腳踏進去靴都抽不出來。」

為了將讀書只能是「奢望」的孩子變成國家的未來希望，「希望工程」應運而生，至今已運作30多年，幫助了數以百萬計的貧困家庭孩子圓了上學夢；建設「希望小學」，幫助孩子們在更好的條件下，成長為建設祖國的棟樑。

工聯會與教聯會1992年在港發起「希望工程重返校園助學計劃」，以推動內地的「希望工程」，為資助內地學童籌募款項。部分屬會更多走一步，透過籌款在內地捐建共36所學校，至今已幫助了10多萬學童，「香港市民的反應非常踴躍，當時籌到的款項足夠在現時買一個單位，籌款箱倒出的錢數到手軟，可以看到港人其實很關注國家發展，很想改善內地的教育。」

當年的希望如今變成現實，近年曾返內地探訪這些「希望小學」的林淑儀笑言：「國家近年在教育投放更多資源，學校已經變得現代化，基本上都是整個村最美的建築。」

港青北上義教感受國情

受益的亦不只內地學童，她說近年仍有不少屬會組織旅行教育，不少在職香港青年特意請假，帶着文具自付旅費探訪這些「希望小學」，並參與義教，「這些香港青年都說，義教不僅令他們親身感受國情，更讓他們萌生『中國人要互相幫助』的責任和使命。」

●林淑儀表示，國家近年不斷投放教育資源，讓數以百萬計的貧困家庭的孩子圓了上學夢，成長為建設祖國的棟樑。 香港文匯報記者 攝

林淑儀表示，國家過往數十年來育棟樑才，令科技和文化等範疇飛躍發展，香港要走得更遠就要搭上國家發展的快車。在中國共產黨領導下，相信國家繼達成全面建成小康社會的第一個百年奮鬥目標後，必定會實現第二個百年奮鬥目標，到新中國成立100年時，建成富強民主文明和諧美麗的社會主義現代化強國。

●香港文匯報記者 林浩賢

偏見源於無知 盼客觀看祖國

部分港人對中國共產黨持有偏見，林淑儀認為，這種偏見源於無知。她說，一百年來，中國共產黨為中國人民謀幸福，為中華民族謀復興，在發展過程中不斷完善和前進，她相信世界上沒有其他政黨能如此這般，「所以我覺得國家有共產黨領導是很幸運的事，否則我們可能還在世界中浮沉徘徊。」

回顧新中國走過的道路，林淑儀直言，國家發展富強，作為執政黨的中國共產黨有很大功勞，在整個發展過程中，中國共產黨不斷完善和前進，「過去一百年所給出的成績，絕對是個了不起的執政黨。」

不過，國家富強的發展似乎無法釋除部分港人對中國共產黨的偏見，她認為這種偏見源於無知，「香港年輕一代對國情的了解普遍都是道聽塗說多於親身感受，他們中的部分人從未到過內地，香港的教科書亦很少敘述新中國的發展，令新一代誤以為內地就是貧窮、落後，所以中國共產黨就是『不好』的，但只要稍微客觀看看國家的進步和發展，就可以看到中國共產黨的功績。」

●香港文匯報記者 林浩賢

深信國家付出與成就 漸釋除部分港人偏見

陳婉嫻：有困難一定幫 中央關顧香港

由中國共產黨領導的新中國愈趨富強，關鍵在於黨的領導下，人民深厚的向心力和凝聚力。工聯會會務顧問陳婉嫻近日接受香港文匯報專訪時表示，中國共產黨管治方式果斷卻不失人情味，深受群眾支持和擁護，在黨的領導下，當不少國家和地區仍在與新冠病毒搏鬥時，擁有約14億人口的中國已迅速控制疫情，穩步復甦經濟，值得其他國家思考和學習。而在「一國兩制」下，無論香港遇上災害、黑暴還是疫情，中央始終關顧香港發展，她相信國家的付出和成就正在逐漸釋除部分港人對中央及內地的偏見。

●香港文匯報記者 林浩賢

掃碼看片

●陳婉嫻表示，在黨的領導下，當不少國家和地區仍在與新冠病毒搏鬥時，中國已迅速控制疫情，穩步復甦經濟，值得其他國家思考和學習。 香港文匯報記者 攝

2020年，祖國經濟在疫情下仍然增長2.3%，在陷入深度衰退的世界經濟中領跑復甦。陳婉嫻提到內地一部抗疫題材的單元劇《在一起》，她說劇中疫區的居民為了盡快恢復正常生活，互相組織團體克服小區疫情爆發，展現出人民深厚的互動情懷。她認為這場世紀疫症是對各地的考驗，「而祖國能如此迅速動員、處理疫情，必須要強大的國家領導才能做到，因此這很值得世界思考我們國家的管治模式。」

「（人民）有困難一定幫，而且一定是走上前幫。」這是陳婉嫻對中國共產黨的印象。她說，內地有地方遇到天災，中央政府都會出手支援，又如扶貧方面，由於國家西北地區普遍較窮，中央政府就會讓較富裕的省市帶動其他省份發展，以改善部分地區的貧窮問題，體現了中央的管治能力和真正為人民生活着想的心。

內地捐米濟1953年木屋大火災民

在「一國兩制」下，香港與內地城市一樣受到中央庇護，每逢關鍵時刻，均會獲得國家大力支持。陳婉嫻提到，香港回歸祖國前，1953年香港的木屋區大火令數萬戶居民一夜間無家可歸，當時內地立刻送來大批大米接濟災民，數量多到放滿整個球場。香港回歸祖國後，中央對香港的支持更是竭盡所能、不計回報，惟近年有人不斷挑撥港人與內地的關係，企圖透過激化兩地人民的矛盾來破壞「一國兩制」，甚至形成嚴重威脅市民人身和財產安全的黑暴，中央及時訂立香港國安法，保障香港市民安全，確保「一國兩制」行穩致遠。

事實上，兩地同胞一直血濃於水。上世紀九十年代，國家南方屢遭洪澇侵襲，數百萬被牽動着心的港人第一時間伸出援手。工聯會立即在街頭開展賑災籌款，陳婉嫻對當時的景象印象深刻，「當時我在旺角孖住個籌款箱，市民不斷塞錢進來，有好多好窮的人在我面前打開銀包，打算將僅餘的錢都捐出去，我勸他們留返些錢自己用，但他們仍然好堅持全部捐出來……任何階層的人都好有愛心，我想這就是中華民族的共通點。」

港人馳援2008年汶川地震

除了捐錢，不少港人更身體力行支援內地。她記得2008年汶川地震時，很多人捐助香港社工，讓他們能夠毫無後顧之憂地馳援災區，在頹垣敗瓦中為當地居民燃亮希望，助災民早日走出陰霾。

倘若放下偏見，相信港人更能在「一國兩制」的助力下抓住更大更好的發展機遇，亦更能體會到國家對香港的關懷。陳婉嫻表示，內地發展迅速，且為香港帶來大量發展契機，她相信國家的付出和成就正在逐漸釋除部分港人對中央及內地的偏見，寄語港人日後親身回內地看看，更深入認識自己的國家。

●1991年華東發生水災，工聯會立即展開籌款工作。 工聯會圖片

嘆愛國教育缺失 累港青誤解內地

「我爸爸好愛國，我們一家幾個小孩都要在掛五星紅旗的學校讀書，唔可以看西片，只可以看內地的劇集，爸爸亦經常鼓勵我們看愛國的書籍……」雖然當時香港是在港英當局的管治下，但由於父親的引導和熏陶，陳婉嫻自幼就培養了濃厚的愛國情懷。香港回歸祖國24年，但愛國教育一直缺失，甚至被別有用心的人妖魔化，陳婉嫻直言，如今香港的年輕一代，很多人缺少對國家的認識和深入了解。

在父親的安排下，陳婉嫻的小學和中學生涯都充滿愛國色彩。她記得小時候，一眾師生在湛藍的天空下看着五星紅旗迎風飄揚，大家一同唱着《國旗國旗我愛你》，毫不掩飾地盡訴愛國情懷，「師生愛國，家長愛國，很有家國的感覺。」

不過，在港英時期，中國人在校園愛國原來並不容易。陳婉嫻說，自己當時年紀小，老師不會向學生提及被港英政府打壓的情況，但長大後的她確信學校當年受到打壓，因為港英當局要求津校必須掛英女王的肖像，不容許掛五星紅旗，「所以想必當時的愛國學校會被截斷資助，那段時間，相信是靠着校方和家長互相幫助而渡過難關。」

香港回歸祖國24年，但民心的回歸還不夠徹底，當中的主要原因之一就是愛國教育的嚴重缺失，部分香港年輕人甚至對內地存有偏見，陳婉嫻直言，愛國學校培育出來的學生未必百分百愛國，但至少會認識、深入了解國家，而現時卻缺少了這個過程。她寄語新一代多了解國家的歷史和文化，親身感受祖國日新月異的發展和變化。●香港文匯報記者 林浩賢

●2008年汶川發生大地震，大批市民向工聯會踴躍捐款支援內地同胞。圖為工聯會當時點算善款。 香港文匯報記者 翻攝

2020年，祖國經濟在疫情下仍然增長2.3%，在陷入深度衰退的世界經濟中領跑復甦。陳婉嫻提到內地一部抗疫題材的單元劇《在一起》，她說劇中疫區的居民為了盡快恢復正常生活，互相組織團體克服小區疫情爆發，展現出人民深厚的互助情懷。她認為這場世紀疫症是對各地的考驗，「而祖國能如此迅速動員、處理疫情，必須要強大的國家領導才能做到，因此這很值得世界思考我們國家的管治模式。」

「（人民）有困難一定幫，而且一定是走上前幫。」這是陳婉嫻對中國共產黨的印象。她說，內地有地方遇到天災，中央政府都會出手支援，又如扶貧方面，由於國家西北地區普遍較窮，中央政府就會讓較富裕的省市帶動其他省份發展，以改善部分地區的貧窮問題，體現了中央的管治能力和真正為人民生活着想的心。

內地捐米濟1953年木屋大火災民

在「一國兩制」下，香港與內地城市一樣受到中央庇護，每逢關鍵時刻，均會獲得國家大力支持。陳婉嫻提到，香港回歸祖國前，1953年香港的木屋區大火令數萬戶居民一夜間無家可歸，當時內地立刻送來大批大米接濟災民，數量多到放滿整個球場。香港回歸祖國後，中央對香港的支持更是竭盡所能、不計回報。惟近年有人不斷挑撥港人與內地的關係，企圖透過激化兩地人民的矛盾來破壞「一國兩制」，甚至形成嚴重威脅市民人身和財產安全的黑暴，中央及時訂立香港國安法，保障香港市民安全，確保「一國兩制」行穩致遠。

事實上，兩地同胞一直血濃於水。上世紀九十年代，國家南方屢遭洪澇侵襲，數百萬被牽動着心的港人第一時間伸出援手。工聯會立即在街頭開展賑災籌款，陳婉嫻對當時的景象印象深刻，「當時我在旺角孭住個籌款箱，市民不斷塞錢進來，有好多好窮的人在我面前打開銀包，打算將僅餘的錢都捐出去，我勸他們留返些錢自己用，但他們仍然好堅持全部捐出來……任何階層的人都好有愛心，我想這就是中華民族的共通點。」

陳婉嫻表示，在黨的領導下，當不少國家和地區仍在與新冠病毒搏鬥時，中國已迅速控制疫情，穩步復甦經濟，值得其他國家思考和學習。

港人馳援2008年汶川地震

除了捐錢，不少港人更身體力行支援內地。她記得 2008 年汶川地震時，很多人捐助香港社工，讓他們能夠毫無後顧之憂地馳援災區，在頹垣敗瓦中為當地居民燃亮希望，助災民早日走出陰霾。

倘若放下偏見，相信港人更能在「一國兩制」的助力下抓住更大更好的發展機遇，亦更能體會到國家對香港的關懷。陳婉嫻表示，內地發展迅速，且為香港帶來大量發展契機，她相信國家的付出和成就正在逐漸釋除部分港人對中央及內地的偏見，寄語港人日後親身回內地看看，更深入認識自己的國家。

1991 年華東發生水災，工聯會立即展開籌款工作。

嘆愛國教育缺失 累港青誤解內地

「我爸爸好愛國，我們一家幾個小孩都要在掛五星紅旗的學校讀書，唔可以看西片，只可以看內地的劇集，爸爸亦經常鼓勵我們看愛國的書籍……」雖然當時香港是在港英當局的管治下，但由於父親的引導和熏陶，陳婉嫻自幼就培養了濃厚的愛國情懷。香港回歸祖國 24 年，但愛國教育一直缺失，甚至被別有用心的人妖魔化，陳婉嫻直言，如今香港的年輕一代，很多人缺少對國家的認識和深入了解。

在父親的安排下，陳婉嫻的小學和中學生涯都充滿愛國色彩。她記得小時候，一眾師生在湛藍的天空下看着五星紅旗迎風飄揚，大家一同唱着《國旗國旗我愛你》，毫不掩飾地盡訴愛國情懷，「師生愛國、家長愛國，很有家國的感覺。」

2008 年汶川發生大地震，大批市民向工聯會踴躍捐款支援內地同胞。圖為工聯會當時點算善款。

不過，在港英時期，中國人在校園愛國原來並不容易。陳婉嫻說，自己當時年紀小，老師不會向學生提及被港英政府打壓的情況，但長大後的她確信學校當年受到打壓，因為港英當局要求津校必須掛英女王的肖像，不容許掛五星紅旗，「所以想必當時的愛國學校會被截斷資助，那段時間，相信是靠着校方和家長互相幫助而渡過難關。」

香港回歸祖國 24 年，但民心的回歸還不夠徹底，當中的主要原因之一就是愛國教育的嚴重缺失，部分香港年輕人甚至對內地存有偏見。陳婉嫻直言，愛國學校培育出來的學生未必百分百愛國，但至少會認識、深入了解國家，而現時卻缺少了這個過程。她寄語新一代多了解國家的歷史和文化，親身感受祖國日新月異的發展和變化。

（原載香港文匯報 2021 年 7 月 4 日 A7 版，記者林浩賢）

林淑儀：

貧村學校現代化　成全村最美建築

青少年的健康成長是中國共產黨心之所繫，由共青團中央、中國青少年發展基金會發起的「希望工程」正是在黨的關懷下，為貧窮家庭青少年播種了新希望。曾經參與推動「希望工程」建設的全國政協常委、工聯會榮譽會長林淑儀接受香港文匯報訪問時指，三十年前看到內地貧困地區學校的環境簡陋，隨着國家近年不斷投放教育資源，當地許多學校已經變得十分現代化，可謂是整個村最美的建築。

林淑儀：貧村學校現代化 成全村最美建築

掃碼看片

青少年的健康成長是中國共產黨心之所繫，由共青團中央、中國青少年發展基金會發起的「希望工程」正是在黨的關懷下，為貧窮家庭青少年播種了新希望。曾經參與推動「希望工程」建設的全國政協常委、工聯會榮譽會長林淑儀接受香港文匯報訪問時指，30年前看到內地貧困地區學校的環境簡陋，隨着國家近年不斷投放教育資源，當地許多學校已經變得十分現代化，可謂是整個村最美的建築。

回首上世紀七十年代，上學還是內地貧困地區不少孩子的奢望。林淑儀回顧國家發展時說，改革開放初期吸引不少外資促進生產，投資聚焦於經濟，在經濟發展的同時，希望教育亦能跟上。但當時，對偏遠山區和農村部分家庭而言，普及基礎教育需要國家的支援。

難忘30年前內地鄉村苦況

30年前隨中國青少年發展基金會到河北省鄉村參觀的林淑儀憶述，「我當時無法想像連北京周邊也會有如此貧窮的村莊，連食水都沒有，真的很震撼。……這些村落資源匱乏，更遑論教育。……我還到過青海和貴州，那裏的學校溶爛到差不多倒塌，上學還要走一個多小時的泥沼路，腳踏進去鞋都抽不出來。」

為了將讀書只能是「奢望」的孩子變成國家的未來希望，「希望工程」應運而生，至今已運作30多年，幫助了數以百萬計的貧困家庭孩子圓了上學夢；建設「希望小學」，幫助孩子們在更好的條件下，成長為建設祖國的棟樑。

工聯會與教聯會1992年在港發起「希望工程重返校園助學計劃」，以推動內地的「希望工程」，為資助內地學童籌募款項。部分屬會更多走一步，透過籌款在內地捐建共36所學校，至今已幫助了10多萬學童。「香港市民的反應非常踴躍，當時籌到的款項足夠在現時買一個單位，籌款箱倒出的錢數到手軟，可以看到港人其實很關注國家發展，很想改善內地的教育。」

當年的希望如今變成現實，近年曾返內地探訪這些「希望小學」的林淑儀笑言：「國家近年在教育投放更多資源，學校已經變得現代化，基本上都是整個村最美的建築。」

港青北上義教感受國情

受益的亦不只內地學童，她說近年仍有不少屬會組織旅行教育，不少在職香港青年特意請假，帶着文具自付旅費探訪這些「希望小學」，並參與義教，「這些香港青年都說，義教不僅令他們親身感受國情，更讓他們萌生『中國人要互相幫助』的責任和使命。」

林淑儀表示，國家過往數十年來育棟樑才，令科技和文化等範疇飛躍發展，香港要走得更遠就要搭上國家發展的快車。在中國共產黨領導下，相信國家繼達成全面建成小康社會的第一個百年奮鬥目標後，必定會實現第二個百年奮鬥目標，到新中國成立100年時，建成富強民主文明和諧美麗的社會主義現代化強國。

●香港文匯報記者 林浩賢

● 林淑儀表示，國家近年不斷投放教育資源，讓數以百萬計的貧困家庭的孩子圓了上學夢，成長為建設祖國的棟樑。 香港文匯報記者 攝

偏見源於無知 盼客觀看祖國

部分港人對中國共產黨持有偏見，林淑儀認為，這種偏見源於無知。她說，一百年來，中國共產黨為中國人民謀幸福、為中華民族謀復興，在發展過程中不斷完善和前進，她相信世界上沒有其他政黨能如此這般，「所以我覺得國家有共產黨領導是很幸運的事，否則我們可能還在世界中浮沉掙扎。」

回顧新中國走過的道路，林淑儀直言，國家發展富強，作為執政黨的中國共產黨有很大功勞，在整個發展過程中，中國共產黨不斷完善和前進，「過去一百年所給出的成績，絕對是個了不起的執政黨。」

不過，國家富強的發展似乎無法釋除部分港人對中國共產黨的偏見，她認為這種偏見源於無知，「香港年輕一代對國情的了解普遍都是道聽途說多於親身感受，他們中的部分人從未到過內地，香港的教科書亦很少敘述新中國的發展，令新一代誤以為內地就是貧窮、落後，所以中國共產黨就是『不好』的，但只要稍微客觀看看國家的進步和發展，就可以看到中國共產黨的功績。」

●香港文匯報記者 林浩賢

深信國家付出與成就 漸釋除部分港人偏見

陳婉嫻：有困難一定幫 中央關顧香港

由中國共產黨領導的新中國愈趨富強，關鍵在於黨的領導下，人民深厚的向心力和凝聚力。工聯會會務顧問陳婉嫻近日接受香港文匯報專訪時表示，中國共產黨管治方式果斷卻不失人情味，深受群眾支持和擁護，在黨的領導下，當不少國家和地區仍在與新冠病毒搏鬥時，擁有約14億人口的中國已迅速控制疫情，穩步復甦經濟，值得其他國家思考和學習。而在「一國兩制」下，無論香港遇上災害、黑暴還是疫情，中央始終關顧香港發展，她相信國家的付出和成就正在逐漸釋除部分港人對中央及內地的偏見。

● 香港文匯報記者 林浩賢

掃碼看片

● 陳婉嫻表示，在黨的領導下，當不少國家和地區仍在與新冠病毒搏鬥時，中國已迅速控制疫情，穩步復甦經濟，值得其他國家思考和學習。 香港文匯報記者 攝

2020年，祖國經濟在疫情下仍然增長2.3%，在陷入深度衰退的世界經濟中領跑復甦。陳婉嫻提到內地一部抗疫題材的單元劇《在一起》，她說劇中疫區的居民為了盡快恢復正常生活，互相組織團體克服小區疫情爆發，展現出人民深厚的互助情懷。她認為這場世紀疫症是對各地的考驗，「而祖國能如此迅速動員、處理疫情，必須要強大的國家領導才能做到，因此這很值得世界思考我們國家的管治模式。」

「（人民）有困難一定幫，而且一定是走上前幫。」這是陳婉嫻對中國共產黨的印象。她說，內地有地方遇到天災，中央政府都會出手支援，又如扶貧方面，由於國家西北地區普遍較窮，中央政府就會讓較富裕的省市帶動其他省份發展，以改善部分地區的貧窮問題，體現了中央的管治能力和真正為人民生活着想的心。

內地捐米濟1953年木屋大火災民

在「一國兩制」下，香港與內地城市一樣受到中央庇護，每逢關鍵時刻，均會獲得國家大力支持。陳婉嫻提到，香港回歸祖國前，1953年香港的木屋區大火令數萬戶居民一夜間無家可歸，當時內地立刻送來大批大米接濟災民，數量多到放滿整個球場。香港回歸祖國後，中央對香港的支持更是竭盡所能，不計回報。惟近年有人不斷挑撥港人與內地的關係，企圖透過激化兩地人民的矛盾來破壞「一國兩制」，甚至形成嚴重威脅市民人身和財產安全的黑暴，中央及時訂立香港國安法，保障香港市民安全，確保「一國兩制」行穩致遠。

事實上，兩地同胞一直血濃於水。上世紀九十年代，國家南方屢遭洪澇侵襲，數百萬被牽動着心的港人第一時間伸出援手。工聯會立即在街頭開展賑災籌款，陳婉嫻對當時的景象印象深刻，「當時我在旺角很住個籌款箱，市民不斷塞錢進來，有好多好窮的人在我面前打開錢包，打算將僅餘的錢都捐出去，我勸他們留返些錢自己用，但他們仍然好堅持全部捐出來……任何階層的人都好有愛心，我想這就是中華民族的共通點。」

港人馳援2008年汶川地震

除了捐錢，不少港人更身體力行支援內地。她記得2008年汶川地震時，很多人捐助香港社工，讓他們能夠毫無後顧之憂地馳援災區，在頹垣敗瓦中為當地居民燃亮希望，助災民早日走出陰霾。

倘若放下偏見，相信港人更能在「一國兩制」的助力下抓住更大更好的發展機遇，亦更能體會到國家對香港的關懷。陳婉嫻表示，內地發展迅速，且為香港帶來大量發展契機，她相信國家的付出和成就正在逐漸釋除部分港人對中央及內地的偏見，寄語港人日後親身回內地看看，更深入認識自己的國家。

● 1991年華東發生水災，工聯會立即展開籌款工作。 工聯會圖片

嘆愛國教育缺失 累港青誤解內地

「我爸爸好愛國，我們一家幾個小孩都要在掛五星紅旗的學校讀書，唔可以看西片，只可以看內地的劇集，爸爸亦經常鼓勵我們看愛國的書籍……」雖然當時香港是在港英當局的管治下，但由於父親的引導和熏陶，陳婉嫻自幼就培養了濃厚的愛國情懷。香港回歸祖國24年，但愛國教育一直缺失，甚至被別有用心的人妖魔化，陳婉嫻直言，如今香港的年輕一代，很多人缺少對國家的認識和深入了解。

在父親的安排下，陳婉嫻的小學和中學生涯都充滿愛國色彩。她記得小時候，一眾師生在湛藍的天空下看着五星紅旗迎風飄揚，大家一同唱着《國旗國旗我愛你》，毫不掩飾地盡訴愛國情懷，「師生愛國，家長愛國，很有家國的感覺。」

不過，在港英時期，中國人在校園愛國原來並不容易。陳婉嫻說，自己當時年紀小，老師不會向學生提及被港英政府打壓的情況，但長大後的她確信學校當年受到打壓，因為港英當局要求津校必須掛英女王的肖像，不容許掛五星紅旗，「所以想必當時的愛國學校會被截斷資助，那段時間，相信是靠着校方和家長互相幫助而渡過難關。」

香港回歸祖國24年，但民心的回歸還不夠徹底，當中的主要原因之一就是愛國教育的嚴重缺失，部分香港年輕人甚至對內地存有偏見。陳婉嫻直言，愛國學校培育出來的學生未必百分百愛國，但至少會認識、深入了解國家，而現時卻缺少了這個過程。她寄語新一代多了解國家的歷史和文化，親身感受祖國日新月異的發展和變化。●香港文匯報記者 林浩賢

● 2008年汶川發生大地震，大批市民向工聯會踴躍捐款支援內地同胞。圖為工聯會當時點算善款。 香港文匯報記者 翻攝

回首上世紀七十年代，上學還是內地貧困地區不少孩子的奢望。林淑儀回顧國家發展時說，改革開放初期吸引不少外資促進生產，投資聚焦於經濟，在經濟發展的同時，希望教育亦能跟上。但當時，對偏遠山區和農村部分家庭而言，普及基礎教育需要國家的支援。

難忘30年前內地鄉村苦況

30年前隨中國青少年發展基金會到河北省鄉村參觀的林淑儀憶述，「我當時無法想像連北京周邊也會有如此貧窮的村莊，連食水都沒有，真的很震撼。……這些村落資源匱乏，更遑論教育。……我還到過青海和貴州，那裏的學校溶爛到差不多倒塌，上學還要走一個多小時的泥沼路，腳踏進去鞋都抽不出來。」

為了將讀書只能是「奢望」的孩子變成國家的未來希望，「希望工程」應運而生，至今已運作30多年，幫助了數以百萬計的貧困家庭孩子圓了上學夢；建設「希望小學」，幫助孩子們在更好的條件下，成長為建設祖國的棟樑。

工聯會與教聯會1992年在港發起「希望工程重返校園助學計劃」，以推動內地的「希望工程」，為資助內地學童籌募款項。部分屬會更多走一步，透過籌款在內地捐建共36所學校，至今已幫助了10多萬學童，「香港市民的反應非常踴躍，當時籌到的款項足夠在現時買一個單位，籌款箱倒出的錢數到手軟，可以看到港人其實很關注國家發展，很想改善內地的教育。」

當年的希望如今變成現實，近年曾返內地探訪這些「希望小學」的林淑儀笑言：「國家近年在教育投放更多資源，學校已經變得現代化，基本上都是整個村最美的建築。」

港青北上義教感受國情

受益的亦不只內地學童，她說近年仍有不少屬會組織旅行教育，不少在職香港青年特意請假，帶着文具自付旅費探訪這些「希望小學」，並參與義教，「這些香港青年都說，義教不僅令他們親身感受國情，更讓他們萌生『中國人要互相幫助』的責任和使命。」

林淑儀表示，國家過往數十年來育棟樑才，令科技和文化等範疇飛躍發展，香港要走得更遠就要搭上國家發展的快車。在中國共產黨領導下，相信國家繼達成全面建成小康社會的第一個百年奮鬥目標後，必定會實現第二個百年奮鬥目標，到新中國成立 100 年時，建成富強民主文明和諧美麗的社會主義現代化強國。

林淑儀表示，國家近年不斷投放教育資源，讓數以百萬計的貧困家庭的孩子圓了上學夢，成長為建設祖國的棟樑。

偏見源於無知 盼客觀看祖國

部分港人對中國共產黨持有偏見，林淑儀認為，這種偏見源於無知。她說，一百年來，中國共產黨為中國人民謀幸福，為中華民族謀復興，在發展過程中不斷完善和前進，她相信世界上沒有其他政黨能如此這般，「所以我覺得國家有共產黨領導是很幸運的事，否則我們可能還在世界中浮沉徘徊。」

回顧新中國走過的道路，林淑儀直言，國家發展富強，作為執政黨的中國共產黨有很大功勞，在整個發展過程中，中國共產黨不斷完善和前進，「過去一百年所給出的成績，絕對是個了不起的執政黨。」

不過，國家富強的發展似乎無法釋除部分港人對中國共產黨的偏見，她認為這種偏見源於無知，「香港年輕一代對國情的了解普遍都是道聽途說多於親身感受，他們中的部分人從未到過內地，香港的教科書亦很少敘述新中國的發展，令新一代誤以為內地就是貧窮、落後，所以中國共產黨就是『不好』的，但只要稍微客觀看看國家的進步和發展，就可以看到中國共產黨的功績。」

（原載香港文匯報 2021 年 7 月 4 日 A7 版，記者林浩賢）

吳秋北：
哪裏有困難 黨員都會先站出來

新中國的成立，一掃中華民族近百年來飽受帝國主義列強欺凌的陰霾，一步一腳印走出屬於中國特色社會主義的現代化發展道路。回顧近百年的屈辱史，港區全國人大代表、工聯會會長吳秋北接受香港文匯報專訪時慨嘆，百年前，國家積貧積弱，軍閥紛爭，外敵環伺，有迷失的人選擇了違背和出賣國家利益；而中國共產黨建黨後，帶領國人推翻壓在人民頭上的三座大山，建立新中國。隨着國家開啟邁向富強的征程，國人正重建民族自信，終將實現中華民族偉大復興。

吳秋北：國家邁向富強 重建民族自信 實現偉大復興

哪裏有困難 黨員都會先站出來

慶祝中國共產黨成立100周年

特別報道

新中國的成立，一掃中華民族近百年來飽受帝國主義列強欺凌的陰霾，一步一腳印走出屬於中國特色社會主義的現代化發展道路。回顧近百年的屈辱史，港區全國人大代表、工聯會會長吳秋北近日接受香港文匯報專訪時慨嘆，百年前，國家積貧積弱，軍閥紛爭，外敵環伺，有迷失的人選擇了違背和出賣國家利益；而中國共產黨建黨後，帶領國人推翻壓在人民頭上的三座大山，建立新中國。隨着國家開啟邁向富強的征程，國人正重建民族自信，終將實現中華民族偉大復興。

掃碼看片

●香港文匯報記者 林浩賢

無論是2014年香港的「佔中」還是2019年的黑暴，人們見到，有人搖着龍獅旗為昔日的港英殖民統治吶喊，一些年輕港人甚至對自己的民族血脈產生疑惑。吳秋北表示，部分媒體以及西方國家在港培植的勢力，長期將國家的體制和執政黨妖魔化，導致回歸後出生的新一代未能真正了解內地和中國共產黨，這種不了解並非一兩代人的事，而是要追溯到晚清時期西方列強極力磨滅國人的民族自尊。

崇洋媚外因缺乏民族自信認知

崇洋媚外的心態源於缺乏對自己民族的自信和認知。吳秋北指出，西方國家為實現自身現代化崛起，約500年前於世界各地開展殖民掠奪，中國最後也成為了被侵略的目標，縱然這段艱苦的時間不長，卻深深震撼人民的心靈，「數千年來我們一直以為自己是天朝大國，直至被列強侵略才察覺國家的落後，這不止事關領土和國家利益，亦深深打擊我們的民族自尊和精神，一些喪失民族自尊心的人成為出賣國家的漢奸。」

而中國共產黨人有抵抗外敵的膠骨，一代代中國共產黨人前赴後繼，致力尋求中華民族的偉大復興。「為國家獻身，為人民服務。」這是吳秋北對中國共產黨人的整體印象。

他提到，抗日戰爭時期，日軍剛佔領香港時，由中國共產黨領導的東江縱隊，致力營救被日軍四處搜捕的滯港文化人士，過程艱巨亦伴隨很多犧牲。他深信這種為國獻身的精神，一代一代傳承至今，「最令人深刻的是疫情期間，內地媒體報道黨員往往都走在抗疫最前線，哪裏有困難，黨員都會先站出來。」

港人須正確認識被外敵侵略歷史

港人對新中國的發展和中國共產黨普遍認識不深，道聽途說多於親身感受，吳秋北說，中國共產黨成立後帶領國家擺脫西方國家的殖民掠奪，而西方敵對勢力為了其不可告人的目的，不斷抹黑和醜化中國，致使一些不了解中國歷史的青年因此失去了對國家和民族的信心。港人必須正確認識近代中國被列強侵略的歷史，才能正確看待中國共產黨和國家的發展。他相信，在共產黨帶領下，國家將愈趨富強，中國人會重新建立民族的自尊自信，徹底擺脫過去的落後和屈辱。

他坦言，國家能發展至今實在不易，而共產黨的領導最為關鍵，「中國共產黨成立100年，我們實現全面建成小康社會的第一個百年奮鬥目標；接下來第二個百年奮鬥目標，要於新中國成立一百周年之際也即2049年，成為世上社會主義的現代化強國，令中華民族始終屹立於世界民族之林。」

●吳秋北接受香港文匯報專訪時表示，隨着國家開啓邁向富強的征程，中國人必定能重建民族自信，擺脫過去的落後和屈辱。 香港文匯報記者 攝

●工聯會會徽上的星代表國家，星下的山是太平山，徽章外圍的齒輪代表工人，象徵祖國與香港緊緊相連，香港的工運也與祖國發展息息相關。 香港文匯報記者 攝

工運源起百年前 愛國愛民族抗剝削

香港工運的起點始於一百年前，工聯會會長吳秋北在專訪中表示，上世紀二十年代的海員大罷工和省港大罷工都是伴隨中國共產黨的發展而產生，透過工運對抗外國侵略和華人勞工被剝削的屈辱，充滿着強烈的愛國和民族色彩。

1922年香港發生的海員大罷工持續了56天，吳秋北指當時香港的英資公司嚴重剝削華人海員，他們的薪酬僅得洋人海員的五分之一甚至十分之一，這種不平等的待遇令人聯想起國家被欺侮，國人被欺負的慘況。雖然香港當時的工運仍處於起步階段，但面對港英政府的高壓管治，該次罷工獲得強烈反響，而1925年的省港大罷工更帶起全國反抗外國在華勢力的運動，當時香港的工會響應全國總工會的號召，決議罷工，以捍衛民族尊嚴和反對帝國主義侵略。

他認為，這兩次罷工反映香港工運的起點很高，中國共產黨一百年來的發展與香港每個時期的工運也息息相關，香港的工會除了於上世紀二十年代參與了兩次震驚世界的罷工，還參與了三四十年代的抗日及營救滯港文化人士的行動。香港的工人階級亦始終旗幟鮮明地支持新中國建設，支持內地改革開放和香港回歸。

工聯會由一代又一代愛國工人組成，吳秋北說，成立工聯會的工會都曾參與海員大罷工和省港大罷工，所以愛國的基因和傳統貫穿着整個工聯會的發展，而香港的工人階級亦會繼續秉承這種愛國愛民族的意識。

●香港文匯報記者 林浩賢

▶工聯會前會長陳耀材（最前排右四）當年曾參與東深供水工程落成大會。 香港文匯報記者翻拍

●香港文匯報及南方日報對供水工程的報道。

●東深供水工程旁邊的山坡展示着「要高山低頭，令河水倒流」的字眼。 香港文匯報記者翻拍

3800萬元援港水荒 東江之水越山來

上世紀六十年代的水荒是香港老一輩人難以磨滅的記憶，當時百年一遇的大旱嚴重影響市民生活和工業運作。為解燃眉之急，時任工聯會會長陳耀材聯同香港中華總商會向廣東省政府發出求援信號，廣東省立即施予援手，並將情況上報中央。時任國務院總理周恩來一聲令下，中央撥出專款人民幣3,800萬元，開啟了這項跨流域引水的東深供水工程。

1965年2月27日，慶祝東江——深圳供水工程落成大會在橋頭壩舉行。吳秋北近日在專訪中向香港文匯報記者展示陳耀材當日參與落成儀式的合照，感歎港人今日擰開水龍頭就有的自來水得來不易，要將淡水從內地引到香港必須跨越高山，逆流而上。

「要高山低頭，令河水倒流」的工程談何容易？吳秋北說，當時內地的經濟環境也很困難，調動大量人力會影響他們自己的生產工作，加上機械不足，很多工序只能憑工人手捏肩扛，東深供水工程最終能在不到一年的時間內完成，實在有賴眾多人員的無私付出，令人深深體會到內地對香港同胞的關顧。

憶苦思甜，飲水思源。他說，上世紀六十代香港的缺水情況嚴重至每4天才供水一次，很多家庭為節省用水不敢洗澡，最多也只會用一小碗清水加醋擦身，而流水停歇亦令建築、漂染、飲食等行業停工減產，嚴重打擊工人生計以至香港經濟。隨着東江之水越山來，香港才從此結束了長期缺水的歷史。

昔日景象今日再難想像，但東江水仍然滋潤着700多萬港人的生活，從未間斷地支持香港經濟的高速發展。吳秋北希望青年銘記「飲水不忘掘井人」，珍惜和保護好國家的水資源，並了解昔日各人為了爭取東江水供港所付出的巨大努力。 ●香港文匯報記者 林浩賢

「工程闖未來」月中舉辦 全球最快機械魚現身

香港文匯報訊（記者 唐文）香港工程師學會（HKIE）將於本月12日至13日舉辦以「工程闖未來」為主題的創科博覽，展品包括全世界游泳最快的機械魚「SNAPP」，並會展示建築技術，向公眾揭曉4個月內建成、全球首家全部以「組裝合成」（MiC）建築技術興建的北大嶼山醫院香港感染控制中心的箇中奧秘。

創科博覽籌備委員會主席蔡少聰表示，是次博覽會包含講座、展覽攤位、創科方案和作品展，及HKIE工程師創業家比賽（The HKIE Enginpreneurs Award）等活動，除邀請逾30間大灣區創科企業，包括13間本地企業參展外，亦有全港大中小學生的參賽作品。由於疫情關係，博覽會將以網上虛擬平台的方式向公眾開放，展期由本月12日至8月31日，實體活動及講座將於本月12日及13日舉行。

秒速2.18米 游畢50米

至於博覽會的重點展品，蔡少聰介紹香港大學工程學院團隊發明的「SNAPP」機械魚（The Search and Rescue robotic fish），這條魚曾以每秒2.18米的速度，游畢50米，創機械魚游泳速度最快的世界紀錄，可謂是「真飛魚」。團隊擬將機械魚用於海洋巡邏及採證救援，也可執行監察水質等環保任務。

醫管局北大嶼山醫院香港感染控制中心項目亦有參展，該中心僅用4個月建成，設有6座樓高兩層的病房大樓，共有816張隔離病床，是全球首家全部以「組裝合成」（MiC）建築技術興建的負壓隔離病房醫院。此外啟德至彩虹隧道的巨型隧道鑽挖機、3D針灸銅人等創意獎獲獎作品亦會展出。

工程師學會會長源栢樑表示，學會希望透過展會加強香港以至大灣區的工程及創科界人士交流、創建人才庫，為年輕工程師提供機會，實現他們的無限創意。

他說，現時人人都在談論創科，但在香港實際投入創科的人，卻遠不及鄰近地區，反映公眾認為創科之路難行，但其實政府和不少初創支援機構均為有志創科的人士提供協助，「工程師具備專業知識及解難能力，相當適合進行創科活動，能協助推動業界蛻變及社會發展。我們相信透過成功案例和經驗分享，能有效提升工程人才對創科的意欲及信心，提升香港創科氛圍。」

有興趣觀賞有關博覽的人士可掃描二維碼作登記。

●香港工程師學會將於本月12日至13日舉辦以「工程闖未來」為主題的創科博覽。左起：源栢樑、蔡少聰介紹博覽會詳情。 香港文匯報記者 攝

無論是 2014 年香港的「佔中」還是 2019 年的黑暴，人們見到，有人搖着龍獅旗為昔日的港英殖民統治吶喊，一些年輕港人甚至對自己的民族血脈產生疑惑。吳秋北表示，部分媒體以及西方國家在港培植的勢力，長期將國家的體制和執政黨妖魔化，導致回歸後出生的新一代未能真正了解內地和中國共產黨，這種不了解並非一兩代人的事，而是要追溯到晚清時期西方列強極力磨滅國人的民族自尊。

崇洋媚外因缺乏民族自信認知

崇洋媚外的心態源於缺乏對自己民族的自信和認知。吳秋北指出，西方國家為實現自身現代化崛起，約 500 年前於世界各地開展殖民掠奪，中國最後也成為了被侵略的目標，縱然這段艱苦的時間不長，卻深深震撼人民的心靈，「數千年來我們一直以為自己是天朝大國，直至被列強侵略才察覺國家的落後，這不止事關領土和國家利益，亦深深打擊我們的民族自尊和精神，一些喪失民族自尊心的人成為出賣國家的漢奸。」

而中國共產黨人有抵抗外敵的腰骨，一代代中國共產黨人前赴後繼，致力尋求中華民族的偉大復興。「為國家獻身，為人民服務。」這是吳秋北對中國共產黨人的整體印象。

他提到，抗日戰爭時期，日軍剛佔領香港時，由中國共產黨領導的東江縱隊，致力營救被日軍四處搜捕的滯港文化人士，過程艱巨亦伴隨很多犧牲。他深信這種為國獻身的精神，一代一代傳承至今，「最令人深刻的是疫情期間，內地媒體報道黨員往往都走在抗疫最前線，哪裏有困難，黨員都會先站出來。」

港人須正確認識被外敵侵略歷史

港人對新中國的發展和中國共產黨普遍認識不深，道聽途說多於親身感受。吳秋北說，中國共產黨成立後帶領國家擺脫西方國家的殖民掠奪，而西方敵對勢力為了其不可告人的目的，不斷抹黑和醜化中國，致使一些不了解中國歷史的青年因此失去了對國家和民族的信心。港人必須正確認識近代中國被列強侵略的歷史，才能正確看待中國共產黨和國家的發展。他相信，在共產黨帶領下，國家將愈趨富強，中國人會重新建立民族的自尊自信，徹底擺脫過去的

吳秋北接受香港文匯報專訪時表示，隨着國家開啟邁向富強的征程，中國人必定能重建民族自信，擺脫過去的落後和屈辱。

落後和屈辱。

他坦言，國家能發展至今實在不易，而共產黨的領導最為關鍵，「中國共產黨成立 100 年，我們實現全面建成小康社會的第一個百年奮鬥目標；接下來第二個百年奮鬥目標，要於新中國成立一百周年之際也即 2049 年，成為世上社會主義的現代化強國，令中華民族始終屹立於世界民族之林。」

3800 萬元援港水荒　東江之水越山來

上世紀六十年代的水荒是香港老一輩人難以磨滅的記憶，當時百年一遇的大旱嚴重影響市民生活和工業運作。為解燃眉之急，時任工聯會會長陳耀材聯同香港中華總商會向廣東省政府發出求援信號，廣東省立即施予援手，並將情況上報中央。時任國務院總理周恩來一聲令下，中央撥出專款人民幣 3,800 萬

工聯會前會長陳耀材（最前排右四）當年曾參與東深供水工程落成大會。

元，開啟了這項跨流域引水的東深供水工程。

1965 年 2 月 27 日，慶祝東江——深圳供水工程落成大會在塘頭廈舉行。吳秋北近日在專訪中向香港文匯報記者展示陳耀材當日參與落成儀式的合照，感歎港人今日擰開水龍頭就有的自來水得來不易，要將淡水從內地引到香港必須跨越高山、逆流而上。

「要高山低頭，令河水倒流」的工程談何容易？吳秋北說，當時內地的經濟環境也很困難，調動大量人力會影響他們自己的生產工作，加上機械不足，很多工序只能憑工人手挖肩扛，東深供水工程最終能在不到一年的時間內完成，實在有賴眾多人員的無私付出，令人深深體會到內地對香港同胞的關顧。

憶苦思甜，飲水思源。他說，上世紀六十代香港的缺水情況嚴重至每 4 天才供水一次，很多家庭為節省用水不敢洗澡，最多也只會用一小碗清水加醋擦身，而流水停歇亦令建築、漂染、飲食等行業停工減產，嚴重打擊工人生計以至香港經濟。隨着東江之水越山來，香港才從此結束了長期缺水的歷史。

昔日景象今日再難想像，但東江水仍然滋潤着 700 多萬港人的生活，從未間斷地支持香港經濟的高速發展。吳秋北希望青年銘記「飲水不忘掘井人」，珍惜和保護好國家的水資源，並了解昔日各人為了爭取東江水供港所付出的巨大努力。

工聯會會徽上的星代表國家，星下的山是太平山，徽章外圍的齒輪代表工人，象徵祖國與香港緊緊相連，香港的工運也與祖國發展息息相關。

工運源起百年前 愛國愛民族抗剝削

香港工運的起點始於一百年前，工聯會會長吳秋北在專訪中表示，上世紀二十年代的海員大罷工和省港大罷工都是伴隨中國共產黨的發展而產生，透過工運對抗外國侵略和華人勞工被剝削的屈辱，充滿着強烈的愛國和民族色彩。

1922 年香港發生的海員大罷工持續了 56 天，吳秋北指當時香港的英資公司嚴重剝削華人海員，他們的薪酬僅得洋人海員的五分之一甚至十分之一，這種不平等的待遇令人聯想起國家被欺侮、國人被欺負的慘況。雖然香港當時的工運仍處於起步階段，但面對港英政府的高壓管治，該次罷工獲得強烈反響，而 1925 年的省港大罷工更帶起全國反抗外國在華勢力的運動，當時香港的工會響應全國總工會的號召，決議罷工，以捍衛民族尊嚴和反對帝國主義侵略。

他認為，這兩次罷工反映香港工運的起點很高，中國共產黨一百年來的發展與香港每個時期的工運也息息相關，香港的工會除了於上世紀二十年代參與了兩次震驚世界的罷工，還參與了三四十年代的抗日及營救滯港文化人士的行動。香港的工人階級亦始終旗幟鮮明地支持新中國建設、支持內地改革開放和香港回歸。

工聯會由一代又一代愛國工人組成，吳秋北說，成立工聯會的工會都曾參與海員大罷工和省港大罷工，所以愛國的基因和傳統貫穿着整個工聯會的發展，而香港的工人階級亦會繼續秉承這種愛國愛民族的意識。

（原載香港文匯報 2021 年 6 月 3 日 A8 版，記者林浩賢）

吳亮星：黨百年成就斐然 應充分在港宣傳

今年恰逢中國共產黨成立一百周年，共產黨領導下的新中國創造了舉世矚目的發展奇跡。港區全國人大代表、中國銀行（香港）信託有限公司董事長吳亮星接受香港文匯報專訪時表示，國家發展迅速，人民安居樂業，中國共產黨交出了一份民眾滿意的答卷。切身的體會和感受，讓吳亮星深感中國共產黨全心全意為人民，他認為，應該趁着慶祝建黨一百周年的契機，充分展示中國共產黨執政的成功，讓更多人認識共產黨，也只有這樣才對得起一代又一代為國家奉獻犧牲的中國共產黨人。

國家發展迅速 人民安居樂業 交出滿意答卷

吳亮星：黨百年成就斐然 應充分在港宣傳

慶祝中國共產黨成立100周年

特別報道之宣傳教育

今年恰逢中國共產黨成立100周年，共產黨領導下的新中國創造了舉世矚目的發展奇跡。港區全國人大代表、中國銀行（香港）信託有限公司董事長吳亮星日前接受香港文匯報專訪時表示，國家發展迅速，人民安居樂業，中國共產黨交出了一份民眾滿意的答卷。切身的體會和感受，讓吳亮星深感中國共產黨全心全意為人民，他認為，應該趁着慶祝建黨100周年的契機，充分展示中國共產黨執政的成功，讓更多人認識共產黨，也只有這樣才對得起一代又一代為國家奉獻犧牲的中國共產黨人。

掃碼看片

●香港文匯報記者 郭家好

曾在愛國學校就讀的吳亮星，自小就培養了國家觀念，亦對中國共產黨有一定的認識，但令他由心底認同中國共產黨的更重要原因，是他切身感受到共產黨全心全意為人民。

吳亮星憶述，上世紀六十年代的香港處於制水時代，十分缺水，基本上最嚴重時每4天才分一次水給市民，所以到處可以看到有人擔水。當時年幼的他，亦要負起擔水的重任，但由於體力不足，每次只能擔着小量的水，要來回多次，這讓他更體會到當時用水的困難與艱辛。

黨中央支持 解港淡水奇缺苦

東江之水越山來，在共產黨的支持下，香港解決了淡水奇缺之苦，吳亮星亦不再需要和許多市民一樣，循環往復的擔水，「我會覺得有了共產黨和國家（的支持），才令香港重要的水資源得到解決，大家心裏安樂很多，這亦令我相信有一個強大的國家在背後支持，人民能克服很多困難。」

這樣的經歷和從小受到的愛國教育，讓心懷報國情懷的吳亮星中學畢業後毅然加入中國銀行（香港）任職，為國家和香港的金融發展效力。

難忘上司為港奉獻人生最好18年

在中資企業工作的過程中，他接觸到企業中很多內地來港人員，親身領略了他們身上的風采和故事。他憶及，他在中銀香港曾經的一位上司，35歲從內地來港，53歲才重回內地，為香港奉獻了人生最好的18年，更犧牲了陪伴內地妻兒的時間。這位上司在業務、外語、接待等方方面面不僅能力突出，而且把自己的所學毫無保留地傳授給他，令他獲益良多、快速成長。

吳亮星感歎，共產黨員的特質決定了中國共產黨能夠帶領中國這個龐大人口的國家團結向前，並創造發展奇跡。

他說，現在的中國「人通、路通、財通、資源通」，交出了一份令民眾滿意的答卷。他強調，中國共產黨不斷完善自身，新中國取得這樣的成績正是有賴於共產黨的領導，「沒有共產黨領導和強大的執政能力，何來這樣的成績和答卷呢？所以我覺得『沒有共產黨就沒有新中國』，這句話講得太到位了。」

吳亮星說，過往在香港，共產黨十分低調，「國家強盛，共產黨身為執政黨，為什麼不能說呢？」他認為，應該趁着建黨100周年的契機，講出共產黨的成功，讓更多人認識黨，也只有這樣才更對得起一代代為國家犧牲奉獻的共產黨員。

●吳亮星接受香港文匯報專訪時表示，應該趁着慶祝建黨100周年的契機，充分展示中國共產黨執政的成功，讓更多人認識到黨。 香港文匯報記者 攝

●中銀積極為內地航空業引進民航機提供融資。圖為1986年6月19日吳亮星（右三）出席內地民航機的接收儀式。 受訪者供圖

重奪教育宣傳陣地 回擊反對派抹黑

今時今日，仍有部分香港人對中國共產黨存在偏見，把愛國僅僅當成「一個選項」，甚至敵視自己的國家。吳亮星在專訪中強調，愛國從來不需要選擇，任何國民都應該愛護國家，從香港回歸的第一天就應該強調這一點。惟香港愛國教育缺失，加上部分反對派傳媒的「洗腦工程」，令部分香港人對中國共產黨存在誤解。

「愛國從來都不是一個需要思考的問題，除非沒有國家，否則一般的國民一定希望國家強大，他們的家庭才會受到保障，國強才會家安。」吳亮星說道。他表示，國家在中國共產黨的領導下，在諸多方面表現卓越，包括扶貧、GDP增長、社會穩定、疫情管控等等。

不過，他坦言現時仍有部分香港人對中國共產黨存在偏見。他分析指，「反對派利用傳媒和教育這兩大範團的『洗腦』工程，污名化共產黨，攻擊共產黨，反對派媒體只報道負面事情，一句不提共產黨取得的成績。」他質問：「怎麼可能一樣好的事都沒有呢？」他堅信任何造謠都敵不過事實，「邪不能勝正，真的假不了，假的真不了。」

至於如何多做工作去改變部分港人的偏見，吳亮星認為需要奪回教育和宣傳陣地，不能任由市民被反對派大量的誤導文宣「洗腦」，媒體應該多宣傳共產黨的正面形象，讓更多人對她有更全面和客觀的認識。 ●香港文匯報記者 郭家好

憶父節儉慳學費 堅持供讀愛國校

父輩的教育理念往往影響子女一生，吳亮星憶及父親吳頌山十分注重子女的愛國教育，這亦讓他從小具備國家視野，堅定一生都要為國家發展作貢獻的心。

吳亮星說，父親吳頌山是一名海陸理貨員，十分有愛國情懷，當時每月薪金只有數百元，但都節衣縮食，把7個孩子送到愛國學校讀書，從小培育孩子們對國家和共產黨全面和理性的認知，「這不是一個小的負擔，一個孩子的學費每月就要30港元，可想而知要供養7個孩子是多麼的不簡單。」

他感恩自己在愛國學校讀書，有機會看到國家是如何逐步在困難中前行，了解中國共產黨的付出，這亦更加堅定了吳亮星長大後為國家服務的心，因此中學畢業後他的第一份工作就是在中國銀行（香港），一幹就是54年。

生於1949年的吳亮星與新中國同歲，對此感到驕傲和幸運的他，更以這個特別的身份為國家發展出力。他在新中國成立50周年國慶之際，與一群在香港的同齡人成立「同齡同心慈善基金」，並擔任信託人。據悉目前該基金已經為國家捐贈了百多間學校，在很多偏遠的地區興建中小學，亦在出現天災等情況時作出貢獻。他形容該基金是與國家一起成長和發展，希望國家發展日益強大，造福人民。

●香港文匯報記者 郭家好

●1972年6月，吳亮星（前排右四）代表中國銀行與同業（渣打銀行）進行籃球友誼賽。 受訪者供圖

黃作梅：為新中國外交和新聞事業死而無憾

香港文匯報訊 新華社播發「紅色記憶」專題報道《黃作梅：為新中國外交和新聞事業死而無憾》，介紹黃作梅事跡。畢業於香港皇仁書院的黃作梅，在「七七事變」爆發後走上抗日救國的道路。他積極參加香港同胞抗日愛國救亡運動和中國共產黨地下組織領導的讀書會，宣傳抗日救國思想。1955年4月，黃作梅在「克什米爾公主號」事件中不幸遇難。黃作梅39歲的生命，貢獻給了新中國的外交和新聞事業。他亦曾在香港文匯報發表數十篇國際評論。

1955年4月11日傍晚，一架飛機在馬來西亞北婆羅洲沙撈越附近海面上空爆炸起火，機身墜入海中。機上參加亞非會議的中國代表團成員和隨同採訪的中外記者11人遇難，這就是震驚中外的「克什米爾公主號」事件。遇難者中包括時任新華社香港分社社長黃作梅。

慘遭台特務炸機遇難

「他走之前就是囑咐我照顧好家裏，照顧好孩子。」92歲的雷善儒是黃作梅的夫人，她近日接受新華社記者訪問，66年前黃作梅與她告別的情景歷歷在目。1955年4月18日，第一次沒有西方殖民國家參加的亞非會議在印度尼西亞的萬隆召開，周恩來總理親自帶隊參加。得知這一消息，台灣特務策劃炸掉中國代表團的包機「克什米爾公主號」，對周總理實施暗殺。在出發前，新華社香港分社已接到外交部緊急通知，黃作梅等安排工作人員數次與飛機的運營商印度航空公司交涉防範飛機被破壞事宜。

「當時我意識到（有危險），但沒想到那麼嚴重。」儘管黃作梅從未對雷善儒說過什麼，但她還是從丈夫出發前的一系列緊張準備中感受到一絲不尋常。「他們頭一天晚上開會到12點多。具體的情況都沒有說，這是保密的。」從戰爭年代走來，又身處當時政治環境極為複雜的香港，雷善儒與她的丈夫一樣，對危險早有思想準備。

談到丈夫從容面對生死考驗，雷善儒眼含熱淚，聲音哽咽：「對個人而言，從入黨開始，從參加革命開始，都是準備為共產主義事業獻出自己的生命，特務的目標是總理，我就拿這個來安慰自己：幸虧總理沒在上面。我們個人的犧牲就是犧牲小我……」

皇仁畢業 走上抗日救國道路

黃作梅在「七七事變」爆發後走上抗日救國的道路。香港被日寇侵佔後，按照中共中央的指示，活躍於香港的東江縱隊港九大隊與香港的黨組織共同營救被困香港的愛國民主人士、文化人士及盟國人員。黃作梅是國際工作小組的組長，在營救盟軍人員、與盟軍互通情報等方面取得了突出業績。

抗戰勝利後，黃作梅重返香港，籌備東江縱隊駐港辦事處，後任辦事處主任。1947年，黃作梅受新華社派遣前往倫敦，創辦新華社倫敦分社並擔任社長。1949年，黃作梅調回香港任新華社香港分社社長。

香港九龍山林道35號，是黃作梅一家曾經生活的地方。就在今年4月，雷善儒老人在兒子黃偉建的陪伴下重回故地。「門牌號沒變，房子早已變了。」在黃偉建的描述中，原來的房子是老式唐樓，是香港民主人士借給新華社香港分社的。黃作梅夫婦及一同在分社工作的弟弟、妹妹等十幾口人居住在兩套小房子裏，擁擠、悶熱，條件十分艱苦。

新中國成立後，新華社香港分社從初期單一轉發總社文稿到向總社發回稿件，黃作梅還常在報章上撰寫社論、文章和國際評論。據了解，他在香港文匯報曾發表數十篇國際評論。雷善儒告訴記者，那時候大家全部心思都是工作，每天都很忙。在她的記憶中沒有節假日，黃作梅每天晚上不到12點不會有空。

黃作梅39歲的生命，貢獻給了新中國的外交和新聞事業。無論在他之前還是之後，這支隊伍中都不乏英勇的獻身者。雷善儒認為，黃作梅犧牲後，喬冠華和夫人龔澎寫的一封慰問信最能代表那一代人的信念。信中說：「作梅終於是犧牲了，犧牲在外交戰場上他的崗位上。作為一個革命者，我相信作梅在入黨的時候早有準備，而且在十多年的鬥爭中一直是樂於為革命獻出他的生命的。他死無遺憾。」

●黃作梅一家三口合影，嬰兒為幼年黃偉建。 新華社發（受訪者提供）

如今，在北京八寶山革命公墓，矗立着這樣一座紀念碑，石碑正面有周恩來總理的親筆題詞，背面是包括黃作梅在內的11位烈士的生平及碑文。碑文中寫道：「為和平、獨立和自由的事業而光榮犧牲的烈士們永遠不朽！」

曾在愛國學校就讀的吳亮星，自小就培養了國家觀念，亦對中國共產黨有一定的認識，但令他由心底認同中國共產黨的更重要原因，是他切身感受到共產黨全心全意為人民。

吳亮星憶述，上世紀六十年代的香港處於制水時代，十分缺水，基本上最嚴重時每4天才分一次水給市民，所以到處可以看到有人擔水。當時年幼的他，亦要負起擔水的重任，但由於體力不足，每次只能擔着小量的水，要來回多次，這讓他更體會到當時用水的困難與艱辛。

黨中央支持　解港淡水奇缺苦

東江之水越山來，在共產黨的支持下，香港解決了淡水奇缺之苦，吳亮星亦不再需要和許多市民一樣，循環往復地擔水，「我會覺得有了共產黨和國家（的支持），才令香港重要的水資源得到解決，大家心裏安樂很多，這亦令我相信有一個強大的國家在背後支持，人民能克服很多困難。」

這樣的經歷和從小受到的愛國教育，讓心懷報國情懷的吳亮星中學畢業後毅然加入中國銀行（香港）任職，為國家和香港的金融發展效力。

難忘上司為港奉獻人生最好18年

在中資企業工作的過程中，他接觸到企業中很多內地來港人員，親身領略了他們身上的風采和故事。他憶及，他在中銀香港曾經的一位上司，35歲從內地來港，53歲才重回內地，為香港奉獻了人生最好的18年，更犧牲了陪伴內地妻兒的時間。這位上司在業務、外語、接待等方方面面不僅能力突出，而且把自己的所學毫無保留地傳授給他，令他獲益良多、快速成長。

吳亮星感歎，共產黨員的特質決定了中國共產黨能夠帶領中國這個龐大人口的國家團結向前，並創造發展奇跡。

他說，現在的中國「人通、路通、財通、資源通」，交出了一份令民眾滿意的答卷。他強調，中國共產黨不斷完善自身，新中國取得這樣的成績正是有賴於共產黨的領導，「沒有共產黨領導和強大的執政能力，何來這樣的成績和答卷呢？所以我覺得『沒有共產黨就沒有新中國』，這句話講得太到位了。」

吳亮星說，過往在香港，共產黨十分低調，「國家強盛，共產黨身為執政

吳亮星接受香港文匯報專訪時表示，應該趁着慶祝建黨 100 周年的契機，充分展示中國共產黨執政的成功，讓更多人認識到黨。

黨，為什麼不能說呢？」他認為，應該趁着建黨 100 周年的契機，講出共產黨的成功，讓更多人認識黨，也只有這樣才更對得起一代代為國家犧牲奉獻的共產黨員。

憶父節儉慳學費 堅持供讀愛國校

父輩的教育理念往往影響子女一生。吳亮星憶及父親吳頌山十分注重子女的愛國教育，這亦讓他從小具備國家視野，堅定一生都要為國家發展作貢獻的心。

吳亮星說，父親吳頌山是一名海陸理貨員，十分有愛國情懷，當時每月薪金只有數百元，但都節衣縮食，把 7 個孩子送到愛國學校讀書，從小培育孩子們對國家和共產黨全面和理性的認知，「這不是一個小的負擔，一個孩子的學費每月就要 30 港元，可想而知要供養 7 個孩子是多麼的不簡單。」

他感恩自己在愛國學校讀書，有機會看到國家是如何逐步在困難中前行，

中銀積極為內地航空業引進民航機提供融資。圖為 1986 年 6 月 19 日吳亮星（右三）出席內地民航機的接收儀式。

了解中國共產黨的付出，這亦更加堅定了吳亮星長大後為國家服務的心，因此中學畢業後他的第一份工作就是在中國銀行（香港），一幹就是 54 年。

生於 1949 年的吳亮星與新中國同歲，對此感到驕傲和幸運的他，更以這個特別的身份為國家發展出力。他在新中國成立 50 周年國慶之際，與一群在香港的同齡人成立「同齡同心慈善基金」，並擔任信託人。據悉目前該基金已經為國家捐贈了百多間學校，在很多偏遠的地區興建中小學，亦在出現天災等情況時作出貢獻，他形容該基金是與國家一起成長和發展，希望國家發展日益強大，造福人民。

重奪教育宣傳陣地 回擊反對派抹黑

今時今日，仍有部分香港人對中國共產黨存在偏見，把愛國僅僅當成「一個選項」，甚至敵視自己的國家。吳亮星在專訪中強調，愛國從來不需要選擇，任何國民都應該愛護國家，從香港回歸的第一天就應該強調這一點。惟香港愛

1972 年 6 月，吳亮星（前排左四）代表中國銀行與同業（渣打銀行）進行籃球友誼賽。

國教育缺失，加上部分反對派傳媒的「洗腦工程」，令部分香港人對中國共產黨存在誤解。

「愛國從來都不是一個需要思考的問題，除非沒有國家，否則一般的國民一定希望國家強大，他們的家庭才會受到保障，國強才會家安。」吳亮星說道。他表示，國家在中國共產黨的領導下，在諸多方面表現卓越，包括扶貧、GDP 增長、社會穩定、疫情管控等等。

不過，他坦言現時仍有部分香港人對中國共產黨存在偏見。他分析指，「反對派利用傳媒和教育這兩大範圍的『洗腦』工程，污名化共產黨，攻擊共產黨，反對派媒體只報道負面事情，一句不提共產黨取得的成績。」他質問：「怎麼可能一樣好的事都沒有呢？」他堅信任何造謠都敵不過事實，「邪不能勝正，真的假不了，假的真不了。」

至於如何多做工作去改變部分港人的偏見，吳亮星認為需要奪回教育和宣傳陣地，不能任由市民被反對派大量的誤導文宣「洗腦」，媒體應該多宣傳共產黨的正面形象，讓更多人對她有更全面和客觀的認識。

（原載香港文匯報 2021 年 6 月 4 日 A7 版，記者郭家好）

王惠貞：中共以民爲本 政策有序推行

中國共產黨成立百年，在實踐經驗中進一步堅定制度自信，不斷推進國家治理體系和治理能力現代化。全國政協提案委員會副主任王惠貞接受香港文匯報專訪時表示，見證國家經濟的高速發展、法律制度的逐步完善，也看到了今日在國際上舉足輕重的中國，在疫情嚴峻時刻堅持以民為本的精神。她說：「這就是中國共產黨自己特有的治國理念！」

百年實踐堅定制度自信 推進治理體系現代化

慶祝中國共產黨成立100周年
特別報道

王惠貞：中共以民為本 政策有序推行

中國共產黨成立百年，在實踐檢驗中進一步堅定制度自信，不斷推進國家治理體系和治理能力現代化。全國政協提案委員會副主任王惠貞近日接受香港文匯報專訪時表示，見證國家經濟的高速發展、法律制度的逐步完善，也看到了今日在國際上舉足輕重的中國，在疫情嚴峻時刻堅持以民為本的精神。她說：「這就是中國共產黨自己特有的治國理念！」

掃碼看片

●香港文匯報記者 歐陽文倩、沈清麗

中國共產黨領導中國人民推翻三座大山，於1949年建立新中國，幾代中共領導人都致力推進逐步實現國家現代化的目標。王惠貞憶及，當年，鄧小平將實現「四個現代化」作為黨和政府工作的重心。當時王惠貞還在英國攻讀金融管理學士學位，「我當時看到一篇報道，提到中國要推進『四個現代化』，這個主題很新鮮，對我很有吸引力。」

這促使了她學成後毅然回國發展，並申請進入在香港的一家中國銀行工作。王惠貞憶述當年回國決定：「我覺得國家發展是需要一些外面回來的人才去配合的，我很幸運（當年）選擇到中國銀行工作，讓我知道國家人才濟濟，（銀行）裏面工作環境很包容，也有很多學習機會。」

說起青年時期自己對中國共產黨的了解，王惠貞笑着坦言：「真是白紙一張。」不過，正是國家實行改革開放，讓她有機會到內地投資做生意，更有機會踏足內地，在全國政協平台建言獻策。「我做了三屆全國政協委員，我看到國家對幹部的要求是不斷在提升，共產黨官員是有作為的。改革開放的40年，除了經濟發展帶給人民溫飽和生活水平的上升，與之提升的還有民族自豪感。國家提出要建設現代化強國，我覺得這個『強』，不單是經濟方面，還有國家在世界舞台上發揮的大國責任。」

讚內地官員現場辦公效率高

王惠貞認為，在中國共產黨帶領下，國民生活水平改善、經濟發展迅速，國際地位上升，在這翻天覆地的變化之間，國家還在不斷追求高質量發展。「以前衡量一個地方的政績，總問GDP增長多少？吸引外資多少？經濟發展多少？如今一個地方經濟發展已是從數量轉到了質量。我很欣賞現在內地官員的素質，他們有一種叫『現場辦公』，就是官員去到一些突發現場聆聽實際問題，並且馬上得出處理方案，如此辦事效率便變快了。」

她說，這種素質也體現在共產黨帶領國家成功防控新冠肺炎疫情，不將經濟指標視為一切，甚至寧願放棄經濟，也要保護人民的生命安全。「當我們回頭去看外國最初爆發疫情時，為何他們的官員不肯封城，因為他們寧願保住經濟，無視疫情對人命的傷害。」

說起國家的現代化進程，她表示，國家提出到2035年基本實現社會主義現代化，到2049年把中國建成富強民主文明和諧的社會主義現代化強國。「我們國家的規劃是宏觀、全方位的，又是一致，有條理的。每一個遠景目標都是通過『規劃』來實現，各項政策勢在必行且是有序推行的。」

●王惠貞接受香港文匯報專訪，指感受到改革開放對內地和香港的重大意義。 香港文匯報記者 攝

勉港青多北上 見證祖國發展

這一年半來，因為疫情隔斷交通，王惠貞有一段時日沒回內地了。最近一次回去卻令她感慨萬分：「內地發展一日千里，這次回去感覺廣州、深圳又不同了。」她認為，香港年輕人應該自己去內地看看，去感受國家的發展，「我相信他們會有一些新的想法和判斷。」

自研建港珠澳大橋技術

王惠貞認為，香港年輕人不要再憑「想像」去了解內地，「他們想像的內地和實際的內地是截然不同的。」現在我們國家在造橋、建高鐵等科技技術都是世界上最厲害的，連外國都稱羨。因為中國共產黨向來有變通的能力，對外求而不得的技術，最終都可以親手創造。她以港珠澳大橋為例，這座大橋建成後創造了很多「世界之最」。當時國家本想向荷蘭買入技術，但對方開出天價，到最後我們國家便自行研究發明。

她說，現時西方一些國家對我們國家的科技發展能力充滿敵意，但像針對中國高科技企業的行為，卻只會激發國家對核心科技自主創新的決心。「這20年來，內地青年人的國際視野更為開闊，他們不斷出國學習、交流，再將外面的知識帶回國家，以靈活變通的才能去配合國家的科技發展，更豐富中國特色的社會主義制度。」

●王惠貞鼓勵港青到內地感受國家的發展。圖為「未來之星」早年在北京故宮前合照。 資料圖片

她指出，創科在國家「十四五」規劃裏是很核心的內容，內地還有人口紅利、巨大的內需市場，大家都想進入內地。在港珠澳大橋啟用後，粵港澳「一小時生活圈」開拓了香港年輕人的發展空間，豐富了他們的公餘生活，她建議香港年輕人亦要進一步開拓視野，改變思維，裝備自己，盡快融入國家發展大局，才能看到未來更大的發展。

內地與時並進 法治捍衛權益

以往在內地投資設廠，總說要有「人脈關係」。身為王新興有限公司董事總經理的王惠貞，卻有自己的想法，她認為國家的法律規章制度一定會隨着時間推移而逐步完善，再說如今在內地做生意一切都是按照合約、規章辦事，很多企業通過國家法律制度，合法捍衛了自身權益。

王惠貞的家族是首批應改革開放浪潮到內地設廠的香港企業，1979年先在惠州設廠，「惠州外經貿委0001號文件就是我們」，從此其家族企業有了與國家一同發展騰飛的機會。做生意總要考慮人流、物流，但那時內地的交通基建不足，在運輸上亦有困難，即使雨天回鄉的車道布滿泥濘，王惠貞的父親堅持要到潮州設廠，為的是讓家鄉的人民由捲起褲腳下田，變成穿上鞋履到工廠上班，讓當時仍在就學的王惠貞感受到改革開放對內地的重大意義。

其後王惠貞亦加入家族企業，於上世紀九十年代開始到內地工作，共同經歷了這個將不可能變為可能的時代，「當時我提出一些想法，他們（內地同事）都會說做不到的，說這裏是惠州，不是香港、不是外國。我就做給他們看，做到之後他們就很相信了。所以到今時今日，我的同事有句話是『我們公司只有想不到，沒有做不到』。」

談到自己剛到內地做生意時，王惠貞說，總會有人講你要有「人脈關係」，王惠貞卻深信，總有一天國家的法律制度會完善到你（做生意）不需要認識任何人，「我當時跟很多人說，相信只要你有理，國家的法律就會彰顯你的公義，這一天的到來我們都會看得到。」

事實證明如今誰在內地做生意，一切都要按照合約、規章制度辦事，很多企業通過國家法律制度合法捍衛了自身權益。王惠貞說，國家的法律一直不斷與時並進，每年參與北京兩會看全國人大常委會工作報告、看「兩高報告」（即最高人民檢察院、最高人民法院），都能看到國家因應社會最新發展，增減或完備了哪些法律條文。

委員發揮「雙重積極作用」

香港有部分人閉目塞耳，拒絕去了解內地制度，甚至人云亦云隨意標籤人大代表或政協委員是「橡皮圖章」，王惠貞對此很不認同。她說：「國家現有制度有利於團結全國各族人民，集合各行各業人士共辦大事。內地的政協委員都是某一方面獨當一面的精英，他們所提意見很到位、很實在，也有可操作性。」

王惠貞指，作為港區委員更要發揮「雙重積極作用」，在服務國家方面，我們每年都要參與內地考察訪問、專題研討等活動，然後寫成提案，因此內地部門非常重視我們的提案，他們都會不斷跟進、處理、落實和反饋。在服務香港方面，我們也是特區政府和社會基層交流的重要橋樑，針對政府每年發表施政報告，我們也會提前做調研，聽取廣泛聲音，了解市民需要，然後做成報告交給政府。如果我們只是「橡皮圖章」，就不需要做這些事情了。

●王惠貞的家族是首批應改革開放浪潮到內地設廠的香港企業，她其後亦投身其中，上世紀九十年代開始到內地工作。 香港文匯報記者 攝

廣納地區聲音 完善選制利港

●王惠貞表示，中央完善香港選制，令選委會的代表性更加廣泛。圖為她今年在兩會期間於人民大會堂外留影。 資料圖片

今年中央落實完善香港選舉制度，保障「一國兩制」行穩致遠。王惠貞認為，中國共產黨重視均衡均等的理念，也體現在這次完善選舉制度中。現時香港選舉委員會由1,200人增至1,500人，當中新增的界別亦納入了基層、婦女、青年等各界聲音，符合廣泛代表性、均衡參與以及社會整體利益。

說起中央完善香港選舉制度，王惠貞首先表示，一個國家沒有一套完善的制度，是沒法讓政策得到有序推行的。我們國家在加強黨的政治建設是勢在必行，自己對國家以及共產黨的領導是非常有信心的，並且感到十分驕傲。

她說，這次中央是真的完善了香港的選舉制度。我們看到由原來1,200人增加到1,500人，選委人數得到擴充。以前選委會是四個界別，每個界別都有精英代表，現在增加第五界別，代表性更加廣泛。過往特別注重工商界、專業人士，但基層人士很少，現在地區鄉團、社團都可以加入，地區的聲音可以通過選舉制度表達出來，這是一個很重要的做法。

新選舉制度也加入了全國性團體香港成員的代表，本身也是全國婦聯執委的王惠貞說，我們常說婦女是「半邊天」，婦女參政能夠更好地站在女性角度來考慮問題。

讚內地重視女性參政

有些人以為中國共產黨「封建」「封閉」，但其實建黨之初，國家已重視女性在政治、經濟和教育等方面的權利。王惠貞表示，國家在保護婦女和兒童方面做了很多工作，全國婦聯也在致力幫助婦女裝備好自己，如何把持自己的角色。在一個男性主導的政治制度裏，女性要往上走是比較艱辛的，但像在全國政協等一些重要機構裏，國家有規定女性數目是不能少於一定比例，說明國家真的有給予女性充分的參政機會。

中國共產黨領導中國人民推翻三座大山、於1949年建立新中國，幾代中共領導人都致力推進逐步實現國家現代化的目標。王惠貞憶及，當年，鄧小平將實現「四個現代化」作為黨和政府工作的重心。當時王惠貞還在英國攻讀金融管理學士學位，「我當時看到一篇報道，提到中國要推進『四個現代化』，這個主題很新鮮，對我很有吸引力。」

這促使了她學成後毅然回國發展，並申請進入在香港的一家中國銀行工作。王惠貞憶述當年回國決定：「我覺得國家發展是需要一些外面回來的人才去配合的，我很幸運（當年）選擇到中國銀行工作，讓我知道國家人才濟濟，（銀行）裏面工作環境很包容，也有很多學習機會。」

說起青年時期自己對中國共產黨的了解，王惠貞笑着坦言：「真是白紙一張。」不過，正是國家實行改革開放，讓她有機會到內地投資做生意，更有機會踏足內地，在全國政協平台建言獻策。「我做了三屆全國政協委員，我看到國家對幹部的要求是不斷在提升，共產黨官員是有作為的。改革開放的40年，除了經濟發展帶給人民溫飽和生活水平的上升，與之提升的還有民族自豪感。國家提出要建設現代化強國，我覺得這個『強』，不單是經濟方面，還有國家在世界舞台上發揮的大國責任。」

讚內地官員現場辦公效率高

王惠貞認為，在中國共產黨帶領下，國民生活水平改善、經濟發展迅速、國際地位上升，在這翻天覆地的變化之間，國家還在不斷追求高質量發展。「以前衡量一個地方的政績，總問GDP增長多少？吸引外資多少？經濟發展多少？如今一個地方經濟發展已是從數量轉到了質量。我很欣賞現在內地官員的素質，他們有一種叫『現場辦公』，就是官員去到一些突發現場聆聽實際問題，並且馬上得出處理方案，如此辦事效率便變快了。」

她說，這種素質也體現在共產黨帶領國家成功防控新冠肺炎疫情，不將經濟指標視為一切，甚至寧願放棄經濟，也要保護人民的生命安全。「當我們回頭去看外國最初爆發疫情時，為何他們的官員不肯封城，因為他們寧願保住經濟，無視疫情對人命的傷害。」

說起國家的現代化進程，她表示，國家提出到2035年基本實現社會主義

王惠貞接受香港文匯報專訪，指感受到改革開放對內地和香港的重大意義。

現代化，到 2049 年把中國建成富強民主文明和諧的社會主義現代化強國。「我們國家的規劃是宏觀、全方位的，又是一致、有條理的。每一個遠景目標都是通過『規劃』來實現，各項政策勢在必行且是有序推行的。」

內地與時並進 法治捍衛權益

以往在內地投資設廠，總說要有「人脈關係」。身為王新興有限公司董事總經理的王惠貞，卻有自己的想法，她認為國家的法律規章制度一定會隨着時間推移而逐步完善，再說如今在內地做生意一切都是按照合約、規章辦事，很多企業通過國家法律制度，合法捍衛了自身權益。

王惠貞的家族是首批應改革開放浪潮到內地設廠的香港企業，1979 年先在惠州設廠，「惠州外經貿委 0001 號文件就是我們」，從此其家族企業有了與國家一同發展騰飛的機會。做生意總要考慮人流、物流，但那時內地的交通基建不足，在運輸上亦有困難，即使雨天回鄉的車道也布滿泥濘，但王惠貞的父親堅持要到潮州設廠，為的是讓家鄉的人民由捲起褲腳下田，變成穿上鞋履到工廠上班，讓當時仍在就學的王惠貞感受到改革開放對內地的重大意義。

其後王惠貞亦加入家族企業，於上世紀九十年代開始到內地工作，共同經歷了這個將不可能變為可能的時代，「當時我提出一些想法，他們（內地同事）都會說做不到的，說這裏是惠州，不是香港、不是外國。我就做給他們看，做到之後他們就很相信了。所以到今時今日，我的同事有句話是『我們公司只有想不到，沒有做不到』。」

談到自己剛到內地做生意時，王惠貞說，總會有人講你要有「人脈關係」，王惠貞卻深信，總有一天國家的法律制度會完善到你（做生意）不需要認識任何人，「我當時跟很多人說，相信只要你有理，國家的法律就會彰顯你的公義，這一天的到來我們都會看得到。」

事實證明如今誰在內地做生意，一切都要按照合約、規章制度辦事，很多企業通過國家法律制度合法捍衛了自身權益。王惠貞說，國家的法律一直不斷與時並進，每年參與北京兩會看全國人大常委會工作報告、看「兩高報告」（即最高人民檢察院、最高人民法院），都能看到國家因應社會最新發展，增減或完備了哪些法律條文。

委員發揮「雙重積極作用」

香港有部分人閉目塞耳，拒絕去了解內地制度，甚至人云亦云隨意標籤人大代表或政協委員是「橡皮圖章」，王惠貞對此很不認同。她說：「國家現有制度有利於團結全國各族人民，集合各行各業人士共辦大事。內地的政協委員都是某一方面獨當一面的精英，他們所提意見很到位、很實在，也有可操作性。」

王惠貞指，作為港區委員更要發揮「雙重積極作用」，在服務國家方面，我們每年都要參與內地考察訪問、專題研討等活動，然後寫成提案，因此內地部門非常重視我們的提案，他們都會不斷跟進、處理、落實和反饋。在服務香港方面，我們也是特區政府和社會基層交流的重要橋樑，針對政府每年發表施政報告，我們也會提前做調研，聽取廣泛聲音，了解市民需要，然後做成報告交給政府。如果我們只是「橡皮圖章」，就不需要做這些事情了。

王惠貞鼓勵港青到內地感受國家的發展。圖為「未來之星」早年在北京故宮前合照。

勉港青多北上 見證祖國發展

這一年半來，因為疫情隔斷交通，王惠貞有一段時日沒回內地了。最近一次回去卻令她感慨萬分：「內地發展一日千里，這次回去感覺廣州、深圳又不同了。」她認為，香港年輕人應該自己去內地看看，去感受國家的發展，「我相信他們會有一些新的想法和判斷。」

自研建港珠澳大橋技術

王惠貞認為，香港年輕人不要再憑「想像」去了解內地，「他們想像的內地和實際的內地是截然不同的。」現在我們國家在造橋、建高鐵等科技技術都是世界上最厲害的，連外國都稱羨。因為中國共產黨向來有變通的能力，對外求而不得的技術，最終都可以親手創造。她以港珠澳大橋為例，這座大橋建成後創造了很多「世界之最」。當時國家本想向荷蘭買入技術，但對方開出天價，到最後我們國家便自行研究發明。

她說，現時西方一些國家對我們國家的科技發展能力充滿敵意，但像針對中國高科技企業的行為，卻只會激發國家對核心科技自主創新的決心。「這20年來，內地青年人的國際視野更為開闊，他們不斷出國學習、交流，再將外面的知識帶回國家，以靈活變通的才能去配合國家的科技發展，更豐富中國特色的社會主義制度。」

她指出，創科在國家「十四五」規劃裏是很核心的內容，內地還有人口紅利、巨大的內需市場，大家都想進入內地。在港珠澳大橋啟用後，粵港澳「一小時生活圈」開拓了香港年輕人的發展空間，豐富了他們的公餘生活，她建議香港年輕人亦要進一步開拓視野、改變思維、裝備自己，盡快融入國家發展大局，才能看到未來更大的發展。

廣納地區聲音 完善選制利港

今年中央落實完善香港選舉制度，保障「一國兩制」行穩致遠。王惠貞認為，中國共產黨重視均衡均等的理念，也體現在這次完善選舉制度中。現時香港選舉委員會由1,200人增至1,500人，當中新增的界別亦納入了基層、婦女、青年等各界聲音，符合廣泛代表性、均衡參與以及社會整體利益。

說起中央完善香港選舉制度，王惠貞首先表示，一個國家沒有一套完善的制度，是沒法讓政策得到有序推行的。我們國家在加強黨的政治建設是勢在必行，自己對國家以及共產黨的領導是非常有信心的，並且感到十分驕傲。

她說，這次中央是真的完善了香港的選舉制度。我們看到由原來1,200人增加到1,500人，選委人數得到擴充。以前選委會是四個界別，每個界別都有精英代表，現在增加第五界別，代表性更加廣泛。過往特別注重工商界、專業人士，但基層人士很少，現在地區鄉團、社團都可以加入，地區的聲音可以通過選舉制度表達出來，這是一個很重要的做法。

新選舉制度也加入了全國性團體香港成員的代表，本身也是全國婦聯執委

王惠貞的家族是首批應改革開放浪潮到內地設廠的香港企業，她其後亦投身其中，上世紀九十年代開始到內地工作。

的王惠貞說，我們常說婦女是「半邊天」，婦女參政能夠更好地站在女性角度來考慮問題。

讚內地重視女性參政

有些人以為中國共產黨「封建」「封閉」，但其實建黨之初，國家已重視女性在政治、經濟和教育等方面的權利。王惠貞表示，國家在保護婦女和兒童方面做了很多工作，全國婦聯也在致力幫助婦女裝備好自己，如何把持自己的角色。在一個男性主導的政治制度裏，女性要往上走是比較艱辛的，但像在全國政協等一些重要機構裏，國家有規定女性數目是不能少於一定比例，說明國家真的有給予女性充分的參政機會。

（原載香港文匯報 2021 年 6 月 23 日 A10 版，記者歐陽文倩、沈清麗）

劉漢銓：

黨引國家邁富強 展不屈不撓精神

百年前，國家飽受外國列強欺凌，人民生活艱苦貧困。如今，在中國共產黨的領導下，國家已變得富強，人民豐衣足食，有足夠的能力平視世界。原全國政協常委劉漢銓接受香港文匯報專訪時表示，中國共產黨排除萬難，成功帶領人民走出積貧積弱的困境，他更從與內地親戚的交往和赴內地的工作中親身感受到了國家日新月異的變化。他說：「無論有什麼艱難險阻，中國共產黨人都不會放棄，以為人民謀幸福為目標。」正正是這種不屈不撓、擇善固執的精神，才可以令中國共產黨發展壯大，帶領國家走向繁榮富強。

小時睹家人接濟內地親友 長大後感發展一日千里

劉漢銓：黨引國家邁富強 展不屈不撓精神

慶祝中國共產黨成立100周年

特別報道

百年前，國家飽受外國列強欺凌，人民生活艱苦貧困。如今，在中國共產黨的領導下，國家已變得富強，人民豐衣足食，有足夠的能力平視世界。原全國政協常委劉漢銓近日接受香港文匯報專訪時表示，中國共產黨排除萬難，成功帶領人民走出積貧積弱的困境，他更從與內地親戚的交往和赴內地的工作中親身感受到了國家日新月異的變化。他說：「無論有什麼艱難險阻，中國共產黨人都不會放棄，以為人民謀幸福為目標。」正正是這種不屈不撓、擇善固執的精神，才可以令中國共產黨發展壯大，帶領國家走向繁榮富強。

●香港文匯報記者 鄭治祖

掃碼看片

國家過往曾經歷貧窮、艱辛的歲月。上世紀四十年代末出生的劉漢銓表示，小時候經常目睹家人向居住在內地的親戚寄送日用品、糧油等物資，以不同的方式接濟他們。他說，年幼時並未了解到太多，只是覺得親戚在內地的生活不好，國家正經歷困難時期，而當時唯一能做的，就是祈求國家能夠盡快變好，那麼內地親戚的生活亦可得到改善。

在中國共產黨的領導下，國家在上世紀七十年代起開展一系列的改革開放措施，自此迎來了翻天覆地的變化。劉漢銓回想起在八十年代初期，他因業務需要探訪內地，回想當時社會環境看起來仍然較落後，但人民的整體生活已經得到很大的改善。

脫貧成就有目共睹

國家發展一日千里，如今，從前的小村莊已變成了繁華的大都市，美輪美奐的摩天大廈更是隨處可見。劉漢銓表示，在中國共產黨的領導下，國家在2020年年底完成新時代脫貧攻堅任務，過去8年間成功令9,899萬農村貧困人口脫貧，832個貧困縣及12.8萬個貧困村擺脫「貧困」之名，解決區域性貧困，是國家首次在整體上消除絕對貧困，在脫貧方面的成就有目共睹，值得每個人感到驕傲。而國家的國內生產總值（GDP）更是持續上升，多年高踞於全球第二位，是世界其中一大經濟體，內地同胞的衣食住行，以及社會的醫療、教育發展等都變得愈來愈好。

「中共不會放棄為人民謀福」

劉漢銓在1993年受聘成為香港事務顧問，亦曾經擔任第十屆、第十一屆和第十二屆全國政協常委。他說，種種機會能夠讓他近距離觀察和感受國家的發展和進步。中國共產黨帶領國家建立富有中國特色的社會主義制度，並走上改革開放的道路，一直發展到今天的習近平新時代中國特色社會主義思想，充分體現出中國共產黨能夠與時俱進，因應社會發展、國際形勢而對國家發展的政策作出適當的調整。

他認為，中國共產黨建黨百年發展過程充滿荊棘，「但無論有什麼艱難險阻，中國共產黨人都不會放棄，以為人民謀幸福為目標。」正正是這種不屈不撓、擇善固執的精神，才可以令中國共產黨發展壯大，帶領國家走向繁榮富強。國家今時今日所得的成就，全靠中國人民以自己的聰明智慧、辛勞和血汗集結而成。在中國共產黨的領導下，國家正在向「第二個百年」目標邁進。

●劉漢銓指，香港應盡快融入國家的發展大局，並好好利用「一國兩制」的優勢，進一步推動兩地的經濟發展。 香港文匯報記者 攝

傳承愛國心責任感 全賴家庭學校教育

2018年退下全國政協常委崗位後，劉漢銓曾表示：「無論何時何地，老委員都應該繼續為香港和國家的進步奉獻光和熱，為國家鞠躬盡瘁。」這份強烈愛國心和責任感從何而來？他接受香港文匯報訪問時表示，這些全賴家庭和學校的教育，他遺憾現時大部分家庭缺少對子女的相關熏陶，認為青年應多主動了解國家的實際發展情況、認識優良的中華傳統文化。

劉漢銓出生於知識分子家庭，父親和祖父都是知識分子，在當年已經善於以兩文三語作溝通。劉漢銓認為，家庭教育對於愛國心的培育十分重要。他說，雖然其父親曾接受西方教育，但他十分重視中國文化、氣節，以及民族主義和民族感情，經常向子女強調「中學為體，西學為用」，教導子女從小要有「國家」「中國人」「中國傳統」等概念，絕對不能崇洋媚外。耳濡目染下，劉漢銓自小便開始認識祖國、認識中華文化，不知不覺間培養了自己的國民身份認同感。

歷史教育助育身份認同感

回想起在九龍華仁書院讀書的時光，劉漢銓說，他當時在學校修讀歷史、中國文學等學科，老師會根據史實，詳細地向學生介紹中華民族，講述國家的發展過程，並清晰地告訴學生：香港是國家的一部分。不單止老師的教導，劉漢銓分享說，當時就連在學校傳道的神父都十分欣賞中華文化，他仍記得自己是從神父那裏了解戰國時期由名家提出的「白馬非馬」辯論問題。

劉漢銓說，歷史科有助學生認識國家，培養身份認同感，惟香港有段時間並不重視歷史教育，導致年輕人缺乏對國家的認知，甚至是忘了本。他表示，在現代教育逐步普及的情況下，實際上應更容易弘揚中華優良的傳統文化，惟現代社會變得功利化，很多人認為學習知識是為求將來工作賺錢，而大部分家庭對子女的傳統文化熏陶和教育亦陸續減少。他說，「教育是一代一代的，如果連爸爸都不懂，兒子怎能學會？」他認為家長應該以身作則，多了解中華文化，然後教導子女，傳承中華文化。

對於時下一些香港青年對國家缺乏了解，劉漢銓認為，年輕人應多主動了解國家的實際情況，認識中國文化，並從正確的途徑得知國家成就，而非只關注一些反中亂港的媒體所散播抹黑中央、抹黑特區的資訊。他指，特區政府應確保「愛國者治港」原則得以全面落實，讓青年明白反中亂港絕無出路，強調香港不能再犧牲年輕一代，特區政府應從各方面向他們傳遞正確的價值觀，增加他們的愛國情懷。

建立制度自信 必落實「愛國者治港」

在中國共產黨的帶領下，國家實施了不少極具前瞻性的利國利民政策，包括「一帶一路」倡議、構建國內國際雙循環新發展格局、建設粵港澳大灣區等。劉漢銓認為，香港背靠祖國，應該積極把握國家帶來的發展機遇，要建立制度自信，準確落實「愛國者治港」，讓香港社會持續繁榮穩定。

他認為，香港應盡快融入國家的發展大局，並好好利用「一國兩制」的優勢，進一步推動兩地的經濟發展。要融入國家的發展大局，香港首先要建立制度自信。他說，要建立制度自信，讓香港穩步發展，需要讓港人明白到中央所推動的政策是正確的，同時必須貫徹落實「愛國者治港」，由德才兼備的愛國者帶領香港前進。他強調，帶領香港發展的工作不單止限於特區政府，一些半官方的機構、民間組織，在政治和經濟亦能夠發揮很大作用。

●劉漢銓在全國政協大會上發言。 受訪者供圖

中央出手護港福祉 港人應珍惜

前年的修例風波令社會幾乎陷入癱瘓狀態，幸得中央及時出手為香港制定香港國安法及完善選舉制度，香港社會才得以回復平靜。劉漢銓表示，中央出手推動落實「愛國者治港」，為的是要確保「一國兩制」成功實踐，保護香港同胞的福祉，港人應該好好珍惜。

香港國安法和完善選舉制度出台前後，卻受到西方勢力大肆抹黑，劉漢銓批評，外國勢力不斷興風作浪，企圖插手干預中國的內政。不過，儘管面對西方壓力，中央政府依然堅持推動落實香港國安法及完善香港選舉制度，為的就是保障「一國兩制」成功實踐並行穩致遠，保護香港同胞的福祉。

他說，為人民謀幸福是中國共產黨始終不渝的初心。回想起香港過去所經歷的種種艱辛時刻，中央每每都出手相助，令香港社會保持穩定。他以近期抗擊新冠疫情為例表示，國家在香港有需要時，就馬上派出支援隊伍在港籌建方艙醫院、又支持香港疫苗供應等，盡顯對香港的關心。

他認為，國家一直對香港眷顧有加，從來沒有把香港當作「外人」。在「十四五」規劃下，國家支持香港發展建設國際創新科技中心及成為中外文化藝術交流中心，為香港拓展出更大的發展空間。他呼籲港人應該好好珍惜及感謝國家對香港的支持。

●劉漢銓（右）中學時就喜歡北上內地旅遊。 受訪者供圖

●劉漢銓（後排右一）與班主任旅行時合照。 受訪者供圖

●劉漢銓表示，中央多年來對港眷顧有加，呼籲香港人應好好珍惜。 香港文匯報記者 攝

國家過往曾經歷貧窮、艱辛的歲月。上世紀四十年代末出生的劉漢銓表示，小時候經常目睹家人向居住在內地的親戚寄送日用品、糧油等物資，以不同的方式接濟他們。他說，年幼時並未了解到太多，只是覺得親戚在內地的生活不好，國家正經歷困難時期，而當時唯一能做的，就是祈求國家能夠盡快變好，那麼內地親戚的生活亦可得到改善。

在中國共產黨的領導下，國家在上世紀七十年代起開展一系列的改革開放措施，自此迎來了翻天覆地的變化。劉漢銓回想起在八十年代初期，他因業務需要探訪內地，回想當時社會環境看起來仍然較落後，但人民的整體生活已經得到很大的改善。

脫貧成就有目共睹

國家發展一日千里，如今，從前的小村莊已變成了繁華的大都市，美輪美奐的摩天大廈更是隨處可見。劉漢銓表示，在中國共產黨的領導下，國家在2020年年底完成新時代脫貧攻堅任務，過去8年間成功令9,899萬農村貧困人口脫貧、832個貧困縣及12.8萬個貧困村擺脫「貧困」之名，解決區域性貧困，是國家首次在整體上消除絕對貧困，在脫貧方面的成就有目共睹，值得每個人感到驕傲。而國家的國內生產總值（GDP）更是持續上升，多年高居於全球第二位，是世界其中一大經濟體，內地同胞的衣食住行，以及社會的醫療、教育發展等都變得愈來愈好。

「中共不會放棄為人民謀福」

劉漢銓在1993年受聘成為香港事務顧問，亦曾經擔任第十屆、第十一屆和第十二屆全國政協常委。他說，種種機會能夠讓他近距離觀察和感受國家的發展和進步。中國共產黨帶領國家建立富有中國特色的社會主義制度，並走上改革開放的道路，一直發展到今天的習近平新時代中國特色社會主義思想，充分體現出中國共產黨能夠與時俱進，因應社會發展、國際形勢而對國家發展的政策作出適當的調整。

他認為，中國共產黨建黨百年發展過程充滿荊棘，「但無論有什麼艱難險阻，中國共產黨人都不會放棄，以為人民謀幸福為目標。」正正是這種不屈不

劉漢銓指，香港應盡快融入國家的發展大局，並好好利用「一國兩制」的優勢，進一步推動兩地的經濟發展。

撓、擇善固執的精神，才可以令中國共產黨發展壯大，帶領國家走向繁榮富強。國家今時今日所得的成就，全靠中國人民以自己的聰明智慧、辛勞和血汗集結而成。在中國共產黨的領導下，國家正在向「第二個百年」目標邁進。

傳承愛國心責任感 全賴家庭學校教育

2018 年退下全國政協常委崗位後，劉漢銓曾表示：「無論何時何地，老委員都應該繼續為香港和國家的進步奉獻光和熱，為國家鞠躬盡瘁。」這份強烈愛國心和責任感從何而來？他接受香港文匯報訪問時表示，這些全賴家庭和學校的教育，他遺憾現時大部分家庭缺少對子女的相關熏陶，認為青年應多主動了解國家的實際發展情況，認識優良的中華傳統文化。

劉漢銓出生於知識分子家庭，父親和祖父都是知識分子，在當年已經善於

劉漢銓（右）中學時就喜歡北上內地旅遊。

以兩文三語作溝通。劉漢銓認為，家庭教育對於愛國心的培育十分重要。他說，雖然其父親曾接受西方教育，但他十分重視中國文化、氣節，以及民族主義和民族感情，經常向子女強調「中學為體、西學為用」，教導子女從小要有「國家」「中國人」「中國傳統」等概念，絕對不能崇洋媚外。耳濡目染下，劉漢銓自小便開始認識祖國、認識中華文化，不知不覺間培養了自己的國民身份認同感。

歷史教育助育身份認同感

回想起在九龍華仁書院讀書的時光，劉漢銓說，他當時在學校修讀歷史、中國文學等學科，老師會根據史實，詳細地向學生介紹中華民族，講述國家的發展過程，並清晰地告訴學生：香港是國家的一部分。不單止老師的教導，劉漢銓分享說，當時就連在學校傳道的神父都十分欣賞中華文化，他仍記得自己是從神父那裏了解戰國時期由名家提出的「白馬非馬」辯論問題。

劉漢銓（後排右一）與班主任旅行時合照。

劉漢銓說，歷史科有助學生認識國家、培養身份認同感，惟香港有段時間並不重視歷史教育，導致年輕人缺乏對國家的認知，甚至是忘了本。他表示，在現代教育逐步普及的情況下，實際上應更容易弘揚中華優良的傳統文化，惟現代社會變得功利化，很多人認為學習知識是為求將來工作賺錢，而大部分家庭對子女的傳統文化熏陶和教育亦陸續減少。他說，「教育是一代一代的，如果連爸爸都不懂，兒子怎能學會？」他認為家長應該以身作則，多了解中華文化，然後教導子女，傳承中華文化。

對於時下一些香港青年對國家缺乏了解，劉漢銓認為，年輕人應多主動了解國家的實際情況，認識中國文化，並從正確的途徑得知國家成就，而非只關注一些反中亂港的媒體所散播抹黑中央、抹黑特區的資訊。他指，特區政府應確保「愛國者治港」原則得以全面落實，讓青年明白反中亂港絕無出路，強調香港不能再犧牲年輕一代，特區政府應從各方面向他們傳遞正確的價值觀，增加他們的愛國情懷。

建立制度自信 必落實「愛國者治港」

在中國共產黨的帶領下，國家實施了不少極具前瞻性的利國利民政策，包括「一帶一路」倡議、構建國內國際雙循環新發展格局、建設粵港澳大灣區等。劉漢銓認為，香港背靠祖國，應該積極把握國家帶來的發展機遇，並建立制度自信，準確落實「愛國者治港」，讓香港社會持續繁榮穩定。

劉漢銓表示，中央多年來對港眷顧有加，呼籲香港人應好好珍惜。

他認為，香港應盡快融入國家的發展大局，並好好利用「一國兩制」的優勢，進一步推動兩地的經濟發展。要融入國家的發展大局，香港首先要建立制度自信。他說，要建立制度自信，讓香港穩步發展，需要讓港人明白到中央所推動的政策是正確的，同時必須貫徹落實「愛國者治港」，由德才兼備的愛國者帶領香港前進。他強調，帶領香港發展的工作不單止限於特區政府，一些半官方的機構、民間組織，在政治和經濟亦能夠發揮很大作用。

中央出手護港福祉 港人應珍惜

前年的修例風波令社會幾乎陷入癱瘓狀態，幸得中央及時出手為香港制定香港國安法及完善選舉制度，香港社會才得以回復平靜。劉漢銓表示，中央出手推動落實「愛國者治港」，為的是要確保「一國兩制」成功實踐，保護香港同胞的福祉，港人應該好好珍惜。

香港國安法和完善選舉制度出台前後，卻受到西方勢力大肆抹黑，劉漢銓

劉漢銓在全國政協大會上發言。

批評，外國勢力不斷興風作浪，企圖插手干預中國的內政。不過，儘管面對西方壓力，中央政府依然堅持推動落實香港國安法及完善香港選舉制度，為的就是保障「一國兩制」成功實踐並行穩致遠，保護香港同胞的福祉。

他說，為人民謀幸福是中國共產黨始終不渝的初心。回想起香港過去所經歷的種種艱辛時刻，中央每每都出手相助，令香港社會保持穩定。他以近期抗擊新冠疫情為例表示，國家在香港有需要時，就馬上派出支援隊伍在港籌建方艙醫院，又支持香港疫苗供應等，盡顯對香港的關心。

他認為，國家一直對香港眷顧有加，從來沒有把香港當作「外人」。在「十四五」規劃下，國家支持香港發展建設國際創新科技中心及成為中外文化藝術交流中心，為香港拓展出更大的發展空間。他呼籲港人應該好好珍惜及感謝國家對香港的支持。

（原載香港文匯報 2021 年 8 月 9 日 A14 版，記者鄭治祖）

劉兆佳：制度適合國情 信任度勝英美

「中國用幾十年時間走完西方國家幾百年的發展道路，亦在幾十年時間內，妥善解決了西方國家用了幾百年都未能有效處理的各種發展問題。」全國港澳研究會副會長劉兆佳表示，在中國共產黨帶領下，國家發展的成績全世界都有目共睹。看着部分西方政客、學者和媒體每日不斷批評中國，他由過往的氣憤，慢慢感到相關人等滑稽，再後來換個視角油然而生自豪感，他說，因為只有國家力量愈發強盛，以美國為首的西方國家才會出現這種擔憂自己國際地位被動搖的心虛心態，企圖借各種對中國的攻擊滿足其心理需要，「我們國家由過往飽受西方列強欺凌，到如今被他們視為威脅，作為中國人又怎會不自豪呢？」

中共帶領國家崛起 幾十年解決西方幾百年未解問題

慶祝中國共產黨成立100周年
特別報道

劉兆佳：制度適合國情 信任度勝英美

「中國用幾十年時間走完西方國家幾百年的發展道路，亦在幾十年時間內，妥善解決了西方國家用了幾百年都未能有效處理的各種發展問題。」全國港澳研究會副會長劉兆佳表示，在中國共產黨帶領下，國家發展的成績全世界都有目共睹。看着部分西方政客、學者和媒體每日不斷批評中國，他由過往的氣憤，慢慢感到相關人等滑稽，再後來換個視角油然而生自豪感，他說，因為只有國家力量愈發強盛，以美國為首的西方國家才會出現這種擔憂自己國際地位被動搖的心虛心態，企圖借各種對中國的攻擊滿足其心理需要，「我們國家由過往飽受西方列強欺凌，到如今被他們視為威脅，作為中國人又怎會不自豪呢？」

掃碼看片

◎香港文匯報 記者 林浩賢

中國的發展道路和知識體系不僅是適應祖國國情的成功道路，亦對其他發展中國家具啟示意義。劉兆佳指出，西方國家在過往數百年來通過對外侵略擴張的殖民主義、帝國主義和奴隸制度取得霸主地位，並宣稱他們的發展模式是「普世價值」，任何不接受這套價值觀的國家都會被他們視為「錯誤」或「走歪路」。然而，中國共產黨用事實證明了結合自己國情和歷史的發展方式，既能維持自己國家自主，又能達至富強，根本不需要複製他人的發展模式，「西方宣稱的『普世模式』導致仿效的國家衰落、人民受苦，而中國從沒有強迫他人仿效自己的發展方式，僅是呼籲其他國家尋找符合自己國情的發展元素。」

任何挑戰西方「普世價值」的國家都會成為箭靶，所以劉兆佳對西方國家抹黑中國不感意外。他認為，西方湧現針對國家的批評有四個原因：一是他們很害怕中國崛起，而即使他們竭盡所能也無法阻止中國崛起，唯有借每天針對中國的大量「批評」來滿足其心理需要；二是希望借此削弱中國的國際影響力；三是源於失去自信和安全感的弱者心態；四是西方政客想轉移其國民視線，企圖將所有國內問題歸咎於中國，以達至自保。

對西方批評由氣憤到感滑稽

「抹黑中國」似乎成為了西方政客、學者和媒體近年的「每日任務」，劉兆佳說自己由過往的氣憤，慢慢感到相關人等滑稽，再後來則油然而生自豪感，「百多年前誰又想過西方人會將中國視為威脅？」

他指出，在中國共產黨帶領下，走自己發展道路的中國令其他發展中國家漸漸不再推崇西方的發展模式，西方國家的人民也開始對他們的制度失去信心。

根據美國知名公關公司愛德曼去年發布的信任度調查報告，中國人民對中央政府的信任度位居榜首，達90%，而美國和英國分別只得39%和36%。劉兆佳表示，相對西方人質疑自己國家的制度，中國人更相信自己國家在正確的道路上發展，對前景相當樂觀，與西方人形成強烈對比。

劉兆佳表示，國家用幾十年時間就走完了西方幾百年的發展道路，更將西方幾百年發展過程中出現的各種問題和矛盾衝突，在幾十年內成功解決，例如西方國家現時仍有嚴重的貧窮和政治問題，但中國已有效處理同類問題，這與中國共產黨治國理政，不斷自我完善和自我創新的力量有關。

他表示，美國現時正策動與中國的意識形態戰爭，企圖透過對比自己和中國的制度，打擊中國在國際上的軟實力，但事實上很多西方人對自己國家的制度都沒有信心，根本不具備和中國打意識形態戰的底氣。而隨着國家在中國共產黨帶領下愈來愈成功，中國國民和其他發展中國家國民，甚至西方人都不會再嚮往西方制度，所以西方打壓中國的計劃絕對不會成功。

◎劉兆佳指自小在讀國家歷史的過程中都深受觸動，並產生強烈的愛國情懷和中華民族意識。 香港文匯報記者 攝

求學愛讀史 厚植愛國心

◎劉兆佳遊覽甘肅張掖國家地質公園。 受訪者供圖

◎劉兆佳遊覽湖廣會館。 受訪者供圖

多年來一直研究香港政制發展的劉兆佳，原來在求學時期已對國家的治國方針產生興趣，更自此厚植強烈的愛國情懷和中華民族意識，「作為一個中國人，我很希望能夠為國家和民族作出貢獻。」

籲港青多了解祖國

國家歷史和中國語文是讀英文中學的劉兆佳最感興趣的科目，特別是當他愈深入地接觸國家近代史，自己對國家民族的意識就愈濃烈，亦正因為對近代史的關注，他亦逐漸認識中國共產黨的歷史角色和為中華民族謀復興所作的貢獻。

中學畢業後，不少老師都以為他會在大學修讀歷史，結果他選擇了社會科學，原來他在讀國家歷史的過程中漸漸了解到士大夫精神，自己亦有種想經世濟民的感覺，希望研究治國方針，並為國家貢獻。

香港與國家是命運共同體，劉兆佳指，港人要了解香港回歸祖國的過程，必須認識香港與國家的關係，亦要認識中國共產黨對香港的基本方針政策。

他認為，現時的年輕人也得多讀歷史，特別是近代史，認識中國共產黨扭轉國家過往受屈辱的局面，以及帶領中華民族走向富強的歷程。

不少人對學者的刻板印象都是不苟言笑，整天與書本文獻作伴，但原來劉兆佳也會不時到內地旅遊和欣賞文藝表演。他最記得在擔任全國政協委員期間，曾在內地看過講述中國共產黨反抗外國欺凌的文藝表演，自己當時非常觸動，而他在經常往返內地開會的過程中，也見證了國家多年來的飛躍，「我自己覺得很幸運，能在人生中目睹一個貧窮落後、飽受欺凌的國家，成功走向富強，讓中華民族屹立於世界民族之林。」

◎劉兆佳任全國政協委員期間赴浙江了解當地發展。 受訪者供圖

推動港人識黨 適逢其時開展

香港一直身處中西價值觀交匯的最前沿，加上經歷了150多年的港英統治，致使部分港人對西方制度趨之若鶩，並對中國共產黨心存偏見。劉兆佳直言，受歷史背景影響，加上西方媒體長期渲染「反共」意識和宣揚西方價值觀，難免有部分港人對中國共產黨持抵觸情緒，但隨着中國的國際地位不斷提升，現時正是推動港人正確認識中國共產黨的有利環境。縱使這項工作推動需時，亦必然有人抗拒，但若再不展開，只會阻礙港人融入國家發展大局。

早在香港回歸祖國前，社會已充斥「反共」宣傳，劉兆佳認為種種歷史原因令社會對中國共產黨出現嚴重誤解，顯然不利於「一國兩制」事業和維持香港長治久安，故中央過往兩年才要撥亂反正，制定實施香港國安法和防止反中亂港分子進入特區管治架構，進而推動人心轉變，令港人正確認識國家發展歷程，以及中國共產黨百年來為民族所作的貢獻。

憂「反共」情緒損兩地發展

「令香港人正確客觀地認識中國共產黨是不可迴避的任務和責任。」他強調，無論過往、現在還是未來，中國共產黨與香港發展息息相關，必須樹立「同利益共命運」的思想，即使這項工作推動需時，也須盡快開展。若部分港人繼續對中國共產黨採取敵視、誤解的態度，不僅損害兩地人民的關係，亦對國家和香港的發展非常不利。

要在短時間內完全釋除部分人的「反共」情緒並不容易，但劉兆佳認為這群人對自己的國家民族仍有感情，一樣會對國家現時的成就和國際地位引以為榮，只要國家繼續富強發展，並通過公共教育為年輕人提供更多在內地的潛在發展機會，相信他們會愈來愈清楚自己國家和西方國家的實際情況，成為具民族自尊心的中國人。

◎劉兆佳於北京天安門留影。 受訪者供圖

不應直接套用西方價值觀

以史為鑑是開創未來的關鍵，惟西方人卻經常不正視歷史。劉兆佳說西方人不僅對自己國家過往在中國犯下的纍纍罪行隻字不提，現時亦不斷詆毀中國共產黨，漠視中國的歷史與國情。他強調，不同國家的國情、民族背景都不相同，對自由、民主、人權等準則的解讀亦不同，所以切不能以西方對政黨的定義和認知來評論中國共產黨。

劉兆佳解釋，西方的政黨是在現有政治體制及選舉制度中，通過參選獲得政治權力或執政權力的組織，這個定義無法套用在中國共產黨，因為中國共產黨是以團結帶領中國人民恢復主權和領土完整、維護國家安全、推進社會改革的政治組織，擁有龐大的動員力，是會自我完善的政治力量，並有一支忠於中國共產黨的軍隊，這種創新的制度、發展模式和政治生態，都與西方國家截然不同。

除了對政黨的定義，他指出，不同國家對民主、自由和人權的定義均不同，例如在維護國家安全方面，中國人會注重打擊危害國家統一和社會治安的風險，並會將國家和眾人的利益置於個人利益上面，但這種狀態則會被西方國家批評為「不民主、違反人權和踐踏法治」，他認為，不僅中國人民，其他國家的人民都不應直接套用西方所宣示的價值觀，忽略自己國家的國情、歷史和民族背景。

中國的發展道路和知識體系不僅是適應祖國國情的成功道路，亦對其他發展中國家具啟示意義。劉兆佳指出，西方國家在過往數百年來通過對外侵略擴張的殖民主義、帝國主義和奴隸制度取得霸主地位，並宣稱他們的發展模式是「普世價值」，任何不接受這套價值觀的國家都會被他們視為「錯誤」或「走歪路」。然而，中國共產黨用事實證明了結合自己國情和歷史的發展方式，既能維持自己國家自主，又能達至富強，根本不需要複製他人的發展模式，「西方宣稱的『普世模式』導致仿效的國家衰落、人民受苦，而中國從沒有強迫他人仿效自己的發展方式，僅是呼籲其他國家尋找符合自己國情的發展元素。」

任何挑戰西方「普世價值」的國家都會成為箭靶，所以劉兆佳對西方國家抹黑中國不感意外。他認為，西方湧現針對國家的批評有四個原因：一是他們很害怕中國崛起，而即使他們竭盡所能也無法阻止中國崛起，唯有借每天針對中國的大量「批評」來滿足其心理需要；二是希望借此削弱中國的國際影響力；三是源於失去自信和安全感的弱者心態；四是西方政客想轉移其國民視線，企圖將所有國內問題歸咎於中國，以達至自保。

對西方批評由氣憤到感滑稽

「抹黑中國」似乎成為了西方政客、學者和媒體近年的「每日任務」，劉兆佳說自己由過往的氣憤，慢慢感到相關人等滑稽，再後來則油然而生自豪感，「百多年前誰又想過西方人會將中國視為威脅？」

他指出，在中國共產黨帶領下，走自己發展道路的中國令其他發展中國家漸漸不再推崇西方的發展模式，西方國家的人民也開始對他們的制度失去信心。

根據美國知名公關公司愛德曼去年發布的信任度調查報告，中國人民對中央政府的信任度位居榜首，達 90%，而美國和英國分別只得 39% 和 36%。劉兆佳表示，相對西方人質疑自己國家的制度，中國人更相信自己國家在正確的道路上發展，對前景相當樂觀，與西方人形成強烈對比。

劉兆佳表示，國家用幾十年時間就走完了西方幾百年的發展道路，更將西方幾百年發展過程中出現的各種問題和矛盾衝突，在幾十年內成功解決，例如西方國家現時仍有嚴重的貧窮和政治問題，但中國已有效處理同類問題，這與

劉兆佳指自小在讀國家歷史的過程中都深受觸動，並產生強烈的愛國情懷和中華民族意識。

中國共產黨治國理政、不斷自我完善和自我創新的力量有關。

他表示，美國現時正策動與中國的意識形態戰爭，企圖透過對比自己和中國的制度，打擊中國在國際上的軟實力，但事實上很多西方人對自己國家的制度都沒有信心，根本不具備和中國打意識形態戰的底氣。而隨着國家在中國共產黨帶領下愈來愈成功，中國國民和其他發展中國家國民，甚至西方人都不會再嚮往西方制度，所以西方打壓中國的計劃絕對不會成功。

求學愛讀史 厚植愛國心

多年來一直研究香港政制發展的劉兆佳，原來在求學時期已對國家的治國方針產生興趣，更自此厚植強烈的愛國情懷和中華民族意識，「作為一個中國人，我很希望能夠為國家和民族作出貢獻。」

籲港青多了解祖國

國家歷史和中國語文是讀英文中學的劉兆佳最感興趣的科目，特別是當他愈深入地接觸國家近代史，自己對國家民族的意識就愈濃烈，亦正因為對近代史的關注，他亦逐漸認識中國共產黨的歷史角色和為中華民族謀復興所作的貢獻。

中學畢業後，不少老師都以為他會在大學修讀歷史，結果他選擇了社會科學，原來他在讀國家歷史的過程中漸漸了解到士大夫精神，自己亦有種想經世濟民的感覺，希望研究治國方針，並為國家作貢獻。

香港與國家是命運共同體，劉兆佳指，港人要了解香港回歸祖國的過程，必須認識香港與國家的關係，亦要認識中國共產黨對香港的基本方針政策。他認為，現時的年輕人也得多讀歷史，特別是近代史，認識中國共產黨扭轉國家過往受屈辱的局面，以及帶領中華民族走向富強的過程。

不少人對學者的刻板印象都是不苟言笑、整天與書本文獻作伴，但原來劉兆佳也會不時到內地旅遊和欣賞文藝表演。他最記得在擔任全國政協委員期間，曾在內地看過講述中國共產黨反抗外國欺凌的文藝表演，自己當時非常觸動，而他在經常往返內地開會的過程中，也見證了國家多年來的飛躍，「我自己覺得很幸運，能在人生中目睹一個貧窮落後、飽受欺凌的國家，成功走向富強，讓中華民族屹立於世界民族之林。」

推動港人識黨　適逢其時開展

香港一直身處中西價值觀交匯的最前沿，加上經歷了 150 多年的港英統治，致使部分港人對西方制度趨之若鶩，並對中國共產黨心存偏見。劉兆佳直言，受歷史背景影響，加上西方媒體長期渲染「反共」意識和宣揚西方價值觀，難免有部分港人對中國共產黨持牴觸情緒，但隨着中國的國際地位不斷提升，現時正是推動港人正確認識中國共產黨的有利環境。縱使這項工作推動需時，亦必然有人抗拒，但若再不展開，只會阻撓港人融入國家發展大局。

早在香港回歸祖國前，社會已充斥「反共」宣傳，劉兆佳認為種種歷史原

劉兆佳任全國政協委員期間赴浙江了解當地發展。

因令社會對中國共產黨出現嚴重誤解，顯然不利於「一國兩制」事業和維持香港長治久安，故中央過往兩年才要撥亂反正，制定實施香港國安法和防止反中亂港分子進入特區管治架構，進而推動人心轉變，令港人正確認識國家發展歷程，以及中國共產黨百年來為民族所作的貢獻。

憂「反共」情緒損兩地發展

「令香港人正確客觀地認識中國共產黨是不可逃避的任務和責任。」他強調，無論過往、現在還是未來，中國共產黨與香港發展息息相關，必須樹立「同利益共命運」的思想，即使這項工作推動需時，也須盡快開展。若部分港人繼續對中國共產黨採取敵視、誤解的態度，不僅損害兩地人民的關係，亦對國家和香港的發展非常不利。

要在短時間內完全釋除部分人的「反共」情緒並不容易，但劉兆佳認為這群人對自己的國家民族仍有感情，一樣會對國家現時的成就和國際地位引以為

劉兆佳遊覽甘肅張掖國家地質公園。

榮，只要國家繼續富強發展，並通過公共教育為年輕人提供更多在內地的潛在發展機會，相信他們會愈來愈清楚自己國家和西方國家的實際情況，成為具民族自尊心的中國人。

不應直接套用西方價值觀

以史為鑑是開創未來的關鍵，惟西方人卻經常不正視歷史。劉兆佳說西方人不僅對自己國家過往在中國犯下的纍纍罪行隻字不提，現時亦不斷詆毀中國共產黨，漠視中國的歷史與國情。他強調，不同國家的國情、民族背景都不相同，對自由、民主、人權等準則的解讀亦不同，所以切不能以西方對政黨的定義和認知來評論中國共產黨。

劉兆佳解釋，西方的政黨是在現有政治體制及選舉制度中，通過參選獲得

劉兆佳於北京天安門留影。

政治權力或執政權力的組織，這個定義無法套用在中國共產黨，因為中國共產黨是以團結帶領中國人民恢復主權和領土完整、維護國家安全、推進社會改革的政治組織，擁有龐大的動員力，是會自我完善的政治力量，並有一支忠於中國共產黨的軍隊，這種創新的制度、發展模式和政治生態，都與西方國家截然不同。

除了對政黨的定義，他指出，不同國家對民主、自由和人權的定義均不同，例如在維護國家安全方面，中國人會注重打擊危害國家統一和社會治安的風險，並會將國家和眾人的利益置於個人利益上面，但這種狀態則會被西方國家批評為「不民主、違反人權和踐踏法治」，他認為，不僅中國人民，其他國家的人民都不應直接套用西方所宣示的價值觀，忽略自己國家的國情、歷史和民族背景。

（原載香港文匯報 2021 年 8 月 10 日 A9 版，記者林浩賢）

張學明：

堅持初心屹立不倒
中共受人民擁護

中國共產黨建黨後，初心就是要為中國人民謀幸福、為中華民族謀復興。原全國政協委員張學明接受香港文匯報訪問時表示，中國共產黨一直履行承諾，以人民福祉作為首要考慮，成功帶領國家走出水深火熱的困境，更發展成為現今的世界強國。中國共產黨多年來屹立不倒，備受人民擁護，因它從未違背初心，堅持為人民謀取利益。張學明深受中國共產黨精神影響，退休後仍為市民服務，在他心中民生無小事，「幫得一樣就一樣。」

堅持初心屹立不倒
中共受人民擁護

張學明：深受影響為民服務「幫得一樣就一樣」

●張學明任職議員時，致力為居民提供服務。圖為張學明2009年培育生力軍擔任富善邨地區主任，致力為街坊改善區內樓房老化問題。 資料圖片

慶祝中國共產黨成立100周年 特別報道

中國共產黨建黨後，初心就是要為中國人民謀幸福、為中華民族謀復興。原全國政協委員張學明早前接受香港文匯報訪問時表示，中國共產黨一直履行承諾，以人民福祉作為首要考慮，成功帶領國家走出水深火熱的困境，更發展成為現今的世界強國。中國共產黨多年來屹立不倒，備受人民擁護，因它從未違背初心，堅持為人民謀取利益。張學明深受中國共產黨精神影響，退休後仍為市民服務，在他心中民生無小事，「幫得一樣就一樣。」

掃碼看片

●香港文匯報記者 倪思言

●張學明強調，不管香港面對任何困難，國家一直是香港的堅強後盾。 香港文匯報記者 攝

中國共產黨建黨百年，帶領國家邁向卓越。由上世紀八十年代中開始擔任區議員，到後來肩負立法會議員、行政會議成員、全國政協委員等重任的張學明，見證着國家如何穩步發展成為全球其中一大經濟體，世界第一大工業國、農業國、貿易國，在國際間有着舉足輕重的地位。

中共處理疫情 展效率力量

張學明表示，中國共產黨對國家以至全球的貢獻有目共睹，特別是處理新冠疫情上，中國共產黨充分展現出效率和力量，除了防治國內的疫情爆發，成為疫情下經濟復甦最快的國家，更積極援助其他國家抗擊疫情。

令張學明最感佩服的是，中國共產黨在國家執政黨的地位從未動搖。他說，縱觀全世界，有不少國家都曾出現一個政黨推翻另一個政黨的情況，過程中甚至會使用武力，「但是，中國共產黨多年來屹立不倒，並深受國民的支持，成功帶領國家解決貧窮、經濟等問題，讓國民安居樂業，顯示出其為一個有能力、有擔當的政黨。」

賦予社會主義新生機活力

張學明認為，中國共產黨成功的要訣之一，是其一直不斷自我革新，推進國家社會主義制度自我完善和發展，並賦予社會主義新的生機活力。中國共產黨在1949年帶領人民解放，並推進社會主義現代化建設，過程雖然崎嶇，但其敢於自省和自我完善，加上多年來抱着「不忘初心，牢記使命」，以民為本的精神，堅守「為人民謀幸福、為中華民族謀復興」的目標，才能受到民眾的擁護。

「不忘初心，牢記使命」八個字對張學明影響頗深。他說，只有謹守初心，才能夠得到民眾信服。從政以來，自己每天忙得不可開交，他坦言曾有朋友跟他說「芝麻綠豆的事不用做到完美」，但他強調自己身在其位，就有責任為市民服務，幫助市民解決難題，「民生無小事，有些事對我而言可能只是日程上的安排，但對於求助者而言，可能是影響他們一生的大事。」

即使現在已經退休，張學明仍初心未改，始終竭盡所能為市民服務。他分享道，自己每天上午都會到住所附近的茶餐廳喝一杯熱奶茶，有不少街坊知道後都會到那兒找他，有時跟他聊天，有時尋求他的幫助，大家早已經習慣了他會在茶餐廳內「擺街症」。至於退休後仍要抽時間處理市民的問題，會感到困擾嗎？張學明直言，他十分樂意繼續服務市民，只要自己有能力的話，「幫得一樣就一樣。」

●「原東江縱隊港九獨立大隊記事碑」2004年舉行揭幕典禮，時任新界社團聯會會長張學明(右四)是其中一位主禮嘉賓。 資料圖片

家人分享抗日戰士事跡 育愛國愛民族情感

香港文匯報訊（記者 倪思言） 香港在英國殖民統治期間，有關現代中國以至當代中國的內容差不多完全被排除在學校教育外，但仍然無阻張學明培育出一顆愛國愛港的心。張學明接受香港文匯報訪問時表示，家人向他分享抗戰時期侵略者對中國人的侵略，以及抗日戰士的英雄事跡，令他加深了國民身份認同感，並培養了愛國家、愛民族的情感。

身為新界原居民，張學明說，雖然自己未有親身經歷抗日戰爭，但新界當時作為奮起抗日之地，上一代對此均歷歷在目。每當說到日本侵華，張學明形容，他雙親的一言、一舉、一動都流露出對侵略者的仇恨，並會向他道出當時受盡欺凌和壓榨，甚至是目睹鄉親被屠殺的情形。

最令張學明難忘的，是家人向他分享抗日戰士的英雄事跡，觸發到他年幼時已開始思考，「為何在當時如此艱苦的情況下，仍然會有一班年輕人願意冒着生命危險，拋頭顱、灑熱血，為保衛自己的家園而走入戰場呢？」

耳濡目染下，張學明不僅對外來侵略者產生排斥感，甚至是仇恨，更加深了作為中國人的身份認同感，「我們要愛我們的國家，要愛我們的民族，聯合抵抗外來勢力，身為中國人，亦一定要擁護國家，擁護民族。」

籲港青珍惜中央對港關愛

香港文匯報訊（記者 倪思言） 香港回歸祖國24年，其間經歷了非法「佔中」，修例風波等大大小小的風浪。張學明表示，不管香港面對任何困難，中國共產黨一直堅持落實「一國兩制」，堅持成為香港最堅強的後盾，從來沒有放棄過香港。他呼籲香港的青年人要珍惜中央對香港的關愛，好好把握國家提供的發展機會，不要「食碗面，反碗底」。

香港和內地的關係密不可分，兩地同胞血濃於水，每當香港遇上困難，國家永遠第一時間出手提供協助，是香港的堅強後盾。張學明舉例說，香港在2003年面對「沙士」時，中央政府十分關心香港的防治工作，更全力支持、協助香港戰勝疫病，為香港提供保護袍、眼罩、口罩等醫護用品。時至今天，香港面對新冠肺炎疫情，中央依舊照顧香港，除了為香港提供充足的疫苗外，更多次派出支援隊伍協助香港對抗疫情。

國安法保障港未來

香港前年陷入黑暴陰霾，社會受到嚴重衝擊。張學明表示，幸好中央及時為香港制定香港國安法，才能讓社會回復安定。他形容，香港國安法保障香港的未來，是穩定香港前途的定海神針，有助香港社會回歸理性，保持繁榮穩定。

學校有責任向青年傳遞國家資訊

對近年不時出現有青年高舉「港獨」標語及鼓吹「分離主義」，張學明直言，每次看到這樣的畫面都令他感到非常痛心和難過，有段時間更不斷反問自己，「為什麼香港會變成這樣？」要徹底根治相關的問題，他認為必須由教育入手，學校有責任向青年傳遞有關國家的資訊，讓他們多了解國家的歷史及發展情況。社會亦需要總結經驗，檢討問題的成因，積極制定解決方法，並利用好現有的法例防止亂象重現。

張學明強調，國家一直是香港的堅強後盾，香港應該盡快融入國家的發展大局之中，好好把握「十四五」規劃及粵港澳大灣區帶來的機遇，與國家一同進步，實現更美好的將來；香港青年要珍惜中央對香港的關愛，並好好把握國家提供的發展機會，不要「食碗面，反碗底」，要培育敬愛國家的感情。

「蘇韻流芳」國畫賽得獎者：拓眼界長見聞

●第三屆「蘇韻流芳」青少年國畫比賽於紅磡置富都會舉行頒獎典禮。 香港文匯報記者 攝

●得獎同學和家人駐足欣賞畫作。 香港文匯報記者 攝

香港文匯報訊（記者 子京） 第三屆「蘇韻流芳」青少年國畫比賽20日公布得獎名單，在來自全港250間中小學的近1,600幅作品中，有24幅國畫作品分別獲得冠亞季3項大獎及4個優秀獎。多位得獎者表示，此次的比賽主題《西遊記》是中華傳統文化的優秀代表，希望通過自己的畫筆去描繪各自心中對《西遊記》的不同理解，以擴闊眼界，增長見聞。

主題《西遊記》近1600學生參賽

為培養青少年在藝術方面的修養，鼓勵他們了解優秀中華文化，由香港江蘇社團總會青年教育委員會及香港江蘇青年總會主辦、南京藝術學院協辦的第三屆「蘇韻流芳」青少年國畫比賽以《西遊記》為主題，吸引近1,600位學生進行國畫創作。比賽分為初小、高小、初中、高中四個參賽組別，最終評選出24幅得獎作品。

高中組的冠軍得主陳韵怡和亞軍劉家安都是來自仁濟醫院林百欣中學。陳韵怡表示，最喜歡《西遊記》中的「三打白骨精」這一情節，故用畫筆去描畫心中對這一場景的理解。

劉家安一直學習水彩畫，至半年前才開始自學國畫。他說，自己用了一個星期去完成這次參賽作品，作品中除了唐僧師徒四人，更增加了觀音菩薩像，令畫作在構圖上更加完整。

初中組冠軍得主黃靜文由6歲開始接觸畫畫，很幸運得到父母和老師的支持和鼓勵。她說，自己之前主攻水彩畫，這次是首次用水墨作畫，對能夠得獎感到很興奮，覺得努力沒白費。

高小組冠軍梁詩珩說，自己很喜歡中華文化，尤其是《西遊記》，因為父母會經常為她讀《西遊記》，覺得孫悟空很厲害，故希望通過比賽把自己對《西遊記》的想像變成畫作。

10歲的初小組季軍張棋翔表示，自己還沒學國畫時已十分癡迷《西遊記》，在學習國畫的五年間，通過自己的學習和老師的講解了解了不少中華文化，令自己擴闊眼界。

唐英年：體現港青與祖國心心相連

香港江蘇社團總會會長唐英年在賽事頒獎典禮上表示，「蘇韻流芳」青少年國畫比賽，是蘇港兩地用中華傳統藝術形式開展文化交流的重要渠道和載體，不僅發揮了香港青少年的創意，讓他們領略傳統文化的深刻內涵，亦體現了香港青少年與祖國心心相連，息息相通的深厚情誼。未來，該會將繼續舉辦更多形式多樣、內容豐富、富有意義的活動，為青少年展示才華，傳遞社會正能量提供平台和機會。

趙宇盼同學感受中華文化博大精深

香港江蘇青年總會會長趙宇表示，文化認同是最深層次的認同，是民族團結之根、民族和睦之魂，獎盃和獎金是對獲獎者繪畫技藝的鼓勵，但更可貴的是對畫作背後的歷史文化故事的了解和認知，希望比賽能夠令同學們感受中華文化的博大精深，增強文化認同。

香港中聯辦青年工作部副部長宋來、香港美協主席林天行、江蘇省委統戰部副處長盧東、海外中國美術家協會副主席何百里、香港江蘇青年總會創會會長方仁德、永遠會長趙式明等近百人出席典禮。

中國共產黨建黨百年，帶領國家邁向卓越。由上世紀八十年代中開始擔任區議員，到後來肩負立法會議員、行政會議成員、全國政協委員等重任的張學明，見證着國家如何穩步發展成為全球其中一大經濟體，世界第一大工業國、農業國、貿易國，在國際間有着舉足輕重的地位。

中共處理疫情　展效率力量

張學明表示，中國共產黨對國家以至全球的貢獻有目共睹，特別是處理新冠疫情上，中國共產黨充分展現出效率和力量，除了防治國內的疫情爆發，成為疫情下經濟復甦最快的國家，更積極援助其他國家抗擊疫情。

令張學明最感佩服的是，中國共產黨在國家執政黨的地位從未動搖。「中國共產黨深受人民的支持，成功帶領國家解決貧窮、經濟等問題，讓人民安居樂業，顯示出其為一個有能力、有擔當的政黨。」

賦予社會主義新生機活力

張學明認為，中國共產黨成功的要訣之一，是其一直不斷自我革新，推進國家社會主義制度自我完善和發展，並賦予社會主義新的生機活力。中國共產黨在 1949 年帶領人民解放，並推進社會主義現代化建設，過程雖然崎嶇，但其敢於自省和自我完善，加上多年來抱着「不忘初心、牢記使命」、以民為本的精神，堅守「為人民謀幸福，為中華民族謀復興」的目標，才能受到民眾的擁護。

「不忘初心、牢記使命」八個字對張學明影響頗深。他說，只有謹守初心，才能夠得到民眾信服。從政以來，自己每天忙得不可開交，他坦言曾有朋友跟他說「細眉細眼的事不用做到完美」，但他強調自己身在其位，就有責任為市民服務、幫助市民解決難題，「民生無小事，有些事對我而言可能只是日程上的安排，但對於求助者而言，可能是影響他們一生的大事。」

即使現在已經退休，張學明仍初心未改，始終竭盡所能為市民服務。他分享道，自己每天上午都會到住所附近的茶餐廳喝一杯熱奶茶，有不少街坊知道後都會到那兒找他，有時跟他聊天，有時尋求他的幫助，大家早已經習慣了他會在茶餐廳內「睇街症」。至於退休後仍要抽時間處理市民的問題，會感到困

張學明強調，不管香港面對任何困難，國家一直是香港的堅強後盾。

擾嗎？張學明直言，他十分樂意繼續服務市民，只要自己有能力的話，「幫得一樣就一樣。」

籲港青珍惜中央對港關愛

香港回歸祖國 24 年，其間經歷了非法「佔中」、修例風波等大大小小的風浪。張學明表示，不管香港面對任何困難，中國共產黨一直堅持落實「一國兩制」、堅持成為香港最堅強的後盾，從來沒有放棄過香港。他呼籲香港的青年人要珍惜中央對香港的關愛，好好把握國家提供的發展機會，不要「食碗面，反碗底」。

「原東江縱隊港九獨立大隊記事碑」2004 年舉行揭幕典禮，時任新界社團聯會會長張學明 (右四) 是其中一位主禮嘉賓。

香港和內地的關係密不可分，兩地同胞血濃於水，每當香港遇上困難，國家永遠第一時間出手提供協助，是香港的堅強後盾。張學明舉例說，香港在 2003 年面對「沙士」時，中央政府十分關心香港的防治工作，更全力支持、協助香港戰勝疫病，為香港提供保護袍、眼罩、口罩等醫護用品。時至今天，香港面對新冠肺炎疫情，中央依舊照顧香港，除了為香港提供充足的疫苗外，更多次派出支援隊伍協助香港對抗疫情。

國安法保障港未來

香港前年陷入黑暴陰霾，社會受到嚴重衝擊。張學明表示，幸好中央及時為香港制定香港國安法，才能讓社會回復安定。他形容，香港國安法保障香港的未來，是穩定香港前途的定海神針，有助香港社會回歸理性，保持繁榮穩定。

學校有責任向青年傳遞國家資訊

對近年不時出現有青年高舉「港獨」標語及鼓吹「分離主義」，張學明直言，每次看到這樣的畫面都令他感到非常痛心和難過，有段時間更不斷反問自己，「為什麼香港會變成這樣？」要徹底根治相關的問題，他認為必須由教育入手，學校有責任向青年傳遞有關國家的資訊，讓他們多了解國家的歷史及發展情況。社會亦需要總結經驗，檢討問題的成因，積極制定解決方法，並利用好現有的法例防止亂象重現。

張學明強調，國家一直是香港的堅強後盾，香港應該盡快融入國家的發展大局之中，好好把握「十四五」規劃及粵港澳大灣區帶來的機遇，與國家一同進步，實現更美好的將來；香港青年要珍惜中央對香港的關愛，並好好把握國家提供的發展機會，不要「食碗面，反碗底」，要培育敬愛國家的感情。

家人分享抗日戰士事跡　育愛國愛民族情感

香港在英國殖民統治期間，有關現代中國以至當代中國的內容差不多完全被排除在學校教育外，但仍然無阻張學明培育出一顆愛國愛港的心。張學明接受香港文匯報訪問時表示，家人向他分享抗戰時期侵略者對中國人的侵略，以及抗日戰士的英雄事跡，令他加深了國民身份認同感，並培養了愛國家、愛民族的情感。

身為新界原居民，張學明說，雖然自己未有親身經歷抗日戰爭，但新界當時作為奮起抗日之地，上一代對此均歷歷在目。每當說到日本侵華，張學明形容，他雙親的一言、一舉、一動都流露出對侵略者的仇恨，並會向他道出當時受盡欺凌和壓榨，甚至是目睹鄉親被屠殺的情形。

最令張學明難忘的，是家人向他分享抗日戰士的英雄事跡，觸發到他年幼時已開始思考，「為何在當時如此艱苦的情況下，仍然會有一班年輕人願意冒着生命危險，拋頭顱、灑熱血，為保衛自己的家園而走入戰場呢？」

耳濡目染下，張學明不僅對外來侵略者產生排斥感，甚至是仇恨，更加深了作為中國人的身份認同感，「我們要愛我們的國家，要愛我們的民族，聯合抵抗外來勢力，身為中國人，亦一定要擁護國家、擁護民族。」

（原載香港文匯報 2021 年 8 月 22 日 A7 版，記者倪思言）

孫啟烈：感恩國家創造龐大機遇

今年是中共建黨百周年，百年來中國由一窮二白的境地，發展成為全球第二大經濟體。改革開放為國家發展打下堅實基礎，一班港商懷着赤誠愛國之心，率先北上投資。早於一九七九年便到內地投資的建業五金塑廠董事長孫啟烈，成為敢為天下之先、首批投資內地的港商，並善用內地充裕人力和土地等資源，不斷壯大，逐步發展為全球知名廚具商。「日本侵華時，我父親捱過不少苦頭，深感民族歷經苦難，好珍惜太平的日子，故一開放便投資內地，希望為國出一分力。」

乘開放東風　北上建廠踏上成功路

孫啟烈：感恩國家　創造龐大機遇

今年是中共建黨百周年，百年來中國由一窮二白的境地，發展成為全球第二大經濟體。改革開放為國家發展打下堅實基礎，一班港商懷着赤誠愛國之心，率先北上投資。早於1979年便到內地投資的建業五金塑廠董事長孫啟烈，成為敢為天下之先、首批投資內地的港商，並善用內地充裕人力和土地等資源，不斷壯大，逐步發展為全球知名廚具商。「日本侵華時，我父親捱過不少苦頭，深感民族歷經苦難，好珍惜太平的日子，故一開放便投資內地，希望為國出一分力。」

大公報記者　李　信（文）　馬　丁（圖）

▲建業五金塑廠董事長孫啟烈。

孫啟烈個人資料

社會職務

- 香港工業總會名譽會長
- 世界中華寧波總商會副會長兼秘書長
- 香港廉政公署商業道德發展諮詢委員會主席（2014-2020年）
- 香港優質標誌局名譽主席
- 珠三角工業協會名譽主席
- 廣東省僑商投資企業協會監事長
- 浙江省海外聯誼會名譽會長
- 寧波市海外聯誼會榮譽顧問
- 深圳市歸國華僑聯合會名譽主席
- 深圳市政協歷屆港澳委員聯誼會會長
- 深圳市外商投資企業協會常務副會長
- 深圳市海外聯誼會名譽會長
- 香港城市大學榮譽院士、工程學院客席教授

社會榮譽

- 影響深圳特區十大人物之一
- 深圳市榮譽市民（第三批）
- 香港特別行政區政府銅紫荊勳賢（BBS）
- 香港太平紳士（JP）

▶孫啟烈與全國政協副主席董建華合照。　受訪者供圖

回憶當年往事，孫啟烈接受大公報專訪時仍記憶猶新。在1970年代尾，當時正值香港工業黃金期，該公司在香港工廠生意非常好，但很多行業都要搶人，玩具廠、電子廠都千方百計請人，不少廠房都已安裝冷氣，但建業的五金廠則沒有冷氣，以致出現有訂單，但無法聘請到足夠工人的困局，令他們經常為應付生產而頭痛。

「捱過苦，更珍惜太平日子」

在一個偶然的機會下，當時有人跟孫父說，內地有大量勞動力，可解決香港工廠無法聘請足夠工人的問題。於是，孫啟烈與其父便於1979年到南海等地考察。

儘管初期北上投資歷盡艱辛，但孫氏父子堅定看好內地發展潛力。孫啟烈表示，當年初次北上時，自己只有20多歲，對內地印象不深。

反而，其父對國家有揮之不去的情懷。「家父13歲在上海學師，後來做到一間軍需廠的組長。豈料，突然日軍入侵，大家要步行幾日幾夜將裝備搬去浙江麗水，又受過日軍的氣，深感民族之苦難，渴盼民族之崛起。因為捱過苦，便更加珍惜太平的日子。」孫氏父子對國家充滿期盼，盼可為國出多一分力。

及後，建業決定在南海以補償貿易方式投資，即公司向內地合作單位提供原料、設備，並派員作技術指導，內地則負責提供廠房和工人，當產品完成加工後，再運到香港包裝及出口海外。

隨着改革開放不斷推進，以及擁有愈來愈多訓練有素、且十分勤奮的工人，加上各項基建相繼落成後，生產條件愈加完善，內地被外界視為做廠最佳之選。同時，孫氏父子捉緊深圳經濟特區帶來的機遇，故而於1989年在深圳平湖買地擴張，1992年申請成為獨資企業。

見證基建趨成熟　便利工業發展

孫啟烈強調，其事業的成功，很大程度歸功於內地的機遇。他說，在上世紀70年代，公司年營業額逾百萬元，現時至少逾2億元，坦言若當年沒有北上，規模一定沒有現時這麼大。「可能因為我是寧波人，比較肯冒險，做事有魄力，而且睇得遠，一定會預留空間作將來發展之用。當然，更重要是國家發展帶來的龐大機遇。」

▲孫啟烈於內地的廠房。　受訪者供圖

▲內地生產條件愈來愈完善，被外界視為做廠最佳之選，圖為孫啟烈於內地的廠房。　受訪者供圖

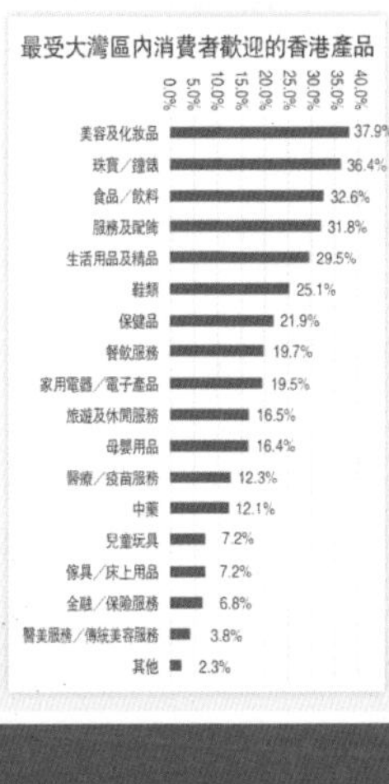

籲港商捉緊灣區商機　拓內銷市場

發揮優勢

《十四五規劃綱要》是國家未來五年經濟社會發展的藍圖和行動綱領。當中提及要保持港澳長期繁榮穩定，以及積極穩妥推進粵港澳大灣區建設的部分，作為商界公認的「中國通」，孫啟烈認為，要發揮香港與國際接軌及法治基礎強等優勢，善用「十四五」規劃及大灣區各項機遇，打入龐大內銷市場，別再議而不決。

他指出，自中國改革開放以來，港商以摸着石頭過河的方式投資內地，當年不少冒險中求勝的港商，大部分都獲得豐厚回報，而其他不願北上的港商則被自然淘汰，企業要自強不息，別一味依賴政府「打救」，主動融入國家發展大局，從中探索商機。

至於如何才能發揮國家所需，香港所長的角色？他指出，香港在很多領域與國際接軌，且法治基礎強，很多外地商人都願意依照香港的法律行事及簽訂合約。金融服務方面，也是人民幣的離岸服務中心，香港集資的能力位列全球之先。

另外，孫啟烈續指，香港國安法實施後，讓大家可以安心地在疫情後期恢復商業運作，是穩定香港和民心的一大重器。

「一帶一路」利己利人　西方圍堵不會得逞

自強不息

多年來，孫啟烈曾擔任不少商會首長，加上其公司產品風行全球，對國際大事知之甚深。面對西方國家有意圍堵中國，他感嘆，世界有很多不公平之事，又指部分外國列強在近200年來不斷掠奪別人的利益，中國卻從不主動挑釁，且現時中國已不是當年的晚清，不會任人魚肉。

孫啟烈批評不少西方傳媒對中國的報道十分偏頗，難以真正反映中國實況。面對西方欲圍堵中國，他堅信，中國不會因此而倒退，反而更加自強不息，又指華為已推動6G，可算快人一步，不會輕易被人「卡脖子」。孫啟烈指出，中國在某些領域上，已擺脫了過度依賴西方技術協助的階段，而外國着眼中國龐大的市場。

談及應對圍堵的方法，他指出，近年中國力推的「一帶一路」倡議，是一個利己利人的雙贏良策，既可協助沿線國家發展公路、碼頭及機場等急需的基建，有助相關國家發展起來，又可紓緩中國鋼鐵、水泥等產能過剩的問題。再者，中國企業可透過BOT（建設—經營—轉讓）模式營運相關基建項目，善用中國企業豐富的經驗，讓相關國家發展更加穩健。

曾任深圳政協常委　積極推動兩地融合

盡心盡責

作為首批投資內地的港商，除了專注公司業務外，孫啟烈亦不忘為社會出謀獻策。早在1994年，他已出任深圳市政協第一屆委員會增補委員，至1995年換屆時到了提案委，工作是審議400多名政協委員提交的提案和建議。由於工作受到各方肯定，至2000年成為深圳政協常委。

他提及，到了2000年政協再次換屆時，原本想留在提案委，而當時聯誼委改為港澳華僑委，時任市政協副主席的廖軍文說：「孫啟烈到港澳華僑委當副主任、委員召集人。」因此，他便到了港澳華僑委，也因為這個機緣，令他為聯合港澳同胞以及僑商力量促進深圳發展，作出不少貢獻。

直至2005年，孫啟烈已在深圳當政協多年，其間提出不少建議，其中影響較大的是多年前，要求允許持有文錦渡、沙頭角口岸兩地牌的私家車、公務車和商務車在零時至6：30從皇崗口岸出入境，大大便利了廠家往來深圳。

談及擔任政協委員期間的收穫，孫啟烈表示，由於政協委員們來自社會各界的精英，在參與的過程中，令他不斷加深了對深圳各方面的了解。他說，政協這個平台，讓平時難得一聚的官員和商家，可以一起討論各自關注的事宜，而每每提出意見後，便很快反映到相關部門，處理起來很有效率。

由於孫啟烈花了很多時間和心機推動深圳發展，故獲得深圳市榮譽市民及影響深圳特區十大人物等榮譽，以肯定他多年對深圳的付出。同時，因孫啟烈熱心社會事務，且意見很具建設性，在擔任深圳政協委員後，分別再出任寧波市政協常委及浙江省政協委員，繼續為國家和家鄉作貢獻。

回憶當年往事，孫啟烈接受大公報專訪時仍記憶猶新。在 1970 年代尾，當時正值香港工業黃金期，該公司在香港工廠生意非常好，但很多行業都要搶人，玩具廠、電子廠都千方百計請人，不少廠房都已安裝冷氣，但建業的五金廠則沒有冷氣，以致出現有訂單，但無法聘請到足夠工人的困局，令他們經常為應付生產而頭痛。

「捱過苦，更珍惜太平日子」

在一個偶然的機會下，當時有人跟孫父說，內地有大量勞動力，可解決香港工廠無法聘請足夠工人的問題。於是，孫啟烈與其父便於 1979 年到南海等地考察。

儘管初期北上投資歷盡艱辛，但孫氏父子堅定看好內地發展潛力。孫啟烈表示，當年初次北上時，自己只有 20 多歲，對內地印象不深。

反而，其父對國家有捨之不去的情懷。「家父 13 歲在上海學師，後來做到一間軍需廠的組長。豈料，突然日軍入侵，大家要步行幾日幾夜將裝備搬去浙江麗水，又受過日軍的氣，深感民族之苦難，渴盼民族之崛起。因為捱過苦，便更加珍惜太平的日子。」孫氏父子對國家充滿期盼，冀可為國出多一分力。

及後，建業決定在南海以補償貿易方式投資，即公司向內地合作單位提供原料、設備，並派員作技術指導，內地則負責提供廠房和工人，當產品完成加工後，再運到香港包裝及出口海外。

隨着改革開放不斷推進，以及擁有愈來愈多訓練有素、且十分勤奮的工人，加上各項基建相繼落成後，生產條件愈加完善，內地被外界視為做廠最佳之選。同時，孫氏父子捉緊深圳經濟特區帶來的機遇，故而於 1989 年在深圳平湖買地擴張，1992 年申請成為獨資企業。

見證基建趨成熟　便利工業發展

孫啟烈強調，其事業的成功，很大程度歸功於內地的機遇。他說，在上世紀 70 年代，公司年營業額逾百萬元，現時至少逾 2 億元，坦言若當年沒有北上，規模一定沒有現時這麼大。「可能因為我是寧波人，比較肯冒險，做事有魄力，

建業五金塑廠董事長孫啟烈。

而且睇得遠，一定會預留空間作將來發展之用。當然，更重要是國家發展帶來的龐大機遇。」

「一帶一路」利己利人 西方圍堵不會得逞

多年來，孫啟烈曾擔任不少商會首長，加上其公司產品風行全球，對國際大事知之甚深。面對西方國家有意圍堵中國，他感嘆，世界有很多不公平之事，又指部分外國列強在近 200 年來不斷掠奪別人的利益，中國卻從不主動挑釁，且現時中國已不是當年的晚清，不會任人魚肉。

孫啟烈批評不少西方傳媒對中國的報道十分偏頗，難以真正反映中國實況。面對西方欲圍堵中國，他堅信，中國不會因此而倒退，反而更加自強不息，又指華為已推動 6G，可算快人一步，不會輕易被人「卡脖子」。孫啟烈指出，

孫啟烈與全國政協副主席董建華合照。

中國在某些領域上，已擺脫了過度依賴西方技術協助的階段，而外國着眼中國龐大的市場。

談及應對圍堵的方法，他指出，近年中國力推的「一帶一路」倡議，是一個利己利人的雙贏良策，既可協助沿線國家發展公路、碼頭及機場等急需的基建，有助相關國家發展起來，又可紓緩中國鋼鐵、水泥等產能過剩的問題。再者，中國企業可透過 BOT（建設—經營—轉讓）模式營運相關基建項目，善用中國企業豐富的經驗，讓相關國家發展更加穩健。

曾任深圳政協常委　積極推動兩地融合

作為首批投資內地的港商，除了專注公司業務外，孫啟烈亦不忘為社會出謀獻策。早在 1994 年，他已出任深圳市政協第一屆委員會增補委員，至 1995

內地生產條件愈來愈完善，被外界視為做廠最佳之選。圖為孫啟烈於內地的廠房。

年換屆時到了提案委，工作是審議 400 多名政協委員提交的提案和建議。由於工作受到各方肯定，至 2000 年成為深圳政協常委。

他提及，到了 2000 年政協再次換屆時，原本想留在提案委，而當時聯誼委改為港澳華僑委，時任市政協副主席的廖軍文說：「孫啟烈到港澳華僑委當副主任、委員召集人。」因此，他便到了港澳華僑委，也因為這個機緣，令他為聯合港澳同胞以及僑商力量促進深圳發展，作出不少貢獻。

直至 2005 年，孫啟烈已在深圳當政協多年，其間提出不少建議，其中影響較大的是多年前，要求允許持有文錦渡、沙頭角口岸兩地牌的私家車、公務車和商務車在零時至 6：30 從皇崗口岸出入境，大大便利了廠家往來深圳。

談及擔任政協委員期間的收穫，孫啟烈表示，由於政協委員們來自社會各界的精英，在參與的過程中，令他不斷加深了對深圳各方面的了解。他說，政協這個平台，讓平時難得一聚的官員和商家，可以一起討論各自關注的事宜，而每每提出意見後，便很快反映到相關部門，處理起來很有效率。

2009 第八屆香港珠三角工商界聯合晚會。

由於孫啟烈花了很多時間和心機推動深圳發展，故獲得深圳市榮譽市民及影響深圳特區十大人物等榮譽，以肯定他多年對深圳的付出。同時，因孫啟烈熱心社會事務，且意見很具建設性，在擔任深圳政協委員後，分別再出任寧波市政協常委及浙江省政協委員，繼續為國家和家鄉作貢獻。

籲港商捉緊灣區商機 拓內銷市場

《十四五規劃綱要》是國家未來五年經濟社會發展的藍圖和行動綱領。當中提及要保持港澳長期繁榮穩定，以及積極穩妥推進粵港澳大灣區建設的部分，作為商界公認的「中國通」，孫啟烈認為，要發揮香港與國際接軌及法治基礎強等優勢，善用「十四五」規劃及大灣區各項機遇，打入龐大內銷市場，

2012 年 5 月 30 日與廣州市省長朱小丹會面。

別再議而不決。

他指出，自中國改革開放以來，港商以摸着石頭過河的方式投資內地，當年不少願意險中求勝的港商，大部分都獲得豐厚回報，而其他不願北上的港商則被自然淘汰，企業要自強不息，別一味依賴政府「打救」，主動融入國家發展大局，從中探索商機。

至於如何才能發揮國家所需，香港所長的角色？他指出，香港在很多領域與國際接軌，且法治基礎強，很多外地商人都願意依照香港的法律行事及簽訂合約。金融服務方面，也是人民幣的離岸服務中心，香港集資的能力位列全球之先。

另外，孫啟烈續指，香港國安法實施後，讓大家可以安心地在疫情後期恢復商業運作，是穩定香港和民心的一大重器。

（原載大公報 2021 年 7 月 12 日 A16 版，記者李信）

書　名：《同舟．同心》（上冊）

主　　編：李大宏
副 主 編：吳德祖　吳　明　于世俊　黃曉敏　林　映
執行副主編：羅　政　趙汝慶
責 任 編 輯：嚴中則　王麗萍　劉慧華　霍柏宇　楊楚依
資 料 統 籌：王新源
視　　頻：香港大公文匯全媒體新聞中心
攝　　影：大公報攝影部　香港文匯報記者
裝 幀 設 計：馮自培　陳守輝

出　　版：大公報出版有限公司
香港仔田灣海旁道七號興偉中心 29 樓
電　　話：2873 8288

發　　行：香港聯合書刊物流有限公司
香港新界大埔汀麗路 36 號中華商務印刷大廈 3 字樓
電　　話：2150 2100

印　　刷：利高印刷有限公司
香港葵涌大連排道 21-33 號宏達工業中心 9 樓 11 室

版　次：2022 年 9 月初版
國際書號：ISBN 978-962-582-081-1
定　價：港幣 480 元（一書兩冊）